서경
書經

서경 書經

이세동 옮김

을유문화사

을유사상고전

서경 書經

발행일 2020년 11월 30일 초판 1쇄
옮긴이 이세동
펴낸이 정무영
펴낸곳 (주)을유문화사

창립일 1945년 12월 1일
주소 서울시 마포구 서교동 469-48
전화 02-733-8153
팩스 02-732-9154
홈페이지 www.eulyoo.co.kr

ISBN 978-89-324-5270-8 03150

옮긴이의 말

십수 년 전에 대구에 있는 사단법인 동양고전연구회는 을유문화사와 협력하여 『사서오경』을 비롯한 동양의 주요 고전들을 번역할 계획을 세웠다. 기존의 번역이 허다한 상황이었으나, 한자와 친숙하지 않은 요즈음의 대학생들도 즐겨 읽을 수 있는 새롭고 친근한 고전을 만들고자 한 것이었다. 모든 원문에는 우리말 독음을 붙이고 쉬운 현대어로 번역한다는 원칙을 세우고, 적임자를 선정하여 위촉하기로 했다. 지금은 명예 교수가 되셨지만 당시 영남대학교 중문과에 재직 중이시던 이장우 선생님과 필자가 이 일을 맡았다. 필자는 번역자를 물색하는 한편 직접 『대학·중용』과 『서경』을 번역하기로 했다.

그 뒤 10년 이상의 세월이 흘렀다. 그동안 『논어』, 『맹자』, 『대학·중용』를 비롯한 『시경』, 『주역』, 『춘추좌전』, 『장자』, 『묵자』가 동양고전연구소의 원칙에 따라 번역·출간되었으며, 물심양면으로 이 일을 지원한 동양고전연구회의 조호철 이사장님은 안타깝게도 사업의 종결을 보지 못하고 고인이 되셨다. 『서경』의 출판이 늦어지자 주변에서 독려하던 기대의 눈

길들도 점차 서늘해졌고, 출판사의 정중하지만 단호한 독촉도 빈도가 잦아졌다. 핑계 댈 만한 개인사가 없었던 것은 아니나, 『서경』의 출판이 늦어진 것은 전적으로 필자의 게으름 탓이다. 그 게으름을 딛고 작업을 마무리하고 나서는, 또 출판사의 사정으로 인해 1년 이상의 편집 기간이 더 소요되었다.

『서경』이 간행되고 나면 이 사업도 거의 일단락될 것이다. 대학생들이 즐겨 읽을 수 있도록 만든다고는 하였으나, 즐겨 읽어 줄지는 모르겠다. 각 대학이 추천하는 교양도서 목록에 『사서오경』 한두 권은 반드시 들어가 있지만, 요즈음 대학생들은 이런 책들을 잘 읽지 않는다. 우리 선조들이 다반사로 읽어 온 책들, 지금도 우리의 사유와 행위의 언저리를 맴도는 책들인데도 손길 한 번을 몹시 아낀다. 그런 그들이 어느 날 문득 우리 선조들이 무슨 책을 읽고 무슨 생각을 하며 살았는지 궁금해질 때, 이 책을 한번 뒤적거려 보다가 결국 끝까지 읽게 된다면 다행이겠다. 읽다가 저 유구한 황하 문명의 초창기가 어렴풋이 보인다면 그것도 즐거운 수확이 될 것이다.

게으른 자는 석양에 바쁘다는 서양 속담처럼, 막바지에 시간에 쫓기며 탈고한 책이기에 부족한 점이 많을 것이다. 오역도 없지 않을 것이고, 필요한 주석이 빠지거나 해설이 친절하지 못한 부분도 있을 것이다. 판이 바뀔 때마다 독자들의 지적을 통해 더 좋은 책으로 거듭날 수 있기를 기대해 본다. 끝으로 동양고전연구회의 회원 여러분들과 이장우 선생님, 컴퓨터에 서툰 필자를 위해 번역의 스타일을 입력해 준 박미경 박사, 오랜 시간을 기다리며 거친 초고를 아름답게 만들어 준 을유문화사의 편집진 여러분께 감사드린다. 계셨더라면 이 책을 받고 환하게 웃으실 고(故) 조호철(曺晧哲) 이사장님이 그립다!

2020년 늦은 가을날

이세동

차례

제II부 하나라의 기록 [하서夏書]

제IV부 주나라의 기록[주서周書]

일러두기

1. 이 책의 텍스트는 1820년(순조 20년)에 간행된 내각장판(內閣藏板)의 『서전(書傳)』을 기준으로 하였고, 번역은 채침(蔡沈)의 『서집전(書集傳)』의 해설을 기준으로 하되 여러 책을 참고해 보완하였다.
2. 텍스트의 「우서(虞書)」·「하서(夏書)」·「상서(商書)」·「주서(周書)」의 구분에 따라, 이 책도 4부로 나누고 각 부에는 간략한 해제를 붙였다.
3. 전체 58편(篇)의 제목은 원제(原題)를 풀어서 달고 원제는 [ ]로 병기하였으며, 각 편마다 간단한 해제를 붙였다.
4. 각 편은 의미 단락에 따라 번호를 달아 분절(分節)하고 내용을 압축하여 제목을 붙였다. 절에는 별도의 해설을 하지 않고, 필요한 경우에는 각주를 통해 설명했다.
5. 모든 원문의 한자에 우리말 음을 달았다. 단, 한자음은 '禮'를 '례'로 표기한 것처럼 두음법칙 등의 국어 표기법이나 음운 규칙을 따르지 않고 원음을 달았으며, '不'은 현대의 발음 원칙에 따라 '불'과 '부'로 구분하여 달았다.
6. 모든 원문에 현토하였는데, 내각장판의 현토를 기준으로 하되 지나치게 예스런 토는 현대어에 가깝도록 고쳤으며 의미 단락에 따라 약간의 수정을 가하였다. 옛 토의 주격 조사 'ㅣ'는 생략하거나 현대어의 주격 조사로 바꾸었다.
7. 번역은 직역을 원칙으로 하되 의미 전달을 위해 다소 의역하였으며, 원문에 없는 보충문을 첨가할 경우 필요에 따라 ( )로 표시하였다.
8. 번역에 따른 원 개념을 밝힐 때는 [ ]을 사용하였다. 예) 선왕[탕임금]
9. 모든 서술은 한글을 전용하고 필요할 경우 한자를 ( )로 병기하였다. 단 번역문과 각주에서, 원문에 이미 노출된 한자는 병기를 생략하되 혼동의 우려가 있는 경우에는 간혹 병기하였다.
10. ( )나 [ ] 안에 다시 한자를 병기할 필요가 있을 때는 괄호를 생략하였다. 예) 건양(建陽, 무이武夷), 낙읍의 깨우침 [낙고洛誥]

해제
『서경』을 읽기 전 이야기들

1. 『서경』은 어떤 책인가

『서경(書經)』은 『상서(尙書)』 또는 『서(書)』의 다른 이름이다. '상(尙)'은 '상(上)'의 가차자이므로 상고(上古, 아득한 옛날)라는 뜻이고 '서(書)'는 기록 또는 문헌이라는 뜻이니, '상서'는 상고 시대의 문헌이란 말이다. 처음 '서'라고 불렸던 이 문헌 모음집에 '상서'라는 명칭이 붙은 것은 서한(西漢) 초기로 알려져 있고, '서' 또는 '상서'로 불리던 책이 『서경』이 된 것은 아마 한무제(漢武帝) 무렵일 것이다. 『장자(莊子)』 「천운(天運)」 편에 '육경(六經)'이라는 명칭이 보이지만 「천운」 편이 장자의 친필이 아니라는 것이 정설이고 보면, 선진 시기에 '육경'이라는 명칭이 있었다고 보기는 어렵다. 유가의 경전들이 '경(經)'으로 불리게 된 것은 아마 한무제가 오경박사(五經博士)를 설치한 기원전 136년 전후로, 유학의 교조적 권위를 강조하기 위한 일이었을 것이다. 그러므로 책의 명칭은 『서』→『상서』→『서경』의 순서로 성립된 것으로 보아야 할 것이다.

『서경』에는 모범적인 군주 요(堯)와 순(舜)으로부터 하(夏)·은(殷)·주(周)에 이르기까지 훌륭한 군주와 현명한 신하들의 교훈적인 말씀들이 모여 있다. 그러나 직접 화법으로 기록된 요순의 말씀들을 그들의 구술 그 자체라고 믿기는 어렵다. 문자의 발전 단계로 보아 갑골문(甲骨文)의 시대보다 최소 수백 년, 최대 천여 년 전에 이런 기록이 존재할 수 없기 때문이다. 아마 후대에 그 이상적인 시대를 상상하여 적었거나 혹은 문자가 정착된 뒤 구전되어 온 이야기를 다듬어 기록하였을 것이다. 그러므로 흔히들 『서경』을 중국 역사의 출발점이라고 하지만, 이 책에는 사실과 허구가 섞여 있어 역사 자료로서의 가치에는 한계가 있다. 더구나 『서경』을 두고 진위(眞僞) 논쟁이 지금까지 진행되고 있는 형편이니 사료로 인용할 때는 신중할 필요가 있다. 이 문제는 뒤에서 좀 더 살펴보기로 한다.

그러나 그렇다고 하여 『서경』을 덮어 버릴 수는 없다. 전통적으로 『서경』에는 이제삼왕(二帝三王)의 수제치평(修齊治平)의 도(道)와 전모훈고(典謨訓誥)의 글들이 있다고 인식되어 왔다. 유교에서 가장 이상적인 제왕이라고 하는 요·순과 하·은·주를 건국한 우(禹)·탕(湯)·문왕(文王)·무왕(武王)의 수신·제가·치국·평천하한 도리가 들어 있다는 말이며, 다스림의 모범이 되는 글[典]과 다스림의 위대한 계책[謨], 훈계의 글[訓], 깨우침의 글[誥]들이 들어 있다는 말이다. 이 책에는 천명(天命)과 덕치(德治)에 기반한 동아시아의 유구한 정치 이념들이 반복적으로 서술되어 있고, 역대 왕조들은 이 책이 제시하고 있는 이런 이념들을 기준으로 이상적인 정치를 추구해 왔다.

그러므로 역사적 사실 여부와 상관없이 중국과 조선의 지식인들은 이 진위가 뒤섞인 책을 끊임없이 읽었다. 자꾸 읽다 보면 이 책이 제시하고 있는 이념이 가치가 되고, 그 가치는 그들의 사유와 행동을 지배하게 된다. 조선의 지식인들에게 요·순은 시공간을 초월하는 익숙한 인물이었으며, 그들의 말씀은 언제나 실천해야 할 가르침이었다. 우리 조상들은 진위가 조합된 이 교훈들을 가슴에 새기고 살았고, 그래서 그들의 손자들인 우리는 지금도 요순시절을 이야기하고 있는 것이다. 잘못 그렸지만 이제 와서 버릴 수는 없는 자화상이 되어 버린 것이다. 그 자화상을 찬찬히 들여다보고 있노라면 황하 문명 초창기가 희미하게 다가오고, 유가가 말하는 이상적인 다스림이 어떤 것인지도 어렴풋이 이해된다. 그 사이사이에서 고대의 천문과 지리도 배울 수 있고, 백성을 소중히 여기고 사랑하는 마음도 읽을 수 있다. 아버지는 올발라야 하고, 어머니는 자애로워야 하며, 형은 우애로워야 하고, 동생은 공손해야 하며, 자식은 효도해야 한다는 당위적인 가족 윤리도 배울 수 있다. 그래서 『서경』은 진짜와 가짜가 섞여 있지만 여전히 교훈을 주는 역사책인 것이다.

2. 『서경』은 어떻게 만들어졌나

반고(班固, 32~92)는 『한서(漢書)』 「예문지(藝文志)」에서, "옛날의 임금들은 시대마다 사관(史官)이 있어 임금의 행위를 반드시 기록하였기 때문에 언행을 삼가고 법도를 밝혔다. 좌사(左史)는 말을 기록하고 우사(右史)는 일을 기록하였으니 일을 기록한 것은 『춘추(春秋)』가 되고 말을 기록한 것은 『상서』가 되었다"고 했다. 요순시대를 비롯하여 주나라 때의 좌사들이 기록한 것이 『상서』라는 말이다. 이 말을 다 믿을 수는 없다 하더라도, 언제부턴가 사관들이 조정의 공식적인 언어들을 기록한 것은 틀림없을 것이다.

그렇다 하더라도 기록은 문자가 있고 난 뒤의 일이니 갑골문 이전의 기록일 수는 없다. 또한 갑골문의 문체는 『상서』와는 비교할 수 없을 만큼 투박하여, 『상서』 안에 갑골문 시대인 은나라의 기록이 남아 있다고 보기도 어렵다. 『상서』의 초기 형태는 아마도 주나라 사관들의 단편적인 기록이었을 가능성이 크고, 「우서(虞書)」, 「하서(夏書)」, 「상서(商書)」 등 주나라 이전의 기록은 대부분 구전되어 오던 이야기가 주나라에 와서 문자로 정착되었을 것이다.

이렇게 단편적으로 전해 오던 사관들의 기록을 정리한 사람은 공자(孔子)로 알려져 있다. 사마천(司馬遷, B.C. 145~87)은 『사기(史記)』 「공자세가(孔子世家)」에서, "(공자가) 『서』를 정리하여 위로는 요순부터 아래로는 진목공(秦穆公)까지의 일들을 차례대로 편집했다"고 하였으며, 『한서』 「예문지」에는 "공자가 편찬하였는데, 위로는 요로부터 아래로는 진나라까지 모두 100편이다."라고 하였다. 사마천은 또 "공자는 『시』·『서』·『예』·『악』으로 제자들을 가르쳤다."라고 하였으니 아마도 공자는 사관들이 기록한 문서들을 정리하고 그것을 교재로 사용했던 듯하다.

이렇게 공자가 정리한 『서』는 진시황의 분서(焚書)로 일단 사라졌다. 민간의 경전들을 소각하고 황실 도서관의 책만 남겨 두었으나, 이 또한 항우(項羽)가 진나라 황궁인 아방궁(阿房宮)을 불태울 때 모두 타 버렸다. 분서의 실제적 효과에 대해 의심하는 견해가 있지만, 서한의 혜제(惠帝)가 기원전 191년에 이미 유명무실해진 협서율(挾書律, 책의 소장을 금지한 진나라의 법률)을 굳이 공식적으로 폐지한 것을 보면 유가 경전의 소실 상태가 심각했던 것은 분명하다. 협서율 폐지 이후 한나라는 유가 경전의 복원을 단계적으로 추진하게 된다.

한문제(漢文帝) 초기에 『서경』을 복원하고자 했을 때 추천된 사람은 복생(伏生)이었다, 진나라에서 박사를 역임했던 그는 산동성 제남(濟南)에 살고 있었고, 조정에서 그를 불렀을 때 이미 90세가 넘었던 것으로 알려져 있다. 이와 관련한 일화들이 남아 있는데, 충격을 완화하기 위해 부들로 바퀴를 감싼 수레로 모셔 왔다거나, 태상시(太常寺) 장고(掌故) 조조(晁錯)가 가서 복생의 구술을 받아 적었다거나, 조조가 받아 적고자 하였으나 방언이 심해 복생의 딸이 통역했다는 따위의 이야기들이다. 이 이야기들은 복생이 『서경』을 암송하고 있었음을 전제로 한 것이고, 그가 피란 가면서 『서경』을 숨겨 두었다가 난리 후에 돌아와서 남은 책들을 수습했다는 기록도 보인다. 아무튼 복생에 의하여 『서경』 28편이 복원되었고, 여기에 무제 때 하내(河內)에 살던 여인이 바친 「태서(太誓)」 1편을 합쳐 당시의 문자[今文]인 예서(隸書)로 정리한 것이 이른바 『금문상서(今文尙書)』 29편이다.

이때 정리된 29편은 「요전(堯典)」, 「고요모(皐陶謨)」, 「우공(禹貢)」, 「감서(甘誓)」, 「탕서(湯書)」, 「반경(盤庚)」, 「고종융일(高宗肜日)」, 「서백감려(西伯戡黎)」, 「미자(微子)」, 「태서(太誓)」, 「목서(牧誓)」, 「홍범(洪範)」, 「금등(金縢)」, 「대고(大誥)」, 「강고(康誥)」, 「주고(酒誥)」, 「자재(梓材)」, 「소고(召誥)」, 「낙고(洛誥)」, 「다사(多士)」, 「무일(無逸)」, 「군석(君奭)」, 「다방(多方)」, 「입정(立政)」, 「고명(顧命)」, 「비서(費誓)」, 「여형(呂刑)」, 「문후지명(文侯之命)」, 「진서(秦誓)」 등이다. 여기서 「태서」 1편은 뒤에 동한(東漢)의 마융(馬融, 79~166)이 위작으로 확정하여 빠지게 된다.

『한서』의 기록에 따르면, 한무제 때 노공왕(魯共王) 유여(劉餘)가 공자

옛집의 벽을 허물다가 옛 문자[古文]인 과두서(蝌蚪書, 올챙이처럼 끝이 뭉툭한 문자)로 기록된 다량의 책들을 발견했다고 한다. 여기에『서경』이 있었는데, 공자의 후손인 공안국(孔安國, B.C. 156~74)이『금문상서』와 비교해 보니 16편이 더 많았다. 공안국은 이『고문상서(古文尚書)』를 조정에 바쳤다. 당나라의 공영달(孔穎達)이 편찬한『상서정의(尚書正義)』에 의하면, 이때 발견된 16편은 「순전(舜典)」, 「골작(汨作)」, 「구공(九共)」, 「대우모(大禹謨)」, 「기직(棄稷)」, 「오자지가(五子之歌)」, 「윤정(胤征)」, 「탕고(湯誥)」, 「함유일덕(咸有一德)」, 「전보(典寶)」, 「이훈(伊訓)」, 「사명(肆命)」, 「원명(原命)」, 「무성(武成)」, 「여오(旅獒)」, 「필명(畢命)」 등이었다. 이 책들은 한나라의 궁중 도서관에 보관되어 있다가 서진(西晉) 말엽에 사라졌다고 한다.

그런데 이상하게도 공벽(孔壁)에서 발견된『고문상서』에 대한 기록이『한서』에는 여러 곳에 보이지만,『사기』에는 전혀 언급이 없다. 공안국에게 '옛일을 물으며[問故]' 배웠다고 하는 사마천은『사기』에서, "공씨 집안에 고문으로 기록된『상서』가 있었는데, 공안국이 금문으로 읽어 일가를 이루었다. 잃어버렸던『상서』10여 편을 얻어 이로부터『상서』의 편수가 많아졌다."라고만 했다. 금문으로 읽었다는 말은『금문상서』와 대조하여 판독했다는 말일 것이다. 후대에 쓰인『한서』의 기록이 공안국과 동시대 인물인 사마천의 기록보다 구체적인 것이다. 이런 이유로 인해 '공자 옛집의 벽에서 나온『고문상서』16편'에 대한 의혹이 없지 않지만, 두 책의 기록을 종합해 볼 때 10편 이상의『고문상서』가 공자 집안에 존재하였고, 공안국이 그것을 판독한 것은 역사적 사실로 인정된다.

한편, 서한 성제(成帝) 때 장패(張覇)가 102편으로 구성된『고문상서』를 조정에 바쳤으나 궁중 도서관에 소장되어 있던『고문상서』와 대조한 결과 위서임이 밝혀져 폐기되었다. 그런데 장패의 이 '백량편(百兩篇)' 『고문상서』에는 상서 각 편들의 창작 배경을 밝힌 「서서(書序)」 1편이 실려 있었는데, 책이 폐기되고 난 뒤에도 이 「서서」는 계속 유통되었다. 마융과 정현(鄭玄, 127~200), 공영달 등은 이 「서서」를 공자가 지은 것이라고까지 하였으나, 작자를 알 수 없는 불확실한 문건이라는 것이 정론이다.

그 뒤 동진(東晉) 원제(元帝) 때 예장내사(豫章內史) 매색(梅賾)이 잃어버렸던 공안국의 『고문상서』라고 하면서 58편을 바쳤는데, 공안국의 서문과 주석[傳]이 붙어 있고 「서서」를 쪼개어 해당 부분을 각 편에 삽입한 책이었다. 『금문상서』와 일치하는 33편과 새로운 25편으로 구성된 이 책은 공영달이 편찬한 『상서정의』의 텍스트가 되면서 약 1,400년 동안 『상서』 정본(正本)으로서의 권위를 누리고 있다. 오늘날 우리가 보는 『서경』도 이 텍스트이며, 본서의 번역 대상도 이 텍스트이다. 매색본의 『금문상서』가 복생본의 28편보다 5편이 많은 것은 「요전」에서 「순전」을, 「고요모」에서 「익직」을, 「고명」에서 「강왕지고」를 각각 분리시키고, 「반경」을 상중하 3편으로 나누었기 때문이다.

오역(吳棫, 1100~1154)과 주희(朱熹, 1130~1200) 등 송대의 학자들은 매색본 『고문상서』 25편을 의심했다. 그러나 주·진(周秦)의 문장과 다르다는 의심에서 그치고, 철저한 고증을 가하지는 못했다. 진위를 의심하면서도 받아들인 것이다. 그러나 원나라의 오징(吳澄, 1249~1333)과 명나라의 매작(梅鷟, 1483~1553)은 『고문상서』가 위작임을 거듭 논증하였고, 결국 청나라의 염약거(閻若璩, 1636~1704)가 『상서고문소증(尙書古文疏證)』을 저술, 128조에 걸쳐 『고문상서』가 여러 책의 문구를 조합하여 만든 위작임을 밝혔다. 이로써 『고문상서』 위작설은 재론의 여지가 없게 되었으며,

명칭도 '위고문상서(僞古文尙書)' 또는 '위고문(僞古文)'으로 확정되었다. 염약거와 비슷한 시기의 모기령(毛奇齡, 1623~1716)부터 지금까지, 『고문상서』가 위작이 아님을 말하는 견해들이 있지만 무시해도 좋을 것이다.

염약거의 쾌거를 입증하는 자료가 최근에 발견되었다. 2008년에 북경 청화 대학 졸업생인 한 사업가가 모교에 출처를 알 수 없는 2,388매의 죽간을 기증했다. 청화간(淸華簡)으로 명명된 이들 죽간은 탄소 연대 측정 결과 전국 시대 중·후기 것이며 문장의 풍격과 자체(字體)로 보아 전국 시대 초나라 지역의 것임이 판명되었다. 여기에는 진나라 분서 이전의 『상서』도 포함되어 있었다. 「금등(金縢)」·「고명(顧命)」 등 문구의 차이는 있지만 기본적으로 『금문상서』와 동일한 내용의 글들이 있었고, 「후보(厚父)」·「섭명(攝命)」 등 현존하는 『서경』에 전혀 없는 글들도 있었다. 이 가운데 「부열지명(傅說之命)」은 현존의 고문 「열명(說命)」과 같은 제목이지만 내용이 달랐고, 「윤고(尹誥)」는 현존의 고문 「함유일덕(咸有一德)」과 동일한 배경에서 집필된 것이지만 역시 내용이 전혀 달랐다. 『고문상서』가 위작임이 다시 한번 밝혀진 것이다.

『금문상서』 또한 모두 신뢰하기는 어렵다. 20세기 전반기에 중국 고대사에 대한 회의를 주도한 고힐강(顧頡剛, 1893~1980)은 오랜 기간 『상서』 연구에 몰두했다. 그는 『금문상서』 28편을 세 부류로 나누어 다음과 같이 정리하였는데, 『금문상서』를 이해하는 데 도움이 되기에 소개한다.

① 내용이나 문체로 보아 신뢰할 수 있는 작품들(13편)
「반경」·「대고」·「강고」·「주고」·「재재」·「소고」·「낙고」·「다사」·「다방」·「여형」·「문후지명」·「비서」·「진서」

② 문체가 그 시대의 것과 달라 의심스러운 작품들(12편)

「감서」·「탕서」·「고종융일」·「서백감려」·「미자」·「목서」·「금등」·「무일」·「군석」·「입정」·「고명」·「홍범」

③ 전국(戰國) 혹은 진한(秦漢) 때의 위작이 확실한 작품들(3편)

「요전」·「고요모」·「우공」

고힐강의 견해가 모두 정확하다고 할 수는 없지만, 적어도 『서경』을 어떤 시각으로 보아야 할 것인지에 대해서는 시사하는 바가 크다. ③번의 「요전」·「고요모」·「우공」 등 세 편은 갑골문 형성 이전의 내용을 다루고 있기 때문에 분명 그 시대의 작품은 아니지만, 그렇다고 전혀 믿을 수 없다고 단정할 필요는 없다. 문명의 초창기와 관련한 이야기들이 끊임없이 전해져 내려오다가 어느 시점엔가 지금의 내용으로 정착되었을 것이기 때문이다. 현재에는 전국 시대에 정리된 고대사 자료로 받아들이려는 경향이 강하다.

본서에서는 위고문과 『금문상서』를 구분하여 어느 편이 분명한 위작인지 알 수 있도록 했다. 『고문상서』는 분명한 위작이고, 『금문상서』는 후대에 기록된 것이기는 하지만 그런대로 신뢰할 수 있는 글들인 것이다. 현재의 『서경』은 금문 33편과 고문 25편 등 모두 58편으로 구성되어 있으며, 그 58편은 다시 「우서(虞書)」·「하서(夏書)」·「상서(商書)」·「주서(周書)」의 네 부분으로 구분된다.

3. 『상서정의』와 『서집전』

한대부터 청대에 이르기까지 『서경』의 주석서들은 셀 수 없이 많지만 영향력의 측면에서 볼 때 가장 중요한 책은 공영달의 『상서정의(尚書正義)』와 채침의 『서집전(書集傳)』이다. 공영달(孔穎達, 574~648)은 공자의 31세손이다. 수나라의 명경과에 급제하여 태학조교를 지냈으며, 당나라에서 국자박사에 올랐다. 당태종의 총애로 곡부현남(曲阜縣男)의 작위를 받고, 국자감의 우두머리인 국자좨주(國子祭酒)가 되었다.

당태종은 태자인 형을 죽이고 황제가 된 인물이다. 그 부당(不當)을 치적(治績)을 통해 만회하려 했고, 이를 위해서는 인재의 확보가 절실했다. 인재를 양성하기 위해 학교를 세우고 학생의 정원을 늘렸다. 유가 경전으로 그 학생들을 교육했고, 소양을 쌓은 학생들은 새롭게 정착하고 있던 과거를 통해 벼슬에 나아갔다. 그런데, 당시 그들이 배우고 익혀야 했던 유가 경전들은 한나라 때 복원 과정을 거치면서 판본이 다양했다. 이는 선생이나 학생, 과거 출제자나 응시자 모두를 곤혹스럽게 만들었다.

이에 태종은 저명한 유학자 안사고(顏師古, 581~645)에게 『오경(五經)』의 통일된 텍스트를 만들도록 했다. 안사고는 이본들을 대조·교감하고 여러 학자와의 문답을 통해 『오경정본(五經定本)』을 완성하였고, 이 텍스트는 정관(貞觀) 7년(633)에 세상에 반포되었다. 텍스트가 완성되자 이제 텍스트에 대한 통일된 해석이 필요해졌다. 태종은 이 일을 공영달에게 맡겼다.

공영달은 먼저 각각의 경전마다 권위 있는 주석을 채택하고, 그 주석에 다시 주석을 가하는 형식으로 이 일을 추진했다. 경전의 주(註/注)를 먼저 확정하고 그 주에 다시 소(疏)를 다는 형식이었으므로, 소는 주의 내용을 확장 해설만 할 뿐 다른 견해를 제시할 수 없었다. 이렇게 완성된 『오경』의 주소(註疏)를 '『오경』의 바른 뜻'이란 의미로 『오경정의(五經正義)』라고 하였고, 이 책은 당태종의 사후인 영휘(永徽) 4년(653) 천하에 반포되었다.

칙명으로 완성된 『오경』의 정문(正文)과 주소는 절대적인 권위를 가지고 확산되어 갔다. 학문은 통일되었으며 과거의 텍스트는 고정되었다. 근대 학자 마종곽(馬宗霍, 1897~1976)은 이러한 상황을, "『오경정본』이 출현한 뒤 경전에 다른 문자가 사라졌고, 『오경정의』가 나온 뒤 경전에 다른 해석이 없어졌다"고 하였다.

『상서정의』는 『오경정의』 가운데 하나인데, 텍스트는 동진의 매색이 진상한 『상서』였다. 공안국의 서문과 주석이 붙어 있고, 「서서(書序)」를 쪼개어 각 편에 해당 부분을 삽입한 그 책이다. 공영달은 공안국의 서문을 그대로 실었고, 주(註)도 공안국의 주석을 그대로 채택했다. 여기에 소(疏)를 달아 해설에 친절을 더했다. 『금문상서』 33편과 가짜 『고문상서』 25편으로 구성된 이 책, 공안국의 서문과 주석도 가짜인 이 책은 그 뒤 여러 사람의 문제 제기가 없지 않았지만 지금까지 약 1,400년 동안 『상서』 정본(正本)으로서의 권위를 누려 오고 있다. 지금은 '가짜 고문상서[僞古文尙書]', '가짜 공안국 전[僞孔傳]'이라고 하여 '가짜[僞]'라는 말을 앞에 붙여 말하기는 하지만, 여전히 권위 있는 텍스트다.

성리학의 체계를 완성한 주희는 『상서정의』가 의심스러웠다. 우선 『고문상서』 25편의 문체가 주(周)나라의 그것으로 보이지 않았다. 그렇다면 『고문상서』에 달린 공안국의 주석도 문제가 있을 것이고, 공안국의 주석이 문제가 있다면 공안국의 서문도 믿기 어렵다. 각 편마다 실려 있는 「서서」라는 것도 결코 공자의 말로 보이지 않았다. 이에 주희는 『사서이경(四書二經)』의 주석을 완성한 뒤, 마지막으로 『서경』의 주석에 착수했다. 경문은 매색의 진상본이자 공영달의 『상서정의』본인 기존의 것을 따를 수밖에 없었으나, 공안국의 해설을 배제하고 공안국의 서문과 「서서」도 모두 삭제했다. 그러나 그의 생애가 얼마 남지 않았다. 「요전」, 「순전」과 「대우모」에 대한 주석을 대략 마치고, 믿을 만한 제자 채침에게 원고를 넘겨주며 완성을 부탁했다. 죽기 1년 전인 70세 때의 일이다. 이렇게 해서 채침의 손에서 완성된 책이 『서집전(書集傳)』이다. 채침은 서문에서 「요전」, 「순전」과 「대우모」는 스승께서 일찍이 바로잡아 손때가 아직도 새로우니 아! 안타깝도다!"라고 했다.

채침(蔡沉, 1167~1230)은 복건성 건양(建陽, 무이武夷)사람으로 자는 중묵(仲默)이고 시호는 문정(文正)이다. 주희의 제자이자 벗이었던 채원정(蔡元定, 1135~1198)의 차남이며, 배우는 사람들이 구봉(九峰) 선생이라고 불렀다. 부친에게 배운 뒤, 주희의 문하에 나아가 배웠다. 부친 사후에 구봉산(九峰山)에 은거하면서 스승의 지시에 따라 『서경』을 주해했다. 스승이 작고하고 9년이 지난 1209년에야 『서집전(書集傳)』을 완성했으니 쉽지 않은 작업이었다.

『서집전』의 출현은 상서학(尚書學)의 전기가 되었다. 『고문상서』와 『금문상서』의 진위 문제에 대한 판단이 여전히 유보적이거나 해설이 지나치게 성리학적이라는 문제들이 있음에도 불구하고, 그간 독보적인 권위를 누리고 있던 『상서정의』의 위상을 빠르게 대체해 갔다. 『서집전』은 점차 『서경』의 거의 유일한 독본으로 자리 잡게 되었고, 『상서정의』는 전문 연구자들이나 보는 책이 되었다. 이는 14세기 이후 동아시아의 주류 사상이 된 성리학의 확산과 무관하지 않지만, 명쾌하고 친절하며 평이한 해설이라는 자체의 장점이 있기 때문이었다. 『서집전』 출현 이후, 우리나라 선비들은 이 책으로 『서경』을 공부했다. 『시집전(詩集傳)』을 '시전(詩傳)'이라 하듯이 『서집전』을 '서전(書傳)'이라고 하면서 『시전』·『서전』을 열심히 읽었다. 과거 시험의 출제 범위도 오로지 이 책이었다. 채침의 생각이 우리나라 선비들의 생각이 되었으니, 필자가 『서집전』의 해설을 기준으로 『서경』을 번역한 것도 이런 이유 때문이다.

서집전서(書集傳序)[1]

慶元己未冬에 先生文公이 令沈으로 作書集傳하시고 明年에 先
경원기미동 선생문공 령침 작서집전 명년 선

生이 歿커시늘 又十年에 始克成篇하니 總若干萬言이라 嗚呼라
생 몰 우십년 시극성편 총약간만언 오호

書豈易言哉아 二帝三王의 治天下之大經大法이 皆載此書하니 而
서기이언재 이제삼왕 치천하지대경대법 개재차서 이

淺見薄識이 豈足以盡發蘊奧리오 且生於數千載之下하여 而欲講
천견박식 기족이진발온오 차생어수천재지하 이욕강

明於數千載之前하니 亦已難矣라
명어수천재지전 역이난의

경원(慶元)[2] 기미년(1199) 겨울에 나의 스승이신 문공(文公)[3]께서 나에게
『서집전』을 저술하게 하시고 이듬해에 스승이 돌아가셨다. 그로부터 다
시 10년이 지난 뒤에 비로소 책을 완성하였는데 모두 수만 자나 되었다.
아!『서경』을 어떻게 쉽게 말할 수 있겠는가! 이제(二帝)[4]와 삼왕(三王)[5]이

---

1 서집전서(書集傳序): 이 서문을 책머리에 싣는 것은 두 가지 이유 때문이다. 하나는 기본적으로
『서집전(書集傳)』의 해설을 따라 번역하였음을 밝히려는 취지이고, 다른 하나는 문장 자체의 가
치 때문이다. 이 서문은 종래, 성리학적 관점에서 『서경』을 바라볼 때 더 이상 가감이 불가능한 완
벽한 문장으로 평가받아 왔다. 그 정도인지는 모르겠으나, 문장이 간결하고 내용이 명료하여 성
리학적 글쓰기의 모범이라고 할 수 있을 것이다. 이 글을 낭독하면 귀신을 쫓을 수 있다는 이야기
가 전해 오는 것을 보면 우리 선조들이 신성하고 소중한 글로 여겼던 것은 분명하다. 귀신을 쫓는
다는 이야기에는 여러 가지 문화적 의미가 내재되어 있기 때문에 황당하다고만 할 일은 아니다.
2 경원(慶元): 남송 영종(寧宗)의 연호. 1195~1200년.
3 문공(文公): 채침의 스승인 성리학의 집대성자 주희(朱熹, 1130~1200)의 시호가 문(文)이다.
4 이제(二帝): 중국 고대의 전설적인 군주 요(堯)와 순(舜)을 말한다.

천하를 다스린 위대한 원칙과 법도가 모두 이 책에 실려 있는데, 나처럼 안목이 얕고 학식이 엷은 사람이 어떻게 그 심오한 뜻을 다 드러낼 수가 있으랴! 더욱이 수천 년 뒤에 태어나 수천 년 전의 일을 강론하여 밝히려 하니 또한 무척 어려운 일이다.

然이나 二帝三王之治는 本於道하고 二帝三王之道는 本於心하니
연   이제삼왕지치 본어도   이제삼왕지도   본어심

得其心이면 則道與治를 固可得 而言矣라 何者오 精一執中은 堯
득기심   즉도여치   고가득 이언의 하자   정일집중은 요

舜禹相授之心法也요 建中建極은 商湯周武相傳之心法也라 曰德
순우상수지심법야   건중건극   상탕주무상전지심법야   왈덕

曰仁曰敬曰誠이 言雖殊而理則一이니 無非所以明此心之妙也라
왈인왈경왈성   언수수이리즉일   무비소이명차심지묘야

至於言天則嚴其心之所自出이오 言民則謹其心之所由施니 禮
지어언천즉엄기심지소자출   언민즉근기심지소유시   례

樂敎化는 心之發也요 典章文物은 心之著也요 家齊國治而天下平
악교화   심지발야   전장문물   심지저야   가제국치이천하평

은 心之推也니 心之德이 其盛矣乎인저 二帝三王은 存此心者也요
  심지추야   심지덕   기성의호   이제삼왕   존차심자야

夏桀商受는 亡此心者也요 太甲成王은 困而存此心者也니 存則
하걸상수   망차심자야   태갑성왕   곤이존차심자야   존즉

治하고 亡則亂하나니 治亂之分이 顧其心之存不存如何耳라 後世
치   망즉란   치란지분   고기심지존부존여하이   후세

人主가 有志於二帝三王之治인댄 不可不求其道요 有志於二帝三
인주   유지어이제삼왕지치   불가불구기도   유지어이제삼

王之道인댄 不可不求其心이니 求心之要를 舍是書면 何以哉리오
왕지도   불가불구기심   구심지요   사시서   하이재

그러나 이제와 삼왕의 다스림은 도(道)를 근본으로 하고 이제와 삼왕의

---

5 삼왕(三王): 하나라의 우(禹)와 은나라의 탕(湯), 주나라의 문왕(文王)과 무왕(武王)을 말한다.
   삼왕은 세 명의 왕이 아니라 세 왕조를 개국한 위대한 군주들을 가리킨다.

도는 마음을 근본으로 하였으므로, 그 마음을 깨닫는다면 도와 다스림에 대하여 말할 수 있을 것이다. 왜 그러한가? 인심(人心)과 도심(道心)을 정밀하게 살피고 한결같이 도심을 견지하여 중도(中道)를 실천하라는 것[6]이 요임금과 순임금·우임금이 마음으로 전수한 가르침이고, 중도를 세우고 황극(皇極)을 세우라는 것[7]이 은나라 탕 임금과 주나라 무왕이 마음으로 전수한 가르침이기 때문이다. 덕(德)이니 인(仁)이니 경(敬)이니 성(誠)이니 하는 것들도 말은 비록 다르지만 그 이치는 하나이니, 모두 이 마음의 오묘함을 밝히지 않은 것이 없다. 하늘을 말하게 되면 이 마음이 유래한 근원이기 때문에 삼가야 하고, 백성을 말하게 되면 이 마음을 베풀 대상이기 때문에 신중해야 하는 것이다. 예악으로 교화하는 것은 이 마음이 움직여 그러한 것이요, 제도와 문물은 이 마음이 드러나 이루어진 것이며, 집안을 가지런하게 하고 나라를 잘 다스리며 천하를 바로잡는 일은 이 마음을 확장하여 이루는 것이니, 마음의 덕이 참으로 성대하도다! 이제와 삼왕은 이 마음을 언제나 보존한 사람들이고, 하나라의 걸(桀)[8]과 은나라의 주(紂)[9]는 이 마음을 잃어버린 사람들이며, 태갑(太甲)[10]과 성왕

---

6 인심(人心) … 실천하라는 것: 원문의 '정일집중(精一執中)'은 「대우모(大禹謨)」 편에 실려 있는 "人心惟危, 道心惟微, 惟精惟一, 允執厥中"을 축약한 표현이다. '정(精)'은 인심과 도심을 정밀하게 살펴서 인심이 개입하지 않도록 하는 일이고, '일(一)'은 한결같이 도심을 견지하는 일이며, '집중(執中)'은 중도를 실천하는 일이다.

7 중도를 … 세우라는 것: 탕 임금의 신하 중훼(仲虺)는 탕 임금에게 천하에 중도를 세울 것을 권유하였고(「중훼지고(仲虺之誥)」), 기자(箕子)는 무왕에게 황극을 세울 것을 말하였다(「홍범(洪範)」). 중도를 세우고 황극을 세우라는 것은 군주가 완벽한 도덕적 실천을 함으로써 백성들의 기준이 되라는 말이다.

8 걸(桀): 하나라 최후의 임금으로 성은 사(姒), 이름은 이계(履癸). 황음하고 사치하여 나라를 망하게 한 임금으로 알려져 있다.

9 주(紂): 은[상]나라 마지막 임금 제신(帝辛)으로, 성은 자(子)이며 이름은 수(受)이다. 하나라의

(成王)¹¹은 어려움을 겪은 뒤에 이 마음을 보존하게 된 사람들이다. 보존하면 다스려지고 잃어버리면 어지러워지니, 다스림과 어지러움이 나뉘는 것이 오직 이 마음의 보존과 잃어버림의 여하에 달려 있는 것이다. 후세의 임금들이 이제와 삼왕의 다스림에 뜻을 둔다면 그들의 도를 찾지 않을 수 없고, 이제와 삼왕의 도에 뜻을 둔다면 그들의 마음을 찾지 않을 수 없으니, 마음을 찾는 강령을 이 책을 버리고 어디에서 찾을 것인가?

沈이 自受讀以來로 沈潛其義하고 參考衆說하여 融會貫通일새
침　　자수독이래　　침잠기의　　　참고중설　　　융회관통

廼敢折衷이나 微辭奧旨는 多述舊聞하고 二典禹謨는 先生이 蓋
내감절충　　미사오지　　다술구문　　이전우모　　선생　개

嘗是正하사 手澤이 尙新하니 嗚呼惜哉라 集傳은 本先生所命이라
상시정　　수택　상신　　오호석재　　집전　　본선생소명

故로 凡引用師說을 不復識別하고 四代之書를 分爲六卷하니 文以
고　범인용사설　　불부지별　　사대지서　　분위육권　　문이

時異나 治以道同이라 聖人之心이 見於書가 猶化工之妙著於物이
시이　치이도동　　성인지심　　현어서　유화공지묘저어물

니 非精深이면 不能識也라 是傳也於堯舜禹湯文武周公之心엔 雖
비정심　　불능식야　시전야어요순우탕문무주공지심　수

마지막 임금 걸과 함께 폭군의 전형으로 불리며 포악하고 향락을 좋아하여 나라를 망하게 하였다고 한다.

10　태갑(太甲): 은나라 제4대 임금으로 성은 자(子)이며 이름은 지(至), 왕호(王號)는 태종(太宗)이다. 이윤(伊尹)이 옹립하였으나 탕 임금의 법도를 지키지 않고 덕을 어지럽히자, 이윤이 그를 탕 임금의 능묘가 있는 동궁(桐宮)으로 내쫓아 반성하도록 했다. 『사기·은본기』에는 태갑이 3년 동안 동궁에 머무르며 자신의 잘못을 뉘우치자 이윤이 다시 태갑을 맞이해 정권을 돌려주었다고 기록되어 있다.

11　성왕(成王): 주나라 제2대 임금 희송(姬誦). 무왕이 죽었을 때 아직 어렸으므로 숙부인 주공(周公) 희단(姬旦)이 섭정하였다. 재위 기간 동안 여러 어려움을 겪으며 주나라의 기반을 다져 아들 강왕(康王)과 함께 성강지치(成康之治)를 이루었다는 평가를 받는다.

未必能造其微나 於堯舜禹湯文武周公之書엔 因是訓詁면 亦可得
미 필 능 조 기 미　　어 요 순 우 탕 문 무 주 공 지 서　　인 시 훈 고　　역 가 득
其指意之大略矣리라
기 지 의 지 대 략 의

내가 이 책을 배워 읽고부터 그 의미를 깊이 사색하고 여러 견해를 참고
해, 무르녹여 깨달아 막힘이 없게 되었다. 이에 감히 여러 견해를 절충하
여 책을 집필하였으나, 미묘한 말과 깊은 뜻은 옛날에 스승께 들었던 것
을 주로 서술하였다. 「요전」, 「순전」과 「대우모」는 스승께서 일찍이 바로
잡아 손때가 아직도 새로우니 아! 안타깝도다! 『서집전』은 원래 스승의
분부로 집필된 책이다. 그러므로 스승의 견해를 인용하더라도 별도로 표
시하여 구분하지 않았다. 네 왕조의 글을 여섯 권으로 나누었으니, 글은
시대에 따라 다르지만 다스림의 도는 같은 것이다. 성인의 마음이 이 책
에 드러난 것이 조화의 오묘함이 만물에 드러난 것과 같으니, 정밀하게
깊이 연구하는 자가 아니라면 알 수 없을 것이다. 이 책이 요임금·순임금·
우임금·탕 임금·문왕·무왕·주공의 미묘한 마음에는 나아가지 못했더라
도, 요임금·순임금·우임금·탕 임금·문왕·무왕·주공의 글은 이 훈고를 따
른다면 그 대강의 뜻을 얻을 수 있을 것이다.

嘉靖己巳三月旣望에 武夷蔡沈은 序하노라
가 정 기 사 삼 월 기 망　　무 이 채 침　서
가정(嘉定)[12] 기사년(1209년) 3월 16일에 무이(武夷) 채침이 서문을 쓴다.

---

12 가정(嘉定): 남송 영종(寧宗)의 연호. 1208~1224년.

제I부

우나라의 기록

[우서虞書]

우(虞)는 유우(有虞)라고도 하는 중국 상고 시대의 부족 이름으로 알려져 있다. 이 부족의 시조는 우막(虞幕)이라고 하는데, 황제(黃帝)가 우막을 우(虞) 땅에 봉함으로써 유우씨(有虞氏)라는 성씨를 가지게 된 것이라고 한다. 그 지역은 지금의 산서성 남부에서 하남성 서북부에 걸쳐 있었으며, 도성은 포판(蒲坂, 산서성 영제시永濟市)이다. 순임금은 이 부족의 일원으로 우막의 후손이기 때문에 우순(虞舜)으로 불리게 되었다.

한편, 순임금에게 제위를 선양한 요임금은 당요(唐堯) 또는 도당씨(陶唐氏)로 불리는데, 모두 지명과 관련한 호칭이다. 요임금은 처음 아버지 제곡(帝嚳)에 의하여 도(陶, 산서성 양분현襄汾縣)에 봉해졌다가 다시 당(唐, 산서성 임분시臨汾市)에 옮겨 봉해졌다고 한다. 그러므로 통상 이야기하는 당요우순(唐堯虞舜)의 당과 우는 지명이며, 후대의 개념으로 보면 나라 이름이다.

그러므로 「우서(虞書)」는 우순(虞舜) 즉 순임금과 관련된 기록물이라는 뜻이지만, 「순전(舜典)」뿐만 아니라 요임금 관련 기록인 「요전(堯典)」과 우(禹)임금 관련 기록인 「대우모(大禹謨)」가 함께 실려 있다. 이에 대해 한나라와 당나라의 학자들은 요임금이 순임금에게, 순임금이 우임금에게 제위를 물려주었으므로, 우(虞)나라의 사관이 순임금을 중심에 두고 전후의 맥락을 함께 기록한 것이라고 설명하였다. 시기적으로는 대략 기원전 22세기에서 기원전 21세기에 해당하는 것으로 추정된다.

현재 「우서」에는 「요전」·「순전」·「대우모」·「고요모(皋陶謨)」·「익직(益稷)」 등 다섯 편의 글이 실려 있다. 이 가운데 「요전」과 「순전」은 원래 「요전」 한 편이었고, 「고요모」와 「익직」도 「고요모」 한 편이었으나 매색(梅賾)의 진상본부터 각각 별도의 제목이 붙은 두 편으로 나뉘었다. 게다가 「대우모」는 위조된 『고문상서』이므로, 한나라 때 복원한 『금문상서』를 기준으로 보면 「우서」는 「요전」과 「고요모」 두 편으로 구성되어 있다.

제1편
요임금의 모범적인 다스림 [요전堯典]

『금문상서』이다. 요(堯)는 당(唐)에 봉해진 군주의 이름이고, 전(典)은 책상 위에 높이 얹어서 보관하는 소중한 책이라는 의미이다. 그러므로 '요전(堯典)'은 요임금의 말씀과 일을 기록한 소중한 책이라는 뜻이며, 후세의 모범이 될 수 있는 기록이라는 뜻이다. 『금문상서』이므로 위작은 아니지만, 요임금 당시의 기록이 아닌 것은 확실하다. 아마 구전되던 내용을 후대에 정리하였을 것이며, 이 과정에서 글쓴이의 창의가 많이 개입되었을 것이다.

요임금의 덕성에 대한 묘사로 시작하는 이 편은 요임금이 역법(曆法)을 제정하여 시행한 내용과 후계자 선정과정을 설명하고 있다. 요임금의 다스림은 『대학(大學)』에서 말하는 수신(修身)·제가(齊家)·치국(治國)·평천하(平天下)의 단계적 실천과 완벽하게 일치한다. 덕으로 충만한 그가 친족을 감화시키고 백성을 감화시키고 결국은 천하 사람들을 변화시켰다는 설정을 통해 유가가 추구한 이상적 군주의 원형으로 요임금을 제시한 것이다.

역법은 천체의 주기에 따라 인간의 시간을 정하는 일이다. 농업 경제를 근간으로 정착 생활을 하는 지역에서 시간의 흐름을 장악하는 일은 무엇보다도 중요하다. 역법과 관련한 내용이 정밀하지는 않지만, 하늘과 인간의 유기적 관계에 대한 초보적 인식을 담고 있다는 점에서 주목할 필요가 있다. 이 책을 관통하고 있는 천명(天命) 사상의 원형이기 때문이다.

위대한 군주 요는 역법을 제정한 뒤, 갑자기 후계자를 물색한다. 자신의 아들 단주(丹朱)를 추천하는 사람이 있었지만, 지도자는 혈통이 아니라 덕성과 능력으로 선발되어야 한다는 것이 그의 생각이었다. 이상적 왕위 계승의 형식인 선양(禪讓)의 출발점이다. 그래서 쿠데타로 정권을 찬탈한 후대의 군주들도 선양의 형식으로 왕위를 물려받곤 했다. 요임금이 후계자로 선발된 우순(虞舜)을 검증하기 위해 두 딸을 시집보내는 것으로 이 편이 끝난다.

1. 요임금의 위대한 덕

曰若[1]稽古帝堯한대
<small>왈 약 계 고 제 요</small>

옛날의 요임금[2]을 상고해 보니,

曰放勳이시니
<small>왈 방 훈</small>

위대한 공적이 (세상에 두루) 미치신 분이셨다!

欽明文思安安하시며
<small>흠 명 문 사 안 안</small>

삼가고 이치에 밝고 우아하고 사려 깊음이 타고나 자연스러웠으며,

允恭克讓하사
<small>윤 공 극 양</small>

참으로 공손하고 언제나 겸양하여

光被四表하시며
<small>광 피 사 표</small>

빛나는 덕이 사방을 덮고

格于上下하시니라
<small>격 우 상 하</small>

하늘과 땅을 감동시키셨다.

2. 명명덕(明明德)과 신민(新民)[3]

克明俊德하사
<small>극 명 준 덕</small>

(자신의) 성대한 덕을 환하게 밝혀

---

1 曰若(왈약): 채침은 월약(粵若)·월약(越若)과 비슷한 용법의 발어사라고 하였다.

2 요임금: 여러 기록을 종합해 보면 대략 기원전 22세기를 전후해서 살았던 것으로 추정되는 고대의 이상적인 군주. 씨족부락 연맹의 수령으로 오늘날의 산서성 임분(臨汾)에 있었던 옛 당(唐)나라 사람이었다고 한다. 14세에 도(陶)에 봉해졌고, 16세에 다시 당에 봉해졌다고 하며 이로 인해 도당씨(陶唐氏) 혹은 당요(唐堯)라고 불린다. 『서경』에는 재위 70년에 순을 등용하여 3년 뒤에 섭정하게 하였으며 다시 28년 뒤에 죽었다고 한다.

3 명명덕(明明德)과 신민(新民): '명명덕'은 하늘이 주신 나의 밝은 덕[明德]이 밝음을 유지하도록 하는 일[明]이고, '신민'은 나의 덕에 감화된 백성들도 모두 명명덕함으로써 새롭게 거듭나도록 하는 일[新]이니, 이는 『대학(大學)』의 강령이다. 그러므로 명명덕은 수신(修身)의 일이고, 신민은

以親九族하신대 이 친 구 족	모든 친족4을 친5하게 하였고,
九族이 旣睦이어늘 구 족 기 목	모든 친족이 마침내 화목하게 되자
平章百姓하신대 평 장 백 성	백성들의 덕이 골고루 빛나도록 하였으며,
百姓이 昭明하며 백 성 소 명	백성들이 (스스로 자신의 덕을) 밝히자
協和萬邦하신대 협 화 만 방	모든 나라를 골고루 화목하게 하시니,
黎民이 於變時雍하니라 려 민 오 변 시 옹	온 세상 백성들이 아! 이처럼 화목하게 변하였도다!

3. 역법을 제정한 희씨와 화씨

乃命羲和하사 내 명 희 화	이에 희씨(羲氏)와 화씨(和氏)6에게 명령하여

제가(齊家)·치국(治國)·평천하(平天下)의 일인데, 『서경』의 이 단락은 요임금이 이러한 이상적인 유학의 강령을 단계적으로 완벽하게 실천하였음을 말하고 있다.

4 모든 친족: 원문의 '구족(九族)'은 고조부로부터 현손에 이르기까지의 혈연관계에 있는 모든 친족을 말한다.

5 친: 여기서의 '친(親)'은 단순히 친하다는 의미에 그치는 것이 아니라 혈연으로 맺어진 친족에 대한 도리를 완수하는 것을 말하니, 제가(齊家)의 이상을 완벽하게 실천하였음을 의미한다.

6 희씨(羲氏)와 화씨(和氏): 채침은 천체의 운행을 기록하고 관찰하여 농사철을 알려 주는 임무를 맡은 관리라고 하였다. 그러나 신화에서 희화(羲和)는 한 단어로 사용되며, 열 개의 태양을 낳은 여신이라거나 태양을 실은 수레를 끄는 마부라고 하는 등 모두 태양과 관련된 신으로 등장한다. 연구자들에 따르면, '희(羲)'는 '양(曦, 햇빛)'의 가차이고 '화(和)'는 '회전'을 의미하여 '희화'는 '출몰을 반복하는 태양'의 뜻이라고 하는데, 신화 속의 태양이 『서경』에서 태양을 관측하는 관리

欽若昊天하여
흠 약 호 천

위대한 하늘을 경건하게 따르며

曆象日月星辰하여
력 상 일 월 성 신

해와 달과 별의 운행을 관찰하고
기록하여

敬授人時하시다
경 수 인 시

삼가 사람들에게 (농사지을) 시기를
알려 주게 하셨다.

4. 희중에게 동방의 직무를 맡기다

分命羲仲하사
분 명 희 중

희중에게 직분을 나누어 명령하여

宅嵎夷하시니
택 우 이

우이[7]에 머무르게 하셨으니

曰暘谷이니
왈 양 곡

양곡[8]이라는 관사(官舍)이다.

寅賓出日하여
인 빈 출 일

떠오르는 해를 손님맞이하듯 경건하게
맞이하여

平秩東作이니
평 질 동 작

봄에 시작하는 농사일을 골고루
차례대로 하게 하니

로 등장한 것이다. 채침은 이 문단을 희중과 희숙, 화중과 화숙 등 4인에게 개괄적으로 한 명령이
라고 하였으나, 어떤 학자들은 희백(羲伯)과 화백(和伯)의 이름이 본문에 나타나지 않는 것을 근
거로 이 문단은 그들에게 역법을 제정하게 한 것이라고도 한다.

7 우이: 현재의 산동성 동부 해안 지역으로 산동반도의 끝자락으로 추정된다.

8 양곡: 해가 돋는 골짜기라는 뜻인데, 채침은 희중이 측후의 직무를 수행하기 위해 만든 관사(官
舍)의 이름이라고 하였다.

日中이요 星鳥라
일 중   성 조

낮은 밤과 길이가 같고[9] 별자리는
새[鳥] 자리[10]이다.

以殷仲春이면
이 은 중 춘

그리하여 봄의 중간[殷]인 2월이 되면

厥民은 析이요
궐 민   석

(방 안에 웅크리고 있던) 백성들은
나와서 흩어지고

鳥獸는 孳尾니라
조 수   자 미

새와 짐승들은 새끼를 치고 교미한다.

5. 희숙에게 남방의 직무를 맡기다

申命羲叔하사
신 명 희 숙

다시 희숙에게 명령하여

宅南交하시니
택 남 교

남쪽 교지(交趾)[11]에 머무르게
하셨으니

曰明都[12]라
왈 명 도

명도라는 관사이다.

---

9   낮은 밤과 길이가 같고: 24절기 중 춘분(春分)을 말한다.
10 새[鳥] 자리: 28수(宿) 가운데 남방 주작칠수(朱雀七宿)를 말한다. 고대에는 초저녁에 남쪽 하늘에 나타나는 별자리로 절기를 헤아렸는데, 춘분날 초저녁에는 주작칠수 가운데 유(柳)·성(星)·장(張)의 세 별자리가 나타난다.
11 교지(交趾): 현재의 베트남 북부 통킹·하노이 지역의 옛 이름.
12 曰明都(왈명도): 원래 이 세 글자는 경문에 없는 것이었으나, 동한의 정현(鄭玄)이 앞뒤 단락에서 '왈양곡(曰暘谷)', '왈매곡(曰昧谷)', '왈유도(曰幽都)'라고 한 예에 비추어 빠진 것으로 보고 유추하여 첨가했다.

平秩南訛하여
평 질 남 와

여름에 변화하는 농사일을 골고루
차례대로 하게 하고

敬致니
경 치

삼가 (하지의 태양을) 맞이하니,

日永이요 星火라
일 영   성 화

낮이 길고[13] 별자리는
대화성(大火星)[14]이다.

以正仲夏면
이 정 중 하

그리하여 정양(正陽)[15]인 5월이 되면

厥民은 因이요
궐 민   인

백성들은 더욱 흩어지고

鳥獸는 希革이니라
조 수   희 혁

새와 짐승들은 털이 듬성해져 가죽이
바뀐다.

6. 화중에게 서방의 직무를 맡기다

分命和仲하사
분 명 화 중

화중에게 (직분을) 나누어 명령하여

宅西하시니
택 서

서쪽에 머무르게 하셨으니,

曰昧谷이니
왈 매 곡

매곡[16]이라는 관사이다.

---

13 낮이 길고: 24절기의 하지(夏至)를 말한다.
14 대화성(大火星): 심수(心宿). 동방 청룡칠수(靑龍七宿) 가운데 하나로 하짓날 초저녁에 남쪽
    하늘에 나타난다.
15 정양(正陽): 양(陽)의 극(極)인 하지가 들어 있는 5월.
16 매곡: 어두운 골짜기라는 뜻이니, 해가 지는 서쪽의 관사[측후소] 이름이다.

寅餞納日하여
인 전 납 일

들어가는 해를 경건하게 전송하여

平秩西成이니
평 질 서 성

가을에 결실을 수확하는 일을 골고루 차례대로 하게 하니

宵中이요 星虛라
소 중　　　 성 허

밤은 낮과 길이가 같고[17] 별자리는 허성(虛星)[18]이다.

以殷仲秋면
이 은 중 추

그리하여 가을의 중간인 8월이 되면

厥民은 夷요
궐 민　　 이

백성들은 평안하고

鳥獸는 毛毨이니라
조 수　　 모 선

새와 짐승들은 털에 윤기가 흐른다.

7. 화숙에게 북방의 직무를 맡기다

申命和叔하사
신 명 화 숙

다시 화숙에게 명령하여

宅朔方하시니
택 삭 방

삭방[북방]에 머무르게 하셨으니

曰幽都니
왈 유 도

유도라는 관사이다.

平在朔易이니
평 재 삭 역

겨울에 해가 바뀌는 것에 대비할 일을 골고루 살피게 하니

17　밤은 낮과 길이가 같고: 24절기의 추분(秋分)을 말한다.
18　허성(虛星): 허수(虛宿). 북방 현무칠수(玄武七宿) 가운데 하나로 추분날 초저녁에 남쪽 하늘에 나타난다.

日短이요 星昴라
일 단   성 묘

낮이 짧고[19] 별자리는 묘성(昴星)[20]이다.

以正仲冬이면
이 정 중 동

그리하여 정음(正陰)[21]인 동짓달이
되면

厥民은 隩요
궐 민   오

백성들은 따뜻한 방 안에서 지내고

鳥獸는 氄毛니라
조 수   용 모

새와 짐승들은 부드러운 털이 난다.

8. 희씨와 화씨들에게 역법의 순조로운 시행을 당부하다

帝曰
제 왈

요임금께서 말씀하셨다.

咨汝羲暨和아
자 여 희 기 화

"아! 너희 희씨와 화씨여!

朞는 三百有六旬有六日이니
기   삼 백 유 육 순 유 육 일

일 년은 366일이니

以閏月이라사
이 윤 월

윤달을 사용해

定四時成歲하여
정 사 시 성 세

사계절을 정하고 한 해를 이루어

允釐百工하여
윤 리 백 공

모든 관리들을 잘 다스린다면

庶績이 咸熙하리라
서 적   함 희

여러 일이 모두 널리 베풀어질 것이다."

---

19 낮이 짧고: 24절기의 동지(冬至)를 말한다.
20 묘성(昴星): 묘수(昴宿). 서방 백호칠수(白虎七宿) 가운데 하나로 동짓날 초저녁에 남쪽 하늘
    에 나타난다.
21 정음(正陰): 음(陰)의 극(極)인 동지가 들어 있는 11월.

9. 후계자 논의에서 아들 단주를 거부하다

帝曰
_{제 왈}
요임금께서 말씀하셨다.

疇咨若時하여 登庸고
_{주 자 약 시   등 용}
"누가, 때를 따라 잘 다스릴 사람을
찾아서 등용하도록 하겠는가?"

放齊曰
_{방 제 왈}
방제[22]가 말하였다.

胤子朱가 啓明하니이다
_{윤 자 주   계 명}
"맏아드님 단주(丹朱)[23]가 현명합니다."

帝曰 吁라
_{제 왈 우}
요임금께서 말씀하셨다. "어허![24]

嚚訟이어니 可乎아
_{은 송   가 호}
진실하지 못하고 말다툼을 좋아하는데
되겠는가?"

10. 후계자 논의에서 공공을 거부하다

帝曰
_{제 왈}
요임금께서 말씀하셨다.

---

22 방제: 요임금의 신하인데 다른 이력은 알려진 것이 없다.
23 단주(丹朱): 요임금의 맏아들로 어머니는 산의씨(散宜氏)라고 한다. 단수(丹水)에 봉해졌으나
    불초하여 제위를 계승하지 못했다. 순임금이 등극한 뒤 방읍후(房邑侯)에 봉해졌다고 한다. 그
    에 대한 여러 가지 부정적인 이야기들이 전하고 있으나, 요순의 선양을 미화하기 위해 반면 인물
    로 묘사된 정황이 강하다.
24 어허!: 원문의 '우(吁)'는 부정의 감탄사로 사용되었다.

疇咨若予采오
주 자 약 여 채

"누가, 나의 일을 잘 계승할 사람을
찾을 수 있겠는가?"

驩兜曰都라
환 도 왈 도

환도[25]가 말하였다. "오! (훌륭합니다!)

共工이 方鳩僝功하나니이다
공 공   방 구 잔 공

공공[26]이 지금 한창 여러 가지 공적을
나타내고 있습니다.[27]"

帝曰 吁라
제 왈   우

요임금께서 말씀하셨다. "어허!

靜言庸違하고
정 언 용 위

조용할 때 말은 잘하지만 일을 맡기면
어긋나고,

象恭滔天하니라
상 공 도 천

모습은 공손하지만 (마음속 오만함이)
하늘까지 가득 차 있다.[28]"

---

25 환도: 채침은 요임금의 신하라고 하였다. 아마 씨족이나 부족의 수령으로 일정한 세력을 가지고
    있던 인물이었을 것이다. 뒤에 순임금에 의하여 추방되었다.

26 공공: 『서경·순전』에는 공업(工業)을 담당하는 관직 이름으로 나오지만, 중국 고대의 신화들에
    는 물의 신으로 나타난다. 대체로 토목과 기술에 재능을 가진 부족이나 부족장의 이름일 것이다.
    염제 신농씨의 후예라고 하며 황제(黃帝)의 후예인 전욱(顓頊)과 싸웠다는 기록이 있는 것으로
    보아 염제 계열과 황제 계열의 대립 구도에서 일정한 역할을 한 것으로 보인다. 요임금이 여기서
    그를 부정적으로 평가하고 뒤에 순임금이 그를 유배한 것은 오히려 공공의 세력이 그들에게 위
    협적이었기 때문일 수도 있을 것이다.

27 이 구절의 '방구잔공(方鳩僝功)'에 대하여 주희(朱熹)는 "무슨 말인지 알 수 없다"고 하였으나
    채침은 번역문처럼 해설하였다.

28 원문의 '도천(滔天)'에 대하여 채침은 '미상'이라고 하였으나, 『상서정의』에는 번역문처럼 해설하
    고 있다.

11. 곤에게 홍수를 다스리게 하였으나 실패하다

帝曰 咨四岳아
<small>제 왈 자 사 악</small>

요임금께서 말씀하셨다. "아! 사악[29]아!

湯湯洪水方割하여
<small>상 상 홍 수 방 할</small>

세찬 홍수가 지금 한창 사나우니

蕩蕩懷山襄陵하여
<small>탕 탕 회 산 양 릉</small>

거침없이 산을 휘감고 언덕을 덮쳐

浩浩滔天일새
<small>호 호 도 천</small>

넘실넘실 하늘까지 집어삼킬 듯하다.

下民其咨하나니
<small>하 민 기 자</small>

백성들이 탄식하고 있으니

有能이어든 俾乂하리라
<small>유 능   비 예</small>

유능한 사람이 있으면 그로 하여금
다스리게 하겠다."

僉曰 於라 鯀哉니이다
<small>첨 왈 오   곤 재</small>

모두 말하였다. "아! 곤(鯀)[30]이 그
사람입니다!"

帝曰 吁라 咈哉라
<small>제 왈 우   불 재</small>

요임금께서 말씀하셨다. "어허! 틀렸다!

方命하며 圮族하나니라
<small>방 명   비 족</small>

(그는) 명령을 거스르며 사람들을
해치는 자이다."

岳曰 异哉나
<small>악 왈 이 재</small>

사악이 말하였다. "그만두더라도

---

29 사악: 사방의 제후들을 통솔하는 관직 이름이다. 채침은 1인으로 보고 있지만 사마천을 비롯해
    어떤 학자들은 사악(四岳)이 대답할 때 '모두 말하였다[僉曰]'고 기록한 것을 근거로 4인으로 보
    았다. 채침은 '첨(僉)'을 사악과 여러 신하들로 보았다.
30 곤(鯀): 우임금의 아버지로 숭 땅의 부족장[崇伯]이었다. 9년에 걸쳐 치수하였으나 실패하였고,
    우가 계승하여 성공했다고 한다. 뒤에 순임금이 그를 유폐하였다.

試可오 乃已니이다
시 가   내 이

가부를 시험해 보고 그만두어야
합니다."

帝曰 往欽하라 하시니
제 왈 왕 흠

(이에) 요임금께서 "가서 삼가 임무를
수행하라" 하셨으나

九載에 績用이 弗成하니라
구 재   적 용   불 성

9년이 되도록 공적을 이루지 못했다.

12. 사악이 제위를 사양하다

帝曰
제 왈

요임금께서 말씀하셨다.

咨四岳아
자 사 악

"아! 사악아!

朕이 在位七十載니
짐   재 위 칠 십 재

내가 임금의 자리에 있은 지 70년인데

汝能庸命하나니
여 능 용 명

너는 나의 명령을 잘 실천하였으니

巽朕位인저
손 짐 위

나의 자리를 물려주리라!"

岳曰 否德이라
악 왈 비 덕

사악이 말하였다. "(저는) 덕이 통하지
못해

忝帝位하리이다
첨 제 위

임금의 자리를 욕되게 할 것입니다."

13. 두 딸을 순에게 시집보내 시험하다

日明明하며 揚側陋하라
왈 명 명   양 측 루

"이미 드러난 자도 추천하고 미천한
사람도 추천하라."

師錫帝曰
사 석 제 왈

여러 사람이 함께 요임금께
말씀드렸다.

有鰥이 在下하니
유 환   재 하

"어떤 장가 못 간 사람이 백성 가운데
있는데

曰虞舜이니이다
왈 우 순

우순31이라고 합니다."

帝曰 兪라 予聞하니 如何오
제 왈 유   여 문   여 하

요임금께서 말씀하셨다.
"그렇다! 나도 들은 적이 있다.
어떤 사람인가?"

岳曰 瞽子니
악 왈 고 자

사악이 말하였다. "장님의 아들인데,

父頑하며 母嚚하고 象傲어늘
부 완   모 은   상 오

아비는 어리석고 어미는 진실하지
못하고 (이복동생인) 상은 오만한데도32

---

31 우순: 우(虞) 또는 유우(有虞)는 순(舜)의 씨(氏)인데, 요임금에게 선양을 통해 천하를 물려받
    은 뒤 나라 이름으로 삼았다고 한다. 순의 성(姓)은 요(姚)이다. 씨는 성의 하위 개념으로 대략 한
    나라 이후에는 하나로 합쳐졌다. 순임금은 부락 연맹의 유능한 수령이었으며, 유가에서는 '요순'
    혹은 '당요우순(唐堯虞舜)' 등으로 요임금과 병칭해 부르며 이상적인 지도자의 전형으로 추앙
    하였다.
32 이 구절은 순임금의 가족 구성이 열악하였음을 말한다. 그의 아버지 고수(瞽瞍)는 장님이었는
    데 사리에 어두웠다. 악등씨(握登氏)와 결혼하여 순을 낳았으나, 악등씨가 일찍 죽자 재혼하여

克諧以孝하여
극 해 이 효

효도를 다하여 집안이 화목하도록
하였으며,

烝烝乂하여
증 증 예

(그들이) 점점 (자신을) 다스려

不格姦하니이다
불 격 간

간악한 지경에 이르지 않도록
하였습니다."

帝曰 我其試哉인저
제 왈 아 기 시 재

요임금께서 "내가 그를 시험해 보리라!

女于時하여
녀 우 시

딸들을 이 사람에게 시집보내어

觀厥刑于二女하리라 하시고
관 궐 형 우 이 녀

그가 두 딸을 대하는 법도를
살펴보겠다" 하시고,

釐降二女于嬀汭하여
리 강 이 녀 우 규 예

두 따님[33]을 곱게 꾸며 규수(嬀水)[34]
북쪽에 내려보내

嬪于虞하시고
빈 우 우

우씨의 부인이 되게 하고,

帝曰 欽哉하라 하시다
제 왈 흠 재

"(매사를) 삼가도록 하라!" 하셨다.

상(象)을 낳았다. 이들 모자는 모질게 순을 핍박하였고, 고수도 순을 몹시 미워했다고 한다.

33 두 따님: 아황(娥皇)과 여영(女英)이다.

34 규수(嬀水): 채침은 역산(歷山)에서 발원하여 황하로 들어가는 물이라고 하였다. 순임금이 젊
은 시절에 농사를 지었다는 역산은 중국에 여러 곳이 있지만 채침은 현재의 산서성 남부 원곡(垣
曲)의 동북쪽에 있는 역산이라고 특정하였다. 그 아래로 황하가 흐르고 있어 이를 연결하는 하
천이었을 터이지만 이 부근에 규수라는 이름은 보이지 않는다. 현재 규하(嬀河)는 북경 연경현
(延慶縣)에 있다.

제2편
순임금의 모범적인 다스림 [순전舜典]

『금문상서』이다. '순전(舜典)'은 순임금의 말씀과 일을 기록한 소중한 책이라는 뜻이다. 복생(伏生)의 『금문상서』에는 「순전」이 「요전」에 합본되어 있었으나, 매색의 진상본부터 분리되었다. 남조 제(齊)나라 건무(建武) 4년(479)에 요방흥(姚方興)이 「순전」 한 편을 바치면서 주작문(朱雀門) 근처 부둣가에서 구매했다고 했다. 주작문은 당시 수도였던 현재 남경의 남문으로 진회하(秦淮河)에 임해 있었다. 지금 들어도 믿기지 않는 이 이야기가 당시에는 통했던 모양이다. 요방흥이 바친 「순전」에는 매색본보다 앞부분에 28자가 더 많았다. '曰若稽古帝舜(왈약계고제순)'부터 '乃命以位(내명이위)'까지의 이 28자는 「요전」의 앞부분과 동일한 문투였다. 아마 한 두루마리의 글을 무리하게 나누다 보니 단락이 구분되지 않는 것에 착안해 요방흥이 28자를 위조해서 바쳤을 것이다. 이 28자가 지금까지 버젓이 「순전」의 앞머리를 장식하고 있다.

순임금의 덕성에 대한 찬탄으로부터 시작하여 순임금의 죽음까지를 기록한 이 편에는 일정한 시험을 거치고 요로부터 선양을 받은 순이 새로운 세상을 열어가는 풍경이 기록되어 있다. 종묘에서 섭정의 자리에 올라 여러 신에게 제사를 지낸 뒤, 사방을 순수(巡狩)하고 형벌을 정비하고 반대 세력을 제거하는 과정과, 요임금이 죽고 난 뒤 제위에 올라 제후들을 훈계하고 관리를 임용하는 과정들이 비교적 상세하게 기록되어 있다. 「요전」보다 기록이 훨씬 자세한 것은 요의 시대에 비하여 순의 시대가 더욱 복잡해졌기 때문일 것이다. 역법만 제정하여 다스리면 되었던 질박한 시대가 이제 죄인도 생겨나고 정권을 위협하는 세력도 출현하는 시대가 된 것이다.

1. 순의 위대한 덕

曰若稽古帝舜한대
왈 약 계 고 제 순

옛날의 순임금을 상고해 보니,

曰重華協于帝하시니
왈 중 화 협 우 제

거듭 빛나 요임금과 부합하셨다!

濬哲文明하시며
준 철 문 명

깊고 지혜로우며 우아하고 이치에
밝으며

溫恭允塞하사
온 공 윤 색

온화하고 공손하며 진실하고 독실하여

玄德이 升聞하신대
현 덕　　　승 문

그윽한 덕이 위로 올라가 (요임금에게)
들리자

乃命以位하시다
내 명 이 위

드디어 직위를 주어 임명하셨다.

2. 순의 능력을 시험하다

愼徽五典하신대
신 휘 오 전

오전[35]을 삼가 아름답게 하라 하시자

五典이 克從하며
오 전　　극 종

오전이 잘 시행되었고,

---

35 오전: 두 가지의 견해가 있는데, 하나는 '아버지는 의롭고[父義], 어머니는 자애로우며[母慈], 형은 우애롭고[兄友], 아우는 공손하며[弟恭], 아들은 효성스러움[子孝]'을 말한다고 하여 가족 윤리에 제한된 견해이고, 다른 하나는 부자유친(父子有親), 군신유의(君臣有義), 부부유별(夫婦有別), 장유유서(長幼有序), 붕우유신(朋友有信)의 오륜(五倫)을 말한다고 하여 사회 윤리와 국가 윤리로 확대시킨 견해이다. 채침은 대략 후자를 따라, 군신(君臣)·부자(父子)·부부(夫婦)·형제(兄弟)·장유(長幼) 사이의 지켜야 할 윤리라고 하였다. 오상(五常) 또는 오교(五敎)라고도 한다.

納于百揆하신대
납 우 백 규

백규36의 자리에 앉히자

百揆時敍하며
백 규 시 서

온갖 정사가 때에 맞게 시행되었으며,

賓于四門하신대
빈 우 사 문

사방의 성문에서 손님을 맞이하게
하시자

四門이 穆穆하며
사 문　　목 목

사방의 성문에 화기가 넘쳤으며,

納于大麓하신대
납 우 대 록

큰 산 기슭으로 몰아넣었으나

烈風雷雨에 弗迷하시다
렬 풍 뢰 우　　불 미

세찬 바람과 뇌우에도 헤매지
않으셨다.

3. 순이 제위를 사양하다

帝曰 格하라 汝舜아
제 왈 격　　　여 순

요임금께서 말씀하셨다. "오라! 너
순이여!

詢事考言한대
순 사 고 언

(네가 한) 일을 따져 보고, (네가 한) 말을
고찰해 보니

乃言이 底可績이 三載니
내 언　　지 가 적　　삼 재

네 말이 증명될 만한 공적을 이룬 지
삼 년이다.

36　백규: '규(揆)'는 헤아린다는 뜻이니, 모든 정사를 총괄하여 헤아린다는 뜻으로 백관의 우두머리
인 관직명이다.

汝陟帝位하라
여 척 제 위

너는 임금의 자리에 오르라!"

舜이 讓于德하사
순 양 우 덕

순은 덕이 있는 사람에게 사양을 하고

弗嗣하시다
불 사

(임금의 자리를) 계승하지 않으셨다.

4. 순이 섭정이 되어 신들에게 고하다

正月上日에
정 월 상 일

정월 초하루에

受終于文祖하시다
수 종 우 문 조

문조[37]의 사당에서 (섭정의 일을)
종결하여 받고,

在璿璣玉衡하사
재 선 기 옥 형

선기옥형[38]을 살펴

以齊七政하시다
이 제 칠 정

칠정[39]을 바로잡으셨다.

肆類于上帝하시며
사 류 우 상 제

드디어 상제에게 유제사[40]를 지내고

---

37 문조: 채침은 요임금의 시조인데 구체적으로 누구를 지칭하는지 알 수 없다고 하였고, 사마천은
요임금의 태조[大祖]라고 하였고, 『상서정의』에는 문덕을 갖춘 요임금의 조상이라고 하여 논의
가 일정치 않다.

38 선기옥형: 아름다운 옥으로 틀을 만들고 옥으로 가로대를 설치한 천문 관측기구이니, 혼천의(渾
天儀)라고도 한다. 요임금이 역법을 제정하여 인사에 적용하였듯이 천문을 살펴 인사에 적용하
고자 한 것이다.

39 칠정: 해와 달 및 수성·금성·화성·목성·토성의 오성을 말한다. 일곱 천체가 하늘에서 운행하는 것
이 임금의 정사와 같다고 하여 칠정(七政)이라고 한 것이다.

40 유제사: 유(類)는 비슷하다는 말이니, 하늘에 지내는 정기 제사인 교사(郊祀)의 절차에 따라 지
내는 임시 제사이기에 유제사라고 한 것이다.

禋于六宗하시며
인 우 육 종

육종[41]에게 인제사[42]를 지내고

望于山川하시며
망 우 산 천

산천에 망제사[43]를 지내고

偏于羣神하시다
편 우 군 신

모든 신에게도 두루 제사를 지내셨다.

5. 제후들을 중임시키다

輯五瑞하시니
집 오 서

다섯 가지 서옥(瑞玉)[44]을 거두고,

旣月이어늘
기 월

(정월) 달이 다하자

乃日覲四岳羣牧하시고
내 일 근 사 악 군 목

이에 날마다 사방의 제후와 구주의
수령들을 만나 보고

班瑞于羣后하시다
반 서 우 군 후

이들에게 서옥을 다시 돌려주셨다.

---

41 육종: 존중해야 할 여섯 가지이니 사계절, 추위와 더위, 해, 달, 별, 홍수와 가뭄 등이다. 농경 사회
     에서 인사와 밀접하여 외경(畏敬)의 대상이 된 자연 현상들이다.
42 인제사: 정결한 제사라는 뜻이니, 정성을 다하여 정갈하게 지내는 제사이기에 인(禋)제사라고
     한다.
43 망제사: 산천을 바라보며 지내는 제사이기에 망(望)제사라고 한다.
44 다섯 가지 서옥(瑞玉): 요임금이 다섯 등급의 제후들을 임명하며 나눠 준 옥으로 만든 신물(信
     物)인데 순임금이 섭정이 되면서 새로운 시작을 위해 거둔 것이다. 공(公)에게는 환규(桓圭)를,
     후(侯)에게는 신규(信圭)를, 백(伯)에게는 궁규(躬圭)를, 자(子)에게는 곡벽(穀璧)을, 남(男)에
     게는 포벽(蒲璧)을 각각 주었다.

6. 사방을 순수(巡守)하고 돌아와 종묘에 고하다

歲二月에 東巡守하사
세 이 월   동 순 수

(순수하는) 해[45] 2월에 동쪽을 순수하여

至于岱宗하사 柴하시며
지 우 대 종   시

태산에 이르러 시제사[46]를 지냈으며

望秩于山川하시고
망 질 우 산 천

산천의 등급에 따라 차례대로
망제사를 지내고

肆覲東后하시니
사 근 동 후

드디어 동쪽의 제후들을 만나시니,

五玉과 三帛과
오 옥   삼 백

다섯 가지 옥[47]과 세 가지 비단[48]과

二生과 一死贄러라[49]
이 생   일 사 지

두 가지 산 것[50]과 한 가지 죽은 것[51]이
폐백이었다.

協時月하사 正日하시며
협 시 월   정 일

계절과 달을 일치시켜 날짜를
바로잡고[52]

---

45 (순수하는) 해: 순수는 천자가 제후의 영토를 순시하는 것으로 순수(巡狩)라고도 쓰고, 순행(巡幸)이라고도 한다. 뒤 문단에서 5년마다 한 번씩 순수한다고 하였는데, 여기서의 해를 순임금이 섭정하게 된 그해로 보기에는 상황이 맞지 않으므로 채침은 순수하는 어느 해로 보았다.

46 시제사: 섶[柴]을 태워 지내는 제사이기에 시(柴)제사라고 한다.

47 다섯 가지 옥: 앞에 나온 '다섯 가지 서옥'과 같으니 다섯 등급 제후의 신물이다.

48 세 가지 비단: 제후의 세자가 바치는 주황색[纁] 비단과 공국(公國)의 재상[孤]이 바치는 검푸른[玄] 비단과 부용국의 군주가 바치는 노란색 비단이다. 부용국은 대국에 소속된 작은 나라를 말한다.

49 '五玉三帛二生一死贄(오옥삼백이생일사지)'의 아홉 자는 제후와 그 속관들이 천자를 뵐 때 드리는 폐백과 관련된 구절이다. 원래 아래 문장의 '修五禮(수오례)' 뒤에 있었으나 채침이 죽간이 뒤섞여 위치가 바뀐 것으로 보고 여기로 옮겼다.

50 두 가지 산 것: 제후국의 경(卿)이 바치는 염소와 대부가 바치는 기러기를 말한다.

51 한 가지 죽은 것: 제후국의 사(士)가 바치는 꿩을 말한다.

同律度量衡 <small>동 률 도 량 형</small>하시며	음률과 도량형을 같게 하였으며,
修五禮 <small>수 오 례</small>하시며	오례[53]를 정비하고
如五器 <small>여 오 기</small>하시고	오례에 사용되는 기물들을 같게 하였으니
卒乃復 <small>졸 내 복</small>하시다	(이 모든 일을) 마치고 다시 (순행길로) 복귀하셨다.
五月<small>오 월</small>에 南巡守 <small>남 순 수</small>하사	5월에 남쪽을 순수하여
至于南岳 <small>지 우 남 악</small>하사 如岱禮 <small>여 대 례</small>하시며	형산(衡山)에 이르러 태산에서 행한 것과 같이 예를 거행하셨으며,
八月<small>팔 월</small>에 西巡守 <small>서 순 수</small>하사	8월에 서쪽을 순수하여
至于西岳 <small>지 우 서 악</small>하사 如初 <small>여 초</small>하시며	화산(華山)에 이르러 처음과 같이 하셨으며,
十有一月 <small>십 유 일 월</small>에 朔巡守 <small>삭 순 수</small>하사	11월에 북쪽을 순수하여
至于北岳 <small>지 우 북 악</small>하사 如西禮 <small>여 서 례</small>하시고	항산(恒山)에 이르러 서쪽에서 행한 것과 같이 예를 거행하시고
歸格于藝祖 <small>귀 격 우 예 조</small>하사	돌아와 예조[54]의 사당에 나아가

---

52 이 구절은 제후국들 사이에 역법이 일치하지 않는 것을 통일시켰다는 뜻이다.

53 오례: 길례(吉禮)·흉례(凶禮)·군례(軍禮)·빈례(賓禮)·가례(嘉禮)의 다섯 가지를 말한다. 오례를 정비하였다는 말은 제후국들 사이의 풍속을 같게 하였다는 말이다.

54 예조: 채침은 앞의 문조와 동일 인물인 듯하다고 하였고, 『상서정의』 역시 재예(才藝)와 문덕(文

用特하시다 수소 한 마리로 제사를 지내셨다.
용 특

7. 순수와 술직(述職)[55]의 제도를 정하고 천하를 12주로 나누다

五載에 一巡守어시든 (천자는) 5년에 한 번 순수하고
오 재   일 순 수

羣后는 四朝하나니 제후들은 (매년 번갈아) 네 번
군 후   사 조 내조(來朝)하여[56]

敷奏以言하시며 (다스린 일들을) 말로써 나열하여
부 주 이 언 아뢰도록 하며

明試以功하시며 공적을 분명하게 따져서
명 시 이 공

車服以庸하시다 공로에 따라 수레와 의복을 주어
거 복 이 용 표창하셨다.

肇十有二州하시고 12주(州)를 처음으로 정하고
조 십 유 이 주

封十有二山하시며 열두 산을 봉표(封標)하고
봉 십 유 이 산

德)은 의미가 상통하므로 문조를 지칭한다고 하였다. 뒷날 예조는 개국시조나 개국 황제를 지칭
하는 용어로 사용되었다.

55 술직(述職): 제후가 천자의 조정에 들어와 직무를 아뢰는 일.

56 천자가 순수한 그 이듬해에 동방의 제후들이 내조하고 그 이듬해에 남방의 제후들이 내조하며
그 이듬해에는 서방의 제후들이 내조하고 그 이듬해에는 북방의 제후들이 내조하며 그다음 해
에 천자가 다시 순수한다. 내조는 제후가 천자의 조정에 들어와 알현하고 직사(職事)를 보고하
는 일이다.

濬川하시다
준 천

하천을 준설하셨다.[57]

8. 형벌을 정비하다

象以典刑하시되
상 이 전 형

기준이 되는 오형(五刑)[58]을 정하여
(백성들에게) 보이되

流宥五刑하시며
류 유 오 형

유배로 오형을 감형할 수 있도록
하였으며,

鞭作官刑하시고
편 작 관 형

관부(官府)의 형벌은 채찍으로 하고

扑作敎刑하시되
복 작 교 형

가르침[학교]의 형벌은 회초리로 하되

金作贖刑하시며
금 작 속 형

금전으로 형벌을 면제받을 수 있도록
하였으며,

眚災란 肆赦하시고
생 재   사 사

실수나 재앙으로 인한 죄는 사면하고

---

57 이 세 구절은 행정 구역을 정하고 이에 따라 산천을 정비한 일을 말한다. 12주는 기주(冀州)·연
     주(兗州)·청주(靑州)·서주(徐州)·형주(荊州)·양주(揚州)·예주(豫州)·양주(梁州)·옹주(雍州)·
     유주(幽州)·병주(幷州)·영주(營州)를 말하는데 순임금 때 12주가 정해진 것은 믿기 어렵다. 뒤
     의 「우공(禹貢)」편을 보면 우임금이 9주를 편제하였고, 은나라 주나라도 대체로 9주를 운영
     하였기 때문이다. 채침은 순이 정한 12주가 언제 다시 9주로 합쳐졌는지 알 수 없다고 하였다.
     12산을 봉표하였다는 것은 각 주마다 진산(鎭山)을 정한 것을 말하고, 각 주마다 하천도 준설하
     여 물길을 통하게 하였다. 봉표(封標)는 경계에 표를 세우는 일이다.
58 기준이 되는 오형(五刑): 이마에 먹으로 죄명을 새기는 형벌[묵형墨刑]과 코를 베는 형벌[의형
     劓刑], 발목을 자르는 형벌[비형剕刑], 생식기를 제거하는 형벌[궁형宮刑], 목을 베는 형벌[대
     벽大辟] 등 다섯 가지 형벌을 말한다.

怙終은 賊刑하사대
호 종　　 적 형

믿는 바가 있어 끝내 반성하지 않으면
사형하되

欽哉欽哉하사
흠 재 흠 재

삼가고 삼가

惟刑之恤哉하시다
유 형 지 휼 재

형벌을 (시행하는 것을) 안타까워하셨다.

9. 사흉(四凶)[59]을 내치다

流共工于幽洲하시며
류 공 공 우 유 주

공공을 유주[60]에 유배하고,

放驩兜于崇山하시며
방 환 도 우 숭 산

환도를 숭산[61]으로 추방하고,

竄三苗于三危하시며
찬 삼 묘 우 삼 위

삼묘[62]를 삼위[63]로 쫓아내고,

59　사흉(四凶): 본문에 보이는 공공·환도·삼묘·곤 등을 흉악한 무리들이라는 뜻으로 '사흉'이라고
한다. 앞에 나왔던 것처럼, 공공은 요임금 때 여러 가지 공을 세웠고, 환도는 요임금의 신하였으
며, 곤은 비록 성공하지는 못했지만 홍수를 다스리기 위해 노력했던 사람인데, 왜 순은 갑자기
이들에게 죄를 준 것일까? 혹시 이들이 일정한 세력을 형성하여 순의 정권에 위협이 되었기 때문
이 아닐까?

60　유주: 북쪽 끝의 하천 가운데 있는 섬을 말한다.

61　숭산: 남쪽 끝의 땅이니 현재의 호남성 장가계시(張家界市) 서남쪽에 있다.

62　삼묘: 요순 시기에 중국의 남방에 거주하였던 이민족의 명칭으로 오늘날 묘족(苗族)의 원류이
다. 동정호(洞庭湖)와 파양호(鄱陽湖) 지역을 중심으로 활동하다가 점차 양자강 중류와 그 주
변 지역까지 세력을 확대하였다. 삼묘가 세력이 강대해지면서 요·순·우 집단과 장기간 전쟁을 벌
인 사실이 『서경』에 여러 차례 보이며, 점차 세력이 밀리면서 일부는 남부와 서남부로 이주하였
고, 상당수는 이들 집단에 정복되어 점차 융합된 것으로 보인다. 유묘(有苗), 묘민(苗民)이라고
도 한다.

63　삼위: 서쪽 끝의 땅이니 현재의 감숙성 돈황시(敦煌市) 동남쪽에 삼위산(三危山)이 있다.

殛鯀于羽山하사
극 곤 우 우 산

곤을 우산⁶⁴에 가두어

四罪하신대
사 죄

네 가지 형벌⁶⁵로 네 사람의 죄를
다스리자

而天下咸服하니라
이 천 하 함 복

천하의 백성들이 모두 복종하였다.

10. 요임금의 죽음

二十有八載에
이 십 유 팔 재

(순이 섭정한 지) 28년 만에

帝乃殂落커시늘
제 내 조 락

요임금이 마침내 돌아가시니

百姓은
백 성

백성들은

如喪考妣를 三載하고
여 상 고 비   삼 재

부모를 여읜 것과 같이 삼 년 동안
애도하였고

四海는 遏密八音하니라
사 해   알 밀 팔 음

온 세상은 음악 소리⁶⁶가 끊어져
고요하였다.

---

64 우산: 동쪽 끝의 땅이니 현재의 산동성과 강소성의 경계 지역 바다 가까이 있는 산이다.
65 네 가지 형벌: 유배[流]·추방[放]·쫓아냄[竄]·가둠[殛]을 말한다.
66 음악 소리: 원문의 '팔음(八音)'은 악기를 만드는 여덟 가지 재료인 금속·돌·실·대나무·박·흙·가
    죽·목재를 말한다.

11. 순임금의 등극

月正元日에
<small>월 정 원 일</small>

정월 초하루에

舜이 格于文祖하시다
<small>순 격 우 문 조</small>

순이 문조의 사당에 나아가셨다.

詢于四岳하사
<small>순 우 사 악</small>

사악에게 자문을 구하여

闢四門하시며
<small>벽 사 문</small>

사방의 문을 열고

明四目하시며
<small>명 사 목</small>

사방을 밝게 살피고

達四聰하시다
<small>달 사 총</small>

사방으로 귀를 열어 (백성들의 고충이) 전달되도록 하셨다.

咨十有二牧하사
<small>자 십 유 이 목</small>

12주의 수령들에게 자문을 구하고 말씀하셨다.

曰食哉惟時니
<small>왈 식 재 유 시</small>

"먹는 것은 때맞춰 농사지음에 달려 있으니,

柔遠能邇하며
<small>유 원 능 이</small>

먼 나라들은 회유하고 가까운 나라들은 잘하도록 이끌고

惇德允元하고
<small>돈 덕 윤 원</small>

덕 있는 사람을 우대하고 어진 사람을 신뢰하며

而難任人이면
<small>이 난 임 인</small>

간악한 사람을 막아 끊어 버린다면

蠻夷도 率服하리라
만 이   솔 복

오랑캐도 (무리를) 이끌고 와서 복종할
것이다."

12. 우를 백규에 임명하다

舜曰 咨四岳아
순 왈 자 사 악

순이 말씀하셨다. "아! 사악이여!

有能奮庸하여
유 능 분 용

백성의 일에 분발하여

熙帝之載어든
희 제 지 재

요임금의 일을 널리 펼 수 있는 사람이
있다면

使宅百揆하여
사 택 백 규

백규의 자리에 앉혀

亮采惠疇하리라
량 채 혜 주

일을 밝게 처리하고 백성들이
순종하도록 하리라."

僉曰 伯禹作司空하니이다
첨 왈 백 우 작 사 공

모두 말하였다. "사공[67]으로 있는
백우[68]입니다."

---

67 사공: 치수(治水)와 건축 등을 담당하던 장관급의 벼슬.
68 백우: 『상서정의』의 설명에 따르면, 우가 아버지인 숭백(崇伯) 곤(鯀)의 작위를 세습하였기에 백
   우(伯禹)라고 하였다. 우는 하후씨(夏后氏)의 수령으로 성은 사(姒)라고 하며, 순에게 천하를
   물려받은 뒤 씨족의 명칭이었던 하(夏)를 국호로 삼았다고 한다. 요(堯)의 치세에 대홍수가 발생
   하여 섭정인 순(舜)의 명을 받아 치수하였으며, 천하를 9주로 나누고 공부(貢賦)를 정하였다. 그
   는 요순과 더불어 근로하는 이상적인 군주였다.

帝曰 兪라 咨禹아
제 왈 유　　　자 우

순임금께서 말씀하셨다. "그렇다! 아!
우여!

汝平水土하니
여 평 수 토

네가 물과 땅을 잘 다스렸으니

惟時懋哉인저
유 시 무 재

이 (백규의) 일도 힘쓸진저![69]

禹拜稽首하여
우 배 계 수

우가 절하고 머리를 조아리며

讓于稷契과 暨皐陶한대
양 우 직 설　　　기 고 요

직과 설 및 고요에게 사양하자

帝曰 兪라
제 왈 유

순임금께서 말씀하셨다. "그렇다!
(그들도 훌륭하다!)

汝往哉하라
여 왕 재

(그렇지만) 너는 (사양하지 말고) 가서
임무를 수행하라!"

13. 기를 후직에 임명하다

帝曰 棄아
제 왈 기

순임금께서 말하였다. "기[70]여!

黎民이 阻飢일새
려 민　　　조 기

백성들이 굶주림으로 괴로워하므로

69　이 구절은 사공으로서 치수에 성공한 우에게 백규의 일을 겸직하게 한 것을 말한 것이다.
70　기: 성은 희(姬)이다. 주 왕조의 시조이며, 모친은 강원(姜嫄)이다. 모친이 거인의 발자국을 밟고
　　감응하여 그를 낳았는데, 상서롭지 못하다 하여 그를 버렸기 때문에 '기(棄)'라는 이름을 얻게 되
　　었다고 한다. 어려서부터 농작물을 심고 기르길 좋아했으며, 성장해서는 농사에 남다른 능력을
　　보였다. 순임금의 농관[稷]으로 발탁되어 백성들에게 농사를 가르쳤다. 이런 공을 인정받아 태
　　(邰, 섬서성 무공현武功縣)에 봉해졌다.

汝后稷이니 播時百穀하라
여 후 직   파 시 백 곡

너를 직으로 봉하니[71] 때맞춰 여러
곡식을 파종하라."

14. 설을 사도에 임명하다

帝曰契아
제 왈 설

순임금께서 말씀하셨다. "설[72]이여!

百姓이 不親하며
백 성   불 친

백성들이 서로 친목하지 않고

五品이 不遜일세
오 품   불 손

다섯 가지 인간관계[73]가 순조롭지
않으므로

汝作司徒니
여 작 사 도

너를 사도[74]로 임명하니

敬敷五敎하되 在寬하라
경 부 오 교   재 관

삼가 다섯 가지 가르침[75]을 펼치되
너그럽게 하라."

---

71 직으로 봉하니: 원문의 '후직(后稷)'에서 '후(后)'는 토지를 주어 벼슬에 임명하는 것이고 '직(稷)'
    은 농무(農務)를 담당하는 벼슬인데 후직을 하나의 단어로 사용하기도 한다.
72 설: 성은 자(子)이며 상 왕조의 시조이다. 모친은 간적(簡狄)인데 검은 새[玄鳥, 제비라고도 한
    다]의 알을 삼키고 설을 낳았다고 한다. 순임금 때 인륜과 교육을 담당하는 사도(司徒)가 되어
    교화를 펼쳤다.
73 다섯 가지 인간관계: 부자·군신·부부·장유·붕우의 관계를 말한다.
74 사도: 국가의 토지와 백성의 교화를 담당하던 고대의 관직. 한나라 때는 삼공(三公)의 하나였고,
    후대의 육부 체계에서는 호부(戶部)의 장(長)에 대한 별칭이었다.
75 다섯 가지 가르침: 부자유친·군신유의·부부유별·장유유서·붕우유신 등 오륜의 가르침을 말한
    다. 또는 아버지는 바르고[父義], 어머니는 자애롭고[母慈], 형은 우애롭고[兄友], 아우는 공손
    하고[弟恭], 아들은 효성스러운[子孝] 다섯 가지 가족 윤리의 가르침을 말하기도 한다. 채침은
    전자라는 입장이고 『상서정의』는 후자라는 입장인데, 윤리관의 발전 단계로 보아 후자가 더 적
    절해 보인다. 오륜을 분명하게 언급한 것은 맹자(孟子)가 처음이다.

15. 고요를 법관에 임명하다

帝曰 皐陶아
제 왈 고 요

蠻夷猾夏하며
만 이 활 하

寇賊姦宄일세
구 적 간 궤

汝作士니
여 작 사

五刑에 有服하되
오 형   유 복

五服을 三就하며
오 복   삼 취

순임금께서 말씀하셨다. "고요[76]여!

오랑캐가 중국[77]을 어지럽히며

빼앗고 해치는 무리들이 안팎으로
간악하게 굴므로

너를 법관[士]으로 임명하니,

오형에 해당하는 죄를 지은 자들을
처벌하도록 하되

그들을 세 곳[78]에 나아가도록 할
것이며,

---

76 고요: 구요(咎陶)·구요(咎繇)·고요(皐繇) 등으로 여러 서적에 출현한다. 황제(黃帝)의 장남인
    소호(少昊)의 후예라고 하며, 여기서 보인 바처럼 순임금 때 형법(刑法)을 관장하던 사(士)가 되
    어 명판관의 전형으로 추앙되어 왔다. 요·순·우와 함께 상고사성(上古四聖)으로 일컬어진다.

77 중국: 원문의 '하(夏)'는 고대에 하남성 일대의 중원 지역에 거주하던 사람들이 자신들을 지칭하
    던 말인데, 중국을 '하'라고 지칭한 최초의 용례가 이 문장이다. 지금도 중국인들은 자신의 나라
    를 화하(華夏)라고 부르는데, 화(華)와 하(夏)는 비슷한 뜻으로 통용해 쓰이다가 결합한 것이
    다. 우임금의 하(夏)나라가 이런 뜻으로 사용하던 말을 가져와서 국호로 삼은 것인지, 아니면 하
    나라가 있고 나서 자신들을 이렇게 일컬었는지는 알 수 없다. 만약 후자라면 여기서처럼 순임금
    의 시대에 중국을 '하(夏)'라고 호칭하는 것과는 선후가 맞지 않는데, 아마 '하'라는 명칭이 상용
    화된 뒤에 「순전」이 기록되었기 때문일 것이다. 채침은 '하'가 밝고 크다는 뜻이고, 중국이 문명
    (文明)한 나라라서 '화하'라 부른다고 하였다.

78 세 곳: 대벽은 형 집행 후 저잣거리에 버리고, 궁형은 집행 후 상처가 아물 때까지 잠실(蠶室)에
    들어가 있도록 하며, 의형과 비형·묵형 역시 행형 후 일정 기간 밀폐된 공간에 머무르게 한 것을
    말한다. 대벽을 제외한 네 가지 형벌은 상처가 외기(外氣)에 감염되어 덧나지 않도록 배려한 것
    이다.

五流에 有宅하되
오 류 유 택
오류[79]에 처한 자들의 거처를 제한하되

五宅에 三居니
오 택 삼 거
다섯 종류의 거처를 세 곳[80]으로
구분하여 시행할 것이니,

惟明이라사 克允하리라
유 명 극 윤
밝게 살펴 처리해야 (백성들이) 믿고
따를 것이다."

16. 수를 공공에 임명하다

帝曰
제 왈
순임금께서 말씀하셨다.

疇若予工고
주 약 여 공
"누가 나의 공업(工業)을 잘
다스리겠는가?"

僉曰 垂哉니이다
첨 왈 수 재
모두 대답하였다. "수[81]입니다."

帝曰 兪라 咨垂아
제 왈 유   자 수
순임금께서 말씀하셨다. "그렇다! 아!
수여!

汝共工이어다
여 공 공
네가 공공을 맡아라."

---

79 오류: 오형을 각각 감형하여 유배시킨 것을 말한다.
80 세 곳: 오형에 따른 감형이므로 다섯 종류의 유배가 있지만 유배지는 세 종류로 구분한 것을 말
    한다. 『상서정의』에 따르면, 대죄를 짓고 감형된 경우는 사방 국토의 끝으로 유배하였고, 그다음
    으로는 9주의 바깥으로 유배하였으며, 그다음의 경우는 천 리 밖으로 유배하였다고 한다.
81 수: 수(倕) 또는 공수(工倕)라고도 하는데, 솜씨가 좋았던 장인(匠人)이다.

垂拜稽首하여
수 배 계 수

수가 절하고 머리를 조아리며

讓于殳斨과 暨伯與한대
양 우 수 장 　 기 백 여

수와 장 및 백여[82]에게 사양하자

帝曰 俞라
제 왈 유

순임금께서 말씀하셨다. "그렇다!
(그들도 훌륭하다!)

往哉汝諧하라
왕 재 여 해

(그렇지만 사양하지 말고) 가서 네 직무를
조화롭게 수행하라."

17. 익을 우에 임명하다

帝曰
제 왈

순임금께서 말씀하셨다.

疇若予上下草木鳥獸오
주 약 여 상 하 초 목 조 수

"누가 위아래에 있는 나의 초목과 새와
짐승들을 잘 다스리겠는가?"

僉曰 益哉니이다
첨 왈 익 재

모두 말하였다. "익[83]입니다."

帝曰 俞라 咨益아
제 왈 유 　 자 익

순임금께서 말씀하셨다. "그렇다! 아!
익이여!

---

82 수와 장 및 백여: 모두 순임금의 신하일 것이지만 이력에 대한 기록이 보이지 않는다.

83 익: 백익(伯益). 현재의 산동성 하택(菏澤) 지역을 근거지로 한 부족장으로 추정된다. 처음으로
　　 집을 건축하고 우물을 판 인물로 알려져 있으며, 여기서 보인 바처럼 순임금의 우(虞)가 되었다.
　　 영성(嬴姓)을 하사받아 진(秦)나라의 시조가 되었다고 한다. 우임금이 제위를 넘기려 하였으나
　　 사양하고 우임금의 아들 계(啓)가 이어받도록 했다.

汝作朕虞하라
여 작 짐 우

너를 나의 우[84]로 임명한다."

益이 拜稽首하여
익 배 계 수

익이 절하고 머리를 조아리며

讓于朱虎熊羆한대
양 우 주 호 웅 비

주·호·웅·비[85]에게 사양하자

帝曰 兪라
제 왈 유

순임금께서 말씀하셨다. "그렇다!
(그들도 훌륭하다!)

往哉汝諧하라
왕 재 여 해

(그렇지만 사양하지 말고) 가서 네 직무를
조화롭게 수행하라."

18. 백이를 질종에 임명하다

帝曰 咨四岳아
제 왈 자 사 악

순임금께서 말씀하셨다. "아! 사악이여

有能典朕의 三禮아
유 능 전 짐   삼 례

나의 삼례[86]를 맡을 사람이 있는가?"

僉曰 伯夷니이다
첨 왈 백 이

모두 말하였다. "백이[87]입니다."

---

84 우: 국가의 산림과 늪지 등을 관장하는 벼슬.
85 주·호·웅·비: 모두 순임금의 신하들이겠으나 이력에 대한 기록이 보이지 않는다. 채침은 짐승으
    로 이름을 삼은 것은 이 짐승들을 잘 다루었기 때문일 것이라고 추측하였다.
86 삼례: 천신(天神)과 지기(地祇) 및 인귀(人鬼)를 제사 지내는 예법.
87 백이: 신농씨의 후손으로 성은 강(姜)이며, 강태공(姜太公)의 선조라고 한다. 요임금이 일찍이
    그에게 선위하고자 하였으나 사양하고 순을 추천하였다고 한다. 은말 주초(殷末周初)에 주나
    라 무왕의 은나라 정벌을 만류하였던 백이·숙제(伯夷叔齊)의 백이와는 다른 인물이다.

帝曰 兪라 咨伯아
제 왈 유   자 백

순임금께서 말씀하셨다. "그렇다! 아! 백이여!

汝作秩宗이니
여 작 질 종

너를 질종[88]으로 임명하니

夙夜에 惟寅하여
숙 야   유 인

밤낮으로 (신을) 경외하며

直哉라사 惟淸하리라
직 재   유 청

삿됨이 없어야 (마음이) 맑아질 것이다."

伯이 拜稽首하여
백   배 계 수

백이가 절하고 머리를 조아리며

讓于夔龍한대
양 우 기 룡

기와 용에게 사양하자

帝曰 兪라
제 왈 유

순임금께서 말씀하셨다. "그렇다! (그들도 훌륭하다!)

往欽哉하라
왕 흠 재

(그렇지만 너는 사양하지 말고) 가서 삼가 직무를 수행하라."

19. 기를 전악에 임명하다

帝曰 夔아
제 왈 기

순임금께서 말씀하셨다. "기[89]여!

---

88 질종: 순임금 때 국가의 전례와 제사를 담당하던 관직명. 한나라 때의 태상(太常)에 해당하는 벼슬이다.

89 기: 신화나 전설에서는 외발의 서수(瑞獸)로 묘사되고 있으나, 요순 시기에는 여기에 보이는 것처럼 악관(樂官)의 이름이었고, 은주 시기에는 뿔 없는 용과 비슷한 동물로 묘사되는 경우가 많았다. 아마 기(夔)는 원래 이 동물을 토템으로 하는 부족의 이름이었을 것이다.

命汝하여 典樂하노니
명 여 　 　 전 악
너를 전악⁹⁰에 임명하니

敎胄子하되
교 주 자
주자⁹¹들을 가르치되

直而溫하며
직 이 온
강직하면서도 온화하며

寬而栗하며
관 이 률
너그러우면서도 엄격하며

剛而無虐하며
강 이 무 학
굳세면서도 사납지 않으며

簡而無傲케 하리니
간 이 무 오
소탈하면서도 오만하지 않도록 해야
한다.

詩는 言志오
시 　 언 지
시는 뜻을 말로 표현한 것이고

歌는 永言이요
가 　 영 언
노래는 말에 장단의 길이가 있는
것이고

聲은 依永이요
성 　 의 영
소리는 길이에 의지하여 (고저청탁이)
있는 것이고

律은 和聲하나니
률 　 화 성
음률은 소리가 조화로운 것이니,

八音이 克諧하여
팔 음 　 극 해
여덟 가지 악기의 소리가 조화로워서

---

90 전악: 음악을 담당하는 관리. 유가는 인간의 외면을 가다듬게 하는 예(禮)와 인간의 내면을 순화
시키는 악(樂)의 공능을 동일한 것으로 여겨 '예악(禮樂)'이라는 어휘를 즐겨 사용하였는데, 여
기에서도 음악을 담당하는 관리에게 국가의 지도자가 될 인재들의 덕을 기르는 역할을 부여하
고 있다.
91 주자: 천자로부터 경대부에 이르기까지 귀족들의 맏아들. 장차 부친의 지위를 세습하여 지도자
가 될 사람들이다.

無相奪倫이라사
무 상 탈 륜

서로 질서를 어김이 없어야

神人以和하리라
신 인 이 화

신과 인간이 화합할 것이다."

夔曰於予擊石拊石百獸率舞[92]

20. 용을 납언에 임명하다

帝曰 龍아
제 왈 룡

순임금께서 말씀하셨다. "용[93]이여!

朕은 聖讒說이 殄行이라
짐   즉참설   진행

나는 헐뜯는 말이 선행을 막아서

震驚朕師하여
진 경 짐 사

나의 백성들을 떨고 놀라는 것을
미워하여

命汝하여 作納言하노니
명 여   작 납 언

너를 임명하여 납언[94]으로 삼으니

夙夜에 出納朕命하되
숙 야   출 납 짐 명

밤낮으로 나의 명령을 출납하되

惟允하라
유 윤

신뢰를 받을 수 있도록 하라."

---

92 이 12자는 뒤의 「익직(益稷)」편에 실려 있는 글인데, 죽간의 중복으로 여기에 잘못 실렸다.

93 용: 순임금의 신하였을 터이지만 『서경』의 기록 이외에 다른 기록이 보이지 않는다.

94 납언: 임금의 뜻을 백성에게 전달하고 백성의 뜻을 임금에게 올리던 벼슬의 이름.

21. 인사고과 제도

帝曰 咨汝二十有二人아
<small>제 왈 자 여 이 십 유 이 인</small>

순임금께서 말씀하셨다. "아! 너희 22인[95]이여!

欽哉하여 惟時로 亮天功하라
<small>흠 재　유 시　량 천 공</small>

삼가 때맞춰 시행하여 하늘이 맡기신 일을 빛나게 하라!"

三載에 考績하시고
<small>삼 재　고 적</small>

삼 년을 단위로 실적을 점검하고

三考에 黜陟幽明하신대
<small>삼 고　출 척 유 명</small>

세 번 점검한 뒤 어두운 자는 강등하고 밝은 자는 승진시키자

庶績이 咸熙하더니
<small>서 적　함 희</small>

모든 일이 다 널리 베풀어졌다.

分北三苗하시다
<small>분 배 삼 묘</small>

삼묘[96]는 (선악을 구분하여) 나누어 쫓아내셨다.

---

95 22인: 위에서 임명한 9명의 관리와 사악(四岳)과 12주의 수령들을 말한다.

96 삼묘: 사흉을 징벌할 때 삼묘를 이미 삼위(三危)로 쫓아냈지만, 아직 각처에 흩어져 남아 있는 삼묘의 무리들을 저항의 정도에 따라 구분하여 원근의 변방으로 내친 것이다. 원문의 '배(北)'는 '背(배)'의 가차자로 등져 가게 한다는 뜻이다.

22. 순임금의 죽음

舜生三十이라 徵庸하시고
순 생 삼 십   징 용

순은 서른 살에 부름을 받아
등용되었고

三十이라 在位하사
삼 십   재 위

삼십 년이 지나 임금의 자리에 있게
되었으며

五十載에 陟方乃死하시니라
오 십 재   척 방 내 사

오십 년 뒤에 순수하는 길에
올랐다가[97] 돌아가셨다.

---

97 순수하는 길에 올랐다가: 원문의 척방(陟方)은 의미가 불분명하다. 『상서정의』에는 "방(方)은
길이라는 뜻이니, 순이 즉위한 지 50년 뒤에 길에 올라 남방을 순수하다가 창오(蒼梧)의 들판에
서 죽어 그곳에 장사지냈다."라고 하였으나, 채침은 척방을 단순하게 승하(昇遐, 멀리 올랐다는
뜻으로 임금의 죽음에 대한 완곡한 표현)의 뜻으로 보았다. 여기서는 전자를 따라 해석하였다.
『맹자』에는 "순이 명조(鳴條)에서 죽었다"고 하였고, 『사기』에는 "등극한 지 39년에 순이 남방을
순수하다가 창오의 들판에서 죽어 강남의 구의산(九疑山)에 장사 지냈다"고 하였는데, 구의산
은 호남성 영원현(寧遠縣)에 있으며 지금도 순제릉(舜帝陵)이 남아 있다.

제3편
위대한 우임금의 깨우침 [대우모大禹謨]

위고문(僞古文)이다. 대우(大禹)는 우임금을 기려서 '대(大)' 자를 붙인 표현이고, 모(謨)는 계책이란 뜻의 모(謀)와 동의어라고 채침이 말하고 있지만 모(謀)의 의미보다 울림이 큰 글자이다. 단순한 계책이나 지략이 아니라 국가를 경영할 위대한 방책이나 인생의 큰 교훈이라는 뜻 정도일 것이다. 그래서 '깨우침'으로 번역하였다. 『서경』에는 「대우모」를 비롯하여 모두 9편의 '모(謨)'가 실려 있다.

위고문이지만 이 편이 중국 사상사에 끼친 영향은 막대하다. 이 편에 실려 있는 한 구절, "인심은 위태롭고, 도심은 은미하니, 정밀하게 살펴서 (도심을) 한결같이 견지하여 그 중도를 잘 지키도록 하라(人心惟危, 道心惟微, 惟精惟一, 允執厥中)"는 16자는 송대 성리학의 주요 명제인 인심도심설(人心道心說)의 근거가 되었다. 감각적 본능인 인심(人心)과 도덕적 본성인 도심(道心) 사이의 갈등을 어떻게 해결할 것인지를 두고 중국과 우리나라의 무수한 학자들이 이 구절을 인용하고 있으므로, 위작이라고 무시할 수만은 없는 상황이 된 것이다. 이 문제는 본문의 각주에서 좀 더 설명하기로 한다.

매색의 진상본을 위작이라고 하여 무시만 할 수 없는 또 다른 이유가 있다. 위작이라 하더라도 여러 책의 내용을 짜깁기 한 것이기 때문에 전혀 근거가 없는 창작으로 간주하기 어렵기 때문이다. 창의가 개입되어 있다 하더라도 상고사(上古史)의 자료가 극히 적은 상황에서 편언척구(片言隻句)라도 버리기 아까운 것이다.

「대우모」의 내용은 대략 세 가지로 요약할 수 있다.

첫째가 군신 간의 정치 토론인데, 앞 편에서 죽었던 순이 여기서는 토론을 주재한다. 순임금의 시대로 거슬러 올라가 「순전」에 미비한 선정(善政)의 이념들을 군신들의 입을 통해 정리하는 방식을 취한 것이다.

둘째, 순이 우에게 선양하는 과정을 서술하고 있다. 요가 순에게 선양할 때는

경쟁이 될 만한 인물이 없었지만, 순이 우에게 선양할 때는 도덕적 의지와 능력
이 출중한 고요(皐陶)라는 경쟁자가 있었다. 본문의 서술로 볼 때, 순은 아마 우
의 치수(治水)의 공적을 높게 평가하여 그를 낙점한 듯하다.

셋째, 이렇게 선발된 우에게 유묘(有苗)를 토벌하게 한다. 앞에서 삼위로 쫓아
버리기도 하고 사방으로 흩어 버리기도 했던 그 삼묘(三苗)가 다시 말썽을 일으
킨 것이다. 재미있는 것은 우의 무력(武力)에 굴복하지 않던 유묘가 순의 문덕
(文德)에 복종한다는 설정이다. 유가의 덕치(德治) 이념을 고양시키기에 충분한
설정이다.

1. 문덕을 펼친 우임금

曰若稽古大禹한대
왈 약 계 고 대 우

옛날의 위대한 우임금을 상고해 보니,

曰文命을 敷于四海하시다
왈 문 명　　　 부 우 사 해

문덕(文德)의 교화를 온 세상에 펼친
분이셨다!

祗承于帝하사 曰
지 승 우 제　　　 왈

(그가) 순임금을 공손히 받들며 말했다.

后가 克艱厥后하며
후　　 극 간 궐 후

"임금이 임금 됨을 어렵게 여기고

臣이 克艱厥臣이라사
신　　 극 간 궐 신

신하가 신하 됨을 어렵게 여겨야

政乃乂하여
정 내 예

정사가 비로소 잘 다스려져서

黎民이 敏德하리이다
려 민　　 민 덕

백성들이 덕에 빨리 교화될 것입니다."

2. 순임금이 본 요임금의 다스림

帝曰
제 왈

순임금께서 말씀하셨다.

兪라
유

"그렇다!

允若玆하면
윤 약 자

참으로 이와 같이 한다면

嘉言이 罔攸伏하며
가 언　　망유복

선한 말이 숨겨질 리가 없으며

野無遺賢하여
야 무 유 현

초야에 버려진 현인이 없을 것이며

萬邦이 咸寧하리니
만 방　　함녕

모든 나라가 다 안녕할 것이니,

稽于衆하여
계 우 중

여러 사람에게 의견을 물어

舍己從人하며
사 기 종 인

자신의 생각을 버리고 타인의 훌륭한 의견을 따르며

不虐無告하며
불 학 무 고

하소연할 데가 없는 사람을 학대하지 않으며

不廢困窮은
불 폐 곤 궁

곤궁한 사람을 버리지 않는 것은

惟帝사 時克이러시니라
유 제　　시 극

오직 요임금만이 이렇게 할 수 있으셨다."

3. 문덕과 무덕을 겸비한 요임금

益曰
익 왈

익이 말하였다.

都라
도

"오! (훌륭한 말씀입니다!)

帝德이 廣運하사
제 덕   광 운

요임금의 덕은 광대하고 그침이 없으며

乃聖乃神하시며
내 성 내 신

거룩하고 신묘하며

乃武乃文하신대
내 무 내 문

무덕(武德)과 문덕(文德)을 겸비하시니,

皇天이 眷命하사
황 천   권 명

하늘이 돌아보고 명령하여

奄有四海하사
엄 유 사 해

온 세상을 모두 소유하도록 하여

爲天下君하시니이다
위 천 하 군

천하의 임금으로 삼으셨습니다."

4. 선악에는 반드시 길흉이 따라오니

禹曰
우 왈

우가 말하였다.

惠迪하면 吉이요
혜 적   길

"바른 길을 따라가면 길하고

從逆하면 凶함이
종 역   흉

그릇된 길을 따르면 흉한 것이

惟影響하니이다
유 영 향

그림자가 따르고 메아리가 울리듯
합니다."

5. 훌륭한 다스림이란

益曰
익 왈

익이 말하였다.

吁라 戒哉하소서
우   계 재

"어허! 경계하소서!

儆戒無虞하사
경 계 무 우

근심할 것이 없을 때 경계하여

罔失法度하시며
망 실 법 도

법도를 잃지 말 것이며

罔遊于逸하시며
망 유 우 일

편안하게 놀지 말 것이며

罔淫于樂하시며
망 음 우 락

지나치게 즐기지 말 것이며

任賢勿貳하시며
임 현 물 이

현자를 임명한 뒤에 의심하지 말
것이며

去邪勿疑하시며
거 사 물 의

간악한 자를 버리면서 주저하지 말
것이며

疑謀를 勿成하시사
의 모   물 성

미심쩍은 계책을 추진하지 않으셔야

百志惟熙하리이다
백 지 유 희

모든 생각이 널리 베풀어질 것입니다.

罔違道하여
망 위 도

도를 어기면서

以干百姓之譽하시며
이 간 백 성 지 예

백성들의 칭찬을 듣고자 하지 말
것이며

罔咈百姓하여
망 불 백 성

백성들의 뜻을 거스르면서

以從己之欲하소서
이 종 기 지 욕

자신의 욕망을 따르지 마십시오.

無怠無荒하면
무 태 무 황

부지런하고 성실하다면

四夷도 來王하리이다
사 이 　 래 왕

사방의 오랑캐도 와서 왕으로 받들
것입니다."

6. 정치는 민생을 윤택하게 하는 일

禹曰
우 왈

우가 말하였다.

於라 帝하 念哉하소서
오 　 제 　 념 재

"아! 임금이시여!
(익의 말을) 유념하소서!

德惟善政이오
덕 유 선 정

덕은 선정을 펼치기 위한 것이고

政在養民하니
정 재 양 민

정치는 백성들을 기르기 위한 것이니,

水火金木土穀이 惟修하며
수 화 금 목 토 곡 　 유 수

물과 불, 쇠와 나무, 흙과 곡식[98]이 잘
다스려지고

---

98 물과 불, 쇠와 나무, 흙과 곡식: 뒤에 나오는 육부(六府)이다. 이는 모두 민생과 깊은 관련이 있는
　　것들인데, 오행(五行)에다 곡식을 보탠 점이 흥미롭다. 요순시절에 오행에 대한 인식이 있었다
　　는 말이 되기 때문이다. 더구나 여기서 오행을 상극(相克)의 순서대로 배열하고 있는 점도 주목
　　할 만하다. 오행론은 대체로 전국 시대에 발생하여 한대(漢代)에 성행한 이론이다.

正德利用厚生이 惟和하여
정 덕 이 용 후 생　유 화

덕을 바로잡고 쓰임에 이롭도록 하고
삶을 윤택하게 하는 일[99]이
잘 어우러져

九功이 惟敍하여
구 공　유 서

아홉 가지 일[100]이 각기 순조롭고

九敍를 惟歌어든
구 서　유 가

아홉 가지가 순조로움을 (백성들이)
노래하면

戒之用休하시며
계 지 용 휴

복을 주어 깨우치고

董之用威하시며
동 지 용 위

위엄을 보여 독려하며

勸之以九歌하사
권 지 이 구 가

아홉 가지 노래[101]를 부르도록
권장하여

俾勿壞하소서
비 물 괴

(이 태평함을) 무너뜨리지 말도록
하십시오.”

99　덕을 바로잡고, 쓰임에 이롭도록 하고, 삶을 윤택하게 하는 일: 뒤에 나오는 삼사(三事)이다. 채
　　침은 덕을 바로잡는 것은 '부모는 자애롭고, 자식은 효도하며, 형은 우애롭고, 아우는 공손하
　　며, 남편은 의롭고, 아내는 순종하도록 하는 것'이고, 쓰임을 이롭게 하는 것은 도구를 만들고
　　재화를 유통시키는 따위의 일이며, 삶을 윤택하게 하는 일은 의식(衣食)을 풍요롭게 하는 일이
　　라고 했다.

100　아홉 가지 일[九功]: 이상의 육부와 삼사를 함께 이르는 말이다.

101　아홉 가지 노래[九歌]: 구공이 순조롭고 풍요로움을 찬미하는 노래. 구공이 일시적으로 순조롭
　　다 하더라도 상황은 변할 수 있기 때문에 백성들이 계속해서 부지런히 힘쓰게 하기 위해 노래
　　부르도록 하는 것이다.

7. 우가 물길을 다스려 민생을 안정시키다

帝曰
_{제 왈}

순임금께서 말씀하셨다.

兪라
_유

"옳은 말이다!

地平天成하여
_{지 평 천 성}

땅이 다스려지자 하늘의 일이
이루어지고

六府三事允治하여
_{육 부 삼 사 윤 치}

육부와 삼사가 잘 다스려져서

萬世永賴時乃功이니라
_{만 세 영 뢰 시 내 공}

만세토록 길이 힘입게 되었으니 이것은
너의 공로이다."

8. 우에게 섭정을 명하다

帝曰
_{제 왈}

순임금께서 말씀하셨다.

格하라 汝禹아
_격　　_{여 우}

"이리 오라! 너 우여!

朕이 宅帝位三十有三載어니
_짐　_{택 제 위 삼 십 유 삼 재}

내가 임금의 자리에 있은 지 33년이라

耄期하여 倦于勤하노니
_{모 기}　　_{권 우 근}

늙어서[102] 부지런히 해야 할 일을
게을리하니

---

102 늙어서: 원문의 '모(耄)'는 90세이고 '기(期)'는 일주기, 즉 100세이다.

汝惟不怠하여 總朕師하라
여유불태   총짐사

너는 게으르지 말고 나의 백성들을
거느리도록 하라."

9. 우가 사양하며 고요를 추천하다

禹曰 朕德이 罔克이라
우왈 짐덕   망극

우가 말하였다. "저의 덕으로는
감당하지 못해

民不依어니와
민불의

백성들이 귀의하지 않을 것이지만

皐陶는 邁種德이라
고요   매종덕

고요는 힘써 덕을 베풀어

德乃降하여
덕내강

덕이 아래로 (백성들에게) 내려가

黎民이 懷之하나니
려민   회지

백성들이 마음으로 따르고 있으니

帝念哉하소서
제념재

임금께서는 유념하십시오.

念玆在玆하며
념자재자

(제가) 이 사람을 생각하여도 이
사람뿐이고

釋玆在玆하며
석자재자

이 사람에 대한 생각을 버려도 이
사람뿐이며

名言玆在玆하며
명언자재자

이 사람의 이름을 말할 때도 이
사람뿐이며

允出玆在玆니

윤 출 자 재 자

이 사람에 대한 믿음이 우러날 때도 이 사람뿐이니

惟帝念功하소서

유 제 념 공

임금께서는 (그의) 공로를 유념하십시오."

10. 형벌로 백성을 바로잡은 고요

帝曰 皐陶아

제 왈 고 요

순임금께서 말씀하셨다. "고요여!

惟玆臣庶

유 자 신 서

이 신하와 백성들 가운데

罔或干予正은

망 혹 간 여 정

혹시라도 나의 정사를 어기는 자가 없는 것은

汝作士라

여 작 사

네가 법관이 되어서

明于五刑하여

명 우 오 형

오형을 밝게 시행함으로써

以弼五敎하여

이 필 오 교

다섯 가지 가르침을 (펼치도록) 보필하여

期于予治니

기 우 여 치

내가 잘 다스릴 수 있도록 하였기 때문이니

刑期于無刑하여

형 기 우 무 형

형벌을 쓰되 (끝내는) 형벌을 쓰지 않아도 되기를 기약하여

民協于中이
민 협 우 중

백성들이 중도(中道)에 부합하도록 한 것이

時乃功이니 懋哉어다
시 내 공   무 재

이 (모두가) 너의 공로이니 힘쓰도록 하라!"

11. 덕으로 백성을 다스린 순임금

皐陶曰
고 요 왈

고요가 말하였다.

帝德이 罔愆하여
제 덕   망 건

"임금의 덕이 오류가 없어

臨下以簡하시고
림 하 이 간

아랫사람들을 번거롭게 하지 않으시고

御衆以寬하시며
어 중 이 관

백성들을 너그러움으로 다스리시며

罰弗及嗣하시고
벌 불 급 사

벌은 자식에게 미치지 않게 하고

賞延于世하시며
상 연 우 세

상은 대대로 이어 가게 하시며

宥過無大하시고
유 과 무 대

실수로 지은 죄는 크더라도 용서하고

刑故無小하시며
형 고 무 소

고의로 지은 죄는 작더라도 벌하시며

罪疑란 惟輕하시고
죄 의   유 경

죄에 대한 규정이 분명치 않으면 가벼운 벌을 적용하고

功疑란 惟重하시며
공 의   유 중

공에 대한 규정이 분명치 않으면 무거운 상을 적용하시며

與其殺不辜론
여 기 살 불 고

무고한 자를 죽이기보다는

寧失不經이라 하사
녕 실 불 경

차라리 내가 법을 어기는 잘못을
하리라 하시어

好生之德이 洽于民心이라
호 생 지 덕   흡 우 민 심

살리기를 좋아하는 덕이 백성들의
마음에 스며들어

玆用不犯于有司니이다
자 용 불 범 우 유 사

이 때문에 법을 맡은 관리에게
저촉되지 않는 것입니다."

12. 순임금이 고요의 공적을 칭찬하지만

帝曰
제 왈

순임금께서 말씀하셨다.

俾予로 從欲以治하여
비 여   종 욕 이 치

"내가 바라는 대로 다스려지도록 하여

四方이 風動하니
사 방   풍 동

온 천하가 바람에 휩쓸리듯 하니

惟乃之休니라
유 내 지 휴

너의 아름다운 덕 덕분이로다!"

13. 우의 공과 덕은 하늘이 아시니

帝曰
제 왈

순임금께서 말씀하셨다.

來하라 禹아
래   우

"이리 오라! 우여!

洚水儆予어늘
홍 수 경 여
홍수가 나를 경계시키자

成允成功한대
성 윤 성 공
(다스리겠다는 말을 지켜) 믿음을
이루고 공을 이룬 것이

惟汝賢이며
유 여 현
너의 현명함이며,

克勤于邦하며
극 근 우 방
나랏일에 부지런하고

克儉于家하여
극 검 우 가
가정에서 검소하며

不自滿假하니
부 자 만 가
자만하고 자대(自大)하지 않으니

惟汝賢이니라
유 여 현
너의 현명함이다.

惟汝不矜하나
유 여 불 긍
너는 (능력을) 자랑하지 않지만

天下莫與汝로 爭能하며
천 하 막 여 여   쟁 능
천하 사람들이 너와 능력을 다툴 수
없으며

惟汝不伐하나
유 여 불 벌
너는 (공을) 자랑하지 않지만

天下莫與汝로 爭功하나니
천 하 막 여 여   쟁 공
천하 사람들이 너와 공을 다툴 수
없으니

予懋乃德하며
여 무 내 덕
나는 너의 덕을 성대하게 여기며

嘉乃丕績하나니
가 내 비 적
너의 큰 업적을 아름답게 여긴다.

天之曆數在汝躬이라
천 지 력 수 재 여 궁
하늘의 돌아가는 운수가 너의 몸에
있으니

汝終陟元后하리라
여 종 척 원 후

너는 끝내는 임금의 자리에 오를
것이다.

14. 인심은 위태롭고 도심은 은미하니

人心은 惟危하고
인 심 　 유 위

인심은 위태롭고

道心은 惟微하니
도 심 　 유 미

도심은 은미하니

惟精惟一하야사
유 정 유 일

정밀하게 살펴서 (도심을) 한결같이
견지하여

允執厥中하리라
윤 집 궐 중

그 중도(中道)를 잘 지키도록 하라.[103]

---

103 이상 네 구절은 요가 순에게 섭정을 명할 때 "그 중도를 잘 지키도록 하라[允執其中]"(『논어·요
왈(堯曰)』)고 한 것을 더욱 자세하게 설명한 것이다. 제왕이 천하를 물려주는 막중한 즈음에 한
말이기 때문에 유가에서는 '성인과 성인이 서로 전수한 심법[聖聖相傳之心法]'이라고 하여 유
학의 요결(要訣)로 간주해 왔다. 인심은 형기(形氣, 육신)의 사사로움에서 유래하여 악으로 흐
를 가능성이 내재된 마음이고, 도심은 하늘이 명한 본성에서 유래한 순정(純正)한 마음이다.
그러므로 인심은 항상 위태롭고 도심은 잘 드러나지 않기 때문에, 마음이 움직일 때 이것이 인
심인지 도심인지를 정밀하게 살펴서 한결같이 도심이 인심을 통제하도록 함으로써 모자라거나
지나침이 없는 최선의 행위를 하라는 말이다. 그러나 아이러니한 것은, 「대우모」편이 염약거의
공인된 견해처럼 동진(東晋)의 매색이 위조한 것이라면 유가는 그동안 위조된 글을 유학의 요
결로 간주해 온 것이라는 점이다.

15. 군주가 두려워할 것은 백성

無稽之言을 勿聽하며
무 계 지 언   물 청

근거 없는 말을 듣지 말고

弗詢之謀를 勿庸하라
불 순 지 모   물 용

물어보지 않은 (독단적인) 계책은 쓰지 마라.

可愛는 非君이며
가 애   비 군

(백성들이) 사랑할 것은 군주가 아니며

可畏는 非民가
가 외   비 민

(군주가) 두려워할 것은 백성이 아니랴!

衆非元后면 何戴며
중 비 원 후   하 대

백성들은 임금이 아니면 누구를 받들 것이며

后非衆이면
후 비 중

임금은 백성이 아니면

罔與守邦하리니
망 여 수 방

함께 나라를 지킬 수 없으니

欽哉하여 愼乃有位하여
흠 재   신 내 유 위

삼가 네가 가진 (임금의) 자리를 신중하게 지켜

敬修其可願하라
경 수 기 가 원

하고 싶은 (선한) 일을 경건하게 시행하도록 하라.

四海困窮하면
사 해 곤 궁

온 세상이 곤궁해지면

天祿이 永終하리라
천 록   영 종

하늘이 주신 복록(福祿)이 영원히 끝날 것이다.

惟口는
유 구

입에서 나온 말은

出好하며 興戎하나니
출 호   흥 융
좋은 일도 만들지만 전쟁도 일으키니

朕言은 不再하리라
짐 언   부 재
나는 다시 말하지 않으리라."

16. 임금의 자리, 권하는 순임금과 사양하는 우

禹曰
우 왈
우가 말하였다.

枚卜功臣하사
매 복 공 신
"공이 있는 신하들을 낱낱이 점을 쳐서

惟吉之從하소서
유 길 지 종
길한 결과를 따르십시오."

帝曰 禹아
제 왈 우
순임금께서 말씀하셨다. "우여!

官占은
관 점
점을 맡은 관리가 점치는 법은

惟先蔽志오사
유 선 폐 지
먼저 뜻을 결정하고

昆命于元龜하나니
곤 명 우 원 귀
그 뒤에 큰 거북[104]에게 묻는 것이다.

朕志先定이어늘
짐 지 선 정
내가 뜻을 먼저 정하고

詢謀僉同하며
순 모 첨 동
(사람들에게) 물어 의논하니 모두
동의하였으며,

鬼神이 其依하여
귀 신   기 의
귀신도 그것에 순응하여

---

104 큰 거북: 원문의 원귀(元龜)는 국가의 대사를 점칠 때 사용하는 큰 거북을 가리키는 특수 용어이다.

龜筮協從하니
귀 서 협 종

거북점과 시초점[105]이 부합하여 따랐다.

卜不習吉이니라
복 불 습 길

점은 길한 결과가 거듭 나오지 않은 법이다. (사양하지 말라.)"

禹拜稽首하여 固辭한대
우 배 계 수   고 사

우가 절하고 머리를 조아리며 굳게 사양하자

帝曰 毋하라
제 왈 무

순임금이 말씀하셨다. "그러지 말라!

惟汝사 諧니라
유 여   해

오직 너만이 (임금의 자리에) 합당하다."

17. 우가 드디어 섭정하다

正月朔旦에
정 월 삭 단

정월 초하루 아침에

受命于神宗하사
수 명 우 신 종

요임금의 사당에서 천명을 받아

率百官하사대
솔 백 관

백관을 통솔하되

若帝之初하시다
약 제 지 초

순임금이 처음 했던 것과 같이 하셨다.

---

105 거북점과 시초점: 거북점은 거북의 껍질을 태워 갈라지는 선을 보고 판단하는 점법이니 갑골이 그 유물이고, 시초점은 산가지[蓍草]를 사용해서 점을 치는 점법인데 『주역』이 그 텍스트이다. 은나라 중기 이후부터 주나라에 이르기까지 국가의 대사는 거북점과 시초점을 겸용한 것으로 알려져 있지만, 요순시절부터 이런 점법이 운용된 것에 대한 역사적 고증은 없다.

18. 섭정하는 우의 첫 임무, 유묘 정벌

帝曰
제 왈

순임금이 말씀하셨다.

咨禹아
자 우

"아! 우여!

惟時有苗가 弗率하나니
유 시 유 묘　불 솔

이 유묘[106]가 따르지 않으니

汝徂征하라
여 조 정

네가 가서 정벌하라."

19. 우의 연설, 도를 어기고 덕을 그르친 유묘

禹乃會羣后하여
우 내 회 군 후

우가 이에 여러 제후를 모아 놓고

誓于師曰
서 우 사 왈

군사들에게 경계의 말씀을 하였다.

濟濟有衆아
제 제 유 중

"씩씩하고 성대한 군사들이여

咸聽朕命하라
함 청 짐 명

모두 나의 명령을 들어라.

蠢玆有苗이
준 자 유 묘

어리석은 이 유묘가

昏迷不恭하여
혼 미 불 공

혼미하고 거만하여

侮慢自賢하며
모 만 자 현

남을 업신여기고 스스로 잘난 체하며

反道敗德하여
반 도 패 덕

도를 어기고 덕을 그르치니,

106　유묘: 앞에 나온 삼묘(三苗)의 다른 이름이다.

君子在野하고
군 자 재 야

군자들은 초야에 있고

小人이 在位한대
소 인   재 위

소인들이 자리를 차지하였다.

民棄不保하며
민 기 불 보

백성들이 (군주를) 버려 보호하지 않고

天降之咎하실새
천 강 지 구

하늘은 재앙을 내리시니

肆予以爾衆士로
사 여 이 이 중 사

그러므로 내가 너희 여러 군사를
거느리고

奉辭伐罪하노니
봉 사 벌 죄

(임금의) 말씀을 받들어 죄 지은 자들을
정벌하고자 하니

爾尙一乃心力이라사
이 상 일 내 심 력

그대들은 바라건대 그대들의 마음과
힘을 하나로 모아야

其克有勳하리라
기 극 유 훈

공을 세울 수 있을 것이다."

20. 무력에 굴복하지 않는 유묘

三旬을 苗民이 逆命이어늘
삼 순   묘 민   역 명

30일이 지나도록 유묘의 백성들이
명을 따르지 않자

益이 贊于禹曰
익   찬 우 우 왈

익이 우에게 조언하였다.

惟德은 動天이라
유 덕   동 천

"덕은 하늘도 움직여

無遠弗屆하나니
무 원 불 계

멀리 있는 자들도 오지 않음이 없으니

滿招損하고 謙受益이
만 초 손   겸 수 익

넘치면 손실을 부르고 겸손하면
이익을 얻는 것,

時乃天道니이다.
시 내 천 도

이것이 바로 하늘의 도리입니다.

帝初于歷山에
제 초 우 력 산

순임금께서 처음 역산[107]에

往于田하사
왕 우 전

밭 갈러 가실 때

日號泣于旻天과 于父母하사
일 호 읍 우 민 천   우 부 모

날마다 자애로운 하늘과 부모께
울부짖으며

負罪引慝하사
부 죄 인 특

(부모의) 죄를 스스로 짊어지고
(부모의) 악을 스스로에게 돌려

祇載見瞽瞍하시되
지 재 현 고 수

경건하게 직분을 다하여 고수를 뵙되

夔夔齊慄하신대
기 기 재 률

조심조심 공손하고 두려워하시자

瞽亦允若하니
고 역 윤 약

고수도 믿고 따르게 되었습니다.

至誠은 感神이온
지 성   감 신

지극한 정성은 귀신도 감동시키는데

矧玆有苗리오
신 자 유 묘

하물며 이 유묘이겠습니까?"

---

107 역산: 순임금이 젊은 시절에 농사를 지었다는 산. 역산(歷山)은 산동성 제남(濟南)의 천불산
(千佛山) 등, 중국에 여러 곳이 있지만 채침은 현재 산서성 남부 원곡(垣曲)의 동북쪽에 있는
역산이라고 하였다.

21. 순임금이 유묘를 문덕으로 감화시키다

禹拜昌言曰 兪라
_{우 배 창 언 왈 유}

우가 훌륭한 말을 듣고 절하며 말했다.
"옳은 말이다!"

班師振旅어늘
_{반 사 진 려}

회군하여 군사를 거두자

帝乃誕敷文德하사
_{제 내 탄 부 문 덕}

순임금께서 문덕을 크게 펼쳐

舞干羽于兩階러니
_{무 간 우 우 양 계}

양쪽 섬돌에서 방패와 깃털을 들고
춤을 추게 하시니[108]

七旬에 有苗格하니라
_{칠 순 유 묘 격}

70일 만에 유묘가 와서 항복했다.

---

108 방패[干]를 들고 추는 춤은 무무(武舞)이고 깃털[羽]을 들고 추는 춤은 문무(文舞)이니, 모두
예악의 일환이다. 무력의 정벌을 중지하고 예악의 교화를 펼친 것을 의미한다.

제4편
고요의 깨우침 [고요모皐陶謨]

『금문상서』이다. 고요(皐陶)는 황제(黃帝)의 장남인 소호 금천씨(少昊金天氏)의 후예라고 하며, 앞에서 설명한 것처럼 왕위 계승과정에서 우임금의 강력한 라이벌이었던 인물이다. 순임금이 형법(刑法)을 관장하는 사(士)로 임명하였는데, 공정한 법 집행을 했던 것으로 유명하다. 이 때문에 최초의 전문 법관이자 명판관의 전형으로서 후세에 높은 추앙을 받았다. 왕위 계승에는 실패했지만 『서경』의 여러 편에 실려 있는 그의 언설들을 보면 도덕적 의지가 충만하고 선정에 대한 깊은 소양을 갖추고 있었다. 그래서 흔히 요·순·우와 함께 상고사성(上古四聖)으로 불리기도 한다.

이 편은 고요와 우가 나누는 대화가 전부이다. 대화라고는 하지만 고요가 주로 자신의 의견을 말하면, 우가 동의하고 감탄하고 보충 질문하는 형식이다. 그러므로 고요의 훌륭한 품성과 정치적 신념이 잘 드러나 있어, 그가 왜 요·순·우와 함께 '사성(四聖)'으로 일컬어지는지 그 이유를 확인할 수 있다.

고요의 언급에서 드러나는 이 편의 핵심 주제는 덕치(德治)와 천명(天命)이다. 고요의 견해에 따르면, 정치의 가장 중요한 요소는 위정자의 덕(德)이다. 임금의 덕은 천하에 확산되어 올바른 다스림을 이룰 수 있고, 신하의 덕은 천하의 모든 일을 완수할 수 있다. 고요는 이러한 덕에 의한 다스림을 하늘의 도덕의지로 연결시켜, 임금과 신하가 정치를 하는 것은 하늘의 일을 대행하는 것이라고 한다. 인간에게 오륜(五倫)과 오례(五禮)가 있는 것은 하늘의 질서가 땅에 구현되도록 하기 위함이며, 오복(五服, 다섯 가지 관리들의 복식)과 오형(五刑)은 하늘의 상벌을 이 땅에 구현하는 수단이라고 한다. 고요가 만약 실존인물이고 실제로 이런 말을 하였다면, 우리가 익히 들어온 덕치와 천명의 역사는 참으로 유구하다.

1. 수기치인(修己治人)

曰若稽古皐陶한대
왈 약 계 고 고 요

옛날의 고요를 상고해 보니,

曰允迪厥德하면
왈 윤 적 궐 덕

그는 다음과 같이 말하였다. "(임금이) 그 덕을 잘 실천하면

謨明하며 弼諧하리이다
모 명　　필 해

(신하들의) 계책이 현명해지고 보필이 적절해질 것입니다."

禹曰 兪라 如何오
우 왈 유　　여 하

우가 말하였다. "옳은 말입니다! 어떻게 하면 되겠습니까?"

皐陶曰 都라
고 요 왈 도

고요가 말하였다. "오! (훌륭한 질문입니다!)

愼厥身修하며 思永하며
신 궐 신 수　　　사 영

삼가 자신을 닦고 생각을 깊이 하며

惇敍九族하며
돈 서 구 족

모든 친족에게 (인륜을) 돈독하게 펼치고

庶明이 勵翼하면
서 명　　려 익

여러 현명한 사람들이 힘써 도운다면

邇可遠이 在玆하니이다
이 가 원　　재 자

가까운 데서부터 멀리까지 확산되는 일109이 여기에 달려 있습니다."

109　가까운 데서부터 멀리까지 확산되는 일: 수신·제가로부터 치국·평천하에 이르는 일을 말한다.

禹拜昌言曰 兪라
_{우 배 창 언 왈 유}

우가 훌륭한 말을 듣고 절하며 말했다.
"옳은 말입니다!"

2. 지인(知人)과 안민(安民)

皐陶曰 都라
_{고 요 왈 도}

고요가 말하였다. "오! (훌륭합니다!)

在知人하며 在安民하니이다
_{재 지 인   재 안 민}

(훌륭한 정치는) 인재를 알아보고
백성을 편안하게 하는 일에 달려
있습니다."

禹曰 吁라
_{우 왈 우}

우가 말하였다. "어허!

咸若時는
_{함 약 시}

모든 일을 이와 같이 잘하는 것은

惟帝도 其難之러시니
_{유 제   기 난 지}

요임금도 어렵게 여기셨습니다.

知人則哲이라
_{지 인 즉 철}

사람을 아는 것은 지혜로운 것이니

能官人하며
_{능 관 인}

인재를 등용할 수 있고,

安民則惠라
_{안 민 즉 혜}

백성을 편안하게 하는 것은 은혜로운
것이니

黎民이 懷之하리니
_{려 민   회 지}

백성들이 마음으로 따를 것입니다.

能哲而惠면
_{능 철 이 혜}

지혜로울 수 있고 은혜로울 수 있다면

何憂乎驩兜며
_{하 우 호 환 도}

어찌 환도를 걱정할 것이며

何遷乎有苗며
하 천 호 유 묘

어찌 유묘를 추방할 필요가 있을
것이며

何畏乎巧言令色孔壬이리오
하 외 호 교 언 령 색 공 임

어찌 교언영색을 일삼는 몹시 간악한
자[110]를 두려워하겠습니까!"

3. 아홉 가지 덕[九德]

皐陶曰
고 요 왈

고요가 말하였다.

都라
도

"오! (훌륭합니다!)

亦行有九德하니
역 행 유 구 덕

행동에 나타나는 덕이 모두[111] 아홉
가지가 있으니

亦言其人의 有德인대
역 언 기 인   유 덕

그 사람이 가진 덕을 (평가하여) 말할
때는

乃言曰載采采니이다
내 언 왈 재 채 채

어떤 일 어떤 일을 실천했다고
말합니다.

禹曰 何오
우 왈   하

우가 말하였다. "무엇입니까?"

---

110 교언영색을 일삼는 몹시 간악한 자: 채침은 혹자의 말을 인용하여 공공(共工)을 가리켜 말한
　　 것이라고 한다. 그렇다면 사흉(四凶) 가운데 삼흉을 말하고 곤(鯀)만 언급하지 않은 것인데, 이
　　 는 곤이 우의 아버지이기 때문이라고 한다.
111 모두: 채침은 원문의 '역(亦)'을 '총(總)'의 뜻이라고 하였다. 다음 구절도 마찬가지이다.

皐陶曰
고 요 왈

고요가 말하였다.

寬而栗하며
관 이 율

"너그러우면서도 엄격하고,

柔而立하며
유 이 립

부드러우면서도 꼿꼿하고,

愿而恭하며
원 이 공

삼가면서 공손하고,

亂而敬하며
란 이 경

유능하면서 조심하고,

擾而毅하며
요 이 의

익숙하면서 과감하고,

直而溫하며
직 이 온

강직하면서도 온화하고,

簡而廉하며
간 이 렴

소탈하면서도 반듯하고

剛而塞하며
강 이 색

굳세면서 착실하고,

彊而義니
강 이 의

용감하면서 의로운 것이니

彰厥有常이 吉哉니이다
창 궐 유 상   길 재

이러한 덕이 항상 (행동에) 드러나면
훌륭한 사람입니다.

日宣三德하린
일 선 삼 덕

날마다 (이 가운데) 세 가지 덕을
실천하는 사람은

夙夜에 浚明有家하리며
숙 야   준 명 유 가

밤낮으로 자신의 집안을 다스려 밝게
할 것이며,

日嚴祗敬六德하린
일 엄 지 경 육 덕

날마다 여섯 가지 덕을 삼가 실천하는
사람은

亮采有邦하리니
량 채 유 방

자신의 나랏일들을 (다스려) 밝게 할
것이니,[112]

翕受敷施하면
흡 수 부 시

(이런 인재들을) 거둬들여 골고루
등용한다면

九德이 咸事하여
구 덕 함 사

아홉 가지 덕을 가진 사람[113]들이 모두
맡은 일을 하여

俊乂在官하여
준 예 재 관

일당천·일당백의 인재가 벼슬자리에
있으므로,

百僚師師하며
백 료 사 사

모든 관료가 상호간에 본받아 배우고

百工이 惟時로 撫于五辰하여
백 공 유 시 무 우 오 진

모든 관리[114]가 계절[115]에 순응해
때맞춰 일하여

庶績이 其凝하리이다
서 적 기 응

(천하의) 모든 일이 이루어질 것입니다.

---

112 이상의 네 구절은 아홉 가지 덕 가운데 세 가지를 가지고 있으면 대부(大夫)가 될 수 있고, 여섯
가지를 가지고 있으면 제후도 될 수 있다는 것을 말하고 있다.

113 아홉 가지 덕을 가진 사람: 구덕을 모두 갖춘 사람이 아니라 아홉 가지 덕 가운데 일부, 예컨대
위에 언급한 세 가지 덕이나 여섯 가지 덕을 갖춘 사람 등을 말한다.

114 모든 관리: 원문의 '백공(百工)'은 채침의 설명에 따르면, 위의 '백료(百僚)'와 마찬가지로 백관
(百官)을 뜻하지만 서로 스승이 되는 상황에서는 백료로, 서로 나랏일을 하는 상황에서는 백공
으로 상황에 따라 달리 표현한 것이라고 한다.

115 계절: 원문의 '오진(五辰)'은 사계절을 오행으로 설명하는 용어이다. 춘하추동이 각기 목화금수
에 배속되고, 토는 각 계절의 끝 18일씩에 배속된다.

4. 다스림은 하늘의 일을 대신하는 것이니

無敎逸欲有邦하사
무 교 일 욕 유 방

안일과 욕심으로 제후들을 가르치지
마시고

兢兢業業하소서
긍 긍 업 업

삼가고 두려워하십시오.

一日二日에 萬幾니이다
일 일 이 일　　만 기

하루 이틀에도 기미(幾微)[116]는 만
가지나 됩니다.

無曠庶官하소서
무 광 서 관

(비적임자를 등용하여) 한 가지 직무라도
내버리는 일이 없도록 해야 하니

天工을 人其代之하나니이다
천 공　　인 기 대 지

하늘의 일을 사람이 대신하는 것이기
때문입니다.

5. 질서와 등급, 오전·오례·오복·오형

天敍有典하시니
천 서 유 전

하늘이 인륜의 질서로 법을 삼으시니

勅我五典하사
칙 아 오 전

우리[사람]의 오전[117]을 바로잡아

五를 惇哉하시며
오　　돈 재

그 다섯 가지를 돈독하게 하시고,

116　기미(幾微): 극히 미세한 일의 조짐. 나라의 치란(治亂)이나 개인의 화복(禍福)이 극히 작은 일
　　　에서 시작되므로 밝은 지혜로 이를 잘 살펴야 한다는 뜻이다.

117　오전: 앞서 설명했듯 군신·부자·부부·형제·장유 사이에 지켜야 할 윤리를 말한다.

天秩有禮하시니
천 질 유 례

하늘이 등급의 질서로 예를 삼으시니

自我五禮하사
자 아 오 례

우리[사람]의 오례[118]를 실천하여

有[119]를 庸哉하소서
유   용 재

그 다섯 가지가 정당한 기준이 되도록 하십시오.

同寅協恭하사
동 인 협 공

(상하가) 함께 경외하고 함께 공경하여

和衷哉하소서
화 충 재

하늘이 주신 법과 예가 잘 구현되도록 하십시오.

天命有德이어시든
천 명 유 덕

하늘이 덕 있는 사람을 임명하시면

五服으로 五章哉하시며
오 복   오 장 재

다섯 등급의 오복[120]으로 드러내며,

天討有罪어시든
천 토 유 죄

하늘이 죄 있는 자를 벌하시면

五刑으로 五用哉하사
오 형   오 용 재

다섯 등급의 오형을 사용하니,

政事를 懋哉懋哉하소서
정 사   무 재 무 재

정사를 힘쓰고 힘쓰십시오.

---

118 오례: 제사에 관한 의례인 길례(吉禮), 죽음을 애도하는 의례인 흉례(凶禮), 군대와 관련한 의
례인 군례(軍禮), 사신의 접대에 관한 빈례(賓禮), 혼인에 관한 의례인 가례(嘉禮) 등을 말하는
데, 각각의 의례는 신분과 등급에 따라 형식과 절차가 달랐다.

119 有(유): 후한의 마융(馬融)이 주석한 판본에는 '五(오)'로 되어 있는데, 채침은 이를 따랐다.

120 오복: 공(公)의 복식인 곤면구장(袞冕九章)과 후(侯)·백(伯)의 복식인 별면칠장(鷩冕七章),
자(子)·남(男)의 복식인 취면오장(毳冕五章), 고(孤 : 큰 제후국의 재상)의 복식인 치면삼장(絺
冕三章), 대부(大夫)의 복식인 현면일장(玄冕一章)을 말한다. 여기서 '면(冕)'은 관모를 말하
고 '장(章)'은 윗옷[衣]과 아래옷[裳]에 그리거나 수를 놓은 무늬의 수를 말한다. 자세한 것은
다음 편인 「익직(益稷)」의 제3절 참조.

6. 민심은 천심

天聰明이
천 총 명

하늘이 듣고 보는 것은

自我民聰明하며
자 아 민 총 명

우리 백성들이 듣고 보는 것에
기인하고

天明畏
천 명 외

하늘이 (선한 자를) 드러내고 (악한 자를)
두렵게 함은

自我民明威라
자 아 민 명 위

우리 백성들이 드러내고 두렵게 하는
것입니다.

達于上下하니
달 우 상 하

위의 하늘과 아래의 백성이 서로
통하니

敬哉어다 有土아
경 재   유 토

삼가소서! 국토를 소유한 분이여!"

7. 부지런한 고요

皋陶曰
고 요 왈

고요가 (다시) 말하였다.

朕言惠하여 可底行이리이다
짐 언 혜   가 지 행

"저의 말은 이치를 따른 것이니 실천할
수 있는 것입니다."

禹曰 俞라
우 왈 유

우가 말하였다. "옳은 말입니다!

乃言이 底可績이로다
내 언 　 지 가 적

그대의 말을 실천한다면 업적을 이룰 수 있겠습니다."

皐陶曰
고 요 왈

고요가 말하였다.

予未有知어니와
여 미 유 지

"저는 (업적을 이룰지는) 잘 알지 못하지만

思日[121]贊贊襄哉하나이다
사 왈 　 찬 찬 양 재

날마다 (임금을) 도와 (다스림을) 이룰 것을 생각합니다."

121　曰(왈): '日(일)' 자의 오류이다.

제5편
백익과 후직 [익직益稷]

『금문상서』이다. 원래 앞의 「고요모」와 「익직」은 한 편이었는데, 매색의 진상본부터 분리되었다. 매색이 나누었는지 아니면 다른 누가 나누었는지 알 수 없거니와, 이 두 편은 맥락이 연결되어 있기 때문에 한 편으로 간주해도 무방할 것이다. 익직이라는 제목도 별다른 의미가 없다. 익(益)은 고요의 아들로 산택(山澤)을 담당하는 관리이고 직(稷)은 농업을 담당하는 관리인데, 본문에 한 번도 직접 등장하지 않는다. 다만 우의 발언 가운데 딱 한 번 두 사람이 거명될 뿐인데 편명이 되었다.

「고요모」에서의 대화는 이 편에서도 이어진다. 전편에는 보이지 않던 순이 등장하여 이 대화에 참여함으로써 화자는 세 사람이다. 아마 순은 앞 편에서 고요와 우가 대화하는 자리에 함께 있으면서 그들의 대화를 듣고 있었을 것이다. 침묵하고 있던 임금이 등장하면서 대화하던 신하들의 역할이 바뀐다. 「고요모」에서는 고요가 주연이었으나 여기서는 조연으로 물러앉는다. 대신 순과 우가 공동 주연이 되어 대화를 이어 간다.

고요가 이야기했던 천명(天命)을 이번에는 우가 이야기한다. 우는 자신이 치수(治水)한 일들을 나열하여 은근히 군주는 부지런해야 함을 깨우치고, 아울러 완벽한 덕성을 잘 유지해야 천명을 보존할 수 있다고 말한다. 이에 대해 순은 보필의 책무를 깨우치면서 갑자기 등급에 따른 옷의 문양과 음악을 말한다. 아마 예악(禮樂)의 교화를 말한 것일 터인데 맥락이 매끄럽지 않다. 예의 본질적 기능이 신분 질서를 안정시키는 것이므로, 등급에 따라 무늬가 다른 관복을 제정하도록 한 것이라면 그럭저럭 이해는 된다. 예악의 교화를 보필할 것을 촉구한 뒤, 마지막으로 순은 보필의 책무를 다하지 못하면 위엄으로 다스릴 것이라고 한다. 벌주겠다는 말이다. 약간은 분위기를 싸하게 만든 순. 그에게 대답하는 우의 말도 뾰족하다. 신하의 보필을 요구하기 전에 임금이 먼저 덕을 닦으라고 한다. 그러면서 두 가지 사례를 드는데, 게으르고 방탕했던 단주와 아들이 태어날 때도 집에 들르지 못했던 부지런한 자신이다. 단주를 닮지 말라는 뜻은 알겠는데, 자기 이야기는 왜 한 것일까?

악관(樂官)인 기(夔)가 군신의 화목을 찬탄하는 것인지 화해를 종용하는 것인지 모를 음악을 연주하고 순과 고요가 번갈아 노래 부르는 것으로 「우서」의 마지막 편이 끝난다.

1. 부지런히 홍수를 다스린 우

帝曰
_{제 왈}

순임금께서 말씀하셨다.

來하라 禹아
_{래   우}

"이리 오라! 우여!

汝亦昌言하라
_{여 역 창 언}

너도 훌륭한 말을 해 보라."

禹拜曰 都라 帝하
_{우 배 왈 도   제}

우가 절하고 말하였다. "오!
임금이시여!

予何言하리잇고
_{여 하 언}

(고요가 다 말하였으니) 제가 무엇을
말씀드리겠습니까!

予思日孜孜하나이다
_{여 사 일 자 자}

저는 날마다 부지런히 힘쓰리라
생각하고 있습니다."

皐陶曰 吁라 如何오
_{고 요 왈 우   여 하}

고요가 말하였다. "어허! 어떻게
힘쓴다는 말입니까?"

禹曰 洪水滔天하여
_{우 왈 홍 수 도 천}

우가 말하였다. "홍수가 하늘까지
집어삼킬 듯

浩浩懷山襄陵하여
호 호 회 산 양 릉

넘실넘실 산을 휘감고 언덕을 덮치자

下民昏墊이어늘
하 민 혼 점

백성들이 갈팡질팡하다 물에 빠지니,

予乘四載하여
여 승 사 재

제가 네 가지[122]를 타고

隨山刊木하고
수 산 간 목

산을 따라가며 나무를 베어 (길을 내고)

曁益으로 奏庶鮮食하며
기 익   주 서 선 식

익과 함께 (백성들에게) 여러 가지
날고기를 주었으며,

予決九川하여 距四海하며
여 결 구 천   거 사 해

제가 구주의 물길을 소통시켜 사방
바다로 나가게 하고

濬畎澮하여 距川하고
준 견 회   거 천

도랑을 깊이 파서 하천으로 나가게
하였으며,

曁稷으로 播하여
기 직   파

직과 함께 (씨앗을) 뿌려

奏庶艱食鮮食하고
주 서 간 식 선 식

여러 가지 어렵게 얻은 곡식[123]과
날고기를 함께 주고,

懋遷有無하여 化居하니
무 천 유 무   화 거

있는 것을 없는 곳으로 힘써 옮겨
쌓아 둔 것을 바꾸게 하니[124]

烝民이 乃粒하여
증 민   내 립

모든 백성이 드디어 곡식을 먹게 되어

---

122 네 가지: 물에서 타는 배와 뭍에서 타는 수레와 뻘에서 타는 썰매와 산에서 신는 아이젠 비슷한
     것을 박은 신발을 말한다.
123 어렵게 얻은 곡식: 홍수를 다스린 초기에 아직 농경이 원활하지 못해 힘들게 수확한 곡식.
124 이 구절은 물물 교환의 방식으로 교역이 이루어지는 것을 말한다.

萬邦이 作乂하나이다
만 방   작 예

모든 나라가 다스림을 이루었습니다.”

皐陶曰 兪라
고 요 왈 유

고요가 말하였다. “그렇군요!

師汝의 昌言하노라
사 여   창 언

당신의 훌륭한 말씀을 스승으로
삼겠습니다.”

2. 임금의 자리는 삼가는 자리

禹曰
우 왈

우가 말하였다.

都라 帝하
도   제

“오! 임금이시여!

愼乃在位하소서
신 내 재 위

임금의 자리에서는 (매사를) 삼가야
합니다.”

帝曰 兪라
제 왈 유

순임금께서 말씀하셨다. “옳은
말이다!”

禹曰
우 왈

우가 말하였다.

安汝止하사
안 여 지

“당신의 마음이 (도심에) 편안하게
머무르도록 하여[125]

---

125 채침의 설명에 따르면, 이 구절의 원문 ‘지(止)’는 마음을 머무르게 하는 것이니, 임금의 마음이
머물러야 할 자리는 공명정대한 도심(道心)이다. 처음에는 인위적인 노력을 통해 마음이 도심
에 머무르도록 해야 하지만, 덕의 단계가 높아지면 저절로 항상 마음이 그 자리에 있게 되는데
이것이 ‘편안하게 머무르는[安止]’ 것이다. 채침의 해설은 『대학』의 ‘지선에 머무른다[止於至

惟幾惟康하며
유 기 유 강

일마다 기미를 살펴 적절하게
처리하시고,

其弼直하면
기 필 직

보필하는 신하가 올바르게 인도한다면,

惟動에
유 동

(임금의) 움직임에

丕應徯志하리니
비 응 혜 지

(백성들이) 크게 호응하여 (임금의) 뜻을
기다릴 것이니

以昭受上帝어든
이 소 수 상 제

이렇게 하여 상제께 환하게 (천명을)
받고자 하면

天其申命用休하시리이다
천 기 신 명 용 휴

하늘이 거듭 복을 내려 주실
것입니다."

3. 순임금의 말씀, 신하는 임금을 보필하는 이웃

帝曰 吁라
제 왈 우

순임금께서 말씀하셨다. "어허!

臣哉鄰哉며
신 재 린 재

신하들은 나를 보필하는 이웃이며

鄰哉臣哉니라
린 재 신 재

나를 보필하는 이웃이 바로
신하들이로다!"

禹曰 俞라
우 왈 유

우가 말하였다. "그렇습니다!"

善]'는 말과, 앞에서 설명한 위고문 「대우모」의 16자를 결부시킨 것이다.

帝曰
제 왈

순임금께서 말씀하셨다.

臣은 作朕股肱耳目이니
신 작짐고굉이목

"신하는 나의 다리와 팔이며 귀와 눈이니,

予欲左右有民이어든 汝翼하며
여 욕 좌 우 유 민 여 익

내가 백성들을 돕고자 한다면 너희가 보좌할 것이며,

予欲宣力四方이어든 汝爲하며
여 욕 선 력 사 방 여 위

내가 사방에 힘을 펼치고자 한다면 너희가 할 것이며,

予欲觀古人之象하여
여 욕 관 고 인 지 상

내가 옛사람의 문양을 관찰하여

日月星辰山龍華蟲을 作會하며
일 월 성 신 산 룡 화 충 작 회

해·달·별·산·용·꿩[126] 등을 그림으로 그리고

宗彝藻火粉米黼黻을 絺繡하여
종 이 조 화 분 미 보 불 치 수

종이(宗彝)·물풀·불·쌀·도끼·아자무늬[127] 등을 수놓고

---

126 해·달·별·산·용·꿩: 천자로부터 대부에 이르기까지 대례복의 상의[衣]에 그려 넣는 문양들이다. 해와 달과 별은 광명이 내리비춤을 뜻하고, 산은 진중함을 뜻하며, 용은 변화를 뜻하고, 꿩은 문채를 뜻한다. 천자는 이 모든 문양을 사용하고, 공(公)은 산, 용, 꿩만 사용하고, 후(侯)·백(伯)은 꿩만 사용한다.

127 종이(宗彝)·물풀·불·쌀·도끼·아자무늬: 천자로부터 대부에 이르기까지 대례복의 하의[裳]에 수놓는 문양들이다. 종이는 호랑이와 원숭이를 새긴 종묘의 술잔인데 이들의 효성스러움을 취한 것이고, 물풀은 정결함을, 불은 밝음을, 쌀은 양육함을, 도끼는 결단력을, 아자(亞字)무늬는

以五采로 彰施于五色하여
이 오 채　　　　 창 시 우 오 색

다섯 가지 색채로 오색을 드러내
베풀어

作服이어든 汝明하며
작 복　　　　 여 명

옷을 지으려 한다면 너희가 (등급에
따른 복식을) 밝힐 것이며

予欲聞六律五聲八音하여
여 욕 문 육 률 오 성 팔 음

내가 육률과 오성과 팔음[128]의 소리를
듣고

在治忽하여
재 치 홀

다스림과 소홀함을 살펴서

以出納五言이어든
이 출 납 오 언

다섯 가지 말[129]을 출납하고자 한다면

汝聽하라
여 청

너희가 자세히 듣고 (정치의 득실을)
살피도록 하라.

분별력을 각각 취한 것이라고 한다. 천자는 이 모두를 사용하여 상의의 6가지 문양과 함께 12
가지 문양의 옷[十二章服]을 입었으며, 공(公)은 상의의 산·용·꿩과 함께 도합 9가지 문양의 옷
[九章服]을 입었고, 후(侯)·백(伯)은 상의의 꿩과 함께 7가지 문양의 옷[七章服]을 입었고, 자
(子)·남(男)은 하의의 문양에서 불을 뺀 오장복[五章服]을, 고(孤 : 큰 제후국의 재상)는 쌀·도
끼·아자무늬만 수놓은 삼장복[三章服]을 입었고, 대부(大夫)는 아자무늬의 일장복[一章服]을
입었다.

128 육률과 오성과 팔음: 육률(六律)은 양의 소리이고 육려(六呂)는 음의 소리인데, 양으로써 음을
포괄하여 육률은 십이율려(十二律呂) 전부를 의미한다. 십이율려는 음계이고, 오성(五聲)은
악조이며, 팔음(八音)은 8가지 재료의 악기가 내는 소리를 말한다. 십이율려는 황종(黃鐘)·대
려(大呂)·태주(太蔟)·협종(夾鐘)·고선(姑洗)·중려(仲呂)·유빈(蕤賓)·임종(林鐘)·이칙(夷則)·
남려(南呂)·무역(無射)·응종(應鐘)이고, 오성은 궁(宮)·상(商)·각(角)·치(徵)·우(羽)이다. 팔음
의 재료와 악기는 흙[土]의 훈(塤), 박[匏]의 생(笙), 가죽[革]의 고(鼓), 대[竹]의 관(管), 실[絲]
의 현(絃), 돌[石]의 경(磬), 쇠[金]의 종(鐘), 나무[木]의 축(祝)이다.

129 다섯 가지 말: 채침은 시가(詩歌)를 오성(五聲)에 맞춘 것이라고 하였고, 『상서정의』는 인·의·
예·지·신(仁義禮智信) 등 오덕(五德)의 말씀이라고 하였다.

4. 순임금의 말씀, 책무를 다하지 못하는 이웃은 바로잡아야

予違를 汝弼이니
여 위 여 필

내가 도리에 어긋나면 너희가 보필하여
바로잡고,

汝無面從하고
여 무 면 종

너희는 대면해서는 순종하면서

退有後言하여
퇴 유 후 언

물러가서는 뒷말을 하는 일이 없도록
하여

欽四隣하라
흠 사 린

사방에서 나를 보필하는 이웃의
책무를 삼가 수행하라.

庶頑讒說이
서 완 참 설

사납고 헐뜯는 말을 하는 자들이

若不在時어든
약 부 재 시

만약 이런 (보필의) 일들을 제대로
못하거든

侯以明之하며
후 이 명 지

활쏘기[130]를 통해 실상을 밝히고,

撻以記之하며
달 이 기 지

매질하여 기억하게 하고,

書庸識哉하여
서 용 지 재

글로 기록함으로써[131]

---

130 활쏘기: 원문의 '후(侯)'는 과녁이다. 이 구절은 사납고 헐뜯는 말을 하며 임금을 잘 보필하지 못
하는 사람들에게 활을 쏘도록 하여 명중률을 보고 마음에 품은 생각을 살피라는 말이다. 채침
의 해설에 따르면, 마음이 바르지 못하면 몸과 동작에 드러나게 되어 활을 쏘더라도 과녁을 맞
힐 수 없다고 한다. 고대에는 활쏘기를 덕을 기르는 방법의 하나로 간주하였다.

131 이상의 세 구절에서 말한 활쏘기와 매질과 기록은 악인이라 할지라도 반성의 기회를 주어 개과
천선하도록 인도하는 방편들이다.

欲並生哉니
욕 병 생 재

(자신의 잘못을 바로잡게 하여) 함께
살고자 하니

工以納言으로
공 이 납 언

악공[132]으로 하여금 그들이 한 말을

時而颺之하여
시 이 양 지

때때로 보고하도록 해 (반성 여부를
살펴보고)

格則承之庸之하고
격 즉 승 지 용 지

바르게 되었으면 등용해 쓰고

否則威之니라
부 즉 위 지

그렇지 않다면 (형벌로) 위엄을 보일
것이다."

5. 우의 말씀, 신하의 보필보다 임금의 덕이 먼저이니

禹曰 俞哉나
우 왈 유 재

우가 말하였다. "그렇습니다만,

帝光天之下하사
제 광 천 지 하

임금의 덕이 천하에 빛나

至于海隅蒼生하시면
지 우 해 우 창 생

바다 모퉁이에 사는 미미한
백성에게까지 이르게 되면

萬邦黎獻이
만 방 려 헌

모든 나라의 백성 중에 덕 높은 자들이

共惟帝臣하리니
공 유 제 신

모두 임금의 신하가 되려고 할 것이니,

132　악공: 고대에 악관(樂官)은 교육을 담당하였기에 완악한 자들을 관리한 것이다.

惟帝時擧니이다
유 제 시 거

임금께서는 이들을 등용하기만 하면 됩니다.

敷納以言하시며
부 납 이 언

말을 하면 그 말을 살펴 받아들이고

明庶以功하시며
명 서 이 공

이룬 공을 살펴 무리들을 드러내어

車服以庸하시면
거 복 이 용

수레와 의복을 주어 등용하신다면,

誰敢不讓하며
수 감 불 양

누가 감히 (현자에게) 사양하지 않을 것이며,

敢不敬應하리이까
감 불 경 응

(어떤 현자가) 감히 삼가 응하지 않겠습니까?

帝不時하시면 敷同하여
제 불 시   부 동

임금께서 이렇게 하지 않으시면 부화뇌동하여

日奏罔功하리이다
일 주 망 공

나날이 공을 세우려 하지 않게 될 것입니다.

6. 게으른 단주와 부지런한 우

無若丹朱傲하소서
무 약 단 주 오

단주처럼 거만하지 마십시오.

惟慢游를 是好하며
유 만 유   시 호

(그는) 게으르고 노는 것을 좋아하고

傲虐을 是作하며
오 학   시 작

거만하고 사나운 짓을 일삼기를

罔晝夜額額하며
망 주 야 액 액

밤낮으로 그치지 않았으며

罔水行舟하며
망 수 행 주

물 없는 곳에서 배를 끌고 다니며,

朋淫于家하여
붕 음 우 가

소인들과 어울려 집안에서 음란하여

用殄厥世하니이다
용 진 궐 세

(요임금의) 대를 잇지 못했습니다.

予創若時하여
여 창 약 시

저는 (단주의) 이러함을 경계로 삼아,

娶于塗山하여
취 우 도 산

도산씨의 여자에게 장가들어

辛壬癸甲이며
신 임 계 갑

신·임·계·갑의 나흘만 머무르고 (직무에 복귀하였으며),

啓呱呱以泣이어늘
계 고 고 이 읍

계[133]가 고고지성을 울리며 태어날 때도

予弗子하고
여 불 자

제가 아들로 대해 주지 못했으며,

惟荒度土功하여
유 황 탁 토 공

수토(水土)의 일만 크게 생각하고

弼成五服하되
필 성 오 복

(임금을) 도와 오복[134]의 제도를 완성하여

至于五千하고
지 우 오 천

오천 리에 이르게 하였으며,

---

133 계: 우임금의 아들이다. 성이 사(姒)이기에 사계(姒啓)라고도 한다. 덕이 있고 유능하여 우임금의 제위를 계승하여 하나라의 제2대 군주가 되었다.

134 오복: 수도를 중심으로 사방 5백 리를 단위로 설치한 행정 구역으로 전복(甸服)·후복(侯服)·수복(綏服)·요복(要服)·황복(荒服)을 말하니, 전체가 동서로 오천 리이고 남북으로 오천 리이다.

州十有二師하며
주 십 유 이 사

구주(九州)에는 각각 12명씩의 제후를 두고

外薄四海히
외 박 사 해

(구주의) 밖으로부터 사해에 이르기까지는

咸建五長하니
함 건 오 장

각 방면에 각기 5명씩 우두머리를 세우니,

各迪有功이어늘
각 적 유 공

각기 직무를 수행하여 공을 세우고 있으나

苗頑하여 弗卽工하나니
묘 완   불 즉 공

삼묘(三苗)는 사나워 직무를 수행하지 않고 있으니

帝其念哉하소서
제 기 념 재

임금께서는 유념하소서!"

7. 순임금이 우의 공로를 칭찬하다

帝曰
제 왈

순임금께서 말씀하셨다.

迪朕德은
적 짐 덕

"(온 세상이) 나의 덕을 따르는 것은

時乃功惟敍니
시 내 공 유 서

이 모두 네가 이룩한 (치수의) 공로 덕분이다.

皐陶方祇厥敍하여
고 요 방 지 궐 서

고요가 지금 네가 이룩한 공로를 공경히 받들어

方施象刑하되 惟明하나니라　오형을 공정하게 집행하고 있으니
방 시 상 형　　　유 명　　　　　　(삼묘도) 따르게 될 것이다.”

8. 기가 음악을 연주하여 군신의 화목을 찬탄하다

夔曰　　　　　　　　　　기가 말하였다.
기 왈

戛擊鳴球하며　　　　　　"〔당상(堂上)에서〕옥 경쇠를 두드리고
알 격 명 구

搏拊琴瑟하여 以詠하니　금슬을 연주하며 노래 부르니
격 부 금 슬　　　이 영

祖考來格하시며　　　　　선조의 혼령이 강림하시고,
조 고 래 격

虞賓이 在位하여　　　　　우나라 손님[135]이 자리에 있으면서
우 빈　　　재 위

羣后로 德讓하도다　　　　제후들과 덕을 서로 사양하도다!
군 후　　덕 양

下管鼗鼓하고　　　　　　당하(堂下)에서 피리 불고 손북[136] 치고,
하 관 도 고

合止柷敔하며　　　　　　축[137]을 쳐 합주하고 어[138] 두드려
합 지 축 어　　　　　　　마치고,

---

135 우나라 손님: 순임금의 나라인 우나라에 손님으로 온 사람이니 요임금의 아들 단주(丹朱)를
　　말한다. 전 왕조의 왕위 계승권자를 신 왕조에서는 신하로 삼지 않고 손님으로 대우하였다.

136 손북: 자루가 달린 작은 북으로 자루를 잡고 흔들면 양 옆에 달린 구슬이 북을 치면서 소리가 난
　　다.

137 축: 연주의 시작을 알리는 타악기. 네모난 나무 상자 윗판에 구멍을 뚫고 그 구멍에 나무 자루를
　　세워 상자 밑바닥을 내려치는데, 이 수직적인 동작은 땅과 하늘을 열어 음악을 시작한다는 의
　　미이다.

笙鏞以間하니
생 용 이 간

생황과 큰 종을 번갈아 울리니

鳥獸蹌蹌하도다
조 수 창 창

새와 짐승 모여들어 춤을 추도다!

簫韶九成에
소 소 구 성

소소[139]의 아홉 악장 연주하노니

鳳凰이 來儀하도다
봉 황 래 의

봉황이 와서 우아하게 춤을 추도다!"

夔曰
기 왈

기가 말하였다.

於予擊石拊石에
오 여 격 석 부 석

"아! 제가 크고 작은 돌 경쇠를 번갈아 치니

百獸率舞하며
백 수 솔 무

온갖 짐승들이 모두 모여 춤을 추며

庶尹이 允諧하나이다
서 윤 윤 해

여러 관청의 우두머리들이 참으로 화목하였습니다."

9. 군신이 화합하여 노래하다

帝庸作歌曰
제 용 작 가 왈

순임금께서 이에 노래를 지어,

勅天之命한대
칙 천 지 명

"하늘의 명을 삼가야 하니

---

138 어: 연주의 마침을 알리는 타악기. 엎드린 호랑이 모양의 나무 악기로 등에 27개의 톱니가 있는데, 대나무로 만든 채로 이것을 쓸어내려 연주의 마침을 알린다.

139 소소: 소(簫)는 춤을 출 때 손에 잡는 무구(舞具)이고, 소(韶)는 순임금의 음악 이름으로 대소(大韶)라고도 한다. 그러므로 소소(簫韶)는 소를 잡고 춤을 추며 연주하는 순임금의 음악이라는 뜻이니 순임금의 음악을 총칭하는 말이다. 소(韶) 또는 대소(大韶)와 동의어로 쓰인다.

惟時惟幾라 하시고
유 시 유 기

때마다 기미마다 삼가야 하리!" 하시고

乃歌曰
내 가 왈

다음과 같이 노래 부르셨다.

股肱喜哉면
고 굉 희 재

"팔다리 신하들이 즐거이 일한다면

元首起哉하여
원 수 기 재

머리 되는 임금의 다스림이 일어나

百工熙哉하리라
백 공 희 재

백관의 모든 일이 널리 베풀어지리!"

皐陶拜手稽首하여
고 요 배 수 계 수

고요가 손을 모아 절하고 머리를
조아리며

颺言曰 念哉하사
양 언 왈 념 재

큰 소리로 말하였다. "유념하소서!

率作興事하사대
솔 작 흥 사

(신하를) 거느리고 일을 일으키시되

愼乃憲하사 欽哉하시며
신 내 헌   흠 재

법도를 지켜 삼가시고

屢省乃成하사 欽哉하소서
루 성 내 성   흠 재

결과를 자주 살펴 삼가소서!"

乃賡載歌曰
내 갱 재 가 왈

이에 이어서 노래하여 (임금이 노래한
뜻을) 완성하였다.

元首明哉하시면
원 수 명 재

"머리 되는 임금이 현명하시면

股肱良哉하여
고 굉 량 재

팔다리 신하가 어질고 착해

庶事康哉하리이다
서 사 강 재

뭇 일들이 모두 편안하리이다!"

又歌曰
우 가 왈

또 노래하였다.

元首叢脞哉하시면
원 수 총 좌 재

"머리 되는 임금이 자질하면

股肱惰哉하여
고 굉 타 재

팔다리 신하가 게을러져서

萬事墮哉하리이다
만 사 휴 재

만사가 모두 무너지리이다!"

帝拜曰
제 배 왈

순임금께서 절하며 말씀하셨다.

俞라 往欽哉하라
유 왕 흠 재

"옳은 말이로다! (너희들은) 가서 삼가
직무를 수행하라!"

제II부

하나라의 기록

[하서夏書]

하(夏)나라는 중국 최초의 세습 왕조다. 기원전 21세기부터 기원전 17세기까지 대략 400여 년 동안 존속하였던 것으로 추정되며, 14대에 걸쳐 17명의 군주가 다스렸다고 한다. 그 첫 번째 군주가 우(禹)이며, 선양(禪讓)을 통해 순(舜)으로 부터 제위를 물려받았다. 『사기(史記)』의 기록에 따르면, 하나라는 원래 하후씨 (夏后氏)를 비롯한 12씨족의 연맹체였다. 그 연맹체의 수령은 하후씨였고, 하후 씨의 수령이었던 우(禹)가 나라를 세우면서 씨족의 이름을 국호로 삼았다고 한 다. 하나라의 영역은 대략 하남성을 중심으로 산서·산동·하북·호북의 일부씩을 포함하는 지역이었던 것으로 추정되며, 우가 처음 정한 도읍은 양성(陽城, 하남 성 등봉시登封市)인데, 순임금의 아들 상균(商均)의 세력을 피해 옮겨 간 것이라 고 한다.

우임금의 성은 사(姒)라고 한다, 하후씨와 함께 씨족 연맹체를 구성했던 나머 지 11씨족의 성도 모두 사(姒)였다. 중국의 고대에는 성(姓)과 씨(氏)가 달랐는 데, 여러 가지 설이 있지만 대체로 씨는 성의 하위 개념으로 공동의 조상에서 나뉜 갈래이다. 우리 식으로 이야기하자면 ○○김씨 ○○○파라고 할 때 김씨 가 성이고 파는 씨이다. 저 유명한 상나라의 개국 공신 강태공(姜太公)은 강성 여씨(姜姓呂氏)였는데, '강'은 시조의 표지이고 '여'는 시조에서 갈라진 파조의 표지인 셈이다. 그러므로 하나라의 씨족 연맹체는 공통의 조상을 가진 혈연 공 동체였을 가능성이 크다. 우임금의 씨인 하후씨의 혈통은 전설상의 오제(五帝) 가운데 한 사람인 전욱(顓頊)과 연결되는 것으로 알려져 있다.

「하서(夏書)」는 하나라의 기록인데, 「우공(禹貢)」·「감서(甘誓)」·「오자지가(五子之 歌)」·「윤정(胤征)」 등 네 편이 실려 있다. 400년을 유지한 왕조의 기록으로는 턱 없이 부족하지만, 아마 문자 기록이 이루어질 수 없었던 시대였기 때문일 것이 다. 그 네 편도 「우공」은 우가 즉위하기 전의 기록이므로 엄밀하게 이야기하면 「순전」에 포함되어야 할 내용이고, 「오자지가」와 「윤정」은 위고문이니, 진정한 하나라의 기록은 「감서」 한 편이다.

제6편
우임금이 정한 조세 [우공禹貢]

『금문상서』이다. 위고문보다는 신뢰할 수 있는 글이지만, 우(禹)가 치수하던 당시의 글로 보기 어렵다. 이 편에 등장하는 산천의 명칭이나 지리적 상황으로 볼 때, 적어도 주나라 이후의 글임이 분명하다. 왕국유(王國維, 1877~1927)는 주나라 초기의 작품이라고 하였고, 고힐강(顧詰剛, 1893~1980)은 전국(戰國) 시기에 진(秦)나라 사람의 손에서 나온 것이라고 하였는데 참고할 만하다.

「우공」의 '공(貢)'은 조세(租稅)의 총칭이다. 원래 위에서 거두어 가는 것을 부(賦)라고 하고 아래에서 바치는 것을 공(貢)이라 하여 전부(田賦), 조공(朝貢)이라는 단어가 있지만, 이 편에서의 공은 조공에 국한되지 않고 전부를 포함한 모든 조세를 가리키고 있다. 그렇다고 하여 이 편이 조세만 말하고 있지는 않다. 산천과 지형, 토양과 물산, 조공의 경로까지 망라 서술하여, 구주(九州) 체계 중국의 지리서(地理書)라고 할 수 있다.

내용을 보면 우가 치수 과정에서 구주를 구획하고 각 주의 상황에 따라 조세를 정하고 있는데, 이것은 우가 즉위하기 전의 일이다. 순임금의 치세 기간에 임금의 명령으로 아버지 곤(鯀)이 실패한 치수 사업을 완성하였던 것이므로, 시기적으로 보면 앞의 「순전」에 포함되는 것이 옳다. 아마 우가 이 사업의 공로를 인정받아 하나라를 건국할 수 있었으므로 「하서」에 포함시킨 것일 게다.

구주의 물길을 다스려 정비한 우는 다시 구주 바깥 지역까지 제(帝)의 다스림 범위로 편입시켜 '천하(天下)'를 완성한다. 제도(帝都)를 중심으로 500리 단위의 동심원을 그리면서, 전복(甸服)·후복(侯服)·수복(綏服)·요복(要服)·황복(荒服)의 이른바 오복(五服)으로 구분하여 복속시킴으로써 온 천하가 중국의 영향권 아래에 있도록 한 것이다. 아마 여기서부터 중화사상(中華思想)이 싹텄을 것이고, 그래서 이후 중국인들은 천하 체계를 완성시킨 하나라를 기리며 자신들의 나라를 화하(華夏)라고 부르게 되었는지도 모른다. 오복의 '복(服)'은 복종한다는 뜻이고, 동시에 복속시킨다는 뜻이다.

1. 우가 구주를 나누어 개간하다

禹敷土하시고
우 부 토

우가 토지를 (구획하여 구주로) 나누고

隨山刊木하사
수 산 간 목

산을 따라가며 나무를 베(어 길을 내)고

奠高山大川하시다
전 고 산 대 천

높은 산과 큰 하천을 (구주의 경계로)
정하셨다.

2. 기주의 물길과 조세

冀州라
기 주

기주[1]에서는

旣載壺口하사
기 재 호 구

먼저 호구산[2]부터 물길을 다스리기
시작하여

治梁及岐하시며
치 양 급 기

양산[3]과 기산[4]을 다스렸으며,

旣修太原하사
기 수 태 원

태원의 물길[5]을 바로잡아

---

1 기주: 대략 지금의 산서성과 하북성 전역 및 섬서성·하남성·요녕성의 일부를 포함하는 지역으로
   제도(帝都)가 위치한 구주(九州)의 중심지였다.
2 호구산: 현재 산서성 장치시(長治市) 동남부에 위치한 산으로 호구폭포가 유명하다.
3 양산: 현재의 여량산(呂梁山)이다. 산서성 서부에 위치하며 임분시(臨汾市)·여량시(呂梁市) 등
   이 이 산을 끼고 있다.
4 기산: 현재의 호기산(狐岐山)이다. 산서성 개휴시(介休市)의 동남쪽에 위치하며 홍산(洪山)이
   라고도 하니 섬서성에 있는 주나라의 발상지 기산과는 다른 산이다.
5 태원의 물길: 태원(太原)은 오늘날 산서성의 성도(省都)인 태원시를 말하고 물길은 분하(汾河)
   를 말한다. 분하는 산서성 관잠산(管涔山)에서 발원하여 태원·여량(呂梁)·진중(晉中)·곽주(霍

至于岳陽하시며
지 우 악 양

太岳山(太岳山)[6]의 남쪽으로 나가게
하였으며,

覃懷에 底績하사
담 회   지 적

담회[7]에서 업적을 이루어[8]

至于衡漳하시다
지 우 횡 장

(물길이) 횡장[9]으로 나가게 하셨다.

厥土는 惟白壤이오
궐 토   유 백 양

이곳의 흙은 희고 부드러우며

厥賦는 惟上에 上이니 錯하며
궐 부   유 상   상   착

그 조세[10]는 상지상[11]인데 (상지중도)
섞여 있으며

厥田은 惟中에 中이니라
궐 전   유 중   중

그 농토의 등급은 중지중이다.[12]

州) 등을 거치며 산서성을 남북으로 관통하여 황하로 들어간다. 고대에는 분수(汾水)라고 하였
다.

6 태악산(太岳山): 산서성 곽주시의 곽현(霍縣) 동남쪽에 있는 산. 곽산(霍山) 혹은 곽태산(霍太
山)이라고도 한다.

7 담회: 현재의 하남성 심양시(沁陽市)와 그 일대 지역으로 하나라 때 정치와 경제의 중심지였다.

8 업적을 이루어: 특별히 업적을 이루었다고 한 것은 이 지역이 당시의 대도시였기 때문인 듯한데,
채침은 이곳이 평지라서 치수가 어려움에도 불구하고 성공하였기 때문이라고 하였다.

9 횡장: 현재의 장하(漳河)를 말한다. 산서성 장치시(長治市)에서 발원하여 서에서 동으로 가로
[橫]로 흘러가다가 하북성 부성현(阜城縣)에서 황하와 합류하기 때문에 횡장이라고 하였다.

10 조세: 원문의 '부(賦)'는 원래 농지에서 나오는 세인 전부(田賦)를 말하지만 채침은 기주는 임
금의 직할지이기 때문에 전부뿐만 아니라 산림이나 채전(菜田) 등에서 나오는 기타의 조세를 모
두 포함하고, 나머지 여덟 주는 전부만을 말한다고 하였다. 본서에서는 구주의 '부(賦)'를 일괄
'조세'로 번역하였다.

11 상지상(上之上): 등급을 상·중·하로 나누고 각각을 다시 상·중·하로 나누어 아홉 등급으로 평가
할 때 최상의 등급이다. 여기서의 평가는 소출에 따른 절대 평가가 아니라 각 주의 조세 총량을
다과(多寡)로 구분한 상대 평가이다. 구주 가운데 기주의 조세액이 가장 많았다는 말이다.

12 토지의 등급은 중지중인데 부세가 상지상인 것은 땅이 넓고 인구가 조밀하기 때문이라고 채침
은 설명하였다.

恒衛既從하며
항 위 기 종
항수[13]와 위수[14]의 물길이 순해지자

大陸既作하니라
대 륙 기 작
대륙[15]에는 경작이 가능해졌으며

島夷는 皮服이로다
도 이   피 복
섬 오랑캐[16]는 가죽옷을 입고 와
공물을 바치니,

夾右碣石하여 入于河하나니라
협 우 갈 석   입 우 하
오른쪽으로 갈석산[17]을 끼고 황하로
들어와 바쳤다.[18]

---

13 항수: 하북성 곡양현 항산(恒山, 하북성 보정시保定市에 있는 대무산大茂山으로 오악 가운데
    하나인 산서성의 항산이 아님) 부근에서 발원해 동으로 흐르다가 고양현(高陽縣)에서 역수하
    (易水河)로 입류하던 작은 하천.
14 위수: 하북성 정정현(正定縣) 동북 지역에서 발원해 동으로 호타하(滹沱河)로 들어가던 작은
    하천.
15 대륙: 하북성 석가장시(石家莊市) 부근 조현(趙縣) 일대의 넓은 들판으로 화북 평원의 중남부
    지역이다.
16 섬 오랑캐: 기주의 동쪽은 발해(渤海)이니 발해의 도서 지역에 살았던 이민족을 말한다.
17 갈석산: 중국의 고대사에 자주 등장하는 갈석산의 위치에 대해서는 정설이 없을 만큼 견해가 다
    양하다. 현재 중국은 하북성 진황도 창려현(昌黎縣)의 갈석산이 진시황과 위무제 조조(曹操)가
    올랐던 갈석산으로 소개하고 있으나 고지도들은 모두 황하가 바다로 들어가는 부근에 갈석산을
    그려 두고 있어 일치하지 않는다. 현재 황하는 산동성 동영시(東營市)에서 바다로 들기 때문이
    다. 「우공」의 이 문장도 갈석산을 끼고 황하로 들어와 역류하여 조공한 것으로 설명하여 갈석산
    이 황하 입해처(入海處) 부근에 있는 것으로 묘사하였지만 현재의 물길이 당시와 많이 다를 것
    이므로 갈석산의 위치를 가늠하기 힘들다.
18 「우공」편 각 주(州)의 끝부분에는 공히 기주의 제도(帝都)로 공물(貢物)이 들어오던 조운(漕
    運)의 루트에 대해 말하고 있는데, 당시 기주는 동·서·남면으로 황하가 흐르고 있었기 때문에 각
    주의 조운선이 황하로 들어가는 물길을 말하였다.

3. 연주의 물길과 조세

濟河에 惟兗州라
제 하   유 연 주

제수[19]와 황하를 경계로 연주[20]가
있으니,

九河旣道하며
구 하 기 도

황하의 많은 지류들[21]의 물길이
바로잡히자

雷夏旣澤하며
뢰 하 기 택

뇌하[22]는 물이 고여 못이 되었고

灉沮會同이로다
옹 저 회 동

옹수[23]와 저수[24]는 합류하여 하나가
되었다.

桑土旣蠶하니
상 토 기 잠

뽕나무가 자라는 땅에서 누에를 칠 수
있게 되자

---

19 제수: 지금의 제하(濟河)이다. 하남성 제원시(濟源市)의 왕옥산(王屋山)에서 발원하여 동북으
로 흘러 산동성에서 발해로 들어가는 큰 물길이다. 황하·장강(長江, 양자강)·회수(淮水)와 함께
큰 물줄기란 뜻으로 사독(四瀆)으로 불렸다.

20 연주: 현재의 산동성 서부와 하남성 동북부, 하북성 동남부 지역으로 동남쪽으로 제수(濟水)를
경계로 서주(徐州)와 접하고 서북쪽으로 황하를 끼고 기주와 접경한 지역이다.

21 황하의 많은 지류들: 원문의 '구하(九河)'는 황하의 아홉 지류로 해석해 왔으나, '구(九)'는 많다
는 뜻이니 많은 지류들로 보는 것이 좋을 것이다.

22 뇌하: 뇌택(雷澤) 혹은·뇌하택(雷夏澤)이라고도 하는데, 현재의 산동성 하택시(荷澤市) 견성
현(鄄城縣)에 있던 못이다. 순임금이 이곳에서 고기를 잡았고 요임금의 무덤이 이 근처에 있는
데, 금나라 때 황하의 퇴적물이 쌓여 뭍이 되었다.

23 옹수: 분명치 않은데, 채침은 지금의 변수(汴水)로 보았다. 변수는 지금의 개봉시(開封市) 서북
쪽의 낭탕거(蒗蕩渠)에서 시작하여 개봉을 거쳐 산동성의 사수(泗水)로 들어간다. 북송의 수
도였던 개봉을 변경(汴京)이라고 불렀던 것은 이 물 이름에 기인한다.

24 저수: 저수(雎水)라고 표기하기도 하는 고대의 하천이다. 낭탕거에서 시작하여 안휘성과 강소
성을 거쳐 회수(淮水)로 들어가는 물길이었다. 송말 금초(宋末金初)에 물길이 막혀 없어졌다.

是降丘宅土로다
시 강 구 택 토

이제 구릉에서 내려와 평지에 살게
되었다.

厥土는 黑墳이니
궐 토 흑 분

이곳은 흙이 검고 부풀었으며

厥草는 惟繇오
궐 초 유 요

풀이 무성하고

厥木은 惟條로다
궐 목 유 조

나무가 잘 자란다.

厥田은 惟中에 下오
궐 전 유 중 하

그 농토의 등급은 중지하이고

厥賦는 貞이로소니
궐 부 정

그 조세는 최하등급[25]이니

作十有三載라사
작 십 유 삼 재

13년[26]을 다스리고 나서야

乃同이로다
내 동

(다른 곳과) 같아졌다.

厥貢은 漆絲요
궐 공 칠 사

이곳의 조공품은 옻과 명주실이고

厥篚는 織文이로다
궐 비 직 문

광주리에 담아서 바치는 공물은 무늬
있는 직물이니

---

25 최하등급: 원문의 '정(貞)'은 바르고 정당하다는 뜻인데, 조세는 많으면 가혹한 것이고 적을수록
바르고 정당하다는 말이다. 연주는 황하의 하류 지역으로 지대가 낮아 홍수의 피해가 가장 컸기
때문에 구주 가운데 전부가 가장 적었다.

26 13년: 우가 구주의 물길을 다스린 기간을 통상 구년치수(九年治水)라고 하는데 연주는 4년을
더 다스려 13년이 된 것인지 아니면 13년이라는 별도의 기간이 더 소요된 것인지 분명치 않지
만, 연주의 치수 사업이 힘들었던 것을 말하고 있다.

浮于濟漯하여 達于河하나니라
부 우 제 탑　　　달 우 하

제수와 탑수27에서 배를 타고 황하로
들어와 바쳤다.

4. 청주의 물길과 조세

海岱에 惟靑州라
해 대　　유 청 주

바다와 태산을 경계로 청주28가 있으니,

嵎夷旣略하니
우 이 기 략

우이29가 다스려지고

濰淄其道하도다
유 치 기 도

유수30와 치수31의 물길이 바로잡혔다.

厥土는 白墳이니
궐 토　　백 분

이곳은 흙이 희고 부풀었으며

海濱은 廣斥이로다
해 빈　　광 척

해안의 땅은 넓고 짜다.

厥田은 惟上에 下요
궐 전　　유 상　　하

그 농토의 등급은 상지하이고

厥賦는 中에 上이로다
궐 부　　중　　상

그 조세는 중지상이다.

27　탑수: 하남성 무섭현(武涉縣)에서 발원하여 하북성을 거쳐 산동성에서 황하와 합류하여 바다
　　로 들어가던 물길이다.
28　청주: 구주 가운데 가장 동쪽에 위치하였다. 대략 산동반도와 하북성의 일부 지역을 포함하고
　　있었다.
29　우이: 현재의 산동반도 지역이다.
30　유수: 현재의 유하(濰河). 산동성 거현(莒縣)의 기옥산(箕屋山)에서 발원하여 유방시(濰坊市)
　　를 거쳐 발해로 들어간다.
31　치수: 산동성 내무현(萊蕪縣)에서 발원하여 동북으로 흘러 바다로 들어간다. 제(齊)나라의 수
　　도 임치(臨淄)는 이 물 이름에서 유래하였다.

厥貢은 鹽絺요
궐 공　염 치

이곳의 조공품은 소금과 갈포와

海物은 惟錯이로다
해 물　유 착

여러 가지 해산물이며,

岱畎에 絲枲와
대 견　사 시

태산의 골짜기에서는 명주실과 삼베와

鉛松과 怪石이로다
연 송　괴 석

납과 소나무와 괴석이 난다.

萊夷作牧하니
래 이 작 목

내산(萊山)[32]의 오랑캐는 목축으로
생활하고

厥篚는 檿絲로다
궐 비　염 사

광주리에 담아서 바치는 공물은
산뽕나무 실이니

浮于汶하여 達于濟하나니라
부 우 문　　　달 우 제

문수[33]에서 배를 타고 제수(를 통해
황하)로 들어와 바쳤다.

5. 서주의 물길과 조세

海岱及淮에 惟徐州라
해 대 급 회　유 서 주

바다와 태산 및 회수[34]를 경계로
서주[35]가 있으니,

32　내산(萊山): 산동성 연태시(烟台市)에 있는 작은 산.

33　문수: 현재의 대문하(大汶河)이다. 산동성 선고산(旋崫山)에서 발원하여 태산을 감돌아 서쪽
　　으로 흐르다가 동평호(東平湖)에 모여 황하로 흘러 들어간다.

34　회수: 현재의 회하(淮河)이다. 장강과 황하 사이에 있으며 중국의 칠대(七大) 하천 가운데 하나
　　이고, 장강·황하·제수(濟水)와 함께 사독(四瀆)으로 일컬어졌다. 하남성 남양시(南陽市)의 동

淮沂其乂하니

회 기 기 예

회수와 기수[36]가 다스려지자

蒙羽其藝하도다

몽 우 기 예

몽산[37]과 우산[38]에 (곡식을) 심을 수 있게 되었다.

大野旣豬하니

대 야 기 저

대야[39]의 못이 만들어지니

東原이 底平하도다

동 원　　지 평

동원[40]의 수해가 다스려지게 되었다.

厥土는 赤埴墳이니

궐 토　　적 식 분

이곳은 흙이 붉고 찰지며 부풀어

草木은 漸包로다

초 목　　점 포

초목이 점점 자라 떨기를 이루었다.

厥田은 惟上에 中이요

궐 전　　유 상　　중

그 농토의 등급은 상지중이고

厥賦는 中에 中이로다

궐 부　　중　　중

그 조세는 중지중이다.

백산(桐柏山)에서 발원하여 안휘성·강소성을 거쳐 바다로 들어가는 전장 약 1,000㎞에 달하는 대하천이다.

35 서주: 남쪽으로 회수를, 북쪽으로 태산을, 동쪽으로 바다를 경계로 하여 현재의 산동성 남부와 강소·안휘의 북부 지역을 강역으로 하는 구주의 하나이다.

36 기수: 산동성 기원현(沂源縣)의 우각산(牛角山)에 발원하여 북쪽으로 기원현을 감돌아 남으로 흘러가다가 강소성에서 바다로 들어가는 중급 규모의 하천이다. 공자의 제자 증점(曾點)이 "기수에서 목욕하고 무우(舞雩)에서 바람을 쐰 뒤, 시를 읊조리며 돌아오고 싶다."라고 한 그 기수이다.

37 몽산: 산동성 임기시(臨沂市) 서북쪽에 있는 산이다.

38 우산: 산동성 동해현(東海縣)과 강소성 임기시(臨沂市)의 경계 지역에 있는 해발 270m의 산이니, 순임금이 곤(鯀)을 유폐시켰던 그 산이다.

39 대야: 산동성 하택시(荷澤市) 거야현(巨野縣) 북쪽에 있던 큰 호수로 거야택이라고도 한다. 『수호전』의 무대인 양산박(梁山泊)이 여기에 있었으며, 원·명 시기에 뭍이 되었다.

40 동원: 현재의 산동성 태안시(泰安市)의 속현인 동평현(東平縣). 지대가 낮고 황하의 하류에 위치해 수해가 잦았으나 대야택으로 물이 흡수되자 수해가 사라졌다는 말이다.

厥貢은 惟土五色과
궐 공　　유 토 오 색

이곳의 조공품은 오색토와

羽畎에 夏翟과
우 견　　하 적

우산 골짜기의 오색 깃털이 아름다운 꿩과

嶧陽에 孤桐과
역 양　　고 동

역산[41] 남쪽의 우뚝한 오동나무와

泗濱에 浮磬이로다
사 빈　　부 경

사수[42] 물가에 솟아 있는 돌로 만든 경쇠이다.

淮夷는 蠙珠暨魚로소니
회 이　　빈 주 기 어

회수의 오랑캐는 진주와 물고기를 바치고

厥篚는
궐 비

광주리에 담아서 바치는 공물은

玄纖縞로다
현 섬 호

검붉은 비단과 흑백이 섞인 비단과 흰 비단이니

浮于淮泗하여 達于河하니라
부 우 회 사　　　　달 우 하

회수와 사수에서 배를 타고 황하로 들어와 바쳤다.

41　역산: 맹자의 고향인 산동성 추성시(鄒城市) 동남쪽에 있는 해발 583m의 산이다. 공자가 "동산 (東山)에 올라서 보면 노나라가 작아 보인다."라고 한 그 동산이 역산이라고 한다.
42　사수: 산동성 중부의 비교적 큰 하천으로, 산동성 신태시(新泰市)의 흑욕산(黑峪山)에서 발원 하여 곡부(曲阜)·추성(鄒城) 등지를 거쳐 산동성 남부의 미산호(微山湖)로 흘러 들어간다.

6. 양주(揚州)의 물길과 조세

淮海에 惟揚州라
회 해 유 양 주

회수와 바다를 경계로 양주[43]가 있으니,

彭蠡旣豬하니 陽鳥의 攸居로다
팽 려 기 저 양 조 유 거

팽려[44]의 못이 만들어져 기러기가 살고

三江이 旣入하니
삼 강 기 입

세 갈래의 강물[45]이 바다로 흘러 들어가

震澤이 底定하도다
진 택 지 정

진택[46]이 안정되게 되었다.

篠簜이 旣敷하니
소 탕 기 부

가는 대나무와 굵은 대나무가 널리 퍼져 자라고

厥草는 惟夭며 厥木은 惟喬요
궐 초 유 요 궐 목 유 교

풀은 낮게 자라며 나무는 높게 자라고

厥土는 惟塗泥로다
궐 토 유 도 니

흙은 진흙이다.

---

43 양주: 구주 가운데 동남쪽에 위치한 지역이다. 회수 이남부터 양자강 유역에 걸쳐 있었다.
44 팽려: 강서성 북부에 있는 중국 최대의 담수호인 파양호(鄱陽湖)를 말한다.
45 세 갈래의 강물: 송강(松江), 누강(婁江), 동강(東江)을 말한다. 송강은 장강(長江, 양자강)이 바다로 들어가기 직전의 마지막 지류인데 소주(蘇州) 송릉진(松陵鎭)의 태호(太湖)에서 발원하여 70리를 흐르다가 누강과 동강으로 나뉘어 누강은 동북으로 바다로 들어가고 동강은 동남으로 바다로 들어간다. 오늘날 송강은 오송강(吳淞江)이라고 하지만 상해(上海)의 행정 구역에 송강구(松江區)가 있어 옛 이름이 남아 있다.
46 진택: 강소성에 위치한 거대 담수호인 태호(太湖)의 옛 이름이다. 물이 자주 진동하여 진택이라고 하였는데, 이 구절은 삼강의 물길을 바로잡고부터 진동이 없어져 안정되었다는 말이다.

厥田은 惟下에 下요
궐 전　유 하　하

그 농토의 등급은 하지하이고

厥賦는 下에 上이니 上錯이로다
궐 부　하　상　　　상 착

그 조세는 하지상인데 중지하도 섞여
있다.

厥貢은 惟金三品과
궐 공　유 금 삼 품

이곳의 조공품은 금·은·동 삼종과

瑤琨篠簜과
요 곤 소 탕

요옥·곤옥·가는 대·굵은 대와

齒革羽毛와 惟木이로다
치 혁 우 모　유 목

상아·물소 가죽·깃털·모피와 나무이다.

島夷는 卉服이로소니
도 이　훼 복

섬의 오랑캐는 풀 옷을 입고 와서
공물을 바치는데

厥篚는 織貝요
궐 비　직 패

조개 무늬 비단은 광주리에 담아서
바치고

厥包橘柚는 錫貢이로다
궐 포 귤 유　석 공

귤과 유자는 명령을 내리면 포장해서
바치니

沿于江海하여
연 우 강 해

장강을 따라 바다로 내려가

達于淮泗하나니라
달 우 회 사

회수와 사수를 (통해 황하로) 들어와
바쳤다.

7. 형주의 물길과 조세

荊及衡陽에 惟荊州라
형 급 형 양   유 형 주

형산(荊山)[47]과 형산(衡山)[48]의 남쪽을
경계로 형주[49]가 있으니,

江漢이 朝宗于海하며
강 한   조 종 우 해

장강과 한수[50]가 제후들이 천자를
뵙듯이 바다로 달려가자

九江이 孔殷하도다
구 강   공 은

구강[51]의 물길이 매우 바르게 되었다.

沱潛이 旣道하니
타 잠   기 도

장강과 한수의 지류들[52]이 물길이
바로잡히니

雲土요 夢作乂하도다
운 토   몽 작 예

운택(雲澤)은 땅이 드러나고
몽택(夢澤)은 경작하게 되었다.[53]

---

47 형산(荊山): 중국에는 여러 곳에 형산이 있는데, 여기서의 형산은 호북성 서부에 위치한 형산으로 채침은 이를 남조형산(南條荊山)이라고 하였다.
48 형산(衡山): 오악(五岳) 가운데 하나인 이른바 남악(南岳) 형산이다. 호남성 중부의 형양(衡陽)·상담(湘潭)의 분지 사이에 있다.
49 형주: 구주 가운데 남방 지역으로 대략 현재의 호북성과 호남성 전역에 해당한다.
50 한수: 장강 최대의 지류로 섬서성을 경유하여 호북성 무한시(武漢市)에서 장강으로 입류한다. 장강·회수·황하와 병칭되어 '강회하한(江淮河漢)'으로 불린다.
51 구강: 동정호(洞庭湖)를 말한다. 원수(沅水), 점수(漸水), 원수(元水), 진수(辰水), 서수(敍水), 유수(酉水), 예수(澧水), 자수(資水), 상수(湘水)가 동정호로 모여들기에 하는 말이다.
52 장강과 한수의 지류들: 원문의 '타(沱)'는 장강의 지류이고, '잠(潛)'은 한수의 지류들이다.
53 운택과 몽택은 통칭 운몽택(雲夢澤)이라고 한다. 고대에 호북성의 강한평원(江漢平原, 장강과 한수가 충적되어 이루어진 평원)에 있던 호수군(湖水群)을 말하는데, 선진(先秦) 시기에는 이 호수군의 둘레가 450㎞에 달하였다고 하나 점차 충적이 이루어져 거의 사라지거나 축소되었으며 현재까지 남아 있는 호수로는 홍호(洪湖)가 비교적 유명하다. 장강을 경계로 남북으로 구분하여 운택과 몽택으로 나누는데, 운택은 동정호를 비롯하여 지금도 물이 남아 있는 곳이 많고, 몽택은 늪지대가 되었다가 점차 농지로 바뀌었다. 이 구절은 이러한 상황을 반영하고 있다.

厥土는 惟塗泥니
_{궐 토　유 도 니}

이곳은 흙이 진흙이라

厥田은 惟下에 中이요
_{궐 전　유 하　중}

그 농지의 등급은 하지중이고,

厥賦는 上에 下로다
_{궐 부　상　하}

그 조세는 상지하이다.

厥貢은 羽毛齒革과
_{궐 공　우 모 치 혁}

이곳의 조공품은 깃털·모피·상아·물소 가죽과

惟金三品과
_{유 금 삼 품}

금·은·동 삼종과

杶幹栝柏과
_{춘 간 괄 백}

참죽나무 줄기[54]와 전나무·잣나무와

礪砥砮丹이로다
_{려 지 노 단}

숫돌·돌살촉·단사(丹砂)이다.

惟箘簬楛는
_{유 균 로 호}

이대와 싸리나무[55]는

三邦이 底貢厥名하나니라
_{삼 방　지 공 궐 명}

세 지역에서 질 좋은 것을 공물로 바친다.

包匭菁茅며
_{포 궤 정 모}

정모[56]를 포장해서 상자에 넣어 바치며,

厥篚는 玄纁璣組로소니
_{궐 비　현 훈 기 조}

광주리로 바치는 공물은 검붉은 비단·분홍 비단·옥돌과 끈이며,

54　참죽나무 줄기: 활 만드는 재료이다.

55　이대와 싸리나무: 모두 화살의 재료인데, 이대는 대나무의 일종이다.

56　정모: 잎맥[葉脈]이 세 개인 띠 풀인데 제사 때 얽어 술을 거르는 용도로 쓰였기 때문에 정결하게 다루기 위해 포장하여 상자에 넣은 것이다.

九江이 納錫大龜하도다
구 강　납 석 대 귀

구강에서 큰 거북을 잡으면
진상하였으니,

浮于江沱潛漢하여
부 우 강 타 잠 한

장강과 그 지류에서 배를 타고 한수와
그 지류로 나가

逾于洛하여
유 우 락

(육로로 낙수에 이른 뒤) 낙수[57]를
통과하여

至于南河하나니라
지 우 남 하

남하[58]로 들어와 바쳤다.

8. 예주의 물길과 조세

荊河에 惟豫州라
형 하　유 예 주

형산과 황하를 경계로 예주[59]가 있으니,

伊洛瀍澗이 既入于河하며
이 락 전 간　기 입 우 하

이수[60]와 낙수, 전수[61]와 간수[62]는
황하로 들어가게 하고

---

57 낙수: 낙수(雒水)로도 표기하는 황하의 주요 지류 가운데 하나이다. 섬서성의 목차구(木忿溝)
　에서 발원하여 동으로 흘러 낙양을 지나 하남성 공의시(鞏義市)에서 황하로 들어간다.
58 남하: 섬서성 동관(潼關)부터 일단의 황하를 요임금의 도읍 남쪽으로 흐른다고 하여 남하라고
　불렀다.
59 예주: 구주의 중심부에 있는데, 북으로는 기주와 접하고 남으로는 형주와 접하고 있으며, 동쪽
　으로는 서주와 접하고 서쪽으로는 양주(梁州)와 접하고 있다.
60 이수: 낙수(洛水)의 지류이다. 하남성 웅이산(熊耳山)에서 낙양을 지나 동북쪽으로 흐르다가
　언사(偃師)에서 낙수와 합류한다.
61 전수: 낙수의 지류이다. 하남성 맹진현(孟津縣)에서 발원하여 낙양 부근에서 낙수와 합류한다.
62 간수: 낙수의 지류이다. 하남성 섬현(陝縣)의 관음당(觀音堂)에서 발원하여 낙양 부근에서 낙
　수와 합류한다.

榮波旣豬로다
형 파 기 저

형수와 파수63는 물을 가두었다.

導荷澤하사
도 하 택

하택64의 넘치는 물은 끌어다가

被孟豬하시다
피 맹 저

맹저택(孟豬澤)65으로 들어가게
하였다.

厥土는 惟壤이니
궐 토 　 유 양

이곳은 흙이 부드러운데

下土는 墳壚로다.
하 토 　 분 로

낮은 곳의 흙은 부풀어 부슬부슬하다.

厥田은 惟中에 上이요
궐 전 　 유 중 　 상

그 농지의 등급은 중지상이고

厥賦는 錯인 上에 中이로다
궐 부 　 착 　 상 　 중

그 조세는 상지상이 섞인 상지중이다.

厥貢은 漆枲絺紵요
궐 공 　 칠 시 치 저

이곳의 조공품은 옻과 삼베와 갈포와
모시이고

厥篚는 纖纊이로소니
궐 비 　 섬 광

광주리에 담아서 바치는 공물은 가는
솜이며

錫貢磬錯하도다.
석 공 경 착

명령을 내리면 경쇠 깎는 숫돌을
바치는데,

63　형수와 파수: 모두 지금은 사라진 물 이름이다. 동한의 학자 정현(鄭玄)이 "형수(榮水)는 지금
　　막아서 평지가 되었는데, 형양(榮陽)의 백성들은 아직도 그곳을 형택(榮澤)이라 부른다" 하였
　　으니, 아마 지금의 하남성 형양시(榮陽市) 남쪽을 흐르는 강이었을 것이다. 파수(波水)는 『이아
　　(爾雅)』에 "낙수로부터 나온 물이 파수가 되었다" 하였으니 낙수의 지류였을 것이다. 우가 치수
　　과정에서 이 두 물을 막아 육지로 만든 것이다.
64　하택: 중국 고대에 형성된 자연 호수이자 늪지이다. 지금은 규모가 많이 줄어들었는데 산동성 하
　　택시(荷澤市)에 있다.
65　맹저택(孟豬澤): 하남성 상구현(商丘縣) 동북쪽에 있던 고대의 호수.

浮于洛하여 達于河하나니라
부 우 락　　　달 우 하

낙수에서 배를 타고 황하로 들어와
바친다.

9. 양주(梁州)의 물길과 조세

華陽黑水에 惟梁州라
화 양 흑 수　　유 양 주

화산[66]의 남쪽과 흑수[67]를 경계로
양주[68]가 있으니,

岷嶓旣藝하며
민 파 기 예

민산[69]과 파산[70]에 곡식을 심을 수 있게
되었고

沱潛이 旣道하도다
타 잠　　기 도

장강과 한수의 지류들이 물길이
바로잡혔다.

蔡蒙에 旅平하시며
채 몽　　려 평

채산[71]과 몽산[72]에서 여(旅)제사[73]를
지내 치수를 마침을 고하였고

66　화산: 오악(五岳) 가운데 하나인 이른바 서악(西岳) 화산(華山)이다. 섬서성의 위남시(渭南市)
　　와 화양시(華陽市)에 걸쳐 있는데, 서안(西安)에서 동쪽으로 120㎞지점이다.

67　흑수: 위치를 두고 설이 분분하지만 대체로 현재의 감숙성 장액시(張掖市)의 흑하(黑河)로 추
　　정된다. 흑하는 청해성 기련산(祁連山)에서 발원하여 감숙성 장액시의 산단현(山丹縣)과 감주
　　구(甘州區)를 지나 주천시(酒泉市)의 금탑현(金塔縣)을 거쳐 내몽고의 액제납(額濟納)으로
　　흘러간다.

68　양주: 구주 가운데 가장 서쪽에 있다. 지금의 섬서성·사천성 일대와 운남성 일부 및 귀주성 일부
　　가 포함된 지역이었다.

69　민산: 감숙성 서남부에서 섬서성 북부까지 500㎞에 걸쳐 있는 산으로, 해발은 5,588m이다.

70　파산: 파총산(嶓冢山)이다. 현재의 섬서성 한중시(漢中市) 영강현(寧强縣) 경내에 있다.

和夷에 底績하시다
화 이　　지 적
화이74에서 업적을 이루셨다.

厥土는 靑黎니
궐 토　　청 려
이곳에는 푸른 흙과 검은 흙이 있으며

厥田은 惟下에 上이요
궐 전　　유 하　상
그 농지의 등급은 하지상이고

厥賦는 下에 中이로소니
궐 부　　하　　중
그 조세는 하지중인데

三錯이로다
삼 착
하지상과 하지하가 섞여 있다.

厥貢은 璆鐵과
궐 공　　구 철
이곳의 조공품은 옥 경쇠와 쇠와

銀鏤와 砮磬과
은 루　　노 경
은과 강철과 돌살촉과 돌 경쇠와,

熊羆와 狐狸의 織皮로다
웅 비　　호 리　　직 피
곰과 큰곰과 여우와 살쾡이의 털로 짠
융단과 가죽이니,

西傾으로 因桓是來하여
서 경　　　인 환 시 래
서경산75에서 환수76를 따라와서

浮于潛하며
부 우 잠
한수의 지류에서 배를 타고

---

71 채산: 사천성 아안시(雅安市)에 있는 해발 1,721m의 산이다. 제갈량이 이곳에서 꿈속의 주공
　　을 만났다는 전설로 인해 현재는 주공산(周公山)으로 불린다.
72 몽산: 사천성 아안시(雅安市)의 명산현(名山縣)에 있는 해발 1,456m의 산이다. 현재는 몽정산
　　(蒙頂山)으로 불린다.
73 여(旅)제사: 산의 신에게 지내는 제사를 여(旅)라고 한다. 『논어』 「팔일(八佾)」편에, "계씨(季氏)
　　가 태산에 여제사를 지냈다"라는 기록이 있다.
74 화이: 사천성 아안시(雅安市) 영경현(榮經縣) 부근의 지명인데, 이곳의 물길을 다스리기가 특
　　히 어려웠기 때문에 업적을 이루었다고 한 것이다.
75 서경산: 청해성과 감숙성의 경계 지역에 있는 산.
76 환수: 서경산의 남쪽에서 발원하여 섬서성의 가릉강(嘉陵江)과 합류하는 물 이름.

逾于沔하며 入于渭하여
유 우 면　　　입 우 위

면수77를 지나 위수78로 들어가서

亂于河하나니라
란 우 하

황하를 가로질러 건너와서 바친다.

10. 옹주의 물길과 조세

黑水西河에 惟雍州라
흑 수 서 하　　유 옹 주

흑수와 서하79를 경계로 옹주80가 있으니,

弱水旣西하며
약 수 기 서

약수81를 서쪽으로 흐르게 하고

涇이 屬渭汭하며
경　　　촉 위 예

경수82가 위수와 예수83를 이어 주었으며

77　면수: 한수의 다른 이름인데, 섬서성에서 발원한 한수가 동남쪽으로 흐르는 물줄기를 면수(沔水)라고 한다. 이 면수가 한중(漢中)에 이르러 동쪽으로 흐르는 물을 한면(漢沔)이라 하는데, 이 한면이 한천(漢川)에 이르러 포수(褒水)와 만난다. 조운을 하려면 이 포수를 따라 내려오다가 남계(南溪)에서 배에서 내려 육로로 100여 리를 수송한 뒤, 위수(渭水)의 지류인 사수(斜水)에서 다시 배에 싣고 위수로 들어갔다고 한다.

78　위수: 황하의 가장 큰 지류이다. 감숙성 위원현(渭源縣)의 조서산(鳥鼠山)에서 발원하여 섬서성으로 들어와 함양(咸陽)·서안(西安)·위남(渭南) 등지를 거쳐 동관현(潼關縣)에서 황하로 들어간다.

79　서하: 섬서성과 산서성의 경계 지역에 북에서 남으로 흐르는 황하. 제도(帝都)인 기주의 서쪽에 있어 서하(西河)라고 하였다.

80　옹주: 중원의 서북쪽에 있던 구주 가운데 하나이다. 강역은 오늘날의 섬서성·감숙성·영하회족자치구 대부분 지역과 청해성 일부 지역이다.

81　약수: 기련산(祁連山)에서 발원한 흑수(黑水)가 감숙성 장액시의 산단현(山丹縣)과 감주구(甘州區)를 지나 주천시(酒泉市)의 금탑현(金塔縣)을 거쳐 내몽고의 액제납(額濟納)으로 흘러가는데, 주천시 금탑현부터 내몽고 액제납의 구간이 약수(弱水)이다.

漆沮既從하며
<small>칠 저 기 종</small>

칠수[84]가 저수[85]와 합류하여 (위수의) 물길을 따르고

灃水攸同이로다
<small>풍 수 유 동</small>

풍수[86]도 마찬가지로 (위수에) 합류하게 되었다.

荊岐에 既旅하시고
<small>형 기 기 려</small>

형산[87]과 기산[88]에서 여제사를 지내고

終南惇物로
<small>종 남 돈 물</small>

종남산[89]과 돈물산[90]으로부터

至于鳥鼠하시며
<small>지 우 조 서</small>

조서산[91]에 이르기까지 (모두 물길을 다스리고)

---

82 경수: 황하의 최대 지류인 위수(渭水)의 지류이다. 영하자치구의 육반산(六盤山)에서 발원하여 감숙성 평량시(平涼市)·섬서성 장무현(長武縣) 등을 거쳐 서안의 고릉구(高陵區)에서 위수와 합류한다.

83 예수: 감숙성 화정현(華亭縣) 서남쪽의 농산(隴山)에서 발원하여 동쪽으로 흐르다가 숭신현(崇信縣)을 지나 경천현(涇川縣)에서 경수(涇水)와 합류하는 경수(涇水)의 지류이다.

84 칠수: 섬서성 인유현(麟游縣)에서 발원하여 동남쪽으로 흐르다가 무공현(武功縣)의 백석탄(白石灘)에서 위수와 합류하는 위수의 지류이다.

85 저수: 섬서성과 감숙성의 경계 지역인 자오령(子午嶺)에서 발원하여 섬서성 동천시(銅川市)의 요주구(耀州區)에서 칠수(漆水)와 합류한다.

86 풍수: 섬서성 서안시 장안구(長安區)의 진령(秦嶺)에서 발원해 함양시(咸陽市)에서 위수와 합류하는 위수의 지류이다.

87 형산: 중국에는 여러 곳에 형산이 있는데, 여기서의 형산은 섬서성 서안시의 염량구(閻良區), 함양시의 삼원현(三原縣), 위남시(渭南市)의 부평현(富平縣)에 걸쳐 있는 형산이다. 채침은 이를 북조형산(北條荊山)이라고 하였다.

88 기산: 섬서성 보계시(寶鷄市)의 기산현(岐山縣)과 부풍현(扶風縣)에 걸쳐 있는 산으로 주(周)나라의 발상지이다.

89 종남산: 섬서성 서안시의 남쪽 25㎞ 지점에 있는 산으로 태을산(太乙山), 남산(南山) 등으로 불리며 『시경』을 비롯한 고문헌에 자주 출현하는 유서 깊은 산이다.

90 돈물산: 섬서성 함양시 무공현(武功縣)의 서남쪽에 있는 산이다.

91 조서산: 감숙성 위원현(渭源縣)의 남쪽 8㎞ 지점에 있는 해발 2,423m의 산이다. 조서동혈산

原隰에 底績하사 <small>원 습　지 적</small>	평원과 습지에서도 업적을 이루어
至于豬野하시다 <small>지 우 저 야</small>	저야택⁹²까지 이르셨다.
三危旣宅하니 <small>삼 위 기 택</small>	삼위⁹³의 땅에 사람이 살게 되었으니
三苗丕敍하도다 <small>삼 묘 비 서</small>	삼묘가 크게 공을 세웠도다.
厥土는 惟黃壤이니 <small>궐 토　유 황 양</small>	이곳의 흙은 부드러운 황토이고
厥田은 惟上에 上이요 <small>궐 전　유 상　상</small>	그 농지의 등급은 상지상이며
厥賦는 中에 下요 <small>궐 부　중　하</small>	그 조세는 중지하이다.
厥貢은 惟球琳琅玕이로다 <small>궐 공　유 구 림 랑 간</small>	이곳의 조공품은 구림과 낭간⁹⁴인데
浮于積石하여 <small>부 우 적 석</small>	적석산⁹⁵에서 배를 타고
至于龍門西河하여 <small>지 우 룡 문 서 하</small>	용문산⁹⁶의 서하에 이르고

(鳥鼠同穴山)을 줄여서 부르는 이름이다.

92　저야택(豬野澤): 현재의 감숙성 무위시(武威市) 민근현(民勤縣) 일대에 있던 호수. 전해 오는 기록에 따르면 서한 때까지만 하더라도 4,000㎢에 달하던 면적이 명·청대에 400㎢로 줄었고, 1959년에는 완전히 말라 버렸다고 한다.

93　삼위: 서쪽 변방의 땅으로 현재의 감숙성 돈황시(敦煌市) 일대를 말하는 것으로 추정한다. 순임 금이 사흉을 징벌할 때 삼묘(三苗)를 쫓아낸 땅인데, 우가 치수할 때 그곳에 살던 삼묘들이 크게 공을 세워 삼위를 살 만한 땅으로 만들었다는 뜻이다.

94　구림과 낭간: 모두 옥의 종류인데, 구림(球琳)은 품질이 좋은 아름다운 옥이고 낭간(琅玕)은 진 주와 비슷한 옥이다.

95　적석산: 감숙성과 청해성의 경계 지역에 길게 놓여 있는 산으로 기련산의 지맥이다.

96　용문산: 산서성 하진시(河津市)에 있는 황하 중류의 산. 황하가 남쪽으로 흘러오다가 용문산 (龍門山)에 막혀 범람하자 우가 이 산에 구멍을 뚫어 물길을 소통시켰다고 한다. 황하가 산서성 의 서쪽 경계를 타고 북에서 남으로 흐르는 부분을 서하(西河)라고 하는데, 용문산은 그 서하의 하류 지역에 있다.

會于渭汭하나니라
회 우 위 예

위수와 예수에 모아 (황하로 들어와)
바쳤고,

織皮는 崑崙과 析支와 渠搜가할새
직 피 　 　 곤 륜 　 석 지 　 거 수

(짐승의) 털로 짠 융단과 가죽을
곤륜[97]과 석지[98]와 거수[99]에서 바치니

西戎이 卽敍하도다
서 융 　 즉 서

서융들도 잘 다스려졌다.

11. 황하 북부 지역의 산맥과 물길

導岍하시되
도 견

견산[100]의 물길을 끌어다가

及岐하여 至于荊山하시며
급 기 　 지 우 형 산

기산을 거쳐 형산에 이르도록
하였으며,

逾于河하사
유 우 하

황하를 건너서는

壺口雷首로 至于太岳하시며
호 구 뢰 수 　 지 우 태 악

호구산과 뇌수산[101]을 거쳐 태악산에
이르고,

97　곤륜: 황하의 발원지인 티베트고원의 곤륜산. 여기에서는 이곳에 거주하던 종족을 가리킨다.
98　석지: 지금의 청해성 일대에 거주하던 고대 서융(西戎)의 한 종족
99　거수: 지금의 감숙성 일대에 거주하던 고대 서융의 한 종족
100　견산: 섬서성 농현(隴縣) 서남쪽에 있는 오늘날의 천산(千山)이다. 경수(涇水)와 위수(渭水)
　　를 나누고 있기 때문에 분수령(分水嶺)이라고도 한다.
101　뇌수산: 산서성 남부의 황하와 속수(涑水) 사이에 있는 산이다. 주봉(主峰)은 산서성 예성현

底柱析城으로 至于王屋하시며
지 주 석 성   지 우 왕 옥

　　　　　　　　지주산[102]과 석성산[103]을 지나

　　　　　　　　왕옥산[104]에 이르고,

太行恒山으로 至于碣石하사
태 항 항 산   지 우 갈 석

　　　　　　　　태항산[105]과 항산[106]을 지나 갈석산에

　　　　　　　　이르러

入于海하시다　　　　바다로 들어가게 하셨다.[107]
입 우 해

12. 황하 남부 지역의 산맥과 물길

西傾과 朱圉와 鳥鼠로　　서경산과 주어산[108]과 조서산을 지나
서 경   주 어   조 서

（芮城縣) 서북쪽에 있다.

102　지주산: 일반적으로는 '지주산(砥柱山)'으로 표기한다. 하남성 섬현(陝縣) 동북쪽의 삼문협
　　(三門峽) 황하 가운데에 기둥처럼 우뚝 서 있다. 황하를 가로막고 있어 우가 치수할 때 산의 양
　　측을 헐어 물길을 내었다고 한다.

103　석성산: 산서성 진성시(晋城市) 양성현(陽城縣) 서남쪽 30㎞ 지점에 있는 해발 1,889m의 산
　　이다.

104　왕옥산: 하남성 제원시(濟源市)와 산서성 진성시(晋城市) 양성현(陽城縣)·운성시(運城市)
　　원곡현(垣曲縣) 등지에 걸쳐 있는 해발 1,715m의 산이다, 유명한 우공이산(愚公移山) 고사
　　의 무대로 유명하다.

105　태항산: 산서성과 화북 평원 사이에서, 북경시·하북성·산서성·하남성 등 등 4개 성(省)에 걸쳐
　　있는 중국의 명산 가운데 하나이다. 최고봉의 해발은 2,882m이다.

106　항산: 오악 가운데 하나인 이른바 북악(北岳) 항산(恒山)이다. 산서성 혼원현(渾源縣) 서남쪽
　　10㎞ 지점에 있으며 해발은 2,016m이다.

107　채침에 따르면, 이 단락은 황하의 북부 지역에 있는 산들을 따라 물길을 유도한 순서이다.

108　주어산: 감숙성 천수시(天水市) 감곡현(甘谷縣)에 있는 산이다.

至于太華하시며
지 우 태 화

태화산[109]에 이르고,

熊耳와 外方과 桐柏으로
웅 이   외 방   동 백

웅이산과 외방산[110]과 동백산[111]을 거쳐

至于陪尾하시다
지 우 배 미

배미산[112]에 이르게 하셨다.[113]

13. 장강과 한수 북부 지역의 산맥과 물길

導嶓冢하여 至于荊山하시며
도 파 총   지 우 형 산

파총산[114]의 물길을 끌어다가 형산[115]에
이르고,

內方으로 至于大別하시다.
내 방   지 우 대 별

내방산[116]을 지나 대별산[117]에 이르게
하셨다.[118]

---

109 태화산: 서악(西岳) 화산(華山)의 별칭이다. 섬서성의 위남시(渭南市)와 화양시(華陽市)에
     걸쳐 있는데, 최고봉인 남봉(南峯)의 해발은 2,154m이다.
110 외방산: 진령(秦嶺)의 동쪽 자락에 있는 비교적 규모가 큰 산으로 웅이산의 동남쪽에 있다. 해
     발은 1,700m이다.
111 동백산: 하남성과 호북성의 경계 지역에 있는 산으로 최고봉의 해발은 1,140m이다.
112 배미산: 호북성 안륙시(安陸市) 동북쪽에 있는 산이다.
113 이상은 황하의 남부 지역에 있는 산들을 따라 물길을 유도한 순서이다.
114 파총산: 양주(梁州)에서 설명한 파산(嶓山)이다. 현재의 섬서성 한중시(漢中市) 영강현(寧強
     縣) 경내에 있다.
115 형산: 호북성 서부에 위치한 형산으로 채침은 이를 남조형산(南條荊山)이라고 하였다.
116 내방산: 호북성 종상시(鍾祥市) 서남쪽에 있는 장산(章山)의 옛 이름이다.
117 대별산: 안휘성·호북성·하남성의 접경 지역에 있는 산으로 장강과 회수의 분수령을 이루고 있
     다. 주봉은 해발 1,123m이다.
118 이상은 장강과 한수의 북부 지역에 있는 산들을 따라 물길을 유도한 순서이다.

14. 장강과 한수 남부 지역의 산맥과 물길

岷山之陽으로 至于衡山하시며
민 산 지 양　　　지 우 형 산

　　　　　　　민산의 남쪽을 지나 형산에 이르고,

過九江하사 至于敷淺原하시다
과 구 강　　　지 우 부 천 원

　　　　　　　구강을 지나 부천원[119]에 이르게

　　　　　　　하셨다.[120]

15. 약수의 물길을 다스리다

導弱水하사대 至于合黎하여
도 약 수　　　　지 우 합 려

　　　　　　　약수의 물길을 끌어다가 합려산[121]에

　　　　　　　이르러

餘波를 入于流沙하시다.　　남은 물을 유사[122]로 들어가게
여 파　　　입 우 류 사

　　　　　　　하셨다.[123]

119　부천원: 강서성 구강시(九江市) 덕안현(德安縣)에 있는 박양산(博陽山)이다.

120　이상은 장강과 한수의 남부 지역에 있는 산들을 따라 물길을 유도한 순서이다.

121　합려산: 감숙성 장액시(張掖市)의 감주구(甘州區)·임택현(臨澤縣)·고대현(高臺縣) 일대에
　　　걸쳐 있는 산으로 최고봉은 해발 2,084m이다.

122　유사: 채침은 두우(杜佑, 735~812)의 기록을 인용하여 사주(沙州) 서쪽 80리에 있는 땅인데
　　　모래가 바람을 타고 흘러 다니기 때문에 유사라 한다고 하였다. 대략 감숙성 돈황(敦煌) 부근
　　　으로 생각된다.

123　이 단락부터는 하천을 준설하여 물길을 유도한 내용을 서술하였다.

16. 흑수의 물길을 다스리다

導黑水하사대
도 흑 수

흑수의 물길을 끌어다가

至于三危하사 入于南海하시다
지 우 삼 위   입 우 남 해

삼위산에 이르러 남해[124]로 들어가게
하셨다.

17. 황하의 물길을 다스리다

導河하사대
도 하

황하의 물길을 끌어다가

積石으로 至于龍門하며
적 석   지 우 룡 문

적석산으로부터 용문산에 이르고,

南至于華陰하며
남 지 우 화 음

남쪽으로 화음[125]에 이르며,

東至于底柱하며
동 지 우 지 주

동쪽으로 지주산에 이르고,

又東至于孟津하며
우 동 지 우 맹 진

또 동쪽으로 맹진[126]에 이르며,

---

124 남해: 여기서의 남해는 어디인지 알 수 없다. 그러나 적어도 오늘날의 중국 남방의 바다인 남해
    는 아닐 것이다. 『상서정의』에는 "흑수가 북에서 남으로 흘러 삼위산을 경유하여 양주를 지나
    남해로 들어간다"고 하여 마치 오늘날의 남해인 듯이 설명하고 있으나, 감숙성에서 물길을 내
    면서 남해로 들어가게 하였다고 할 수 없기 때문이다.

125 화음: 화산의 북쪽이다.

126 맹진: 오늘날의 낙양시 맹진현이다. 하남성 중서부 구릉지에 위치하고 있으며 낙양시에 예속된
    현(縣) 단위 지역으로 남쪽으로 낙양시와 인접하고 있다. 주나라 무왕이 은나라를 치기 위해서
    제후들을 소집한 곳이다.

東過洛汭하여 至于大伾하며
동 과 락 예   지 우 대 비

또 동쪽으로 낙예[127]를 지나
대비산[128]에 이르고,

北過洚水하여 至于大陸하며
북 과 강 수   지 우 대 륙

북쪽으로 강수[129]를 지나 대륙[130]에
이르며

又北播爲九河하여
우 북 파 위 구 하

또 북쪽으로 여러 갈래[九河]로
퍼졌다가

同爲逆河라 入于海하니라
동 위 역 하   입 우 해

모두 거꾸로 흘러[131] 바다로 들어가게
하셨다.

---

127 낙예: 낙수가 이수(伊水)와 만나는 지역이니, 하남성 공의시(鞏義市) 부근이다.
128 대비산: 하남성 학벽시(鶴壁市) 준현(浚縣)의 동쪽에 있는 산이다. 평지에 돌출한 야산으로
     해발은 135m이다.
129 강수: 하북성 광종현(廣宗縣)에서 북동쪽으로 흐르다가 무읍현(武邑縣)에서 장수(漳水)와
     합류하던 옛 물길. 지금은 말라 버렸다.
130 대륙: 하북성 석가장시(石家莊市) 부근 조현(趙縣) 일대의 넓은 들판으로 화북평원의 중남부
     지역이다.
131 거꾸로 흘러: 황하의 여러 물길이 입해처(入海處) 부근에서 역류하여 바다로 들어갔다는 말인
     데, 오랜 세월 동안 물길이 많이 바뀌어 어디서부터 역류하였는지 정확하게 알 수 없다.

18. 양수의 물길을 다스리다

嶓冢에 導漾하사 東流爲漢하며
<small>파 총   도 양   동 류 위 한</small>

파총산의 양수[132]를 끌어다 동쪽으로 흘려 한수가 되고,

又東爲滄浪之水하며
<small>우 동 위 창 랑 지 수</small>

또 동쪽으로 흘러가서 창랑의 물[133]이 되었다.

過三澨하여 至于大別하여
<small>과 삼 서   지 우 대 별</small>

삼서수[134]를 지나 대별산에 이르러

南入于江하여 東匯澤하여
<small>남 입 우 강   동 회 택</small>

남쪽으로 장강에 들어갔다가, 동쪽으로 모여 호수를 이루어

爲彭蠡하며 東爲北江하여
<small>위 팽 려   동 위 북 강</small>

팽려택이 되었으며 다시 동쪽으로 북강이 되어 흐르다가

入于海하니라.
<small>입 우 해</small>

바다로 들어가게 하셨다.

---

132 양수: 장강 유역 한수 수계의 하천이다. 파총산에서 발원하여 한수의 상류와 합류하는 전장 49km의 하천이다.
133 창랑의 물: 창랑은 지명이다. 채침은 역도원(酈道元)의 『수경주(水經注)』를 인용하여, 호북성 무당현(武當縣, 현재의 단강구시丹江口市) 북쪽 40리 지점의 한수 가운데에 모래톱이 있는데, 그 이름이 창랑주(滄浪洲)이고 이곳을 흘러가는 한수를 창랑수(滄浪水)라고 한다 하였다.
134 삼서수: 호북성 천문시(天門市) 남쪽에서 흐르기 시작하여 한천(漢川)을 지나 한수로 들어가는 물길이다. 세 갈래 물길이 합류한 물길이므로 '삼서(三澨)'라고 한다.

19. 장강의 물길을 다스리다

岷山에 導江하사
민 산   도 강

동쪽으로 장강을 이끌어

東別爲沱하며
동 별 위 타

동쪽으로 흐르다가 지류가 나뉘며

又東至于澧하며
우 동 지 우 례

다시 동쪽으로 흘러 예수[135]에 이르며,

過九江하여 至于東陵하며
과 구 강   지 우 동 릉

구강[동정호]을 지나 동릉[136]에 이른다.

東迤北會하여 爲匯하며
동 이 북 회   위 회

동쪽으로 굽이쳐 흐르다가 북으로
팽려호와 합수하고

東爲中江하여 入于海하니라
동 위 중 강   입 우 해

동쪽으로 중강이 되어 바다로
들어가게 하셨다.

20. 연수의 물길을 다스리다

導沇水하사대 東流爲濟하여
도 연 수   동 류 위 제

연수[137]를 이끌어 동쪽으로 흐르다가
제수가 되는데,

135　예수: 호남성 사대(四大) 하천의 하나로 호남성과 호북성의 경계 지역을 따라 흐르다가 예현
　　　(澧縣)에서 동정호(洞庭湖)로 들어간다.
136　동릉: 호남성 악양시(岳陽市)의 옛 이름이다. 호남성에서 두 번째로 경제 규모가 큰 도시이다.
137　연수: 하남성 제원시(濟源市)의 왕옥산(王屋山)에서 발원하여 동북으로 흐르는 제수(濟水)
　　　의 상류를 연수(沇水)라고 하니 같은 물길이다.

入于河하며 溢爲滎하며
입 우 하　　　일 위 형

황하로 들어갔다가 다시 흘러나와
형수가 되어

東出于陶丘北하며
동 출 우 도 구 북

동쪽으로 흐르다가 도구[138]의 북쪽으로
나온다.

又東至于荷하며
우 동 지 우 하

다시 동쪽으로 하택(荷澤)에 이르고,

又東北으로 會于汶하여
우 동 북　　　회 우 문

또 동북쪽으로 흐르다가 문수와
합류하고,

又北東으로 入于海하니라
우 북 동　　　입 우 해

또 북동쪽으로 흘러가 바다로
들어가게 하셨다.

21. 회수의 물길을 다스리다

導淮하사대 自桐栢하여
도 회　　　자 동 백

회수를 이끌어 동백산에서

東會于泗沂하여
동 회 우 사 기

동쪽으로 사수·기수와 합류했다가

東入于海하니라
동 입 우 해

동쪽으로 바다에 들어가게 하셨다.

---

138 도구: 산동성 하택시(荷澤市) 정도구(定陶區) 지역의 옛 이름이다.

22. 위수의 물길을 다스리다

導渭하사대 自鳥鼠同穴하여
도 위　　　자 조 서 동 혈

위수를 이끌어 조서동혈산[139]에서

東會于灃하며
동 회 우 풍

동쪽으로 흘러가 풍수와 합류하고

又東會于涇하며
우 동 회 우 경

다시 동쪽으로 흐르다가 경수와
합류하고

又東過漆沮하여 入于河하니라
우 동 과 칠 저　　　입 우 하

또 동쪽으로 칠수와 저수를 지나
황하로 들어가게 하셨다.

23. 낙수의 물길을 다스리다

導洛하사대 自熊耳하여
도 락　　　자 웅 이

낙수를 이끌어 웅이산으로부터

東北으로 會于澗瀍하며
동 북　　　회 우 간 전

동북쪽으로 흘러가 간수·전수와
합류하고

又東會于伊하며
우 동 회 우 이

다시 동쪽으로 흐르다가 이수와
합류하고,

139　조서동혈산: 감숙성 위원현(渭源縣)의 남쪽 8㎞ 지점에 있는 해발 2,423m의 산인데, 줄여서
　　조서산이라고 한다. 전해 오는 기록에 따르면 특이한 새와 쥐가 구덩이를 깊이 파서 함께 살았
　　기에 '조서동혈(鳥鼠同穴)'의 이름을 얻었다고 한다.

又東北으로 入于河하니라
우 동 북　　　입 우 하

또 동북쪽으로 흘러가 황하에
들어가게 하셨다.

24. 구주(九州) 체계의 확립

九州攸同하니
구 주 유 동

구주가 다 같이 잘 다스려지니

四隩既宅하도다
사 오 기 택

사해의 해변까지 사람들이 거주하게
되었다.

九山에 刊旅하며
구 산　　간 려

구주의 산에 나무를 잘라 길을 낸 뒤
여제사를 지내고,

九川에 滌源하며
구 천　　척 원

구주의 하천에 수원을 준설하여
소통시키고,

九澤이 既陂하니 四海會同이로다
구 택　　기 피　　　사 해 회 동

구주의 못에 방죽을 쌓아 막아 놓으니
천하의 물이 모두 모여들었다.

六府孔修하여 庶土交正이어늘
육 부 공 수　　　서 토 교 정

육부140가 잘 다스려지고 모든 땅이 다
바로잡히자,

140　육부: 앞에서 이미 밝힌 바와 같이, 농업 사회에서 민생에 절실한 물[水]과 불[火], 쇠[金]와 나무[木], 흙[土]과 곡식[穀]을 말한다.

底愼財賦하사대
지 신 재 부
재정과 부세를 신중하게 다루어

咸則三壤하사
함 칙 삼 양
모든 농지를 상·중·하 세 등급으로
구분하여

成賦中邦하시다
성 부 중 방
중원 지역의 조세를 정하고,

錫土姓하시다
석 토 성
토지를 주어 제후를 봉하고 성을 내려
세습하게 하셨다.

祇台德先하신데
지 이 덕 선
나[우]의 덕을 삼가 먼저 닦으니

不距朕行하니라
불 거 짐 행
(백성들이) 내가 시행한 일들을 어기지
않았다.

25. 전부(田賦)를 바치는 땅, 전복(甸服)

五百里는 甸服이니
오 백 리   전 복
오백 리까지는 전복이니,

百里는 賦納總하고
백 리   부 납 총
백 리 이내는 전부(田賦)를 벼
뿌리째로 바치고,

二百里는 納銍하고
이 백 리   납 질
이백 리 이내는 볏단으로 잘라 바치고,

三百里는 納秸服하고
삼 백 리   납 갈 복
삼백 리 이내는 볏단의 겉잎을 추려
운반하였고,[141]

---

141 운반하였고: 삼백 리 이내만 수송의 의무가 있는 것이 아니라 앞의 이백 리 이내, 백 리 이내도

四百里는 粟하고

사 백 리 　 속

사백 리 이내는 겨 채로 바치고,

五百里는 米니라

오 백 리 　 미

오백 리 이내는 알곡만 바쳤다.

26. 제후를 봉하는 땅, 후복(侯服)

五百里는 侯服이니

오 백 리 　 후 복

(그다음) 오백 리는 후복이니,

百里는 采요

백 리 　 채

백 리 이내는 (경대부들의) 채읍이고,

二百里는 男邦이요

이 백 리 　 남 방

이백 리 이내는 남작과 (자작의)
나라이고,

三百里는 諸侯니라

삼 백 리 　 제 후

나머지 삼백 리는 후작과 (백작·공작의)
나라들이다.

27. 교화와 위엄으로 다스리는 땅, 수복(綏服)

五百里는 綏服이니

오 백 리 　 수 복

(그다음) 오백 리는 수복이니,

三百里는 揆文敎하고

삼 백 리 　 규 문 교

삼백 리 이내는 문덕의 교화를 헤아려
다스리고,

포함하여 말한 것이다. 왕성으로부터 삼백 리까지는 가깝기 때문에 모두 수확한 곡물을 수송
까지 하도록 한 것이다.

二百里는 **奮武衛**하나니라 　　　나머지 이백 리는 무력을 떨쳐 보위한다.
이 백 리　　분 무 위

28. 오랑캐와 죄인들이 사는 곳, 요복(要服)

五百里는 要服이니 　　　　　(그다음) 오백 리는 요복이니,
오 백 리　　요 복

三百里는 夷이요 　　　　　　삼백 리 이내는 이족(夷族)들이 살고,
삼 백 리　　이

二百里는 蔡이니라 　　　　　나머지 이백 리는 (죄인을) 추방하는
이 백 리　　채　　　　　　　　곳이다.

29. 야만과 유배의 땅, 황복(荒服)

五百里는 荒服이니 　　　　　(그다음) 오백 리는 황복이니,
오 백 리　　황 복

三百里는 蠻이요 　　　　　　삼백 리 이내는 만족(蠻族)들이 살고,
삼 백 리　　만

二百里는 流니라 　　　　　　나머지 이백 리는 (중죄인을) 유배하는
이 백 리　　류　　　　　　　　곳이다.

30. 우, 천하 체계를 완성하다

東漸于海하며 　　　　　　　동쪽으로 바다까지 무젖고
동 점 우 해

西被于流沙하며
서 피 우 류 사

서쪽으로 유사까지 덮었으며

朔南에 曁하여
삭 남 　 기

남북에 이르기까지

聲敎訖于四海어늘
성 교 흘 우 사 해

성과 교화가 사해에 미치자

禹錫玄圭하사
우 석 현 규

우가 현규[142]를 바치며

告厥成功하시다
고 궐 성 공

공을 이루었음을 고하였다.

---

142 현규: 검은 옥으로 만든 홀이다. 검은색은 오행 가운데 물[水]의 색이니, 우가 치수의 공을 이루
  었으므로 현규를 바친 것이다.

제7편
감에서의 연설 [감서甘誓]

『금문상서』이다. 감(甘)은 지명으로 유호씨(有扈氏) 나라의 남쪽 교외이다. 유호씨의 옛 땅은 현재의 섬서성 서안시의 서남부인 호읍구(鄠邑區) 일대였다. 서(誓)는 보통 '맹세하다'는 뜻으로 번역하지만, 의미가 잘 통하지 않는다. 『서경』에는 6편의 서(誓)가 있는데 모두 왕이나 제후가 전쟁에 앞서 군사들에게 행한 연설이다. 다만 「진서(秦誓)」 한 편은 전쟁에 패한 진목공(秦穆公)이 신하들에게 한 연설이다. 그러므로 '서(誓)'는 전쟁과 관련한 연설로 간주할 수 있으며, 내용은 맹세기보다는 출전에 앞선 격려나 훈계에 가깝다. 본서에서는 제목의 '서(誓)'는 '연설'로, 본문의 '서(誓)'는 '훈계'로 각각 번역했다.

『사기』의 「하본기(夏本紀)」에 의하면, 우임금은 천자가 되어 동쪽을 순수하다가 회계(會稽, 절강성 소흥시紹興市)에서 죽었다. 그는 죽으면서 고요의 아들 백익(伯益)에게 천하를 넘겨주었다. 우에게는 자신과의 왕위 계승전에서 패배한 고요에 대한 미안함이 있었을 것이다. 어쩌면 이 미안함을 그 아들을 통해 풀려고 했던 것일지도 모르겠다. 그러나 백익은 우임금의 삼년상을 마치자, 천하의 일을 우의 아들 계(啓)에게 맡기고 기산(箕山)으로 숨어 버렸다. 계는 아버지 우를 이어 임금이 되었다. 계는 현명하였고, 제후들은 그를 인정했다. 제위의 부자 세습이 완성된 것이다. 이 지점에서 유호씨가 불복했다.

유호씨는 하나라 12씨족의 하나로, 하나라와 함께 동성인 사성(姒姓)이었다. 유호씨가 불만을 품었던 이유는 자세하게 알려져 있지 않다. 선양을 세습으로 바꾼 폭거(?)를 인정할 수 없었던 것인지 아니면 동성인 자신의 왕위 계승권을 주장하고 싶었던 것인지 알 수 없지만, 불만 세력은 제거되어야 했다. 계는 직접 군대를 끌고 달려가 유호씨의 도성 외곽까지 진격했다. 결전을 앞두고 계가 군사들에게 한 연설이 「감서」이다. 이 전쟁의 승리자는 당연히 계였고, 유호씨는 역사에서 사라진다.

1. 오행과 삼정을 어지럽힌 유호씨

大戰于甘하실새
대 전 우 감

감[143]에서 크게 싸우게 되자

乃召六卿하시다
내 소 육 경

마침내 육경[144]을 소집하셨다.

王曰
왕 왈

왕이 말씀하셨다.

嗟六事之人아
차 육 사 지 인

"아! 육군(六軍)의 일을 하는
병사들이여!

予誓告汝하노라
여 서 고 여

나는 그대들에게 깨우쳐 고하노라!

有扈氏는 威侮五行하며
유 호 씨   위 모 오 행

유호씨가 오행[145]을 함부로 소홀하게
다루며

怠棄三正할새
태 기 삼 정

삼정[146]을 게을리하여 내버리자[147]

143　감: 지명. 현재의 섬서성 서안시의 서남부 지역인 호읍구(鄠邑區)의 남부. 호읍은 원래 이 시기
　　에 유호씨들이 거주하던 땅이고, 감(甘)은 그 남부 교외 지역이었다. 호읍은 은나라 때 이름이
　　풍(豊)으로 바뀌는데, 은나라 말엽에 주족(周族)이 기산(岐山)에서 옮겨 와 거주하였다.

144　육경: 여기의 육경(六卿)은 후대에 육부(六部)의 정무를 분장하여 다스리던 육경과는 다르다.
　　천자의 도성 바깥쪽을 교(郊)라 하고 교의 바깥쪽을 주(州)라고 하는데, 교에는 육향(六鄕)이
　　있었고 주에는 육수(六遂)가 있었다. 각 향은 12,500호(戶)로 편제되었다고 하며, 각 호마다 1
　　명씩 병사를 차출하면 1향의 병사가 12,500명이 되는데, 6향의 병사 75,000명으로 천자의 정
　　군(正軍)을 편성하였다. 그러므로 천자의 군대를 육군(六軍)이라고 하니, 여기의 육경은 바로
　　이 육군의 우두머리들이다. 육수(六遂)도 편제가 육향과 같아서 역시 75,000명을 부군(副軍)
　　으로 편성하였으니, 정군과 부군을 합하면 천자의 군대는 150,000명이다.

145　오행: 수·목·화·토·금의 다섯 가지를 말한다. 오행론은 대체로 전국 시대에 생겨나 한나라 때 성
　　행하였는데, 이 시기에 오행이 대한 인식이 있었는지 의문이다. 아마 전국 시대 이후의 기록일
　　것이다.

146　삼정: 천문과 역법의 용어이다. 북두칠성의 자루가 초저녁에 자방(子方, 정북방)을 가리키는 달

天用勦絶其命하시나니
천 용 초 절 기 명

하늘이 그 명맥을 끊고자 하시므로

今予는 惟恭行天之罰하노라
금 여　　유 공 행 천 지 벌

이제 나는 하늘의 벌을 삼가
시행하고자 한다.

2. 처자식까지 죽이는 하나라의 엄격한 군율

左不攻于左하면
좌 불 공 우 좌

왼쪽에 있으면서 왼편의 적을 공격하지
않는다면

汝不恭命이며
여 불 공 명

너희들은 명령을 받들지 않는 것이며,

右不攻于右하면
우 불 공 우 우

오른쪽에 있으면서 오른편의 적을
공격하지 않는다면

을 자월(子月)이라 하고 축방(丑方, 자방에서 동쪽으로 30도 방향)을 가리키는 달을 축월(丑月)이라 하며, 인방(寅方, 축방에서 동쪽으로 30도 방향)을 가리키는 달을 인월(寅月)이라 하는데 왕조가 교체될 때마다 한 해가 시작하는 달을 바로잡았다. 그래서 한 해의 시작을 정월(正月)이라고 하는 것이다. 하나라는 인월을 정월로 삼았고, 은나라는 축월, 주나라는 자월을 각각 정월로 삼았다. 이 각기 다른 정월 세 가지를 삼정(三正)이라고 한다. 우리가 사용하는 음력의 정월은 하나라의 역법에 따라 인월을 정월로 삼은 것인데, 자월은 동짓달이 되고 축월은 섣달이 된다.

147　이상의 두 구절은 유호씨를 토벌하는 명분을 밝힌 것이다. 오행과 삼정을 제대로 다스리지 못했다는 말이 다소 추상적이지만, 요임금이 역법을 제정하고 순임금이 천문을 관측하는 것으로 나랏일을 시작했던 것과 동일한 맥락에서 이해할 수 있을 것이다. 국가의 경영이 하늘의 일을 인간이 대행하는 것이라는 관념 하에서 하늘의 일인 오행과 삼정을 게을리한 것은 토벌의 충분한 명분이 될 수 있었을 것이다. 하늘의 일을 게을리하면 인간의 일도 이루어질 수 없기 때문이다.

汝不恭命이며
여 불 공 명

너희들은 명령을 받들지 않는 것이며,

御非其馬之正이면
어 비 기 마 지 정

(가운데 있으면서) 말을 제대로 몰지
않는다면

汝不恭命이니라
여 불 공 명

너희들은 명령을 받들지 않는
것이다.148

用命이란 賞于祖하고
용 명　　상 우 조

명령을 따른다면 선조의 신주(神主)
앞에서 상을 주고

不用命이란 戮于社하되
불 용 명　　류 우 사

명령을 따르지 않는다면 토지신의
신주 앞에서 죽이되

予則孥戮汝하리라
여 즉 노 륙 여

나는 너희들의 처자식들까지
죽이리라."

---

148 이상의 여섯 구절은 병사들이 각기 자신의 자리에서 직분을 다하라고 독려한 것이다. 병거(兵車)에는 세 사람이 타는데, 왼쪽 병사는 활을 쏘고 오른쪽 병사는 창으로 찌르고 가운데 병사는 수레를 몰았다고 한다.

제8편
다섯 아우의 노래 [오자지가五子之歌]

위고문이다. 유호씨를 정벌하였던 계가 죽고 그 아들 태강(太康)이 제위를 이었
다. 이제 왕권의 부자 세습이 정착 단계로 접어든 것이다. 왕권의 부자 세습은
국가의 계통을 공고히 할 수는 있지만, 때로는 도덕성과 능력이 결여된 인물이
등장하여 나라를 망치기도 한다. 태강이 그런 인물이었다. 계의 맏아들로 태어
난 행운으로 제위를 물려받았지만 황음하고 무능했다.

이때 동쪽에 유궁씨(有窮氏)라는 씨족 집단이 있었다. 그 수령[后]이었던 예(羿)
는 활을 잘 쏘았는데, 씨족들을 거느리고 와서 정권을 차지해 버렸다. 태강의
황음무도에 실망한 하나라 사람들은 유궁후(有窮后) 예를 거부하지 않았다. 하
나라 백성들의 지지를 받은 그는 사냥하러 간 태강이 복귀하는 것을 막았고,
태강은 하는 수 없이 12씨족의 하나였던 동성의 짐심씨(斟鄩氏)에게로 달아났
다. 위고문의 작자는 이 대목에 「오자지가」를 끼워 넣었다. 태강의 다섯 아우가
그 어머니를 모시고 낙수의 물가로 가서 달아난 태강을 하염없이 기다리도록
설정한 것이다. 그들이 기다리면서 부른 노래가 「오자지가」이다. 우임금의 손
자들답게 할아버지 우의 교훈을 노래하면서 기다렸지만 태강은 끝내 돌아올
수 없었다. 유궁후 예와 관련한 이야기는 다음의 「윤정(胤征)」 편에서 계속된다.

1. 태강의 실덕과 유폐, 그리고 다섯 아우들

太康尸位하여
태 강 시 위

태강이 (임금의) 자리만 차지하고
있으면서

以逸豫로 滅厥德한대
이 일 예   멸 궐 덕

안일하고 쾌락에 빠져 덕이 사라졌다.

黎民이 咸貳커늘
려 민   함 이

백성들이 모두 등을 돌렸지만

乃盤遊無度하여
내 반 유 무 도

여전히 절도 없이 놀기를 즐겨

畋于有洛之表하여
전 우 유 락 지 표

낙수를 건너 사냥을 나가

十旬을 弗反하니라
십 순   불 반

열흘이 되도록 돌아오지 않았다.

有窮后羿 因民弗忍하여
유 궁 후 예 인 민 불 인

유궁의 수령인 예가 백성들이 참지
못함으로 인하여

距于河하니라
거 우 하

황하에서 (돌아오는 것을) 막았다.

厥弟五人이 御其母以從하여
궐 제 오 인   어 기 모 이 종

그의 아우 다섯 사람이 어머니를
모시고 따라가서

傒于洛之汭하더니
혜 우 락 지 예

낙수의 굽이진 물가에서 기다렸는데,

五子咸怨하여
오 자 함 원

다섯 아우가 모두 원망하여

述大禹之戒하여 以作歌하니라
술 대 우 지 계   이 작 가

우임금이 경계하신 말씀을 서술하여
노래를 지었다.

2. 첫 번째 노래, 백성은 나라의 근본

其一曰
기 일 왈

그 첫 번째 노래는 다음과 같다.

皇祖有訓하시니
황조유훈

"위대하신 할아버님 교훈을 남기시니,

民可近이언정 不可下이니라
민가근   불가하

'백성을 친해야지 무시하면 안 된다네.

民惟邦本이니
민유방본

백성은 나라의 근본,

本固라사 邦寧하나니라
본고   방녕

근본이 튼튼해야 나라가 안녕하리!'
하셨지.

予視天下한대
여시천하

내가 세상을 둘러보건대,

愚夫愚婦一能勝予라 하노니
우부우부일능승여

평범한 부부 한 사람도 나보다는
낫구나.

一人이 三失이어니
일인   삼실

한 사람이 거듭거듭 잘못을 저지르니,

怨豈在明이리오
원기재명

백성들 원망이 드러남을 기다리랴!

不見에 是圖이니라
불현   시도

(원망이) 드러나지 않았을 때 헤아려
고쳐야지.

予臨兆民하되
여림조민

내가 억조의 백성들 대하기를,

凜乎若朽索之馭六馬하노니
늠호약후삭지어육마

썩은 끈으로 여섯 마리 말을 몰듯
두려워해야 하거늘,

爲人上者는 奈何不敬고
위인상자   내하불경

백성의 윗사람 되어 어찌하여 삼가지
않는가!"

3. 두 번째 노래, 황음은 망국의 길

其二曰
기 이 왈

그 두 번째 노래는 다음과 같다.

訓에 有之하노니
훈　　유 지

"(할아버님) 가르침에 이런 말씀 있다네.

內作色荒이어나
내 작 색 황

'안으로 여색에 빠지거나,

外作禽荒이어나
외 작 금 황

밖으로 사냥에 빠지거나,

甘酒嗜音이어나
감 주 기 음

술을 달게 여기고 음악에 빠지거나,

峻宇彫牆이어나
준 우 조 장

집을 높이 짓고 담장을 꾸미거나,

有一於此하면
유 일 어 차

이 가운데 한 가지라도 있다면,

未或不亡이니라
미 혹 불 망

혹시라도 망하지 않을 자가 없느니라.'"

4. 세 번째 노래, 기강이 무너져 망하는 나라

其三曰
기 삼 왈

그 세 번째 노래는 다음과 같다.

惟彼陶唐으로
유 피 도 당

"저 요임금 때부터,

有此冀方하시니
유 차 기 방

이 기주 지방 소유하셨네.

今失厥道하여
금 실 궐 도

이제는 (전해 오신) 그 도를 잃어버리고,

亂其紀綱하여
란 기 기 강

작은 법도[紀] 큰 법도[綱] 어지럽혀서,

乃底滅亡이로다
내 지 멸 망

마침내 멸망함에 이르렀도다.”

5. 네 번째 노래, 무너지는 종묘사직

其四曰
기 사 왈

그 네 번째 노래는 다음과 같다.

明明我祖는
명 명 아 조

“밝고 밝으신 우리 할아버님,

萬邦之君이시니
만 방 지 군

온 누리의 임금이셨다네!

有典有則하사
유 전 유 칙

제도와 법칙을 고루 갖추어

貽厥子孫이라
이 궐 자 손

자자손손 대대로 물려주셨네.

關石和鈞이
관 석 화 균

석과 균 만들어서 공평하게
유통시켜[149]

王府에 則有하니
왕 부   즉 유

지금도 왕부[왕실 창고]에 남아 있거늘,

荒墜厥緒하여
황 추 궐 서

그 전통을 망치고 실추시켜서

覆宗絶祀로다
복 종 절 사

종사(宗社)를 엎어 버리고 제사를
끊었다네!”

---

149 원문의 석(石)은 120근의 저울추이고, 균(鈞)은 30근의 저울추이다. 이 구절은 모든 제도의 기준이 되는 도량형을 정비하였다는 말이다.

6. 다섯 번째 노래, 실덕의 슬픔

其五曰
기 오 왈

그 다섯 번째 노래는 다음과 같다.

嗚呼曷歸오
오 호 갈 귀

"아! 어디로 돌아갈거나,

予懷之悲여
여 회 지 비

내 마음의 서글픔이여!

萬姓이 仇予하나니
만 성　　구 여

만백성이 나를 원수로 여기니,

予將疇依오
여 장 주 의

나는 장차 누구를 의지하리!

鬱陶乎라 予心이여
울 도 호　　여 심

슬프구나! 나의 마음이여!

顔厚有忸怩호라
안 후 유 뉵 니

낯 두꺼워 부끄럽고 마음도 부끄럽네!

弗愼厥德이어니
불 신 궐 덕

덕을 삼가지 않았으니

雖悔인들 可追아
수 회　　가 추

뉘우친들 미칠 수 있으랴!"

제9편
윤후의 정벌 [윤정胤征]

위고문이다. 태강을 내쫓은 유궁후 예(羿)는 제위에 오르지 않았다. 하나라 백성들이 태강을 미워하지만 왕조가 바뀌는 것을 묵인하지는 않을 것임을 알고 있었기 때문이다. 대신 태강의 아우 중강(仲康)을 왕으로 세운다. 그러나 나랏일은 모두 자신이 처리하였고 중강의 정치적 공간은 극히 제한적이었다. 이러한 상황이면 권력에 빌붙는 자들이 나오기 마련이다. 요임금 때부터 천문과 역법을 관장해 오던 희화씨(羲和氏) 집안이 예의 편에 섰다. 실권 없는 천자였으나 중강은 보고만 있을 수 없었다. 장차 예를 제거하자면 그의 수족부터 잘라야 했다. 직무를 게을리한다는 구실로 희화를 먼저 토벌하기로 했다. 윤(胤) 땅의 제후 윤후(胤侯)에게 천자의 군대를 맡겨 희화를 토벌하도록 했는데, 이때 윤후가 출정하면서 군사들에게 훈계한 글이 「윤정」이다. 이상이 채침의 설명이다.

그런데 이 이야기의 다른 판본도 있다. 희화는 예의 전횡에 불만을 품고 있었고, 하나라의 신하된 도리로 무언가를 해야만 했다. 아니면 세상이 못마땅해서 본문에 보이는 것처럼 술만 마시고 있었을 수도 있다. 아무튼 예는 불만 세력인 희화를 그냥 둘 수 없었다. 그래서 중강의 명을 참칭(僭稱)하며 윤후에게 희화를 정벌하게 했다는 것이다. 어느 판본이든 본문의 이야기가 액면 그대로는 아니라는 것이다. 도대체 일식 때 술에 취해 직무를 방기한 일이 군대까지 동원해서 죽일 죄인가? 누군가에게 희화는 엄청 위험한 세력이었던 것이다.

마지막으로 예의 뒷이야기도 살펴보자. 중강이 죽은 뒤에 그 아들 상(相)이 제위를 이었는데 그 역시 백부 태강처럼 동성 씨족이었던 짐관씨(斟灌氏)의 땅으로 달아나 버린다. 예의 권력이 날이 갈수록 강대해졌던 것이다. 이제 드러내 놓고 왕 노릇하던 예는 결국 그의 부하 한착(寒浞)에게 살해당한다. 예를 죽인 한착은 내친김에 짐관씨도 정벌하여 상을 죽인다. 이 이야기의 결말은 상의 유복자였던 소강(少康)이 한착을 죽이고 제위를 이음으로써 하나라는 계속된다는 것이다.

1. 희화의 정벌을 명받은 윤후

惟仲康이 肇位四海하사
유 중 강　조 위 사 해

중강이 처음 사해에 군림하여

胤侯를 命掌六師이러시니
윤 후　명 장 육 사

윤후에게 육사[150]를 맡게 하였다.

羲和廢厥職하고
희 화 폐 궐 직

희화[151]가 그 직무를 버려 두고

酒荒于厥邑한대
주 황 우 궐 읍

그가 다스리는 읍에서 술에 빠져 있자,

胤侯承王命하여 徂征하니라
윤 후 승 왕 명　조 정

윤후가 왕명을 받들어 정벌하러 갔다.

2. 직무 유기는 정당한 형벌로 다스려야

告于衆曰
고 우 중 왈

군사들에게 다음과 같이 고하였다.

嗟予有衆아
차 여 유 중

"아! 나의 군사들이여!

聖有謨訓하시니
성 유 모 훈

성인이 가르침을 남기시니

明徵定保이니라
명 징 정 보

(그 가르침의) 밝은 효험으로 나라를 안정시키고 보존하였다.

150　육사: 천자의 육군(六軍)을 말한다.

151　희화: 요임금 때 희씨와 화씨에게 직무를 분장시켰던 것을 하나라에서는 합쳐서 하나의 관직으로 만들었다고 채침은 설명하고 있다.

先王이 克謹天戒어시든
선 왕　극 근 천 계

선왕들께서 하늘의 경계를 삼가 받드시자,

臣人이 克有常憲하여
신 인　극 유 상 헌

신하들이 올바른 법도를 지키고

百官이 修輔할새
백 관　수 보

백관들이 직무를 다해 보필하여

厥后惟明明이시니라
궐 후 유 명 명

밝고 밝은 군주가 될 수 있었도다.

每歲孟春에
매 세 맹 춘

해마다 정월이 되면

遒人이 以木鐸으로
주 인　이 목 탁

명령을 전달하는 관리가 목탁[152]을 들고

徇于路하되
순 우 로

길거리를 돌면서 말하기를,

官師相規하며
관 사 상 규

'관리들은 서로의 잘못을 바로잡고

工執藝事하여 以諫하라
공 집 예 사　　　이 간

백공은 기예의 일을 가지고 규간(規諫)하라.[153]

其或不恭하면
기 혹 불 공

혹시 공손함[154]을 다하지 않는 자가 있다면

---

152 목탁: 금속의 틀 안에 나무로 만든 추를 매달아 흔들어서 소리를 나게 하던 기물. 정령(政令)을 전달할 때 사람들을 불러 모아 경각시키는 용도로 사용하였다.

153 이 구절은 말단의 기예를 가지고 벼슬하는 공인(工人)들도 직무와 관련하여 윗사람의 잘못을 지적하여 바로잡게 한다는 뜻이다. 예를 들면, 주경왕(周景王)의 악관(樂官)이었던 영주구(伶州鳩)가 음악에 탐닉하는 경왕에게 "재용을 낭비하고 백성들의 힘을 소진시켜가면서 음심(淫心)을 충족시킨다"(『국어(國語)·주어(周語)』)고 규간한 것과 같은 경우이다.

154 공손함: 여기서의 공손함은 맹자가 "임금이 하기 어려운 일을 하도록 규간하는 것이 공손함이다."(『맹자·이루상(離婁上)』)라고 한 그 공손함이다.

邦有常刑하니라
방 유 상 형

나라에서 정당한 형벌로 다스릴
것이다' 하였다.

3. 희화의 직무 유기, 과연 죽을죄인가

惟時羲和 顚覆厥德이요
유 시 희 화 전 복 궐 덕

이 희화가 덕을 엎어 버리고

沈亂于酒하여
침 란 우 주

술에 빠져 어지러우며

畔官離次하여
반 관 리 차

직분을 어기고 자리를 지키지 않아

俶擾天紀하여
숙 요 천 기

마침내 하늘의 기강[155]을 어지럽혔다.

遐棄厥司하여
하 기 궐 사

그 직무를 멀리 팽개치자

乃季秋月朔에
내 계 추 월 삭

9월 초하루에

辰이 弗集于房이어늘
신   불 집 우 방

해와 달이 방수(房宿)에 모이지
않으니,[156]

瞽奏鼓하며
고 주 고

악관이 북을 울리고,

嗇夫馳하며
색 부 치

말단 관리들은 뛰어다니며,

---

155 하늘의 기강: 천상(天象)을 살펴 인시(人時)를 관리하는 희화의 본래 직무를 말한다.

156 원문의 '신(辰)'은 해와 달이 교차하여 만나는 것이고, '방(房)'은 28수 가운데 동방칠수에 속하
는 별자리이다. 이 구절은 9월 초하루에 해와 달이 방수(房宿)에서 만나야 하는데, 이것이 어
긋나 달이 해를 가려 일식(日蝕)이 있게 된 것을 말한다. 『신당서(新唐書)·역지(曆志)』에 "중강
5년 계사년 9월 초하루 경술일에 일식이 방수 2도(度)에 있었다"고 하였다.

庶人이 走커늘 _{서 인 주}	서리(胥吏)들은 허둥대는데,
羲和尸厥官하여 _{희 화 시 궐 관}	희화는 시동(尸童)[157]처럼 자리만 지키면서
罔聞知하여 _{망 문 지}	듣지도 못하고 알지도 못하여,
昏迷于天象하여 _{혼 미 우 천 상}	하늘의 현상에 혼미하여
以干先王之誅하니 _{이 간 선 왕 지 주}	선왕께서 정한 주벌(誅罰)의 죄를 범하였으니,
政典에 曰하대 _{정 전 왈}	정전[158]에 이르기를,
先時者도 殺無赦하며 _{선 시 자 살 무 사}	'제때보다 앞서도 용서 없이 죽이고,
不及時者도 殺無赦라 하도다 _{불 급 시 자 살 무 사}	제때에 미치지 못해도 용서 없이 죽이라' 하였다.
今予以爾有衆으로 _{금 여 이 이 유 중}	이제 나는 너희 군사들을 거느리고
奉將天罰하노니 _{봉 장 천 벌}	천벌을 받들어 시행하고자 하니,
爾衆士는 同力王室하야 _{이 중 사 동 력 왕 실}	너희 모든 군사는 왕실을 위해 힘을 합쳐

---

157 시동(尸童): 고대에 제사 지낼 때에 신위 대신 교의(交椅)에 앉히던 어린아이다. 그 뒤 소상(塑
    像)이나 화상(畵像)으로 바뀌었다가 신주(神主)로 정착하게 된다. 제사를 지내는 동안 가만히
    앉아 있기만 하기 때문에 직무를 다하지 않고 자리만 지키는 사람을 비유하기도 한다.
158 정전: 채침은, 국가를 다스리는 원칙과 제도를 기술한 책으로 선왕들이 남긴 것이라고 하였다.

尙弼予하여
상 필 여

부디 나를 도와

欽承天子威命하라
흠 승 천 자 위 명

천자의 위명을 삼가 받들도록 하라!

4. 주범은 처벌하고 종범은 용서하고

火炎崑岡하면
화 염 곤 강

곤산(崑山)[159] 등성이가 화염에
휩싸이면

玉石이 俱焚하나니
옥 석 　 구 분

옥이며 돌들이 함께 타 버리니,

天吏逸德은
천 리 일 덕

하늘을 대신해 일하는 관리가
덕[의욕]이 지나쳐

烈于猛火하니
렬 우 맹 화

(사람을 가리지 않고 죽인다면)
사나운 불보다 매서운 법이다.

殲厥渠魁하고
섬 궐 거 괴

(그러므로) 그 우두머리는 죽이되,

脅從은 罔治하여
협 종 　 망 치

협박 때문에 따른 자들은 용서하여

159　곤산(崑山): 곤륜산(崑崙山)이다. 하나의 산이라기보다 파미르고원 동쪽에서부터 신강(新疆)과 서장(西藏)을 가로질러 청해성까지 뻗어 있는 일군의 산들을 말한다. 전체 길이는 대략 2,500㎞에 달하며, 평균 해발은 6,000m 내외이다. 예부터 이곳에서 옥이 많이 생산되었는데, 특히 신강 지역의 곤륜산에서 생산되는 옥이 품질 좋기로 유명하다.

舊染汚俗을 咸與惟新하리라
구 염 오 속　　 함 여 유 신

지난날 나쁜 풍속에 물든 자들을 모두
새롭게 하리라.

嗚呼라 威克厥愛하면 允濟오
오 호　　 위 극 궐 애　　 윤 제

아! 위엄이 인정(人情)을 이기면
(이번 정벌이) 성공할 것이지만

愛克厥威하면 允罔功이니
애 극 궐 위　　 윤 망 공

인정이 위엄을 이긴다면 공을 이루지
못할 것이니

其爾衆士는 懋戒哉어다
기 이 중 사　　 무 계 재

너희 모든 군사는 힘써 경계하라!"

제Ⅲ부
상나라의 기록
[상서商書]

400여 년을 이어 온 하나라는 걸(桀)에 이르러 망하게 된다. 걸은 문무를 겸비한 탁월한 인물이었으나, 50여 년을 재위하면서 포악하고 황음했다고 한다. 폭정을 말리는 관룡방(關龍逄)을 처참하게 죽이고, 유시씨(有施氏)의 여인인 말희(妹喜)를 혹독하게 총애하면서 폭정을 이어 갔다. 견딜 수 없었던 백성들은 "이 태양이 언제나 사라질까! 너랑 나랑 같이 망하자!" 하며 저주했다. 마침내 상읍(商邑, 하남성 상구시商丘市)에 살고 있던 상족(商族)의 수령 탕(湯)이 일어났다.

명조(鳴條, 산서성 하현夏縣)에서 하나라의 군대와 싸워 이긴 탕은 국호를 상(商)으로 정하고, 상읍에서 동남쪽으로 20km쯤 떨어진 박(亳, 상구시 우성현虞城縣 곡숙진穀熟鎭)에 도읍했다. 기원전 17세기 초반의 일이다. 이로부터 상은 17대에 걸쳐 31명의 군주가 다스리며 대략 500여 년을 이어 간다. 세대에 비해 군주가 많은 것은 형제 세습이 많았기 때문이다. 상나라 전기에는 형제 세습이 많았고, 후기로 오면서 전형적인 부자 세습이 이루어진다.

상나라는 여러 차례 도읍을 옮기다가, 대략 19대 임금으로 추정되는 반경(盤庚)이 북몽(北蒙, 하남성 안양시安陽市 소둔촌小屯村)으로 옮기고 이름을 은(殷)으로 바꾼다. 오늘날 은허(殷墟)라고 부르는, 갑골편(甲骨片)들이 쏟아져 나온 그곳이다. 그래서 상나라는 은나라가 되었고, 은상(殷商)이라는 이름도 얻게 되었다.

탕 임금의 먼 조상은 순임금 때 사도(司徒)를 지낸 설(契)이다. 설의 모친 간적(簡狄)이 검은 새[玄鳥, 제비라고도 한다]의 알을 삼키고 설을 낳았다고 하는데, 동아시아에 널리 퍼져 있는 난생설화(卵生說話)의 변형이다. 이 설의 후손 가운데 왕해(王亥)라는 인물이 마차를 발명했다고 한다. 그는 우임금이 치수를 통해 구주를 정비한 데 힘입어 마차를 몰고 천하를 돌아다니며 상업(商業)에 종사하여 상족을 윤택하게 만들었다. 상이라는 이름이 먼저 있어서 그들이 하는 일이 상업이었는지, 아니면 상업에 성공해서 상이라는 이름을 얻게 되었는지는 알 수 없지만, 아무튼 '상(商)'이라는 이름은 왕해와 관련이 있다고 추측되고 있다.

설과 왕해의 후손인 탕은 성이 자(子)였고 이름이 이(履)였다. 성과 이름을 붙여 부르면 자리(子履)가 되는데, 자리를 탕이라고 부르는 이유는 분명하지 않다. 채침은 탕(湯)이 호이거나 시호일 것이라고 하였지만, 그때 호나 시호가 있었을지는 의문이다. 탕을 성탕(成湯)이라고도 하는데, '성(成)'은 왕업을 완성하였다는 말일 것이다. 갑골문에도 그를 '성'이라고 부른 경우가 있고, 서주(西周)의 금문(金文)에서는 그를 '성당(成唐)'이라고 불렀다. '唐'과 '湯'은 중국어 발음이 같다.

이 성탕으로부터 시작하는 상나라의 기록인 「상서(商書)」에는 모두 17편의 글이 실려 있다. 각기 상·중·하로 나뉘어 있는 「태갑(太甲)」·「반경(盤庚)」·「열명(說命)」을 각각 1편으로 계산하면 11편이 된다. 이 가운데 『금문상서』는 「탕서(湯誓)」·「반경」·「고종융일(高宗肜日)」·「서백감려(西伯戡黎)」·「미자(微子)」 등 5편에 불과하다. 겨우 이 다섯 편이 500년 은상의 역사를 말하고 있는 것이다.

제10편
탕 임금의 연설 [탕서湯誓]

『금문상서』이다. 상읍의 수령 탕은 걸왕(桀王)의 폭정을 참을 수 없었다. 거병하려 했으나 상읍 백성들의 불만이 만만찮았다. "하필이면 추수철에 군대를 일으켜 수확도 못 하게 하는가! 도대체 하나라의 정치가 나하고 무슨 상관인가!" 하는 불만들이었다. 이에 탕이 그들을 불러 모아 일장 연설을 한다.

내용은 이렇다. 첫째, 이 정벌은 하늘의 뜻이다. 우리는 하늘의 일을 대행하는 것일 뿐이다. 그러므로 하지 않을 수 없다. 둘째, 그 하늘의 뜻을 어떻게 알 수 있는가? 민심을 보면 알 수 있다. 하나라 백성들은 그들의 임금이 망하기를 간절하게 바라고 있다. 셋째, 그래도 불만이라면 너희들의 죄를 물을 것이다. 처자식까지 죽이겠다.

왕조의 교체가 천명에 의해 이루어진다는 생각이 오래된 것은 분명하지만 언제부터 확고해진 것일까? 앞에서 고요와 우가 천명을 강조하는 것을 보았지만 믿기 어렵고, 탕이 천명을 말하고 있지만 아직 공감대가 형성된 생각은 아닌 듯하다. 이 글에는 천명의 바뀜[革命]을 당하는 사람의 조건은 제시되어 있지만, 천명을 바꾸는 사람의 자격은 나타나 있지 않기 때문이다. 더구나 탕의 그 정당한 반란(?)을 백성들은 지지도 하지 않고 있다. 그래서 탕은 처자식까지 죽이겠다고 협박하는 것이다. 주나라 무왕이 혁명을 단행할 때는 이런 집단적인 반대의 목소리가 보이지 않는다. 그저 절의지사(節義之士) 백이·숙제의 개인적인 거부감 정도만 나타나고 있을 뿐이다. 역사가 이야기하는 탕무혁명관(湯武革命觀)은 아마 주나라 초기에 무왕의 행위를 탕 임금의 행위와 동일시하는 과정에서 형성되었을 것이다.

1. 하늘이 시키는 정당한 반란

王曰 格하라
왕 왈 격

왕[1]이 말씀하셨다.

爾衆庶아
이 중 서

"오라, 너희 무리들이여!

悉聽朕言하라
실 청 짐 언

모두 나의 말을 들어라.

非台小子敢行稱亂이라
비 이 소 자 감 행 칭 란

나 소자[2]가 감히 반란이라고 하는
것[3]을 하려는 것이 아니라,

有夏多罪어늘
유 하 다 죄

하나라가 죄가 많아서

天命殛之하시나니라
천 명 극 지

하늘이 죽이라고 명하신 것이다.

今爾有衆이
금 이 유 중

이제 너희들이

汝曰我后不恤我衆하여
여 왈 아 후 불 휼 아 중

'우리 임금이 우리들을 돌보지 않고

舍我穡事하고
사 아 색 사

우리의 수확하는 일을 팽개친 채

而割正夏라 하나니
이 할 정 하

하나라의 천명을 끊어 바로잡으려
한다.'라고 하니,

予惟聞汝衆言이나
여 유 문 여 중 언

나는 너희들이 하는 말을 들었지만

---

1 왕: 아직 탕이 임금이 되지 않았지만, 후일의 기록이기에 왕이라고 한 것이다.
2 나 소자: 천자의 겸칭. 하늘에 대하여 소자라는 말이다. 일설에는 상중(喪中)에 있는 천자의 자칭
  이라고도 한다.
3 반란이라고 하는 것: 신하가 임금을 치는 것은 반란이지만, 하늘을 대신하여 행하는 것이기 때문
  에 반란이라고 할 수 없다. 그러므로 이런 표현을 쓴 것이다.

夏氏有罪어늘
하 씨 유 죄

하나라가 죄가 있으니

予畏上帝라 不敢不正이니라
여 외 상 제　　불 감 부 정

나는 상제가 두려워 감히 바로잡지
않을 수 없다.

2. 백성들이 버린 하나라

今汝其曰
금 여 기 왈

지금 너희들이

夏罪는 其如台라 하나니
하 죄　　기 여 이

'하나라의 죄가 나에게 어떻다는
것인가!'라고 하지만

夏王이 率遏衆力하며
하 왕　　솔 알 중 력

하나라 임금이 백성들의 힘을 모두
소진시키고,[4]

率割夏邑한대
솔 할 하 읍

하나라의 민생을 모두 고갈시키자[5]

有衆이 率怠弗協하여
유 중　　솔 태 불 협

백성들이 모두 (임금 섬기는 일을)
게을리하고 화합하지 못해

曰時日은 曷喪고
왈 시 일　　갈 상

'이 태양이 언제 없어지려나,

4　이 구절은 걸왕이 불필요한 일에 백성들의 노동력을 동원하여 농사를 폐하게 하였음을 말한다.
5　이 구절에 대해, 『상서정의』는 걸왕이 중과세하여 백성들을 착취한 것이라고 하였고, 채침은 가혹한 형벌로 백성들을 해친 것이라고 하였다. 원문의 '하읍(夏邑)'은 하나라의 고을들이니, 부락 연맹체였던 하나라 전체를 의미한다.

予及汝로 皆亡이라 하나니
여 급 여   개 망

나랑 너랑 같이 망하자.'⁶라고 하고
있으니,

夏德이 若玆라
하 덕   약 자

하나라의 덕이 이와 같기 때문에

今朕이 必往하리라
금 짐   필 왕

지금 내가 가야만 하는 것이다.

3. 따르지 않으면 죽음이 있을 뿐

爾尙輔予一人하여
이 상 보 여 일 인

너희들이 부디 나 한사람⁷을 도와서

致天之罰하라
치 천 지 벌

하늘이 내리는 벌을 이룬다면,

予其大賚汝하리라
여 기 대 뢰 여

나는 너희에게 큰 상을 줄 것이니

爾無不信하라
이 무 불 신

너희들은 의심하지 마라,

朕不食言하리라
짐 불 식 언

나는 식언을 하지 않는다.

爾不從誓言하며
이 부 종 서 언

너희들이 내가 훈계하는 말을 따르지
않는다면,

予則孥戮汝하여
여 즉 노 륙 여

나는 너희들의 처자식까지 죽여

---

6 여기서 태양은 걸왕을 가리킨다. 걸왕이 스스로 "내가 천하를 소유한 것은 하늘에 태양이 있는 것
   과 같으니 태양이 없어져야 나도 망할 것이다."라고 했다고 한다.
7 나 한사람[予一人]: 천자의 자칭. 『상서정의』에 따르면, 나도 사람들 가운데 한 사람이라는 뜻으
   로 천자의 겸칭이라고 한다. 여기서 '한사람'은 특정한 사람이기에 일괄 띄어쓰기를 하지 않았다.

罔有攸赦하리라
망 유 유 사

용서하지 않을 것이다."

제11편
중훼의 깨우침 [중훼지고仲虺之誥]

위고문이다. 위고문이지만 음미해 볼 내용들이 많다. 탕 임금은 천하를 차지하고 나서 자신이 한 일에 대한 고민이 많았다. 신하가 임금을 정벌하였으니 역적일까? 천명에 따라 행하였으니 혁명일까? 이런 고민들이다. 이것을 본 중훼(仲虺)가 혁명에 대해 말하여 탕 임금을 깨우친 글이 「중훼지고」이다. 중훼는 탕 임금의 신하였다. 혁명의 정당성을 이야기하며 고민하는 탕 임금을 위로한다. 하왕(夏王)은 죄가 많아 쫓겨난 것이다. 하늘을 속였고 현자를 홀대하였다. 더구나 우리 상나라는 세력으로 보자면 하나라와 비교할 수도 없었지만 결국 승리하였다. 이길 수 없는 싸움을 이겼으니 확실히 하늘의 뜻인 것이다. 이 지점에서 중훼는 앞 편 「탕서」에는 없었던 혁명의 자격을 이야기한다. 탕 임금 당신은 넘치는 덕의 소유자이다. 백성들이 모두 믿고 따르고, 다른 나라들을 정벌할 때마다 그 나라의 백성들도 환영하였다. 그러므로 당신은 혁명할 자격을 충분하게 갖추었다. 이제 더 이상 고민하지 말고 혁명 뒤에 남은 일들을 차근차근해 나가야 한다. 제후들을 다독거려 우리를 따르도록 해야 할 것이며, 당신도 오만하지 말고 항상 자신을 가다듬어 모범을 보임으로써 백성들의 기준[中道]이 되어야 한다. 백성들이 그 기준을 따라 행동할 때 천명을 보존할 수 있는 것이다.

대략 이런 내용이 이 편에 들어 있다. 여기서 한 가지 주목해야 할 것은 제후들을 다독거리는 방법이다. 흥할 나라는 흥하게 해 주지만 망할 나라는 빨리 망하게 하라고 권유한다. 전국 시대 패권주의의 냄새가 난다. 그래서 위고문인가!

1. 반역인가 혁명인가

成湯이 放桀于南巢하시고　　성탕[8]이 걸왕을 남소[9]에 추방하고
성 탕　　방걸우남소

惟有慙德하사 曰　　　　　　덕이 부족함을 부끄러워하는 마음이
유 유 참 덕　　　왈　　　　있어 말하였다.

予恐來世以台로 爲口實하노라
여공래세이이　　위구실
　　　　　　　　　　　　　　"나는 후세 사람들이 나를 구실로
　　　　　　　　　　　　　　삼을까 두렵다!"[10]

仲虺乃作誥曰　　　　　　　중훼가 이에 깨우치는 말을 하였다.
중 훼 내 작 고 왈

嗚呼라 惟天이 生民有欲하니
오 호　　유 천　　생 민 유 욕
　　　　　　　　　　　　　　"아! 하늘이 인간을 낼 때부터 욕망이
　　　　　　　　　　　　　　있었으니,

無主면 乃亂일새　　　　　　그러므로 군주가 없으면 어지러운
무 주　　내 란　　　　　　　것입니다.

惟天이 生聰明하심은　　　　하늘이 총명[11]한 사람을 내신 것은
유 천　　생 총 명

8　성탕: 탕 임금이 무공(武功)을 이루었기[成] 때문에 성탕이라고 한다.
9　남소: 지금의 안휘성 소호시(巢湖市)이다. 당시 한족들의 주요 활동 지역이었던 중원 지역의 남쪽
　　끝이었다.
10　요순처럼 선양을 통해 왕업을 이루지 못하고 무력으로 쟁취함으로써, 후세 사람들이 모방하게
　　될 것을 우려한 것이다.
11　총명: 총명의 원래 뜻은 듣지 못하는 것이 없고 보지 못하는 것이 없어서 모든 일을 할 수 있는 지
　　혜와 능력이다.

時乂시니 有夏昏德하여
시 예　　　유 하 혼 덕

이것을 다스리고자 하신 것인데,
하나라는 덕에 어두워

民墜塗炭이어늘
민 추 도 탄

백성들을 진흙탕과 불구덩이에
빠뜨렸습니다.

天乃錫王勇智하사
천 내 석 왕 용 지

하늘이 이에 우리 임금께 용기와
지혜를 주시어

表正萬邦하사
표 정 만 방

모범이 되어 온 세상을 바로잡고

纘禹舊服하시니
찬 우 구 복

우임금께서 옛날 행하였던 것을 잇도록
하셨습니다.

玆率厥典하여
자 솔 궐 전

그러므로 우임금의 그 법도를 따르고

奉若天命이니이다
봉 약 천 명

천명을 받들어 순응하면 되는
것입니다.

2. 혁명의 조건

夏王이 有罪하여
하 왕　　유 죄

하나라 임금이 죄가 있어 (백성들이
따르지 않자)

矯誣上天하여
교 무 상 천

하늘의 명령이라고 속여

以布命于下한대
이 포 명 우 하

백성들에게 명령을 내렸습니다.

帝用不臧하사
제 용 부 장

상제(上帝)¹²께서 이 일을 옳게 여기지 않아

式商受命하사
식 상 수 명

상나라가 천명을 받아

用爽厥師하시니이다
용 상 궐 사

백성들을 잘 살게 하도록 하셨습니다.

簡賢附勢가
간 현 부 세

현자를 홀대하고 권세에 아부하는 자들이

寔繁有徒하여
식 번 유 도

실로 그 무리들이 많아서,

肇我邦이 于有夏에
조 아 방   우 유 하

처음에 우리 상나라를 하나라에 비교하면

若苗之有莠하며
약 묘 지 유 유

벼들 사이에 있는 가라지 같았으며

若粟之有秕하여
약 속 지 유 비

곡식에 섞여 있는 쭉정이 같았으니¹³

小大戰戰하여
소 대 전 전

백성과 귀족을 가릴 것 없이 모두 전전긍긍하며

---

12 상제(上帝): 채침은 형체를 가지고 말하면 하늘[天]이지만, 주재(主宰)하는 공능을 가지고 말하면 제(帝)라고 하였다. 은나라는 우주와 인간을 주재하는 인격신으로서 상제 혹은 제에 대한 신앙이 있었고, 주나라에서는 이것을 추상적이고 철리적(哲理的)인 개념인 천(天)으로 대체하였다.

13 이 두 구절은 하나라의 걸왕이 마치 벼들 사이에 있는 가라지를 솎아 내듯이, 곡식 사이에 있는 쭉정이들을 골라내듯이 탕 임금을 위시한 상족(商族)들을 제거하려 하여 강약의 차이가 분명한 상황에서 몹시 위태로웠다는 뜻이다.

罔不懼于非辜어늘
망 불 구 우 비 고

죄 없이 죽임을 당할까 겁내지 않는
사람이 없었습니다.

矧予之德이
신 여 지 덕

더구나 우리 왕의 덕은,

言足聽聞이로다
언 족 청 문

말씀을 하면 사람들이 경청할
정도였습니다.[14]

3. 혁명의 자격

惟王은 不邇聲色하시며
유 왕　　　불 이 성 색

왕께서는 음악과 여색을 가까이하지
않고,

不殖貨利하시며
불 식 화 리

재물을 불려 이익을 도모하지 않으며,

德懋懋官하시며
덕 무 무 관

덕을 힘쓰는 사람에게는 합당한
벼슬을 주어 격려하고,

功懋懋賞하시며
공 무 무 상

직무에 힘쓰는 사람에게는 합당한
상을 주어 격려하며,

用人惟己하시며
용 인 유 기

사람의 장점을 보면 나의 장점처럼
여겨 등용하고,

---

14 이 두 구절은 탕 임금이 말씀을 하면 사람들이 경청할 정도로 민심이 모여 걸왕을 더욱 자극하였
　　다는 뜻이다.

改過不吝하사
개 과 불 린

자신의 허물을 고치는 일에 인색하지 않으시니,

克寬克仁하사
극 관 극 인

참으로 너그럽고 참으로 어진 덕이

彰信兆民하시니이다
창 신 조 민

(저절로) 드러나 억조의 백성들에게 믿음을 얻으셨습니다.

乃葛伯이 仇餉이어늘
내 갈 백　　구 향

갈나라 임금[15]이 음식 내오는 자를 원수처럼 여기자

初征自葛하사
초 정 자 갈

갈나라로부터 정벌을 시작하여,

東征에 西夷怨하며
동 정　　서 이 원

동쪽으로 가면 서쪽 나라들이 원망하고

南征에 北狄怨하여
남 정　　북 적 원

남쪽으로 가면 북쪽 나라들이 원망하면서

曰奚獨後予오 하며
왈 해 독 후 여

'어찌하여 유독 우리만 뒤로 미루는가!' 하고,

攸徂之民은 室家相慶하여
유 조 지 민　　실 가 상 경

정벌한 곳의 백성들은 집집마다 서로 축하하며

15　갈나라 임금: 갈나라는 지금의 하남성 영릉현(寧陵縣) 일대에 있던 작은 나라였다. 우임금의 아들 계(啓)가 백익(伯益)의 아들 대렴(大廉)을 처음 갈백(葛伯)에 봉하였다고 한다. 이때의 갈백이 조상의 제사를 지내지 않자, 탕이 까닭을 물었더니 제수에 쓸 곡식이 없다고 하였다. 탕이 자신의 백성을 보내어 경작하게 하자 갈나라의 노약자들이 먹을 것을 내왔는데, 갈백이 음식을 내온 아이를 죽이고 음식을 빼앗았다고 한다. 이에 탕이 갈나라를 정벌하였다.

曰徯予后하더소니
왈 혜 여 후

'우리 임금님 기다렸더니,

后來하시니 其蘇라 하니
후 래   기 소

임금님 오시자 살아나게 되었네!' 하여

民之戴商이 厥惟舊哉니이다
민 지 대 상   궐 유 구 재

백성들이 상나라를 받든 지가
오래되었습니다.

4. 천명을 지키는 길

佑賢輔德하시며
우 현 보 덕

현명한 제후와 덕 있는 제후는
도와주고,

顯忠遂良하시며
현 충 수 량

충성스런 제후는 드러내고 유능한
제후는 성취시키고,

兼弱攻昧하시며
겸 약 공 매

약한 제후는 아우르고 어리석은
제후는 정벌하고,

取亂侮亡하사
취 란 모 망

어지러운 제후는 취하고 망해 가는
제후는 다치게 하여,

推亡固存하시사
퇴 망 고 존

망할 나라는 망하게 하고, 지킬 나라는
지켜 주셔야,

邦乃其昌하리이다
방 내 기 창

우리 상나라가 번창할 것입니다.

德日新하면 萬邦이 惟懷코
덕 일 신　　만 방　유 회
덕이 날마다 새로워지면 모든 나라가 그리워하고,

志自滿하면 九族이 乃離하리니
지 자 만　　구 족　내 리
스스로 자만하면 친족들도 이반할 것입니다.

王은 懋昭大德하사
왕　무 소 대 덕
왕께서는 힘써 큰 덕을 밝혀

建中于民하소서
건 중 우 민
백성들에게 행동의 기준을 보여 주십시오.

以義로 制事하시며
이 의　제 사
의로움으로 일을 다스리고

以禮로 制心하시사
이 례　제 심
예로 마음을 가다듬어야,

垂裕後昆하리이다
수 유 후 곤
후세에까지 훌륭한 가르침을 물려줄 수 있습니다.

予聞하니
여 문
저는 (이런 말을) 들었습니다.

曰能自得師者는 王이요
왈 능 자 득 사 자　왕
'스승을 얻을 수 있는 자는 왕이 될 수 있고

謂人莫己若者는 亡이라
위 인 막 기 약 자　망
나보다 나은 사람이 없다고 하는 자는 망한다.

好問則裕코
호 문 즉 유
묻기를 좋아하면 여유로워지고

自用則小니이다
자 용 즉 소
자신의 판단만 따르면 작아진다.'

嗚呼라
오 호

아!

愼厥終이어든 惟其始니
신 궐 종   유 기 시

마치기를 잘하려면 시작을 잘해야
합니다.

殖有禮하시며
식 유 례

예가 있는 자는 봉하여 번성하도록
하고

覆昏暴하사
복 혼 포

어리석고 사나운 자는 망하게 하여,

欽崇天道하시사
흠 숭 천 도

천도를 공경하고 높이 받들어야

永保天命하시리이다
영 보 천 명

천명을 영원히 보존할 것입니다.”

제12편
탕 임금의 깨우침 [탕고湯誥]

위고문이다. 위고문의 작자가 설정한 이야기는 다음과 같다. 탕이 하나라를 쳐서 이기고 자신의 본거지이자 새로운 도읍인 박(亳)으로 돌아오자 사방의 제후들이 와서 알현하였다. 본문에서 '만방(萬方)'을 온 세상으로 번역하였으나, 원래 '모든 제후의 나라'라는 뜻이다. 자신의 나라를 대표해서 찾아온 제후들에게 탕 임금은 왕조 교체의 정당성을 설파한다. 내용은 세 가지이다.

첫째, 백성을 올바른 길로 인도하는 것이 임금의 책무이다. 하늘은 원래 인류에게 착한 본성[衷]을 내려 주셨다[降]. 그러므로 사람들은 누구나 착한 본성을 가지고 있다. 그러나 사람들이 모두 착하게 살지 않는 것은 타고난 기질이 다르기 때문이다. 순수하고 맑은 기질을 타고난 사람들은 본성대로 살지만, 잡되고 탁한 기질을 타고난 사람들은 본성대로 살기가 어렵다. 본성대로 살지 못하는 사람들을 본성대로 살도록 인도하는 사람이 임금이다.

둘째, 하왕은 바로 이 임금의 책무를 제대로 이행하지 못했다. 바른 길로 인도하는 것이 아니라 충신을 죽이고 여색에 탐닉하였으며 백성들에게는 포악하게 굴었다. 그래서 탕이 하늘을 대신해서 정벌하였다는 것이다.

셋째, 이제 새 시대가 도래하였으니 제후들은 각기 자신의 나라로 돌아가 국사에 전념해야 한다. 그동안 하왕의 폭정을 만나 나태하고 방탕하게 세월을 보냈으나 이제 분위기를 쇄신하여 새로운 세상을 맞이해야 한다는 것이다. 너희들이 열심히 노력하다가 만약 나쁜 결과가 발생하더라도 그것은 나의 잘못이지 너희들의 잘못이 아니라는 독려를 끝으로 탕 임금은 훈계를 마친다.

한 가지 덧붙일 것은, '강충(降衷)'이 분명 성선설의 논리이지만 맹자는 이 말을 한 번도 사용하지 않았다. 맹자는 성선의 증거로 『시경』에 있는 '병이(秉夷/秉彝, 착한 본성을 지니고 있음)'라는 말을 인용했다. 『서경』에 이처럼 자신의 생각을 정확하게 표현한 말이 있었는데, 왜 이 말은 인용하지 않았을까? 맹자가 본 『서』에는 이 말이 없었던 것이다. 그래서 위고문이다.

1. 임금의 책무, 백성을 바른 길로 인도해야

王이 歸自克夏하사
왕 귀 자 극 하

왕께서 하나라를 이기고 돌아와

至于亳하사 誕告萬方하시다
지 우 박　　탄 고 만 방

박에 이르러 온 세상에 크게 고하셨다.

王曰
왕 왈

왕께서 말씀하셨다.

嗟爾萬方有衆아
차 이 만 방 유 중

"아아! 온 세상 사람들이여!

明聽予一人誥하라
명 청 여 일 인 고

나 한사람의 가르침을 분명하게
들으라.

惟皇上帝降衷于下民하사
유 황 상 제 강 충 우 하 민

위대하신 상제께서 사람에게 치우침
없는 덕을 내려 주어

若有恒性하니
약 유 항 성

이에 따라 (사람들이) 변치 않는 본성을
가지게 되었으니

克綏厥猷는 惟后이니라
극 수 궐 유　　유 후

(본성을 따라) 바른 길을 가도록
다스리는 사람이 임금이다.

2. 책무를 유기한 하왕을 하늘을 대신해 정벌하다

夏王이 滅德作威하여
하 왕　　멸 덕 작 위

하나라 왕은 덕을 버리고 위엄만 부려

以敷虐于爾萬方百姓한대
이 부 학 우 이 만 방 백 성

너희 온 세상 백성들에게 포악하게
굴었다.

爾萬方百姓이 罹其凶害하여
이 만 방 백 성 　 리 기 흉 해

너희 온 세상 백성들은 그 끔찍한
재앙을 만나

弗忍荼毒하여
불 인 도 독

쓰고 독한 괴로움을 참지 못하고

並告無辜于上下神祇하니
병 고 무 고 우 상 하 신 기

하늘과 땅의 신들에게 죄 없음을
하소연하니,

天道는 福善禍淫이라
천 도 　 복 선 화 음

천도는 착한 자에게 복을 주고 황음한
자에게 화를 주는 법이라

降災于夏하사
강 재 우 하

하나라에 재앙을 내려[16]

以彰厥罪하시니라
이 창 궐 죄

그 죄악을 밝히셨다.

肆台小子 將天命明威하여
사 이 소 자 장 천 명 명 위

그러므로 나 소자는 하늘이 명령한
밝은 위엄을 받들어

不敢赦일새 敢用玄牡하여
불 감 사 　 　 감 용 현 모

감히 용서할 수 없기에 검은 황소를
바치면서

敢昭告于上天神后하여
감 소 고 우 상 천 신 후

위대한 하늘과 땅의 신께 감히 정성을
다해 고하여

請罪有夏하고
청 죄 유 하

하나라를 죄줄 것을 청하고,

---

16 하나라에 재앙을 내렸다는 것은 천재지변(天災地變)을 통해 경고하였다는 말이다. 『국어(國語)·주어상(周語上)』에 "옛날 이수(伊水)와 낙수(洛水)가 마르자 하나라가 망했다(昔伊洛竭, 而夏亡)."라고 하였다.

聿求元聖하여
율 구 원 성

마침내 원성[17]을 초빙하여

與之戮力하여
여 지 륙 력

그와 더불어 힘을 합해

以與爾有衆으로 請命이라
이 여 이 유 중　　　청 명

너희들과 함께 하늘의 명을 청하였던 것이다.

3. 새 세상을 맞이하는 다짐

上天이 孚佑下民이라
상 천　　부 우 하 민

하늘이 참으로 백성들을 도와

罪人이 黜伏하니
죄 인　　출 복

죄인은 쫓겨나 (남소에) 숨고,

天命弗僭이
천 명 불 참

천명은 어긋남이 없어,

賁若草木이라
비 약 초 목

싱그러운 초목이 찬란하듯이

兆民이 允殖하니라
조 민　　윤 식

억조의 백성들이 길이 번창하게 되었도다!

俾予一人으로
비 여 일 인

(하늘이) 나 한사람을 시켜

輯寧爾邦家하시니
집 녕 이 방 가

너희 나라들을 화목하고 안녕케 하도록 하셨으니

---

17 원성: 위대한 성인이라는 뜻으로 이윤(伊尹)을 말한다. 이윤에 대해서는 다음의 「이훈(伊訓)」편에서 설명하기로 한다.

茲朕이 未知獲戾于上下하여
자 짐   미 지 획 려 우 상 하
이에 나는 하늘과 땅에 죄를 지을지
몰라

慄慄危懼하여
률 률 위 구
전전긍긍하며 두려워하기를

若將隕于深淵하노라
약 장 운 우 심 연
장차 깊은 못에 빠질 것처럼 하고 있다.

凡我造邦은
범 아 조 방
이제 우리 새 출발을 하는 나라들은

無從匪彛하며
무 종 비 이
법이 아닌 것은 따르지 말고

無卽慆淫하여
무 즉 도 음
나태하고 방탕함으로 나아가지 말
것이며

各守爾典하여
각 수 이 전
각자 너희들의 법도를 지켜

以承天休하라
이 승 천 휴
하늘의 복을 받들도록 하라!

爾有善이면 朕弗敢蔽요
이 유 선   짐 불 감 폐
너희들의 훌륭함을 내가 감히 가리지
않을 것이며,

罪當朕躬이면 弗敢自赦니
죄 당 짐 궁   불 감 자 사
나에게 죄가 있다면 감히 스스로를
용서하지 않을 것이니,

惟簡이 在上帝之心하니라
유 간   재 상 제 지 심
상제의 마음을 헤아려 판단할 것이다.

其爾萬方의 有罪는
기 이 만 방   유 죄
너희 온 세상 사람들에게 죄가 있다면

在予一人이요
재 여 일 인
그것은 나 한사람의 죄이지만,

予一人의 有罪는
여 일 인   유 죄
나 한사람에게 죄가 있다면

無以爾萬方이니라
무 이 이 만 방

그것은 너희 온 세상 사람들 때문이
아니다.

嗚呼라
오 호

아!

尙克時忱이라사 乃亦有終하리라
상 극 시 침　　내 역 유 종

이 말들을 믿고 따른다면 유종의 미를
거둘 수 있을 것이다!"

제13편
이윤의 가르침 [이훈伊訓]

위고문이다. 상나라 전기에는 형제가 왕위를 계승하는 것이 원칙이었던 것으로 보인다. 아들은 아우가 없는 경우에 계승하였다. 탕 임금은 아우가 없었기 때문에 맏아들인 태정(太丁)이 왕위 계승권자였으나 아버지보다 먼저 죽었다. 그래서 탕 임금이 죽은 뒤에 태정의 아우인 외병(外丙)이 왕위를 계승하였고, 외병이 3년 만에 죽자 다시 그 아우인 중임(仲壬)이 계승하였다. 중임이 또 4년 뒤에 죽자 태정의 아들 태갑(太甲)이 즉위하는데, 이것은 개국 공신이자 4대에 걸친 원로였던 이윤(伊尹)이 취한 조치였다.

이윤은 원래 유신씨(有莘氏) 출신이다. 고귀한 신분은 아니었던 듯한데, 노예였다고도 하고 농부였다고도 하며 요리사였다고도 한다. 중국의 요리사들은 이윤을 직업상 시조로 받들고 있다. '이(伊)'는 물 이름이니 아마 그의 출생지와 관련된 씨(氏)로 보이고, '윤(尹)'은 당시 관청의 우두머리를 지칭하는 말이니 등용된 뒤에 붙여진 호칭일 것이다. 이름이 지(摯)였다고 하므로 이지(伊摯)가 그의 성명이다. 아무튼 초야에 있던 이윤은 일찌감치 탕 임금에게 발탁되어, 탕 임금이 치른 모든 정벌에 참여하였고 결정적으로는 하나라를 멸망시켜 상나라 개국의 일등 공신이 된다. 은상(殷商)을 중국 역사 시대의 기점이라고 한다면, 이윤은 중국 역사상 최초의 명재상(名宰相)이었던 것이다. 맹자는 그를 가리켜 '천하의 일을 자신의 책임으로 여겼던 성인(聖之任者)'이라고 하였다.

「이훈」의 '이(伊)'는 이윤이고 '훈(訓)'은 훈계라는 뜻이다. 훈은 전(典)·모(謨)·고(誥)·서(誓)·명(命)과 함께 『서경』의 여섯 문체 가운데 하나이지만, 훈은 이 한 편뿐이다. 내용은 이윤이 새로 즉위한 태갑을 훈계한 것이다. 『사기·은본기(殷本紀)』에 따르면, 이윤은 「이훈」과 「사명(肆命)」·「조후(徂后)」 등 세 편의 글을 지어 바쳤다고 하니, 이 편은 원래 말이 아니라 글이었던 것이다. 이 세 편의 글이 모두 남아 있지 않자, 위고문의 작자가 한 편을 만들어 끼워 넣은 것이다. 태갑과 관련한 이야기는 다음 편 「태갑(太甲)」에서 살펴보기로 한다.

1. 태갑을 훈계하는 이윤

惟元祀十有二月乙丑에
유 원 사 십 유 이 월 을 축

(태갑) 원년 12월 을축일에

伊尹이 祠于先王할새
이 윤　　사 우 선 왕

이윤이 선왕[탕 임금]께
고유제(告由祭)[18]를 지내며

奉嗣王하여 祗見厥祖어늘
봉 사 왕　　지 현 궐 조

사왕[19]을 받들어 삼가 그 할아버지의
혼령을 뵙도록 하였다.

侯甸羣后咸在하며
후 전 군 후 함 재

후복과 전복[20]의 여러 우두머리가 모두
있었으며,

百官이 總己하여
백 관　　총 기

모든 벼슬아치가 자기의 직무를 모두

以聽冢宰어늘
이 청 총 재

총재[21]에게 명령을 받아 시행했다.

伊尹이 乃明言烈祖之成德하여
이 윤　　내 명 언 렬 조 지 성 덕

이윤이 이에 열조[22]께서 이루신 덕을
분명하게 말하여

18　고유제(告由祭): 원문의 '사(祠)'를 채침은 '사당에서 고유하고 제사 지내는 것[告祭於廟]'이라
고 하였다. 고유제는 국가나 가정에 큰일이 있을 때 조상의 혼령에게 그 사유를 고하는 제사이
다. 왕이 새로 등극하였으므로 국가의 원로인 이윤이 선왕께 그 사유를 고한 것이다.

19　사왕: 선왕이 죽고 왕위를 계승한 임금. 여기서는 태갑을 말한다.

20　후복과 전복: 「우공(禹貢)」의 오복(五服) 가운데 제도(帝都)에 가까운 두 지역이다. 전복(甸服)
은 왕의 직할지인 경기(京畿) 지역이고 후복(侯服)은 제후를 봉하는 땅이다. 전복의 여러 관리
와 후복의 여러 제후가 모인 것이다.

21　총재: 백관의 우두머리이다. 임금이 죽어 상중일 때, 왕위를 계승한 새 임금은 3년 동안 상주 노
릇을 해야 하므로 백관들은 모든 직무를 총재의 명령을 받아 집행하였다. 여기서는 태갑이 전왕
인 숙부 중임(仲壬)의 상중에 있었으므로 총재가 국사를 대행한 것이다.

以訓于王하니라
이 훈 우 왕
왕을 훈계하였다.

2. 하왕이 실덕하여 나라를 잃었나니

曰 嗚呼라
왈 오 호
"아!

古有夏先后가 方懋厥德하실새
고 유 하 선 후　　방 무 궐 덕
옛날 하나라의 선왕들께서는 힘써
덕을 닦아

罔有天災하며
망 유 천 재
하늘의 재앙이 없었고,

山川鬼神이 亦莫不寧하며
산 천 귀 신　　역 막 불 녕
산천의 귀신들도 편안하지 않음이
없었으며

暨鳥獸魚鼈이 咸若하더니
기 조 수 어 별　　함 약
새와 짐승, 물고기와 자라들도 모두
순조롭게 자랐습니다.

于其子孫에 弗率한대
우 기 자 손　　불 솔
그 자손들이 (법도를) 따르지 않자

皇天이 降災하사
황 천　　강 재
하늘이 재앙을 내리시고자

假手于我有命하시니
가 수 우 아 유 명
천명을 받은 우리의 손을 빌렸는데,

造攻은 自鳴條어늘
조 공　　자 명 조
명조로부터 공격을 시작하였지만

22　열조: 공이 큰 조상 혹은 공이 큰 할아버지를 말하니 탕 임금을 가리킨다.

朕哉自亳하시니이다
짐 재 자 박

우리가 그 일을 시작한 것은
박에서부터입니다.²³

惟我商王이 布昭聖武하사
유 아 상 왕　　포 소 성 무

우리 탕 임금께서 거룩한 무덕(武德)을
펼쳐

代虐以寬하신대
대 학 이 관

너그러움으로 포학함을 대신하시자

兆民이 允懷하니이다
조 민　　윤 회

억조의 백성들이 믿고 심복하였습니다.

今王이 嗣厥德이어든
금 왕　　사 궐 덕

이제 왕께서 그 덕을 이으려 한다면

罔不在初하니
망 부 재 초

(즉위하는) 처음에 달려 있지 않음이
없습니다.

立愛惟親하시며
립 애 유 친

사랑하는 일을 나의 어버이로부터
실천하고

立敬惟長하사
립 경 유 장

공경하는 일을 나의 윗사람으로부터
실천해야 하니

始于家邦하사
시 우 가 방

나의 집안과 나의 나라에서 시작하여

終于四海하소서
종 우 사 해

끝내는 천하에 미치도록 하십시오.

---

23 이상 두 구절에 대한 채침의 설명에 따르면, 걸왕이 명조(鳴條)에서 악을 쌓아 공격의 빌미를 제
공하였고 탕 임금은 박(亳)에서 덕을 닦아 공격할 자격을 갖추었음을 말한 것이라고 한다. 명조
는 하나라의 근거지로 현재의 산서성 하현(夏縣) 부근이고, 박은 상나라의 도읍으로 현재의 하
남성 상구시(商丘市) 우성현(虞城縣) 곡숙진(穀熟鎭) 일대이다.

3. 임금이 하지 않아야 할 일들, 삼풍십건(三風十愆)

嗚呼라
오 호

아!

先王이 肇修人紀하사
선 왕　조 수 인 기

선왕[탕 임금]께서는 (걸왕이 망친)
인륜을 다시 닦아,

從諫弗咈하시며
종 간 불 불

간언을 받아들여 어기지 않았고,

先民을 時若하시며
선 민　시 약

덕 있는 옛사람의 교훈을 따랐으며,

居上克明하시며
거 상 극 명

윗자리에 있을 때는 현명하였고,

爲下克忠하시며
위 하 극 충

아랫자리에 있을 때는 충성하였으며,

與人不求備하시며
여 인 불 구 비

다른 사람에게 완벽하기를 요구하지
않았고

檢身若不及하사
검 신 약 불 급

자신을 점검하되 부족한 것처럼 여겨

以至于有萬邦하시니
이 지 우 유 만 방

온 세상을 소유함에 이르셨으니

玆惟艱哉니이다
자 유 간 재

이것이 어려운 것입니다.

敷求哲人하사
부 구 철 인

지혜로운 사람을 널리 구하여

俾輔于爾後嗣하시니이다
비 보 우 이 후 사

대를 이은 그대를 보필하게 하고,

制官刑하사
제 관 형

관청에 적용할 형벌을 제정하여

儆于有位하사 曰
경 우 유 위　　　왈

관리들을 경계시켜 말씀하시기를,

敢有恒舞于宮하며
감 유 항 무 우 궁

'감히 궁중에서 늘 춤을 추거나

酣歌于室하면
감 가 우 실

집에서 술에 취해 노래 부르는 것,

時謂巫風이며
시 위 무 풍

이것을 무풍이라고 한다.

敢有殉于貨色하며
감 유 순 우 화 색

감히 재물과 여색을 탐하고

恒于遊畋하면
항 우 유 전

언제나 유람하고 사냥하러 나다니는 것,

時謂淫風이며
시 위 음 풍

이것을 음풍이라고 한다.

敢有侮聖言하며 逆忠直하며
감 유 모 성 언   역 충 직

감히 성인의 말씀을 업신여기고 충직한 말을 거스르며

遠耆德하며 比頑童하면
원 기 덕   비 완 동

덕 있는 원로를 멀리하고 어리석고 유치한 이를 가까이하는 것,

時謂亂風이니
시 위 란 풍

이것을 난풍이라고 한다.

惟玆三風十愆에
유 자 삼 풍 십 건

이상의 세 가지 풍조와 열 가지 허물 가운데

卿士有一于身하면
경 사 유 일 우 신

경사[24]에게 한 가지라도 있으면

---

24 경사: 경(卿)은 결재권을 가진 고급 관료이고 사(士)는 실무를 담당하는 하급 관료인데, 모두 크고 작은 자신의 영지를 가지고 있었기에 집안이 망한다고 한 것이다.

家必喪하고
가 필 상

반드시 집안이 망하고

邦君이 有一于身하면
방 군　　유 일 우 신

군주에게 한 가지라도 있으면

國必亡하나니
국 필 망

반드시 나라가 망하니,

臣下不匡하면
신 하 불 광

신하가 (임금을) 바로잡지 않으면

其刑이 墨이라 하사
기 형　　목

그 형벌은 묵형(墨刑)[25]이다.'라고
하시고

其訓于蒙士하시니이다
구 훈 우 몽 사

배움을 시작하는 어린 선비들에게
자세하게 가르치셨습니다.

4. 천명은 고정된 것이 아니니

嗚呼라
오 호

아!

嗣王은 祗厥身하사 念哉하소서
사 왕　　지 궐 신　　　 념 재

사왕께서는 자신을 삼가서 잊지
마십시오!

聖謨가 洋洋하여
성 모　　양 양

성인의 깨우침이 성대하여

嘉言이 孔彰하시니
가 언　　공 창

아름다운 말씀이 매우 분명합니다.

25　묵형(墨刑): 고대에 먹물로 죄상을 이마에 새기던 형벌. 오형(五刑) 중 가장 가벼운 형벌이다.

惟上帝는 不常하사
유 상 제　　불 상

상제의 돌보심은 고정된 것이 아니라서

作善이어든 降之百祥하시고
작 선　　　　강 지 백 상

선을 행하면 온갖 상서로움을 내려
주고

作不善이어든 降之百殃하시나니
작 불 선　　　　강 지 백 앙

선하지 않은 일을 행하면 온갖 재앙을
내립니다.

爾惟德이어든 罔小어다
이 유 덕　　　　망 소

작은 덕이라도 하찮게 여기지 않고
실천한다면

萬邦의 惟慶이니이다
만 방　　유 경

온 세상에 경사가 이어질 것이고,

爾惟不德이어든 罔大어다
이 유 부 덕　　　　망 대

부덕한 일을 큰일이 아니라고 여겨
(함부로 행하게 되면)

墜厥宗하리이다
추 궐 종

종사(宗社)가 무너질 것입니다."

제14편
태갑 이야기 [태갑상太甲上]

위고문이다. 태갑(太甲)의 이름은 지(至)였다. 탕 임금의 적장손(嫡長孫)으로 태어나 어려서 아버지를 여의고 두 숙부의 뒤를 이어 어렵사리 왕이 되었다. 두 숙부의 재위 기간이 각각 3년과 4년으로 길지 않았으니 등극하였을 당시에 태갑은 아직 어렸을 것이다. 이윤은 이 어린 왕을 여러모로 보필하여 위대한 탕 임금의 유업을 계승하도록 하였다. 앞의 「이훈」을 비롯한 3편의 글을 지어 태갑을 훈계하였고, 기회가 될 때마다 직접 말로써 바른 길로 이끌고자 했다. 그런 이윤을 태갑은 귀찮게 여겼다. 훈계하면 데면데면하게 듣고 따르지 않았다. 『사기·은본기』에 따르면, 태갑은 우매하고 포악했으며 탕 임금의 법도를 따르지 않고 덕을 어지럽혔다. 이윤은 마침내 그를 탕 임금의 능묘가 있는 동궁(桐宮)에 유폐한다. 선왕의 덕을 날마다 되새기며 반성하도록 한 조치였다. 이때 태갑을 내쫓고 이윤이 직접 왕이 되었다는 기록도 있지만 아마 아닐 것이다. 태갑이 유폐되어 있는 동안 대신 국정을 돌보며 반성하기를 기다리고 있었을 것이다. 햇수로 3년의 유폐 기간을 보내면서 태갑은 크게 반성하였다.

드디어 이윤은 대례복을 갖추어 입고 가서 태갑을 맞이해 돌아왔다. 돌아와서 다시 길게 훈계하였는데, 이제 태갑은 싫증내지 않고 감격하며 듣는다. 이런 내용들이 이 편에 들어 있다. 현재의 「태갑」 편은 상·중·하로 나뉘어 있지만, 연결된 이야기이므로 한 편으로 다루었다. 해설도 한 번만 했고, 단락의 번호도 연결해 매겼다. 상·중·하로 나뉘어 있는 뒤편의 「반경(盤庚)」과 「열명(說命)」·「태서(泰誓)」도 이렇게 처리했다.

『사기·은본기』는 태갑이 돌아온 뒤의 일을 이렇게 적고 있다. "임금 태갑이 덕을 닦자 제후들이 모두 은나라에 귀부(歸附)하였고 백성들은 편안하였다. 이윤이 이를 아름답게 여겨 「태갑훈(太甲訓)」 3편을 지어 태갑을 크게 칭찬하였다. 태갑의 왕호는 태종(太宗)이다." 「태갑훈」이 어떤 글인지는 알 수 없지만 지금의 「태갑」 상·중·하가 아닌 것은 분명하다.

1. 계속되는 이윤의 훈계

惟嗣王이 不惠于阿衡하신대
_{유 사 왕   불 혜 우 아 형}

사왕이 아형²⁶의 말을 따르지 않자

伊尹이 作書하여 曰
_{이 윤   작 서   왈}

이윤이 글을 지어 말하였다.

先王이 顧諟天之明命하사
_{선 왕   고 시 천 지 명 명}

"선왕[탕 임금]께서 하늘의 밝은
명령²⁷을 늘 유념하여

以承上下神祇하시며
_{이 승 상 하 신 기}

하늘과 땅의 신들을 받들고

社稷宗廟를 罔不祇肅하신대
_{사 직 종 묘   망 부 지 숙}

사직과 종묘를 삼가 공경하지 않음이
없자,

天監厥德하사 用集大命하사
_{천 감 궐 덕   용 집 대 명}

하늘이 그 덕을 보고 천명을 모아
주시어

撫綏萬邦이어시늘
_{무 수 만 방}

온 세상을 보살펴 안녕케 하도록
하였습니다.

---

26 아형: 채침은 상나라의 벼슬 이름이라고 하였으나 분명치 않다. 이윤을 가리키는 말이며, '천하
    가 의지하는 기준'이라는 뜻이니 아마 이윤을 높여서 부른 호칭일 것이다. 후대에 종종 재상(宰
    相)의 별칭으로 사용되었다.
27 하늘의 분명한 명령: 채침은 하늘이 인간에게 부여해 준 착한 본성이라고 하였다. 이 구절은 『대
    학』의 명명덕(明明德)을 해설한 전일장(傳一章)에 인용되어 있기도 하다.

惟尹이
유 윤

제가

躬克左右厥辟하여 宅師하니
궁 극 좌 우 궐 벽   택 사

몸소 그 선왕을 보필하여 백성들을
편안히 살도록 하였으니

肆嗣王이 丕承基緖하시니이다
사 사 왕   비 승 기 서

그러므로 사왕께서 왕업을 잘 이을 수
있었던 것입니다.

惟尹이 躬先見于西邑夏하니   제가 전에 몸소 서쪽으로 가서
유 윤   궁 선 견 우 서 읍 하

하나라를 살펴보았는데,

自周有終한대 相亦惟終이러니
자 주 유 종   상 역 유 종

(임금이) 스스로 끝까지 성실하자
신하들도 끝까지 보필하였고

其後嗣王이 罔克有終한대   뒤를 이은 (걸)왕이 끝까지 지속하지
기 후 사 왕   망 극 유 종

못하자

相亦罔終하니   신하들도 끝까지 보필하지 않았습니다.
상 역 망 종

嗣王은 戒哉하사   사왕께서는 (걸왕을) 경계로 삼아
사 왕   계 재

祗爾의 厥辟하소서   삼가 당신의 임금 된 도리를 다하도록
지 이   궐 벽

하십시오.

辟不辟이면 忝厥祖하리이다
벽 불 벽　　첨 궐 조

임금이 임금답지 않으면 선조를 욕되게
할 것입니다."

王이 惟庸하사 罔念聞하신대
왕　유 용　　　망 념 문

왕은 범상한 말로 여겨 유념해 듣지
않았다.

2. 듣지 않는 태갑, 계속되는 훈계

伊尹이 乃言曰
이 윤　내 언 왈

이윤이 마침내 다음과 같이 말하였다.

先王이 昧爽에
선 왕　매 상

"선왕께서는 새벽이면 일어나

丕顯하사 坐以待旦하시며
비 현　　좌 이 대 단

(덕을) 크게 밝히고 앉아서 아침을
맞이하였으며,

旁求俊彦하사
방 구 준 언

뛰어난 선비들을 널리 구하여

啓迪後人하시니
계 적 후 인

자손들을 깨우쳐 인도하게 하셨으니,

無越厥命하사 以自覆하소서
무 월 궐 명　　　이 자 복

(왕은) 천명을 실추하여 스스로를
망치지 말고

愼乃儉德하사 惟懷永圖하소서
신 내 검 덕　　　유 회 영 도

삼가 검소한 덕을 닦아 길이 천명을
도모할 뜻을 품으소서.

若虞機張이어든
약 우 기 장

마치 우인(虞人)이 쇠뇌의 시위를 당긴
뒤

往省括于度則釋이니
왕 성 괄 우 도 즉 석

화살의 정조준 여부를 가서 살펴보고
쏘듯 해야 하니[28]

欽厥止하사
흠 궐 지

그 마음을 둘 곳을 삼가

率乃祖攸行하시면
솔 내 조 유 행

당신의 할아버지께서 행하시던 것을
따른다면

惟朕이 以懌이며
유 짐   이 역

저도 기쁠 것이며

萬世에 有辭하시리이다
만 세   유 사

만세토록 (칭송의) 말이 있을 것입니다.”

3. 태갑, 동궁에 유폐되다

王이 未克變하신대
왕   미 극 변

왕이 그래도 바뀌지 않자

---

28 이 두 구절이 무엇을 비유한 것인지에 대한 논의가 많지만, 아래 구절의 '흠궐지(欽厥止)'와 관련
된 비유로 보아야 할 것이다. 우인(虞人)은 산택(山澤)을 관리하는 관직명이고, '괄(括)'은 오늬
이니 화살 끝에 ∧ 모양으로 갈라져 있는 부분인데 여기서는 편의상 화살로 번역하였다. '도(度)'
는 법도이니 '괄우도(括于度)'는 '오늬를 법도에 맞게 시위에 걸었는지' 정도의 뜻인데 문맥을 순
조롭게 하기 위해 '화살의 정조준 여부'로 풀었다. 아래 문장의 '흠궐지'는 '그 마음이 머물러야 할
곳에 머무르도록 삼가다'는 뜻이니, 화살이 목표물을 정확하게 겨누듯 임금으로서 마음을 두어
야 할 그 자리에 정확하게 마음을 두라는 뜻으로 비유를 든 것이다. 이렇게 설명해도 태갑이 알
아듣지 못할 것을 염려하여 다시 마음을 두어야 할 일이란 '네 할아버지 탕 임금이 행하시던 일
을 따라 행하는 것'이라고 덧붙인 것이다.

伊尹曰
이윤왈

이윤이 말하였다.

玆乃不義는
자 내 불 의

"(왕의) 이 의롭지 않음은

習與性成이로소니
습 여 성 성

습관이 성품이 된 것이니

予는 弗狎于弗順케 하리니
여   불 압 우 불 순

나는 (의로움을) 따르지 않는 사람들과
가까이하지 못하게 하리라.

營于桐宮하여
영 우 동 궁

동29에 궁실을 지어

密邇先王其訓하여
밀 이 선 왕 기 훈

선왕의 혼령 가까이에서 그 가르침에
젖도록 하여

無俾世迷케 하리라
무 비 세 미

평생 혼미하게 사는 것을 버려두지
않겠다."

王이 徂桐宮居憂하사
왕   조 동 궁 거 우

왕이 동궁으로 가 상주(喪主)로
지내면서

克終允德하시다
극 종 윤 덕

마침내 덕을 쌓게 되었다.

---

29 동: 탕 임금의 능묘가 있던 곳의 지명. 대략 현재의 하남성 상구시(商丘市) 우성현(虞城縣) 지역
    으로 추정되고 있다.

제15편
태갑 이야기 [태갑중太甲中]

4. 태갑을 맞이하는 이윤

惟三祀十有二月朔에
유 삼 사 십 유 이 월 삭

(태갑) 3년 12월 초하루에

伊尹이 以冕服으로
이 윤   이 면 복

이윤이 면복[30]을 입고

奉嗣王하여 歸于亳하다
봉 사 왕   귀 우 박

사왕을 받들어 박읍으로 돌아왔다.

作書曰
작 서 왈

(이윤이) 글을 지어 말하였다.

民非后면
민 비 후

"백성은 군주가 없다면

罔克胥匡以生이며
망 극 서 광 이 생

서로를 바로잡으며 살지 못하고,

后非民이면
후 비 민

군주는 백성이 없다면

罔以辟四方하리니
망 이 벽 사 방

세상에서 임금 노릇할 수 없나니,

---

30 면복: 임금과 신하의 대례복이다. 면(冕)은 면류관(冕旒冠)이니 신분에 따라 매다는 구슬의 줄 [旒]이 달랐고, 복(服)은 무늬 있는 옷이니 역시 등급에 따라 무늬[章]가 달랐다.

皇天이 眷佑有商삿다
황천　권우유상

하늘이 상나라를 돌보고 도우사

俾嗣王으로 克終厥德하시니
비사왕　　　극종궐덕

사왕이 마침내 덕을 이루도록 하시니,

實萬世無疆之休로소이다
실만세무강지휴

참으로 아름다운 복이 만세토록 끝이
없을 것입니다."

5. 반성하는 태갑

王이 拜手稽首曰
왕　배수계수왈

왕이 손을 모아 절하고 머리를
조아리며 말했다.

予小子는
여소자

"나 소자는

不明于德하여 自底不類하여
불명우덕　　　자지불류

덕에 밝지 못하여 스스로 불초함에
이르러

欲敗度하며 縱敗禮하여
욕패도　　　종패례

욕심으로 법도를 망치고 방종으로
예법을 망쳐

以速戾于厥躬하니
이속려우궐궁

자신에게 죄를 불러들였습니다.

天作孽은 猶可違어니와
천작얼　　유가위

하늘이 만든 재앙은 오히려 피할 수
있지만

自作孽은 不可逭이니
자작얼　　불가환

스스로 만든 재앙은 모면할 수가
없으니,

既往에 背師保之訓하여
기 왕　　背師保之訓
지난날 사보31의 가르침을 저버려

弗克于厥初하나
불 극 우 궐 초
그 처음에는 잘하지 못했지만

尙賴匡救之德하여
상 뢰 광 구 지 덕
부디 (이후로는) 바로잡아 주시는
은덕에 힘입어

圖惟厥終하나이다
도 유 궐 종
유종의 미를 거두고자 합니다."

6. 태갑이 본받아야 할 탕 임금

伊尹이 拜手稽首曰
이 윤　　배 수 계 수 왈
이윤이 손을 모아 절하고 머리를
조아리며 말했다.

修厥身하며
수 궐 신
"몸을 닦아

允德이 恊于下는
윤 덕　　협 우 하
진실한 덕으로 백성과 화합한다면

惟明后니이다
유 명 후
현명한 임금입니다.

先王이 子惠困窮하신대
선 왕　　자 혜 곤 궁
선왕께서 곤궁한 자들을 자식처럼
사랑하시니

---

31 사보: 제왕을 보필하고 교도하는 관직으로 이윤을 가리킨다. 주나라에서는 태사(太師)와 태보
(太保)로 나누어 태부(太傅)와 함께 삼공(三公)이라고 하였다.

民服厥命하여 罔有不悅하여
민 복 궐 명　　罔有不悅

백성들이 명령에 복종하며 기뻐하지
않는 자가 없자,

並其有邦한 厥鄰이
병 기 유 방　 궐 린

(우리와) 함께 제후국이었던 이웃
나라의 백성들이

乃曰徯我后하노니
내 왈 혜 아 후

드디어, '우리의 진정한 임금을
기다리노니

后來하시면 無罰아
후 래　　　무 벌

임금이 오시면 (이 나라에) 벌을 내리고
(우리를 구해 주지) 않으시랴!'
하였습니다.

王懋乃德하사
왕 무 내 덕

왕께서는 당신의 덕을 힘쓰시고

視乃烈祖하사
시 내 렬 조

당신의 위대한 할아버지가 하신 일을
살펴서

無時豫怠하소서
무 시 예 태

잠시라도 안일하고 게으르지 마십시오.

奉先思孝하시며
봉 선 사 효

선조를 받들 때는 효도할 것을
생각하고

接下思恭하시며
접 하 사 공

아랫사람을 대할 때는 공손할 것을
생각하며,

視遠惟明하시며
시 원 유 명

멀리 보되 밝게 볼 것을 생각하며

聽德惟聰하시면
_{청 덕 유 총}

朕承王之休하여
_{짐 승 왕 지 휴}

無斁하리이다
_{무 역}

덕스런 말씀을 듣되 잘 듣고 실천할
것을 생각한다면,

저는 왕의 아름다움을 받들어

싫어함이 없을 것입니다."

제16편
태갑 이야기 [태갑하太甲下]

7. 고정된 것은 없나니

伊尹이 申誥于王曰
<small>이 윤　신 고 우 왕 왈</small>

이윤이 거듭 왕에게 고하였다.

嗚呼라 惟天은 無親하사
<small>오 호　유 천　무 친</small>

"아! 하늘은 친애함이 없으니

克敬을 惟親하시며
<small>극 경　유 친</small>

삼가는 자를 친애하며,

民罔常懷하여
<small>민 망 상 회</small>

백성에겐 고정된 마음이 없어

懷于有仁하며
<small>회 우 유 인</small>

어진 사람에게 마음으로 복종하며,

鬼神은 無常享하여
<small>귀 신　무 상 향</small>

귀신은 고정된 제사를 받는 것이
아니라

享于克誠하나니
<small>향 우 극 성</small>

정성을 다하는 제사를 받기 때문에

天位艱哉니이다
<small>천 위 간 재</small>

천자의 자리가 어려운 것입니다.

德이면 惟治하고
<small>덕　유 치</small>

덕으로 다스리면 다스려지고

否德이면 亂이라
부 덕   란

덕이 아닌 것으로 다스리면
어지러워지며,

與治로 同道하면
여 치   동 도

옛날의 잘 다스린 사람과 같이
다스리면

罔不興하고
망 불 흥

일어나지 않음이 없고,

與亂으로 同事하면
여 란   동 사

옛날의 난폭했던 임금과 같은 일을
하면

罔不亡하나니
망 불 망

망하지 않을 수 없습니다.

終始에 愼厥與는
종 시   신 궐 여

시종일관 어느 것을 따를 것인지에
신중하다면

惟明明后니이다
유 명 명 후

밝은 것을 더 밝게 하는 임금이 될
것입니다.

8. 천릿길도 한 걸음부터

先王이 惟時로 懋敬厥德하사
선 왕   유 시   무 경 궐 덕

선왕께서는 늘 힘써 덕을 삼가

克配上帝하시니
극 배 상 제

상제의 뜻에 부합하셨으니

今王이 嗣有令緖하시니
금 왕   사 유 령 서

이제 왕께서는 아름다운 전통을 이어

尙監玆哉인저

상 감 자 재

부디 이 점을 잘 살피십시오.

若升高면 必自下하며

약 승 고　　필 자 하

높이 오르고자 한다면 반드시
아래에서부터 시작해야 하며

若陟遐면 必自邇하니이다

약 척 하　　필 자 이

멀리 가고자 한다면 반드시 가까운
데서부터 시작해야 하는 것입니다.

無輕民事하사 惟難하시며

무 경 민 사　　유 난

백성의 일을 가볍게 여기지 말고
어렵게 생각할 것이며

無安厥位하사 惟危하소서

무 안 궐 위　　유 위

(임금의) 자리를 편안하게 여기지 말고
위태롭게 생각하십시오.

愼終于始하나니

신 종 우 시

시작할 때 잘 마칠 것을 생각해야 하니,

有言이 逆于汝心이어든

유 언　　역 우 여 심

당신의 마음에 거슬리는 말을 들으면

必求諸道하시며

필 구 저 도

반드시 도리에 맞는지를 따져 보시고,

有言이 遜于汝志어든

유 언　　손 우 여 지

당신의 뜻과 부합하는 말을 들으면

必求諸非道하소서

필 구 저 비 도

반드시 도리에 어긋나지 않는지를 따져
보십시오.

嗚呼라 弗慮면 胡獲이며

오 호　　불 려　　호 획

아! 생각하지 않으면 어떻게 얻을
것이며

弗爲면 胡成이리요

불 위　　호 성

실천하지 않으면 어떻게 이루겠습니까!

一人이 元良하면

일 인　　원 량

(임금) 한 사람이 참으로 훌륭하다면

萬邦이 以貞하리이다
만방   이정

온 세상이 바르게 될 것입니다.

君罔以辯言으로 亂舊政하며
군망이변언   란구정

군주가 교묘한 말로 (선왕의) 옛 정치를
어지럽히지 않고

臣罔以寵利로 居成功하여사
신망이총리   거성공

신하가 총애와 이익으로 성공의
결과를 누리지 않아야,

邦其永孚于休하리이다
방기영부우휴

나라가 길이길이 복을 누릴 것입니다."

제17편
탕 임금과 이윤의 순수한 덕 [함유일덕咸有一德]

위고문이다. 채침은 이 편의 제목 '함유일덕(咸有一德)'을 사관이 본문 가운데 네 글자를 취한 것이라고 하여 특별한 의미가 없는 듯이 말하였다. 그러나 이 제목이 그리 단순한 것은 아니다. 위작자는 네 글자가 한 편을 관통하는 핵심이 되도록 치밀하게 구성하여 이 제목을 정했을 것이다. '함유일덕'은 '이윤과 탕 임금이 모두 일덕(一德)을 가지고 있다'는 말이다. 여기서 '일덕'은 잡되지 않고 끊어짐이 없는 순일(純一)한 덕이다. 모자라지도 넘치지도 않으며, 언제나 한결같은 완벽한 덕이다. '순일한 덕'이라는 말이 정확하겠으나 다소 생경하기 때문에 '순수한 덕'으로 번역했다.

본문에서는 이 순수한 덕[一德]을 가운데에 두고 천명(天命)과 일신(日新)을 전후로 배치하여 의미 맥락을 설정하였다. 천명은 고정되어 있는 것이 아니라 옮겨 다니는 것이다. 우임금이 천명을 받아 하나라를 개국하였지만 영원할 수는 없다. 이제 그 천명이 우리 상나라로 옮겨 왔다. 그 이유는 바로 이 순수한 덕 때문이다. 하나라의 걸왕은 이 순수한 덕을 잃어버렸고, 탕 임금과 이윤은 이 순수한 덕을 간직하고 있었다. 그래서 이윤이 탕 임금을 도와 새 나라를 열 수 있었던 것이다. 이제 태갑은 과거를 반성하고 어렵사리 왕위에 복귀하였으니, 이 순수한 덕을 갈고닦아 날마다 자신을 새롭게 해야만 상나라의 천명을 보존할 수 있다는 것이다. 이 편은 이윤의 퇴임사이기도 하다. 물러나는 늙은 신하의 마음이 간절하고 애틋하다.

1. 떠나는 신하의 간절한 충고, 믿을 수 없는 천명

伊尹이 旣復政厥辟하고
이 윤　　기 복 정 궐 벽

이윤이 임금에게 정권을 되돌려 주고

將告歸할새
장 고 귀

장차 은퇴하기를 고하면서

乃陳戒于德하니라
내 진 계 우 덕

덕에 대한 경계의 말씀을 진술하였다.

曰 嗚呼라
왈 오 호

"아!

天難諶은 命靡常이니
천 난 심　　명 미 상

하늘을 믿기 어려운 것은 천명이
고정된 것이 아니기 때문입니다.

常厥德하면 保厥位하고
상 궐 덕　　　保 궐 위

덕으로 일관한다면 (임금의) 자리를
보전할 수 있지만,

厥德이 靡常하면
궐 덕　　미 상

덕으로 일관하지 못한다면

九有以亡하리이다
구 유 이 망

구주(九州)가 망할 것입니다.

夏王이 弗克庸德하여
하 왕　　불 극 용 덕

하나라 걸왕이 덕으로 일관하지 않고

慢神虐民한대
만 신 학 민

신을 무시하고 백성들을 학대하자

皇天이 弗保하시고
황 천　　불 보

하늘이 보호하지 않으시고,

監于萬方하사 啓迪有命하사
감 우 만 방　　　계 적 유 명

온 세상을 두루 살펴 천명을 받을
사람을 인도하고자

眷求一德하사
권 구 일 덕

순수한 덕을 가진 사람을 힘써 찾아,

俾作神主어시늘
비 작 신 주

신을 받드는 주인이 되게 하셨습니다.

惟尹이 躬暨湯으로
유 윤　　궁 기 탕

저는 몸소 탕 임금과 함께

咸有一德하여
함유일덕

모두 순수한 덕을 지니고 있어,

克享天心하여 受天明命하여
극향천심　　　수천명명

하늘의 마음을 얻어 밝은 천명을 받아

以有九有之師하여
이유구유지사

구주의 백성들을 소유하여

爰革夏正하소이다
원혁하정

이에 하나라의 정삭(正朔)[32]을
바꾸었습니다.

2. 천명을 지키는 길, 순수한 덕

非天이 私我有商이라
비천　　사아유상

(이는) 하늘이 우리 상나라에게 사심이
있어서가 아니라

惟天이 佑于一德이며
유천　　우우일덕

하늘이 순수한 덕을 지닌 사람을
도와주신 것이며,

非商이 求于下民이라
비상　　구우하민

상나라가 백성들에게 요구한 것이
아니라

惟民이 歸于一德이니이다
유민　　귀우일덕

백성들이 순수한 덕에 귀의한
것입니다.

---

32 정삭(正朔): 정월 초하루. 고대 중국에서 제왕이 새로 나라를 세우면 한 해의 시작[正月]을 고쳐
　　새로운 역법을 실시하였다. 그러므로 정삭을 바꾼다는 말은 왕조의 교체를 뜻하는 말이 되었다.
　　은나라는 하나라의 12월을 정월로 삼아 한 달을 앞당겼다.

德惟一이면 動罔不吉하고
덕 유 일　　동 망 불 길
덕이 순수하면 일마다 길하지 않음이
없고

德二三이면 動罔不凶하리니
덕 이 삼　　동 망 불 흉
덕이 순수하지 않으면 일마다 흉하지
않음이 없으니

惟吉凶이 不僭在人은
유 길 흉　　불 참 재 인
길흉이 틀림없이 사람에게 달려 있는
것은

惟天이 降災祥이 在德이니이다
유 천　　강 재 상　　재 덕
하늘이 덕에 따라 화와 복을 내리기
때문입니다.

3. 순수한 덕을 지키는 길, 일신우일신(日新又日新)

今嗣王이 新服厥命하시란대
금 사 왕　　신 복 궐 명
이제 사왕께서 새로 천명을 받아

惟新厥德이니
유 신 궐 덕
그 덕을 새롭게 해야 할 것이니

終始惟一이
종 시 유 일
시종일관 순수하도록 하는 것,

時乃日新이니이다
시 내 일 신
이것이 날마다 새롭게 하는 것입니다.

4. 관리의 임명 기준, 덕

任官하되 惟賢材하시며
임 관　　유 현 재
덕이 있는 자를 관리로 임명하고

左右를 惟其人하소서
좌 우   유 기 인

적임자를 등용하여 좌우에서
보필하도록 하십시오.

臣은 爲上爲德하고
신   위 상 위 덕

신하가 임금을 위하는 길은 임금이
덕을 기르도록 하는 것이고

爲下爲民하나니
위 하 위 민

백성을 위하는 길은 백성이 잘 살도록
하는 것이니

其難其愼하시며
기 난 기 신

(임용을) 어렵게 여겨 신중하게 할
것이며

惟和惟一하소서
유 화 유 일

가부를 따져 한결같이 (유능한 적임자를
임용하도록) 하십시오.

5. 길이 칭송받는 임금, 순수한 덕의 소유자

德無常師하여 主善이 爲師며
덕 무 상 사   주 선   위 사

덕은 고정된 원칙이 없으니 선을
행하는 것이 원칙이며,

善無常主하여 協于克一이니이다
선 무 상 주   협 우 극 일

선에도 고정된 기준이 없으니 이치에
부합하는 것이 선입니다.[33]

---

33 이상 두 구절은, 덕이라는 추상적인 개념을 '선을 행하는 것'이라고 함으로써 구체적으로 이해하

俾萬姓으로
_{비 만 성}

백성들로 하여금

咸曰大哉라 王言이여케 하시며
_{함 왈 대 재   왕 언}

모두 '위대하도다! 왕의 말씀이여!'라고
하도록 할 것이며,

又曰一哉라 王心이여케 하사
_{우 왈 일 재   왕 심}

또 '순수하도다! 왕의 마음이여!'라고
하도록 하여

克綏先王之祿하사
_{극 수 선 왕 지 록}

선왕이 받으신 하늘의 복록을
안정시키고

永底烝民之生하소서
_{영 지 증 민 지 생}

모든 백성의 삶이 길이 평안하도록
하십시오.

嗚呼라
_{오 호}

아!

七世之廟에 可以觀德이며
_{칠 세 지 묘   가 이 관 덕}

7대의 종묘[34]에서 덕을 볼 수 있으며,

萬夫之長에 可以觀政이니이다
_{만 부 지 장   가 이 관 정}

만백성의 어른[35]에게서 정치의 득실을
볼 수 있습니다.

도록 하였고, 선과 불선(不善)의 기준은 한결같은 이치에 부합하는가의 여부라고 한 것이다.

34 7대의 종묘: 천자의 종묘를 말한다. 천자는 7대조까지 종묘에 모시지만 위업을 이룬 선조는 7대
가 지나도 신주를 묻지 않고 제사를 받드니, 후세 사람들이 7대를 지났으나 종묘에 계신 훌륭한
임금들의 신주를 보고 그의 덕과 위업을 사모한다는 뜻이다.

35 만백성의 어른: 천자를 말한다. 이 두 구절은, 임금이 덕과 위업을 이루면 후세 사람들은 종묘에
서 그의 덕을 볼 수 있고, 당대의 백성들은 그의 정치에 열복한다는 뜻이다.

后非民이면 罔使며
후 비 민　　　　망 사

임금은 백성이 아니면 부릴 사람이
없고

民非后면 罔事니
민 비 후　　　　망 사

백성은 임금이 아니면 섬길 사람이
없습니다.

無自廣以狹人하소서
무 자 광 이 협 인

자신은 위대하고 백성들은
보잘것없다고 여기지 마십시오.

匹夫匹婦不獲自盡하면
필 부 필 부 불 획 자 진

평범한 남녀들이 최선을 다할 수 없게
되면

民主罔與成厥功하리이다
민 주 망 여 성 궐 공

백성들의 군주는 그들과 함께 공을
이룰 수가 없습니다."[36]

---

36 이상 세 구절은, 임금이 스스로 자존자대하여 미천한 백성들에게 배울 것이 없다고 여긴다면, 백
성들은 자신의 장점을 임금에게 다 바칠 수가 없어 그만큼 부족한 정치가 된다는 뜻이다.

제18편
반경 이야기 [반경상盤庚上]

「상서」에서 두 번째로 만나는 『금문상서』이다. 반경(盤庚)은 상나라의 19대 임금으로, 천도하여 은(殷)의 시대를 연 군주이다. 탕 임금의 도읍이 박(亳)임은 앞에서 언급하였다. 확실하지는 않지만 여러 기록을 종합해 보면, 상의 10대 임금 중정(仲丁)이 도읍을 박에서 오(隞)로 옮겼고, 12대 임금인 하단갑(河亶甲)이 다시 상(相)으로 옮겼으며, 13대 조을(祖乙)이 형(邢)으로 옮겼다가 다시 비(庇)로 옮겼고, 17대 남경(南庚)이 비에서 엄(奄)으로 옮겼고, 19대 반경이 엄에서 다시 북몽(北蒙)으로 옮겨 이름을 은(殷)으로 바꾸었다고 한다. 현재의 산동성 곡부시(曲阜市) 일대로 추정되는 엄은 큰 하천인 사수(泗水)를 비롯하여 여러 물길이 흐르고 있어서 홍수의 피해가 잦았다. 이에 반경이 도읍을 옮기려 하자 반대하는 사람들이 많았다. 홍수의 아픈 기억을 가지고 있는 백성들은 옮겨 가고자 하였으나, 이미 토착하여 기득권을 향유하고 있던 권문세족들은 옮기기 싫었다. 그래서 옮기고 싶은 백성들의 뜻이 임금에게 전달되지 않도록 막고 있었다. 「반경」 편은 여기서 시작된다.

반경은 천도(遷都)를 반대하는 사람들을 네 차례에 걸쳐 설득하기도 하고 꾸짖기도 하고 으르기도 한다. 상편에 실려 있는 두 번의 연설은 천도하기 전에 한 것이다. 한 번은 천도의 당위성을 깨우치는 짧은 연설이고, 다른 한 번은 거의 협박에 가까운 연설인데 길고 두서가 없으며 중언부언하고 있다. 의욕에 찬 걸출한 군주 반경은 화가 나 있었고 다급했던 것이다. 중편에 실려 있는 세 번째 연설은 천도에 임박해서 한 연설이다. 여전히 집요하게 천도를 반대하고 있는 그들을 또 설득하고 으르고 있다. 하편에 실려 있는 마지막 연설은 천도하고 난 뒤에 새로운 터전에서 여는 화해와 다짐의 연설이다.

「반경」 편은 분량이 많고 어렵다. 그래서 진짜 옛 글이 틀림없다. 그렇다고 하여 반경 당대의 글은 아닐 것이다. 그 시대에는 이미 갑골문이 사용되고 있었기 때문에 어떤 형태로든 기록을 남겼을 것이지만, 이 글은 갑골문보다는 훨씬

다듬어져 있다. 후대에 기록의 수준이 진보하면서 윤문의 과정을 거쳤을 것이다. 그래도 글이 투박하고 난삽하여, 대략 3,300년 전 그 시대의 실제 모습을 반영하고 있는 것은 분명해 보인다. 위고문은 시대의 선후를 따질 것 없이 『금문상서』보다 훨씬 세련되어 있기 때문이다. 반경의 천도는 결과적으로 성공한 사업이었다. 반고(班固, 32~92)는 『한서(漢書)』에서 "옛날 반경이 천도하여 은나라의 바른 다스림을 다시 일으키니 성인께서 찬미하셨다"고 하였다.

1. 도읍을 옮겨야 하는 이유

盤庚이 遷于殷할새 반 경 천 우 은	반경이 은으로 천도할 때
民不適有居어늘 민 부 적 유 거	백성들이 새 거주지로 가려 하지 않자
率籲衆慼하사 出矢言하시다 솔 유 중 척 출 시 언	걱정하는 여러 사람을 모두 불러 맹세의 말씀을 하셨다.
曰我王이 來하사 왈 아 왕 래	"우리 왕37께서 오시어
旣爰宅于玆하심은 기 원 택 우 자	이곳에 사셨던 것은
重我民이라 중 아 민	우리 백성을 소중히 여기셨기 때문이지
無盡劉어신마는 무 진 류	다 죽이려고 하신 것이 아니다.

---

37 우리 왕: 반경이 지금 있는 곳은 엄(奄, 산동성 곡부)이니 이곳으로 천도한 임금을 가리켜 말한 것이다. 채침은 13대 임금 조을(祖乙)로 보고 지금 있는 곳을 경(耿)으로 보았으나, 여러 자료를 보면 엄으로 천도한 임금은 17대 남경이다. 남경은 반경의 당숙이므로 선왕이라고 하지 않고 우리 왕[我王]이라고 한 어감과도 부합해 보인다.

不能胥匡以生일새
불 능 서 광 이 생

(그러나 이제) 서로 도우며 살 수 없게 되어

卜稽하니 曰其如台라 하도다
복 계 　 　 왈 기 여 이

점을 쳐 물어보니 '어찌하랴!'[38]라고 한다.

先王이 有服이어시든
선 왕 　 유 복

선왕들께서는 일이 있으면

恪謹天命하시되
각 근 천 명

천명을 (어기지 않도록) 삼가고 조심하였지만

玆猶不常寧하사
자 유 불 상 녕

오히려 항상 편안하지 못하여

不常厥邑이
불 상 궐 읍

그 도읍을 옮긴 것이

于今五邦이시니
우 금 오 방

지금까지 다섯 곳[39]이다.

今不承于古하면
금 불 승 우 고

이제 옛날을 이어 천도하지 않는다면

罔知天之斷命이어늘
망 지 천 지 단 명

하늘이 우리의 명맥을 끊을지도 모르거니와

矧曰其克從先王之烈아
신 왈 기 극 종 선 왕 지 렬

하물며 선왕의 업적을 계승한다고 말할 수 있겠는가!

---

38 어찌하랴!: 원문의 '기여이(其如台)'는 『서경』에 여러 번 보이는데, 채침은 '이(台)'를 '나'의 뜻으로 보고 '나에게 어찌할 수 없다', '나에게 어떻다는 것인가' 등으로 풀었으나, 다른 고전들에서는 '여이(如台)'가 '여하(如何)' 혹은 '내하(奈何)'와 동의어로 사용된 용례가 자주 보인다. 여기서는 위와 같이 번역하여 '이곳에서는 어찌할 수 없으므로 천도해야 한다'는 뜻의 점사(占辭)로 간주하였다.
39 다섯 곳: 이 편의 해제를 참고할 것.

若顚木之有由蘖이라
약 전 목 지 유 유 얼

마치 쓰러진 나무에서 싹이 나는 것과
같이

天其永我命于玆新邑하사
천 기 영 아 명 우 자 신 읍

하늘이 이 새 도읍에서 우리의 명맥을
영원토록 하고

紹復先王之大業하여
소 복 선 왕 지 대 업

선왕의 위대한 업적을 이어서
회복하여

底綏四方이시니라
지 수 사 방

사방이 편안하도록 해 주실 것이다.”

2. 임금과 백성을 이간하는 권문세족들

盤庚이 斅于民하시되
반 경   효 우 민

반경이 백성들을 깨우치되,

由乃在位하사
유 내 재 위

지위가 있는 자들부터 깨우치셨다.

以常舊服으로 正法度하사
이 상 구 복   정 법 도

옛날부터 늘 해 오던 일[천도]임을 들어
법도를 바로잡고자,

曰無或敢伏小人之攸箴하라 하사
왈 무 혹 감 복 소 인 지 유 잠

“감히 백성들이 충고하는 말[40]을 막지
말라!” 하시고

---

40 백성들이 충고하는 말: 권문세족들이 자신의 실리를 위해 천도를 반대할 때, 백성들이 현실적인
어려움을 들어 천도할 것을 충고하는 말이다. 상하의 문맥을 보면 이런 의견을 권문세족들이 통
제하여 왕에게 전달되지 않도록 하자, 반경은 이를 알고 막지 못하게 경고하고자 이들을 불러 모
은 것이다.

王이 命衆하신대
왕 명 중

모두 모이라고 명령하자

悉至于庭하니라
실 지 우 정

모두 뜰에 이르렀다.

3. 임금의 명령을 전달하지 않는 관리들

王若曰
왕 약 왈

왕이 다음과 같이 말씀하셨다.

格汝衆아
격 여 중

"이리 오라, 너희들이여!

予告汝訓하노니
여 고 여 훈

내가 너희들에게 훈계하리라.

汝猷黜乃心하여
여 유 출 내 심

너희들은 사심을 버릴 것을 도모하여

無傲從康하라
무 오 종 강

거만하지 말고 편안함만 따르지 말라.

古我先王이
고 아 선 왕

옛날 우리 선왕들께서는

亦惟圖任舊人하사
역 유 도 임 구 인

오래된 가문의 사람들을 애써
임용하여

共政하시니
공 정

함께 정치를 하셨다.

王이 播告之修커시든
왕 파 고 지 수

(그들은) 왕께서 시행할 일을 알려
주시면

不匿厥指함으로
불 닉 궐 지

그 뜻을 숨김없이 백성들에게
전달하므로

王用丕欽하시며
왕 용 비 흠

왕은 그들을 몹시 존중하였고,

罔有逸言함으로
망 유 일 언

잘못 전달되는 말이 없었으므로

民用不變이라
민 용 비 변

백성들은 크게 변할 수 있었다.

今汝聒聒하여
금 여 괄 괄

지금 너희들이 시끄럽게 떠들면서

起信이 險膚하니
기 신   험 부

백성들을 믿게 하고자 하는 말들이
험악하고 천박하니

予不知乃의 所訟이로다
여 부 지 내   소 송

나는 너희들이 그런 까닭을 모르겠다.

非予自荒玆德이라
비 여 자 황 자 덕

내가 스스로 이 덕을 내버린 것이
아니라

惟汝含德하여
유 여 함 덕

너희들이 나의 덕을 (백성들에게)
감추며

不惕予一人하나니
불 척 여 일 인

나 한사람을 두려워하지 않는다.

予若觀火언마는
여 약 관 화

나는 마치 불을 보듯 환하게 (이런
사실들을) 알지만

予亦拙謀라
여 역 졸 모

나 또한 계책이 서툴러서

作乃逸이니라
작 내 일

너희들의 잘못을 만들었다.

4. 벼리와 추수의 비유

若網이 在綱이라사
약 망   재 강

마치 그물이 벼리가 있어야

有條而不紊하며
유 조 이 불 문

조리가 있어 문란하지 않음과 같고,[41]

若農이 服田力穡이라사
약 농   복 전 력 색

마치 농부가 밭에서 일하며 농사에
힘써야

乃亦有秋니라
내 역 유 추

추수할 것이 있는 것과 같다.[42]

汝克黜乃心하여
여 극 출 내 심

너희들은 너희의 사심을 버리고

施實德于民하되
시 실 덕 우 민

(천도를 권유하여) 실제의 은덕을
백성에게 베풀되

至于婚友오사
지 우 혼 우

인척과 벗들까지 (천도에 참여하도록)
하고 나서

丕乃敢大言汝有積德이라 하라
비 내 감 대 언 여 유 적 덕

과감하게 큰 소리로 너희들에게 집안
대대로 쌓은 덕이 있다고 말하라.

---

41 이상의 두 구절은 신하가 왕명을 잘 받들어 백성들에게 정령이 펼쳐지도록 해야 함을 비유한 것
    이다.
42 이 두 구절은 천도를 해야만 좋은 결과를 이룰 수 있음을 비유한 것이다.

乃不畏戎毒于遠邇하나니
내 불 외 융 독 우 원 이

너희들이 (천도하면 힘들다고 선동하면서) 원근에 큰 해독을 끼침을 두려워하지 않으니,

惰農이 自安하여
타 농 　 자 안

게으른 농부가 편안함만 좇아

不昏作勞하여
불 민 작 로

힘써 노력하지 않고

不服田畝하면
불 복 전 무

밭에서 일하지 않으면

越其罔有黍稷하리라
월 기 망 유 서 직

곡식을 수확하지 못하는 것과 같다.

5. 천도를 방해하면 벌이 따를 것이니

汝不和吉을 言于百姓하나니
여 불 화 길 　 언 우 백 성

너희들은 (천도의) 장점을 말해 백성들이 화합하도록 하지 않으니

惟汝自生毒이로다
유 여 자 생 독

너희들 스스로 독을 낳는 것이다.

乃敗禍姦宄로
내 패 화 간 궤

불길하고 간악한 짓을 일삼아

以自災于厥身하여
이 자 재 우 궐 신

자신에게 스스로 재앙을 끼치고

乃旣先惡于民이오
내 기 선 악 우 민

백성들보다 앞장서서 악을 행하고 있으니

乃奉其恫하여도
내 봉 기 통

마침내 그 고통을 받고서야

汝悔身인들 何及이리오
여 회 신　　　하 급

너희들이 자신을 뉘우친들 어찌 미칠
수 있겠는가!

相時憸民한댄
상 시 섬 민

이 평범한 백성들을 보더라도

猶胥顧于箴言하며
유 서 고 우 잠 언

오히려 서로 돌아보며 (천도하자고)
충고하며

其發에 有逸口이니
기 발　　유 일 구

말할 때마다 (너희들을) 비난하고
있으니,

矧予制乃短長之命임에랴
신 여 제 내 단 장 지 명

(비난도 두려울진대) 하물며 나는
너희들의 목숨을 짧고 길게 할 수
있음에랴!

汝는 曷弗告朕하고
여　 갈 불 고 짐

너희들은 어찌하여 나에게 알리지
않고

而胥動以浮言하여
이 서 동 이 부 언

떠다니는 말로 서로 선동하여

恐沈于衆고
공 침 우 중

백성들을 겁주고 죄를 짓도록 하는가.

若火之燎于原하여
약 화 지 료 우 원

(너희들의 기세가) 마치 들판에 타오르는
불길 같아서

不可嚮邇나
불 가 향 이

가까이 갈 수도 없을 만큼 (성대한
듯하지만)

其猶可撲滅이니
기 유 가 박 멸

오히려 두드려 끌 수는 있으니,

則猶爾衆이 自作弗靖이라
즉유이중　　자작불정

이는 너희 무리들이 스스로 죄를 지은
것이라

非予有咎니라
비여유구

(너희를 벌주더라도) 나에게 허물이 있는
것이 아니다.

6. 너희들의 선조가 선왕을 보필하듯 너희는 나를 도와야

遲任이 有言曰
지임　　유언왈

지임[43]이 한 말이 있으되,

人惟求舊오
인유구구

'사람은 옛사람을 구하고

器非求舊라 惟新이라 하도다
기비구구　　유신

그릇은 옛것이 아니라 새것을 구한다'
하였다.

古我先王이
고아선왕

옛날 우리 선왕들께서

暨乃祖乃父로
기내조내부

너희들의 할아버지와 아버지들과
더불어

胥及逸勤하시니
서급일근

서로 편안함과 수고로움을
함께하셨으니

予敢動用非罰아
여감동용비벌

내가 감히 잘못된 형벌을 가져와
쓰겠는가!

43　지임: 옛날의 현자인데, 자세한 이력은 알 수 없다.

世選爾勞하나니
세 선 이 로

대대로 너희들의 공로를 가려 등용할
것이며,

予不掩爾善하리라
여 불 엄 이 선

나는 너희들의 장점을 가리지 않을
것이다.

玆予大享于先王할새
자 여 대 향 우 선 왕

이에 내가 선왕께 큰 제사를 드릴 때

爾祖其從與享之하여
이 조 기 종 여 향 지

너희들의 선조도 함께 배향하여

作福作災하나니
작 복 작 재

복도 주시고 재앙도 주시게 할 것이며,

予亦不敢動用非德하리라
여 역 불 감 동 용 비 덕

나 또한 감히 덕이 아닌 것을 가져와
쓰지 않을 것이다.

予告汝于難하노니
여 고 여 우 난

내가 너희들에게 (천도의) 어려움을
고하거니와,

若射之有志하니
약 사 지 유 지

(이 일은) 활쏘기에서 (과녁을 맞출) 뜻이
있는 것과 같아서 (그만둘 수가 없다.)

汝無侮老成人하며
여 무 모 로 성 인

너희들은 (천도에 찬성하는) 원로들을
업신여기지 말고

無弱孤有幼하고
무 약 고 유 유

(천도를 원하는) 어린 자들을 약하다고
무시하지 말 것이며,

各長于厥居하여
각 장 우 궐 거

너희들이 각기 길이 살 곳을 마련하기
위해

勉出乃力하여
면 출 내 력

너희들도 힘써 힘을 내어

聽予一人之作猷하라
청 여 일 인 지 작 유

나 한사람의 계획을 따르도록 하라.

無有遠邇히
무 유 원 이

친소(親疎)에 관계없이

用罪는 伐厥死하고
용 죄 　 벌 궐 사

죄를 지은 사람은 죽음으로 다스리고

用德은 彰厥善하리니
용 덕 　 창 궐 선

덕을 행한 사람은 그 선함을 표창할 것이니,

邦之臧은 惟汝衆이오
방 지 장 　 유 여 중

나라가 잘되는 것은 너희들이 덕을 행하기 때문이고

邦之不臧은
방 지 부 장

나라가 잘못되는 것은

惟予一人이 有佚罰이니라
유 여 일 인 　 유 일 벌

나 한사람이 벌을 잘못 시행하기 때문이다.

凡爾衆은 其惟致告하여
범 이 중 　 기 유 치 고

이제 너희 모두는 서로서로 알려

自今으로 至于後日히
자 금 　 　 지 우 후 일

지금부터 훗날에 이르기까지

各恭爾事하여
각 공 이 사

각기 자신의 직무를 공손히 수행하고

齊乃位하며
제 내 위

자신의 자리를 잘 다스릴 것이며

度乃口하라
도 내 구

자신의 말이 법도에 맞도록 하라.

罰及爾身하면 弗可悔리라
벌 급 이 신 　 　 불 가 회

벌이 너의 몸에 미치면 후회할 수조차 없으리라!"

제19편
반경 이야기 [반경중盤庚中]

7. 반대하는 백성들을 불러들이다

盤庚이 作하사
반경 작

반경이 (장차 천도를) 시작해

惟涉河하여 以民遷할새
유 섭 하   이 민 천

황하를 건너 백성들을 옮기고자 하여

乃話民之弗率하사
내 화 민 지 불 솔

백성들 가운데 따르지 않는 자들에게 말씀하되

誕[44]告用亶이어시늘
탄   고 용 단

정성을 다해 고하자,

其有衆이 咸造하여
기 유 중   함 조

백성들이 모두 이르러

勿褻在王庭이러니
물 설 재 왕 정

대궐 뜰에 엄숙하게 도열하였다.

---

44 誕(탄): 종래 크다[大]는 뜻으로 해석해 왔으나 문장이 연결되지 않는 경우가 많은데, 청대의 고
   증학자 왕인지(王引之)는 문두의 발어사나 문장 가운데의 조사라고 하였다. 본서에서는 크다
   는 뜻으로 해석하거나, 여기서처럼 허사(虛辭)로 간주하여 해석하지 않기도 했다.

盤庚이 乃登進厥民하시다
반경 내등진궐민

반경이 그들을 올라오게 하여 말씀하셨다.

8. 천도는 너희를 위한 일이니

曰明聽朕言하여
왈 명 청 짐 언

"나의 말을 분명하게 듣고

無荒失朕命하라
무 황 실 짐 명

나의 명령을 실추하지 않도록 하라.

嗚呼라
오 호

아!

古我前后가
고 아 전 후

옛날 우리 선왕들께서는

罔不惟民之承하신대
망 불 유 민 지 승

백성을 받들지 않음이 없었으니

保后胥慼하여
보 후 서 척

(그러므로 백성들도) 임금을 보호하고 서로 걱정하여

鮮以不浮于天時하니라
선 이 불 부 우 천 시

하늘이 때때로 내리는 재앙을 극복하지 못하는 경우가 드물었다.

殷降大虐이어늘
은 강 대 학

은나라에 큰 재앙이 내리자

先王이 不懷하사 厥攸作은
선 왕 불 회 궐 유 작

선왕들께서 마음이 편치 못해서 하신 일이

視民利하여 用遷이시니
시 민 리 용 천

백성들의 이로움을 살펴 천도한 것인데,

汝는 曷弗念我古后之聞고
여 갈 불 념 아 고 후 지 문

너희들은 어찌 우리가 들은 선왕들의 이야기를 생각하지 않는가.

承汝俾汝는
승 여 비 여

너희들을 받들기도 하고 부리기도 하면서 (천도하려는 것은)

惟喜康共이니
유 희 강 공

즐거움과 편안함을 함께하고자 하는 것이지[45]

非汝有咎라 比于罰이니라
비 여 유 구   비 우 벌

너희들이 죄가 있어서 벌을 주려는 것이 아니다.

予若籲懷玆新邑은
여 약 유 회 자 신 읍

내가 이처럼 불러서 새 도읍으로 오라고 권유하는 것은

亦惟汝故니
역 유 여 고

또한 너희들이 (힘들게 살기) 때문이니

以丕從厥志니라
이 비 종 궐 지

그 뜻을 잘 따르도록 하라.[46]

---

45 이 구절의 '희강공(喜康共)'을 채침은 '편안함을 함께하는 것을 기뻐한다'고 풀이하였으나, 앞 구절과의 의미 맥락이 연결되지 않아서 『상서정의』에 따라 번역하였다.
46 이 구절의 '궐지(厥志)'를 채침은 '백성들의 뜻'이라고 하였으나, 천도를 반대하는 백성들의 뜻을 따른다는 말이 의미 맥락과 연결되지 않으므로 『상서정의』에 따라 '천도하려는 반경의 뜻'으로 번역하였다.

9. 너희는 스스로 노력해야

今予將試以汝遷하여
금 여 장 시 이 여 천

지금 내가 장차 너희들을 위해
천도하여

安定厥邦이어늘
안 정 궐 방

나라를 안정시키려 하는데,

汝不憂朕心之攸困이오
여 불 우 짐 심 지 유 곤

너희들은 내 마음의 괴로움을
걱정하지 않고,

乃咸大不宣乃心하여
내 함 대 불 선 내 심

모두 마음을 활짝 열어

欽念以忱하여
흠 념 이 침

정성을 다해 심사숙고하여

動予一人하나니
동 여 일 인

나 한사람을 감동시키려고 하지
않으니,

爾惟自鞠自苦로다
이 유 자 국 자 고

(이것은) 너희들 스스로를 힘들게 하고
괴롭히는 것이다.

若乘舟하니
약 승 주

배를 타는 것으로 비유하자면,

汝弗濟하면 臭厥載하리라
여 불 제　　　취 궐 재

너희들이 (때맞춰) 건너지 않으면 실어
둔 물건들이 썩게 될 것인데,

爾忱이 不屬하니
이 침　　 불 촉

너희들의 정성이 한결같지 않아

惟胥以沈이로다
유 서 이 침

(결국에는) 서로 더불어 물에 빠지고 말
것이다.

不其或稽어니
불 기 혹 계

(이치가 이런데도) 혹시라도 헤아리지
않으니

自怒인들 曷瘳리오
자 노　　　갈 추

스스로 화를 낸들 어떻게 (상황이)
나아질 수 있겠는가.

汝不謀長하여
여 불 모 장

너희들은 길이 잘 사는 길을 도모하여

以思乃災하나니
이 사 내 재

재앙을 (피할 것을) 생각하지 않으니,

汝誕勸憂로다
여 탄 권 우

너희들은 걱정거리를 서로 권장하고
있는 것이다.

今其有今이나 罔後하리니
금 기 유 금　　　망 후

이제 오늘은 있지만 내일은 없을
것이니,

汝何生이 在上이리오
여 하 생　　　재 상

너희들의 어느 목숨을 하늘이 살려
주시겠는가.

10. 천도는 우리 선왕과 너희 선조들의 뜻이거늘

今予命汝하노니
금 여 명 여

지금 내가 너희들에게 명령하나니

一無起穢以自臭하라
일 무 기 예 이 자 취

한 가지라도[47] 추악한 짓을 하여
스스로 악취를 풍기지 말라.

47　한 가지라도: 원문의 '일(一)'을 채침은 '한 마음으로 임금의 말을 따라'로 해석하였는데 지나치게

恐人이 倚乃身하여
공 인   의 내 신

(유언비어를 만드는) 사람들이 너희의 몸에 의지하여

迂乃心하노라
우 내 심

너희의 마음을 왜곡시킬까 두렵다.

予逖續乃命于天하노니
여 아 속 내 명 우 천

나는 너희들의 명을 하늘에서 받아 이어 주려 하거늘

予豈汝威리오
여 기 여 위

내가 어떻게 너희들을 위협하겠는가!

用奉畜汝衆이니라
용 봉 휵 여 중

너희들을 받들어 길러 주고자 하는 것일 뿐이다.

予念我先神后之勞爾先하노니
여 념 아 선 신 후 지 로 이 선

나는 우리 신성한 선왕들께서 너희 선조들을 수고롭게 했음을 생각하나니,

予丕克羞爾는
여 비 극 수 이

내가 너희를 잘 기르고자 하는 것은

用懷爾然이니라
용 회 이 연

너희를 아끼기 때문이다.

失于政하여 陳于茲하면
실 우 정   진 우 자

(내가) 정치를 잘못하여 이곳에 오래 있게 되면

성리학적이고, 『상서정의』는 '一'을 위로 붙여 "내가 일심으로 너희에게 명하노니"로 해석하였지만 어색하다.

高后丕乃崇降罪疾하사
고 후 비 내 숭 강 죄 질

탕 임금께서 분명코 (나에게) 재앙을
듬뿍 내리시면서

曰曷虐朕民고 하시리라
왈 갈 학 짐 민

'어찌 내 백성을 학대하는가!' 하실
것이며,

汝萬民이 乃不生生하여
여 만 민   내 불 생 생

너희들 만백성이 길이길이 삶을 이어
가도록 하고자 하는

暨予一人猷로 同心하면
기 여 일 인 유   동 심

나 한사람의 계책과 한마음이 되지
않는다면

先后丕降與汝罪疾하사
선 후 비 강 여 여 죄 질

선왕들께서 너희에게 재앙을 듬뿍
내리시면서

曰曷不暨朕幼孫으로
왈 갈 불 기 짐 유 손

'어찌 나의 어린 손자[반경]와 더불어

有比오 하시리니
유 비

함께 일하지 않는가!' 하실 것이니,

故有爽德이라
고 유 상 덕

그러므로 덕에 어긋난 행위에 대해

自上으로 其罰汝하시리니
자 상   기 벌 여

위로부터 너희에게 벌이 내려와

汝罔能迪하리라
여 망 능 적

너희는 피해 갈 수가 없을 것이다.

古我先后旣勞乃祖乃父라
고 아 선 후 기 로 내 조 내 부

옛날 우리 선왕들께서 너희
할아버지와 아버지들을 수고롭게 하여

汝共作我畜民이니
여 공 작 아 휵 민

너희가 모두 내가 기르는 백성이
되었으니,

汝有戕이 則在乃心하면
여 유 장   즉 재 내 심

너희가 일을 망칠 생각을 마음속에 품고 있다면,

我先后綏乃祖乃父하여시든
아 선 후 수 내 조 내 부

우리 선왕들께서 너희 할아버지와 아버지들을 타일러

乃祖乃父乃斷棄汝하여
내 조 내 부 내 단 기 여

너희 할아버지와 아버지들이 너희를 버리도록 하여,

不救乃死하리라
불 구 내 사

너희를 죽음에서 구원하지 않을 것이다.

玆予有亂政同位가
자 여 유 란 정 동 위

정사를 다스려 지위가 나란한 나의 신하들이

具乃貝玉하면
구 내 패 옥

재물이나 모으고 있으면

乃祖乃父丕乃告我高后하여
내 조 내 부 비 내 고 아 고 후

너희 할아버지와 아버지들이 우리 탕 임금께 크게 고하여

曰作丕刑于朕孫이라 하여
왈 작 비 형 우 짐 손

'저의 자손에게 큰 형벌을 주십시오' 하며

迪高后하여
적 고 후

탕 임금을 인도해

丕乃崇降弗祥하리라
비 내 숭 강 불 상

분명코 상서롭지 못한 재앙을 듬뿍 내리실 것이다.

11. 악인은 새 도읍에 살 수 없나니

嗚呼라
오 호

아!

今予告汝不易하노니
금 여 고 여 불 이

이제 내가 너희에게 (천도가) 쉽지
않음을 고하나니,

永敬大恤하여
영 경 대 흘

(나의) 큰 걱정거리를 깊이 헤아려

無胥絶遠하여
무 서 절 원

서로 포기하거나 멀리하지 말고

汝分猷念以相從하여
여 분 유 념 이 상 종

(나의) 계책과 생각을 너희가 나누어
함께 따르며

各設中于乃心하라
각 설 중 우 내 심

너희의 마음에 각기 적절한 기준을
세우도록 하라.

乃有不吉不迪이
내 유 불 길 부 적

불선(不善)하고 부도(不道)한 자가 있어

顚越不恭과
전 월 불 공

법도를 실추하며 윗사람의 명령에
불손하거나

暫遇姦宄어든
잠 우 간 궤

잠시 만난 행인들을 약탈하며 간악한
짓을 한다면

我乃劓殄滅之無遺育하여
아 내 의 진 멸 지 무 유 육

나는 베어 죽여[48] 남겨 두지
않음으로써

---

48 베어 죽여: 원문의 '의진멸지(劓殄滅之)'를 채침은 두 가지 형벌, 즉 죄의 경중에 따른 코 베는 형

無俾易種于玆新邑하리라
무 비 역 종 우 자 신 읍

이 새 도읍에 종자를 옮겨 오지 못하도록 할 것이다.

往哉生生하라
왕 재 생 생

(너희는 새 도읍으로) 가서 길이길이 삶을 이어 가도록 하라!

今予는 **將試以汝遷**하여
금 여 　 장 시 이 여 천

이제 나는 장차 너희를 옮기고

永建乃家하리라
영 건 내 가

너희들에게 길이 살 집을 지어 줄 것이다!"

벌과 사형으로 풀었으나 이어진 구절의 '남겨 두지 않'는다는 말과 상충하므로, 『상서정의』의 풀이에 따라 베어 죽이는 한 가지 형벌로 번역하였다.

제20편
반경 이야기 [반경하盤庚下]

12. 천도 뒤에 열린 화합의 마당

盤庚이 旣遷하사
반 경　　 기 천

반경이 천도하여

奠厥攸居하시고
전 궐 유 거

거주할 곳을 정하고

乃正厥位하사
내 정 궐 위

관직을 바로잡은 뒤,

綏爰有衆하시다
수 원 유 중

이에 백성들을 다독이며 말씀하셨다.

曰無戲怠하여
왈 무 희 태

"놀거나 게으름 피우지 말고

懋建大命하라
무 건 대 명

힘써 대명(大命, 천명)을 세우도록 하라.

今予其敷心腹腎腸하여
금 여 기 부 심 복 신 장

이제 나의 폐부에 있는 생각을 끄집어내어

歷告爾百姓于朕志하니
력 고 이 백 성 우 짐 지

너희 백성들에게 나의 뜻을 낱낱이 고한다.

罔罪爾衆이니
망 죄 이 중

너희들을 죄주지 않을 것이니,

爾無共怒하여
이 무 공 노

너희들도 함께 노하며

恊比讒言予一人하라
협 비 참 언 여 일 인

나 한사람을 헐뜯는 말에 동조하지
말라.

古我先王이
고 아 선 왕

옛날 우리 선왕[탕 임금]께서

將多于前功하리라
장 다 우 전 공

장차 옛사람들보다 더 많은 일을
하시고자

適于山하사
적 우 산

산을 끼고 있는 박읍(亳邑)으로 가시어

用降我凶德하사
용 강 아 흉 덕

우리의 흉악한 홍수의 피해를
감소시켜

嘉積于朕邦하시니라
가 적 우 짐 방

우리나라에 아름다운 공적을
쌓으셨다.

今我民이
금 아 민

우리 백성들이

用蕩析離居하여
용 탕 석 리 거

(홍수에 휩쓸려) 뿔뿔이 쪼개지고
흩어져 살게 되어

罔有定極이어늘 爾謂朕하되
망 유 정 극   이 위 짐

끝내 안정되지 못함에도 너희들은
나에게 말하기를,

曷震動萬民하여 以遷고 하도다
갈 진 동 만 민   이 천

'어찌 만백성을 뒤흔들어 옮기게
하는가' 하였다.

肆上帝將復我高祖之德하사
사 상 제 장 복 아 고 조 지 덕

이에 상제께서 장차 우리 탕 임금의
덕을 회복하여

亂越我家어시늘
란 월 아 가

우리나라에 다스림이 이루어지도록
하려 하시니

朕及篤敬으로 恭承民命하여
짐 급 독 경   공 승 민 명

내가 독실하고 삼가는 신하들과 함께
백성들의 명맥을 공손하게 받들어

用永地于新邑하니라
용 영 지 우 신 읍

새 도읍에 영원한 터전을 만들었다.

肆予冲人이 非廢厥謀라
사 여 충 인   비 폐 궐 모

그러므로 어리석은 나는 (너희들의)
계책을 버린 것이 아니라

吊由靈이며
적 유 령

좋은 의견을 따른 것이고,

各非敢違卜이라
각 비 감 위 복

(너희들) 각자도 감히 (천도의) 점괘를
어기고자 한 것이 아니라

用宏玆賁이니라
용 굉 자 분

이 큰 사업을 크게 이루고자 했던
것이다.[49]

---

49 이상의 네 구절은 천도를 반대하던 권문세족에게 보내는 화해의 메시지이다. 그들이 반대했던

13. 새 도읍에서 관리들이 해야 할 일들

嗚呼라
오 호

아!

邦伯師長百執事之人은
방 백 사 장 백 집 사 지 인

방백[50]들과 공경(公卿)들과 여러
실무자는

尙皆隱哉어다
상 개 은 재

부디 모두 (백성들의 고통을) 아파하도록
하라.

予其懋簡相爾는
여 기 무 간 상 이

내가 힘써 너희들을 뽑아서 인도하는
것은

念敬我衆이니라
염 경 아 중

나의 백성들을 염려하고 경애하기
때문이다.

朕은 不肩好貨하고
짐   불 견 호 화

나는 재물을 좋아하는 자를 임용하지
않고,

敢恭生生하여
감 공 생 생

백성들을 사랑하고 길이길이 잘 살게
하고자

鞠人謀人之保居를
국 인 모 인 지 보 거

그들을 길러 주고 그들이 살 곳을
마련해 주려는 자를

것이 결과적으로 천도를 신중하게 추진하여 완벽하게 성공하도록 하였으며, 반경 자신도 천도를 반대하는 의견을 무작정 물리치려 한 것이 아니라 그 가운데 좋은 의견들을 채택하여 천도를 완수하기 위함이었다고 말함으로써 새 시대의 벽두에 화합의 분위기를 조성하고자 한 것이다.

50 방백: 제후들의 우두머리.

敍欽하노라
서 흠

등용하고 예우할 것이다.

今我旣羞告爾于朕志하니
금 아 기 수 고 이 우 짐 지

이제 나는 너희에게 나아가 나의 뜻을
이미 말했으니

若否를 罔有弗欽하라
약 부　　망 유 불 흠

할 일과 하지 말아야 할 일을 (명심하여)
삼가지

않음이 없도록 하라.

無總于貨寶하고
무 총 우 화 보

재물과 보배를 모으려 하지 말고,

生生으로 自庸하라
생 생　　　　자 용

백성들이 길이길이 잘 살도록 하는
것을 자신의 일로 삼아라.

式敷民德하여
식 부 민 덕

삼가 백성들에게 은덕을 베푸는 일을

永肩一心하라
영 견 일 심

길이 한결같은 마음으로 실천하도록
하라."

제21편
부열을 임명하며 [열명상說命上]

위고문이다. 앞의 「반경」 편을 읽다가 「열명(說命)」으로 넘어오면 답답하던 가슴이 탁 트인다. 무슨 말인지 몰라 답답하다가, 구절마다 눈에 쏙쏙 들어오기 때문이다. 글이 쉽고 논리가 명료하다는 말이다. 그래서 주희도 옛글 같지 않다고 의심했던 것이다. 더구나 이 편은 최근 청화죽간(淸華竹簡)의 발견으로 콕 집어서 가짜라고 적시된 글이기도 하다. 청화죽간에 「부열지명(傅說之命)」 한 편이 있었는데, 이것과 전혀 다른 글이었던 것이다.

'명(命)'은 『서경』의 여섯 문체 가운데 하나로 모두 7편이 있다. 이 가운데 「고명(顧命)」 한 편만 명령한다는 뜻으로 쓰였고, 나머지는 모두 임명한다는 뜻으로 쓰였다. 관리를 임명하면서 격려하거나 경계하는 말들인 것이다. 이 편에는 지금도 우리가 쓰는 성어(成語)들이 많이 들어 있다. 너무나 잘 알려진 유비무환(有備無患)도 여기에 있는 말이고, 가르치는 것이 반은 배우는 것[惟敎學半]이라는 말도 여기서 나온 것이다. 유능한 재상을 가리키는 화갱염매(和羹鹽梅)·대한임우(大旱霖雨)라는 말도 있는데, 국을 끓일 때 소금과 매실로 간을 맞추듯, 긴 가뭄에 장맛비처럼 적절하게 나랏일을 돌보라는 말이다. 그동안 우리는 가짜 글이 만들어 낸 말들을 열심히 써 왔던 것이다.

부열(傅說)은 실존 인물이다. 시기적으로 볼 때 이윤에 이어 등장한 두 번째 명재상이라고 할 수 있을 것이다. 그의 신분은 본문에도 보이는 것처럼 공사장의 막일꾼이었다. 아마 웅지(雄志)를 품고 은인자중하고 있었을 것이다. 그런 그를 무정(武丁)이 등용한다. 무정은 앞에서 만난 반경의 조카로 은상의 22대 임금이다. 반경이 죽자 아우 소신(小辛)이 제위를 이었고, 소신이 죽자 또 그 아우 소을(小乙)이 제위를 이었는데 이 두 임금의 재위 기간 동안 은나라는 내리막길로 내려가고 있었다. 소을은 자신의 아들 무정이 기대할 만하다고 여겼던지 대궐에서 나가 세상 경험을 쌓도록 했다. 서진(西晉) 시기인 279년에 도굴꾼이 전국시대의 무덤을 도굴해서 얻은 『죽서기년(竹書紀年)』에 "(소을) 6년에 세자 무정을 황하 가에 살게 하고 감반(甘盤)에게 배우게 했다"는 기록이 있다. 감반에게 배우고 황하 가에 살았다는 이야기는 이 편의 본문에도 나오는데 아마 이 글의 위작자가 그때 막 발견된 『죽서기년』을 보고 집어넣었을 것이다.

아무튼 부열을 얻은 무정은 내리막을 향하던 은나라를 중흥하고, 죽은 뒤에 고종(高宗)이라는 묘호(廟號)를 받게 된다. 그래서 후세 사람들은 그를 중흥주(中興主) 은고종(殷高宗)이라고 부르고, 그의 시대를 무정성세(武丁盛世)라고 하였다. 반경을 중흥주라고 하지 않는 것을 보면 아마 반경보다 업적이 더 위대했던 모양이다.

1. 꿈에서 만난 부열 찾기

王이 宅憂亮陰三祀하사
왕 택 우 량 암 삼 사

왕이 양암[51]에서 삼 년을 거상하고,

旣免喪하시고
기 면 상

탈상한 뒤에도

其惟弗言이어시늘
기 유 불 언

말씀을 하지 않자,

羣臣이 咸諫于王曰
군 신 함 간 우 왕 왈

여러 신하가 모두 왕에게 간하였다.

嗚呼라
오 호

"아!

知之曰明哲이니
지 지 왈 명 철

지혜로운 것을 명철하다고 하니

明哲이 實作則하나니
명 철 실 작 칙

명철한 분은 실로 (천하의) 기준입니다.

---

51 양암: 상중에 임시로 만든 거처이다. 묘소 곁에 만들어 시묘(侍墓)하기도 하고 별도의 장소에 만들어 상주가 거처하기도 하였다. 양(諒)은 문설주이고, 암(陰)은 암(闇)의 가차자로 여막(廬幕)이라는 뜻이니, 문만 대충 내어 임시로 만든 여막이라는 말이다.

天子惟君萬邦이어시든
천자유군만방

천자는 모든 나라의 임금이시라,

百官이 承式하여
백관 승식

백관들이 그 법도를 받드니

王言을 惟作命하나니
왕언 유작명

왕의 말씀은 곧 명령이 됩니다.

不言하시면
불언

(그러므로 왕께서) 말씀을 하지
않으시면

臣下罔攸稟令하리이다
신하망유품령

신하들은 명령을 받을 곳이 없게
됩니다."

王庸作書以誥曰
왕용작서이고왈

왕이 이에 글을 지어 깨우치셨다.

以台로 正于四方이실새
이이 정우사방

"(하늘이) 나에게 사방을 바로잡도록
하셨으나

台恐德의 弗類하여
이공덕 불류

나는 덕이 (옛사람과) 같지 못함이
두려워,

玆故로 弗言하여
자고 불언

이 때문에 말을 하지 않고

恭黙思道하더니
공묵사도

삼가 묵묵히 도를 생각하였는데,

夢에 帝賚予良弼하시니
몽 제뢰여량필

꿈에 상제께서 나에게 보필할 인재를
보내주시니

其代予言이리라
기대여언

그가 나의 말을 대신하리라."

乃審厥象하사
내심궐상

이에 (꿈에서 본) 그 모습을 자세히
헤아려

俾以形으로 旁求于天下하시니
비 이 형 　 　 방 구 우 천 하

형상을 그려서 천하에 널리 찾게 하니,

說이 築傅巖之野하더니
열 　 축 부 암 지 야

부열이 부암의 들판에서 담을 쌓고
있었는데[52]

惟肖하더라
유 초

비슷하였다.

2. 임금의 요구, 가뭄에 장마 같은 재상

爰立作相하사
원 립 작 상

이에 재상으로 임명하여 세우고

王이 置諸其左右하시다
왕 　 치 저 기 좌 우

왕이 그를 가까이에 두고

命之曰
명 지 왈

명령하셨다.

朝夕에 納誨하여
조 석 　 납 회

"아침저녁으로 깨우침을 주어

以輔台德하라
이 보 이 덕

나의 덕을 돕도록 하라.

若金이어든
약 금

만약 (내가) 쇠라면

用汝하여 作礪하며
용 여 　 작 려

너를 숫돌로 삼을 것이고,

---

52 원문의 부암(傅巖)은 지명으로 현재의 산서성 운성시(運城市) 평륙현(平陸縣) 동쪽 35리 지점
이다. 원문의 '축(築)'을 채침은 '살다[居]'는 뜻으로 보았으나, 『맹자·고자 하(告子下)』에 "부열은
판축(版築)의 사이에서 등용되었다"라는 말이 있으므로 이에 따라 번역하였다. 판축은 담을 쌓
을 때 양쪽에 판을 덧대고 그 안에 흙을 넣어 다지는 일이다.

若濟巨川이어든
약 제 거 천
만약 큰 내를 건넌다면

用汝하여 作舟楫하며
용 여 작 주 즙
너를 배와 노로 삼을 것이며,

若歲大旱이어든
약 세 대 한
만약 큰 가뭄이 든 해라면

用汝하여 作霖雨하리니
용 여 작 림 우
너를 장맛비로 삼을 것이니,

啓乃心하여 沃朕心하라
계 내 심 옥 짐 심
너의 마음을 열어 내 마음을 적시도록
하라.

若藥이 弗瞑眩하면
약 약 불 명 현
약을 먹고 어질어질하지 않다면

厥疾이 弗瘳하며
궐 질 불 추
그 병이 낫지 않으며,

若跣이 弗視地하면
약 선 불 시 지
걸어가면서 땅을 살피지 않으면

厥足이 用傷하리라
궐 족 용 상
그 발을 다칠 것이니,

惟暨乃僚로 罔不同心하여
유 기 내 료 망 부 동 심
너는 동료들과 마음을 같이하여

以匡乃辟하여 俾率先王하여
이 광 내 벽 비 솔 선 왕
너의 임금을 바로잡아 선왕들처럼

迪我高后하여 以康兆民하라
적 아 고 후 이 강 조 민
우리 탕 임금을 본받아 억조 백성들을
편안케 하도록 하라.

嗚呼라
오 호
아!

欽予時命하여 其惟有終하라
흠 여 시 명　　　기 유 유 종

　　　　　　　　나의 이 명령을 삼가 받들어 유종의
　　　　　　　　미를 거두도록 하라!"

3. 부열의 요구, 간언을 받아들이는 임금

說이 復于王曰
열　　복 우 왕 왈

　　　　　　　　부열이 왕에게 대답하였다.

惟木이 從繩則正하고
유 목　　종 승 즉 정

　　　　　　　　"나무가 먹줄을 따르면 발라지고,

后從諫則聖하나니
후 종 간 즉 성

　　　　　　　　임금이 간하는 말을 따르면
　　　　　　　　거룩해집니다.

后克聖이시면
후 극 성

　　　　　　　　임금이 거룩하면

臣不命其承이온
신 불 명 기 승

　　　　　　　　신하들이 명령하지 않아도 받드는데,

疇敢不祇若王之休命하리잇고
주 감 부 지 약 왕 지 휴 명

　　　　　　　　누가 감히 왕의 아름다운 명령을 삼가
　　　　　　　　따르지 않겠습니까."

제22편
부열을 임명하며 [열명중說命中]

4. 재상이 된 부열, 간언을 시작하다

惟說이 命으로 總百官하니라
유 열   명   총 백 관

부열이 명을 받아 백관들을 거느리게 되었다.

乃進于王曰 嗚呼라
내 진 우 왕 왈 오 호

이에 왕께 나아가 말하였다. "아!

明王이 奉若天道하사
명 왕   봉 약 천 도

밝으신 선왕들께서 천도를 받들고 따르시어

建邦設都하여
건 방 설 도

나라를 세우고 도읍을 건설해

樹后王君公하시고
수 후 왕 군 공

천자와 제후를 세우고

承以大夫師長하사든
승 이 대 부 사 장

공경대부들이 받들게 한 것은

不惟逸豫라
불 유 일 예

(임금 혼자) 편안히 즐기려는 것이 아니라

惟以亂民이니이다
유 이 란 민

백성을 잘 다스리고자 한 것입니다.

5. 하늘을 본받는 임금 되기

惟天이 聰明하시니
유 천　　총 명

하늘은 귀와 눈이 밝으시니

惟聖이 時憲하시면
유 성　　시 헌

성군이 이를 본받으시면,

惟臣이 欽若하며
유 신　　흠 약

신하들이 삼가 순종하며

惟民이 從乂하리이다
유 민　　종 예

백성들도 따라서 다스려질 것입니다.

6. 전쟁을 삼가는 임금 되기

惟口는 起羞하며
유 구　　기 수

입을 (가볍게 놀리면) 부끄러운 일이
생기고

惟甲冑는 起戎하나니이다
유 갑 주　　기 융

갑옷과 투구를 (경솔하게) 사용하면
전쟁이 일어납니다.

惟衣裳을 在笥하시며
유 의 상　　재 사

관복을 상자에 담아 두고 (함부로 주지
말 것이며),

惟干戈를 省厥躬하사
유 간 과　　성 궐 궁

방패와 창으로 (죄인을 토벌할 때는
정당한지) 자신을 살피십시오.

王惟戒玆하사
왕 유 계 자

왕께서 이런 일들을 경계하여

允玆克明하시면
윤 자 극 명

상황에 부합하도록 분명하게 하신다면,

乃罔不休하리이다
내 망 불 휴

아름답지 않음이 없을 것입니다.

7. 공정하게 인사 하는 임금 되기

惟治亂이 在庶官하니
유 치 란   재 서 관

다스려지고 어지러움이 관리들에게 달려 있으니,

官不及私昵하사
관 불 급 사 닐

벼슬은 사사로이 친한 사람에게 줄 것이 아니라

惟其能하시며
유 기 능

능력 있는 사람을 등용할 것이며,

爵罔及惡德하사
작 망 급 악 덕

작위는 악덕한 자에게 내릴 것이 아니라

惟其賢하소서
유 기 현

어진 사람에게 주십시오.

8. 그 밖에도 임금이 해야 할 일들

慮善以動하시되
려 선 이 동

이치에 합당하다고 생각되면 행동하되

動惟厥時하소서
동 유 궐 시

때에 맞게 움직이십시오.

有其善하면 喪厥善하고
유 기 선　　상 궐 선

자신을 선하다고 여기면 선함을 잃게
되고

矜其能하면 喪厥功하리이다
긍 기 능　　상 궐 공

능력을 자랑하면 공훈을 잃게 될
것입니다.

惟事事乃其有備니
유 사 사 내 기 유 비

(미리) 할 일을 하는 것이 대비가 있는
것이니

有備라사 無患하리이다
유 비　　무 환

대비가 있으면 근심이 없을 것입니다.

無啓寵하사 納侮하시며
무 계 총　　납 모

지나친 사랑을 쏟다가 모욕을 당하지
말고

無恥過하사 作非하소서
무 치 과　　작 비

허물을 부끄러워하여 (숨기려다) 비리를
만들지 마십시오.

惟厥攸居이라사
유 궐 유 거

처신할 바를 (이와 같이 하고자)
생각하신다면

政事惟醇하리이다
정 사 유 순

정사가 순박해질 것입니다.

黷于祭祀時謂弗欽이니
독 우 제 사 시 위 불 흠

제사를 성의 없이 지내는 것, 이것을
일러 불경스럽다고 하고

禮煩則亂이라
례 번 즉 란

예절이 번거로우면 난잡해지니,

事神則難하니이다
사 신 즉 난

귀신을 섬기기가 어려운 것입니다.”

9. 간언을 받아들이는 아름다운 임금

王曰 旨哉라 說아
왕왈 지재 열

왕이 말씀하셨다. "아름답도다! 부열이여!

乃言이 惟服이로다
내언 유복

너의 말들은 모두 실천할 만한 가치가 있는 말들이로다!

乃不良于言하던들
내불량우언

네가 훌륭한 말을 하지 않았더라면

予罔聞于行이로다
여망문우행

내가 듣고 행할 수 없었을 것이다."

說이 拜稽首曰
열 배계수왈

부열이 절하고 머리를 조아리며 말했다.

非知之艱이라 行之惟艱이나
비지지간 행지유간

"알기가 어려운 것이 아니라 행하기가 어렵습니다만

王忱不艱이라
왕침불간

왕께서 정성을 다해 행하신다면 어렵지 않으리니

允恊于先王成德하시리니
윤협우선왕성덕

참으로 선왕이 이루신 덕과 부합할 수 있을 것입니다.

惟說이 不言하면
유열 불언

(이러함에도) 제가 말씀을 드리지 않는다면

有厥咎하리이다
유궐구

그 허물이 (저에게) 있는 것입니다."

제23편
부열을 임명하며 [열명하說命下]

10. 재상의 길, 술 빚을 때 누룩처럼 국 끓일 때 소금처럼

王曰 來汝說아
왕 왈 래 여 열

왕이 말씀하셨다. "오너라, 너 부열이여!

台小子舊學于甘盤하더니
이 소 자 구 학 우 감 반

나 소자는 옛날 감반[53]에게 배웠는데,

既乃遯于荒野하며
기 내 둔 우 황 야

마침내 황야에 숨었다가

入宅于河하며
입 택 우 하

다시 황하의 물가로 들어가 살았으며,

自河徂亳하여
자 하 조 박

황하에서 또 박읍(亳邑)으로 옮겨
다니느라

暨厥終하여 罔顯이라
기 궐 종   망 현

끝내 학문을 이루어 드러내지 못했다.[54]

---

53 감반: 은고종 무정 때의 명신으로 알려져 있다. 본 책의 하권 「주서(周書)·군석(君奭)」 편에, 주공(周公)이 은나라의 신하들을 거명하면서 "무정 때에는 감반과 같은 사람이 있었다"고 한 구절이 있고, 『죽서기년(竹書紀年)』에 소을이 무정을 "감반에게 배우게 했다"는 구절과 "무정 원년에 감반을 경사(卿士)에 임명했다"는 구절이 있다. 이 밖에도 갑골복사(甲骨卜辭)에 '사반(師般)'이라는 호칭이 여러 차례 보이는데 연구자들은 감반을 가리키는 것으로 보고 있다.

爾惟訓于朕志하여
이 유 훈 우 짐 지

너는 나의 뜻을 잘 이끌어

若作酒醴어든
약 작 주 레

술을 빚을 때

爾惟麴糵이며
이 유 국 얼

누룩처럼,

若作和羹이어든
약 작 화 갱

조미된 국을 끓일 때

爾惟鹽梅라
이 유 염 매

소금과 매실처럼,

爾交修予하여 罔予棄하라
이 교 수 여   망 여 기

너는 나를 거듭 가다듬고 나를 버리지
마라!

予惟克邁乃訓하리라
여 유 극 매 내 훈

나는 너의 가르침을 실천할 것이다."

11. 임금의 길, 배움은 끝이 없나니

說曰
열 왈

부열이 말하였다.

王이여 人을 求多聞은
왕   인   구 다 문

"왕이시여! 사람을 찾을 때, 견문이
많은 자를 찾는데

時惟建事니
시 유 건 사

이것은 사업을 세우고자[이루고자]
하는 것입니다.

---

54 이상 네 구절은, 무정의 부왕(父王) 소을이 백성의 고통을 알도록 하기 위해 무정을 민간에 살게
한 내력을 말한 것이다. 그러므로 젊은 날 비록 감반에게 배웠으나 학문을 성취할 겨를이 없었다
는 말이다.

學于古訓하여서 乃有獲하리니
학 우 고 훈　　　　내 유 획

옛사람들의 가르침을 배워야 얻는 것이 있으리니

事不師古하고
사 불 사 고

(국가를 경영하는) 일에 옛것을 본받지 않고

以克永世는
이 극 영 세

영원히 이어 나갈 수 있다는 말을

匪說의 攸聞이로소이다
비 열　　유 문

저는 들어 보지 못했습니다.

惟學은 遜志니
유 학　　손 지

배움에 겸손한 뜻을 품고

務時敏하면
무 시 민

언제나 민첩하게 힘을 쏟는다면

厥修乃來하리니
궐 수 내 래

그 결과가 나타날 것이니

允懷于玆하면
윤 회 우 자

저의 말을 믿고 깊이 생각하신다면

道積于厥躬하리이다
도 적 우 궐 궁

도가 나에게 쌓일 것입니다.

惟斅는 學半이니
유 효　　학 반

가르치는 것은 배움의 절반 과정이니[55]

念終始를 典于學하면
념 종 시　　전 우 학

시종일관 배우는 것을 위주로 생각한다면

厥德修를 罔覺하리이다
궐 덕 수　　망 각

나의 덕이 닦이는 것을 자신도 깨닫지 못할 것입니다.

---

55 처음에는 스스로 배우지만 나머지 반은 남을 가르치면서 배운다는 말이다.

監于先王成憲하사
감 우 선 왕 성 헌

선왕들께서 이루어 놓으신 법도를 살펴

其永無愆하소서
기 영 무 건

길이 허물이 없도록 하신다면,

惟說이 式克欽承하여
유 열　　　 식 극 흠 승

저는 삼가 (왕의 뜻을) 받들어

旁招俊乂하여
방 초 준 예

널리 빼어난 인재들을 초빙해

列于庶位하리이다
열 우 서 위

여러 자리에 배치하겠습니다."

12. 신하는 임금의 팔과 다리이니

王曰 嗚呼라 說아
왕 왈 오 호　　 열

왕이 말씀하셨다. "아! 부열이여!

四海之內 咸仰朕德은
사 해 지 내 함 앙 짐 덕

온 천하가 모두 나의 덕을 우러르는 것,

時乃風이니라
시 내 풍

이것은 너의 교화 덕분이다.

股肱이라서 惟人이며
고 굉　　　　 유 인

팔다리가 있어야 사람이 될 수 있으며

良臣이라서 惟聖이니라
량 신　　　　 유 성

훌륭한 신하가 있어야 성군이 될 수 있다.

昔先正保衡이
석 선 정 보 형

옛적 선대의 현인이었던 보형[56]이

作我先王하여 乃曰
작 아 선 왕　　　 내 왈

우리 선왕을 분발하게 하고자

---

56 보형: 아형(阿衡)과 같은 뜻으로 이윤을 말한다.

予弗克俾厥后로
여 불 극 비 궐 후

惟堯舜이면
유 요 순

其心愧恥가 若撻于市하며
기 심 괴 치　　약 달 우 시

一夫라도 不獲이어든
일 부　　　　불 획

則曰時予之辜라 하여
즉 왈 시 여 지 고

佑我烈祖하여
우 아 렬 조

格于皇天하니
격 우 황 천

爾尙明保予하여
이 상 명 보 여

罔俾阿衡으로 專美有商하라
망 비 아 형　　　전 미 유 상

惟后는 非賢이면 不乂하고
유 후　　비 현　　　불 예

惟賢은 非后면 不食하나니
유 현　　비 후　　불 식

'내가 우리 임금을

요순같이 되게 하지 못한다면

마음이 부끄러워 시장에서 매질당하는
듯하다' 하였고,

한 명의 백성이라도 (살아갈 방도를)
얻지 못하면

'이것은 나의 허물이다' 하여

우리 위대하신 선조를 도와

(공로가) 하늘에 이르렀으니,

너는 부디 힘써[57] 나를 지켜

이윤이 상나라에서 (왕을 잘 보필한)
아름다움을 독차지하지 않도록 하라.

임금은 현자를 얻지 못하면 다스리지
못하고

현자는 임금이 아니면 녹을 먹지
못하니,

57　힘써: 청대의 고증학자 왕인지는 『서경』의 '명(明)'을 대부분 '면(勉)'의 뜻으로 보았다.

其爾克紹乃辟于先王하여
기 이 극 소 내 벽 우 선 왕

너는 반드시 너의 임금이 선왕을 이어

永綏民하라
영 수 민

길이 백성들을 안녕케 하도록 하라."

說이 拜稽首曰
열   배 계 수 왈

부열이 절하고 머리를 조아리며
말하였다.

敢對揚天子之休命하리이다
감 대 양 천 자 지 휴 명

"감히 천자의 아름다운 명령을 받들어
널리 알리겠습니다."

제24편
고종이 제사 지낸 다음 날 [고종융일高宗肜日]

『금문상서』이다. 『사기·은본기(殷本紀)』에는 은고종 무정과 관련하여 두 가지 이야기가 실려 있다. 하나는 꿈에서 본 부열을 부험(傅險)에서 찾았다는 이야기이고, 다른 하나가 이 편의 이야기이다. 사마천의 설명은 이렇다. "무정이 탕 임금을 제사 지낸 다음 날 꿩이 날아와 솥귀에 앉아 울었다. 무정이 두려워하자 조기(祖己)가 말하였다." 무정은 제사를 주관하는 사람이고 제사의 대상은 탕 임금이었다는 말이다. 「상서」 각 편의 유래를 설명한 가짜 글 「서서(書序)」에도 이렇게 기록되어 있으니, 아마 사마천의 말을 베낀 것일 게다. 채침은 제사의 대상은 무정의 아버지 소을이라고 하여 「서서」를 부정한다. 송말 원초의 성리학자 김이상(金履祥)은, 무정은 주제자(主祭者)가 아니라 피제자(被祭者)이고 주제자는 23대 임금 조경(祖庚)이라고 주장했다. 이 편에 등장하는 조기는 무경의 맏아들이고 조경의 이복형인데 왕위 계승에서 동생에게 밀렸던 인물이다. 김이상의 주장을 따른다면, 조경과 조기가 아버지 무정을 제사 지내다가 이변(異變)이 일어나자 형이 동생을 훈계하는 글이 된다. 갑골문이 공개되면서 이 문제는 더 많은 논쟁을 불러일으켰지만 이쯤에서 그치기로 한다.

은나라 사람들이 제사를 무척 중시하였음은 이미 잘 알려진 일인데, 갑골문에 따르면 선왕의 제사는 3일에 걸쳐 이루어졌다. 선왕의 이름에 들어 있는 천간(天干)의 날에 제사를 지냈으니, 무정의 제사는 정일(丁日)에 지내고 조경의 제사는 경일(庚日)에 지내는 식이다. 그리고 이날을 기준으로 그 앞날과 뒷날에도 제사를 지내는데, 어떤 연구자에 의하면 전날 지내는 제사가 융석(肜夕) 제사이고 정식 제사가 융일(肜日) 제사이고 뒷날 지내는 제사가 융약(肜龠) 제사였다고 한다. 앞의 설들과 연결시켜 참신하게 말하면 '고종융일(高宗肜日)'은 '고종의 제삿날'로 해석될 수도 있다는 말이다.

이 편은 인간의 행위와 이변의 관계에 대한 논의이다. 천명에 의지해 살아가는 사람들이기에 일회성 자연 현상에 민감했다. 제삿날 꿩이 날아와서 솥귀에 앉

아 우는 것도 늘 있는 일이 아니었다. 조기는 인간의 부당한 행위에 대한 경고
라고 했고, 그 부당한 행위는 아버지 제사만 풍성하게 지낸 것이라고 한다.

1. 제삿날에 일어난 이변

高宗肜日에 越有雊雉어늘
고 종 융 일   월 유 구 치

고종이 (아버지를) 제사 지낸 다음 날
제사[58]에서 꿩이 울자

祖己曰 惟先格王코사
조 기 왈 유 선 격 왕

조기[59]가 "먼저 왕을 바로잡고서

正厥事하리라
정 궐 사

이 일을 바로잡겠다" 했다.

2. 인간의 불의에 대한 하늘의 경고이니

乃訓于王曰
내 훈 우 왕 왈

마침내 (다음과 같이) 왕을 깨우쳤다.

惟天이 監下民하시되
유 천   감 하 민

"하늘이 사람을 살피실 때는

典厥義니
전 궐 의

의로움을 기준으로 살피십니다.

---

58 다음 날 제사: 원문의 융(肜)은 제사 지낸 다음 날 또 지내는 은나라 제사의 이름이다. 주나라에
    서는 이 제사를 역(繹)이라고 하였다.
59 조기: 22대 임금 무정의 맏아들이며 23대 임금 조경의 형으로 효성이 지극하였던 것으로 알려
    져 있다. 갑골문에는 효기(孝己)라는 이름으로 여러 차례 보인다. 전해 오는 이야기에 따르면 조
    기와 조경은 이복형제였고, 조경의 모친이 음해하여 왕위를 계승하지 못했다고 한다.

降年이 有永有不永은
강 년　유 영 유 불 영

생존할 햇수를 주는 것이 길기도 하고 짧기도 한 것은

非天이 夭民이라
비 천　요 민

하늘이 사람들을 일찍 죽게 하려는 것이 아니라

民中絶命이니이다
민 중 절 명

사람이 (불의를 행하여 스스로) 중간에 목숨을 끊는 것입니다.

民有不若德하며
민 유 불 약 덕

사람들이 덕을 따르지 않고

不聽罪할새
불 청 죄

죄를 인정하지 않기 때문에

天旣孚命으로
천 기 부 명

하늘이 그것에 부합하는 목숨을 주어 (경고함으로써)

正厥德이시어늘
정 궐 덕

그들이 바른 덕을 행하게 하고자 한 것인데

乃曰其如台아
내 왈 기 여 이

마침내 그들은 '(하늘이) 나를 어쩌랴!'라고 합니다.

3. 선왕들의 제사를 모두 잘 받들어야

嗚呼라
오 호

아!

王司敬民하시니
왕 사 경 민

임금은 백성을 공경하는 일을 맡아

罔非天胤이시니
망 비 천 윤

(선왕들이 모두) 하늘의 자손 아님이
없으니,

典祀를 無豐于昵하소서
전 사 　 무 풍 우 닐

제사를 주관하면서 가까운 사당에만
풍성하게 하지 마십시오."60

---

60 이상의 세 구절은, 임금은 하늘을 대신하여 백성을 섬기는 일을 하는 하늘의 자식들이므로 동일
하게 존중받아야 할 대상인데 지금 왕이 아버지의 제사만 다른 임금들보다 풍성하게 지내는 잘
못을 저질렀으므로 꿩이 와서 우는 이변이 있었다는 말이다.

제25편
서백이 여나라를 이기다 [서백감려西伯戡黎]

『금문상서』이다. 서백(西伯)은 후일의 주문왕(周文王)이다. 드디어 주나라 왕업의 기반을 닦은 걸출한 인물 문왕이 등장했다. 상대적으로 은나라의 멸망은 눈앞의 일이 되었다. 문왕은 서쪽 기산(岐山, 섬서성 기산현岐山縣)에 웅거하고 있던 '서쪽 제후들의 우두머리[西伯]'였다. 성은 희(姬)이고 이름은 창(昌)이며 아버지는 계력(季歷)이고 어머니는 태임(太妊)이다. 그의 할아버지가 일족들을 거느리고 빈(豳, 섬서성 빈주현彬州縣)에서 기산으로 이주하여 착실하게 세력을 다졌는데, 문왕 때에 이르자 천하의 3분의 2가 복속하였다. 비록 그의 생애는 임금이 되어 보지 못하고 서백으로 끝났지만, 희창(姬昌)은 어질고 유능한 인물이었다. 오죽하면 그런 아들을 낳고 싶었던 조선의 여인들이 이름이나 호를 모임(慕妊)이니 사임(師妊)이니 하면서 문왕의 어머니가 되고 싶어 했겠는가!

이 편의 제목에 서백이 들어 있지만, 서백은 주인공이 아니다. 이 편에는 강성한 여나라를 정벌하는 서백의 세력을 보고 놀란 조이(祖伊)가, 은나라의 마지막 임금 주왕(紂王)에게 반성을 촉구한 말이 실려 있다. 조이는 주왕의 신하였는데, 앞에 나온 탕 임금의 신하 중훼의 후손이라고도 하고, 무정의 왕위 계승에서 실패한 조기의 후손이라고도 한다. 조기의 후손이라면 주왕의 친족이니, 정서상으로 은나라의 멸망을 막고 싶었을 것이다. 주왕에게 달려가 당신이 "음란하고 놀기를 일삼아" 나라가 망할 지경이라고 심하게 꾸짖는다. 그래서 백성들도 나라가 망하기를 바라고 있다고 덧붙인다. 그러나 주왕은, 내 목숨은 하늘에 달려 있다고 호언장담하면서 반성하지 않는다. 이러고서도 나라가 망하지 않을 수는 없다. 주나라의 왕업은 필연인 것이다. 아마 이 편은 주나라 때 기록되었을 것이다.

1. 조이가 주왕의 황음을 충간하다

西伯이 旣戡黎어늘
서 백　　　기 감 려

서백[61]이 여나라[62]와 싸워 승리하자,

祖伊恐하여
조 이 공

조이[63]가 두려워하여

奔告于王하니라
분 고 우 왕

임금에게 달려가 고하였다.

曰天子하
왈 천 자

"천자시여!

天旣訖我殷命이라
천 기 흘 아 은 명

하늘이 우리 은나라의 명맥을 끊어

格人元龜가
격 인 원 귀

지혜로운 사람들과 큰 거북[64]이

罔敢知吉이로소니
망 감 지 길

감히 길함을 알지 못합니다.

非先王이 不相我後人이라
비 선 왕　　　불 상 아 후 인

(이는) 선왕들께서 우리 뒷사람을 돕지
않는 것이 아니라

惟王이 淫戲하여
유 왕　　　음 희

왕이 황음하고 놀기를 일삼아

61　서백: 주문왕 희창(姬昌)의 작호(爵號)이다. 아버지로부터 세습하였다고도 하고, 자신이 당대
　　에 천하의 3분의 2를 차지하자 주왕이 회유하기 위해 봉했다고도 한다. 서쪽 지역 제후들의 우두
　　머리라는 의미이다.

62　여나라: 여(黎)는 현재의 산서성 장치시(長治市) 일대에 있었던 오래된 나라이다. 은나라의 속
　　국으로 인구도 많고 세력도 강성하여 문왕이 장차 은을 치기 위해 그냥 두면 화근이 될 여나라
　　를 먼저 정벌했다고 한다. 이 정벌이 참혹하여 가축까지도 남아나지 않았다는 이야기가 전하고
　　있다. 백성을 여민(黎民)이라고 하는데, 옛날 여나라의 인구가 많았던 데서 유래하였다고 한다.

63　조이: 주왕의 신하로, 앞 편에서 본 조기의 후손이라고도 하고 탕 임금의 신하 중훼의 후손이라
　　고도 한다.

64　큰 거북: 원귀(元龜)는 복점(卜占)에 사용하는 거북을 가리키는 특수 용어인데, '원(元)'에 대(大)
　　의 뜻이 있으므로 큰 거북으로 번역했다.

用自絶이니이다
용 자 절

스스로 망치는 것입니다.

故天이 棄我하사
고 천　　기 아

그러므로 하늘이 우리를 버려,

不有康食하며
불 유 강 식

(우리 백성들이) 편안히 먹지 못하고

不虞天性하며
불 우 천 성

타고난 (착한) 본성을 헤아리지 못해

不迪率典하니이다
부 적 솔 전

따라야 할 법도를 따르지 않습니다.

今我民이
금 아 민

지금 우리 백성들은

罔弗欲喪曰
망 불 욕 상 왈

(나라가) 망하기를 바라지 않는 사람이 없어,

天은 曷不降威며
천　　갈 불 강 위

'하늘은 어찌하여 무서운 벌을 내리지 않고,

大命은 不摯오
대 명　　부 지

천명을 받을 사람은 오지 않는가!

今王은 其如台라 하나이다
금 왕　　기 여 이

지금의 왕은 어쩔 수 없도다!'라고 합니다."

2. 조이도 포기한 주왕

王曰 嗚呼라
왕 왈 오 호

임금이 말하였다. "아!

我生은 不有命이 在天가
_{아 생 불 유 명 재 천}

내가 사는 것은 목숨이 하늘에 달려 있기 때문이 아니던가!"[65]

祖伊反曰 嗚呼라
_{조 이 반 왈 오 호}

조이가 돌아와 말하였다. "아!

乃罪多參在上이어늘
_{내 죄 다 삼 재 상}

그대의 죄가 하늘에 빽빽이 나열되어 있는데,

乃能責命于天가
_{내 능 책 명 우 천}

그대가 하늘에게 목숨을 요구할 수 있는가!

殷之卽喪이로소니
_{은 지 즉 상}

은나라가 곧 망하게 되었으니

指乃功한대
_{지 내 공}

그대가 한 일을 따져 보건대,

不無戮于爾邦이로다
_{불 무 륙 우 이 방}

당신의 나라가 도륙을 면할 수 없으리라!"

---

65 이 구절은, '내 운명은 하늘에 달려 있는데 감히 백성들이 나를 어쩐다는 말인가'라는 오만한 뜻이다.

제26편
미자 이야기 [미자微子]

『금문상서』이다. 은나라의 멸망을 안타까워한 사람이 또 있었다. 미자(微子)는 주왕의 이복형인데 어머니의 신분이 미천하여 제위를 계승하지 못했다. 앞 편의 조이는 주왕이 말을 듣지 않자 집으로 돌아와서 은나라가 장차 망하겠구나 하면서 탄식만 하고 있었지만, 왕자였던 미자는 방법을 강구해야 했다. 자신의 숙부인 기자(箕子)와 비간(比干)에게 방책을 물었다. 기자는 그에게 떠나가기를 권유한다. 한 사람이라도 이 혹독한 시대에서 살아남아야 후세까지 은나라의 명맥을 이어 갈 수 있기 때문이다. 그러면서 기자 자신은 여기 우뚝 서서 은나라의 재난을 온몸으로 감당하겠다고 한다. 목숨이 오가는 모진 시대에서 처지에 따라 각자가 갈 길을 가는 충신들의 모습이 눈물겹다.

그래서 미자는 떠나가 숨었고, 기자와 비간은 조카인 주왕에게 간언했다. 결국 기자는 갇혔다가 종이 되었고, 비간은 조카에게 죽임을 당했다. 전해 오는 이야기에 따르면, 주왕이 성인(聖人)은 심장에 일곱 개의 구멍이 있다고 하는데 확인해 보자며 비간의 가슴을 갈라 심장을 꺼냈다고 하니 참혹하다. 500년의 역사를 가진 유서 깊은 나라가 망하는데 이런 충신들이 없을 수 없으니, 공자는 이들을 은나라의 어진 세 사람[三仁]이라고 하였다. 후일 주무왕(周武王)은 비간을 송(宋)나라의 제후로 봉해 조상의 제사를 받들도록 했다. 기자의 심모원려(深謀遠慮)가 이루어진 것이다. 주 무왕은 또 기자를 찾아가 새 왕조를 도와주기를 청했으나, 은나라의 유신(遺臣)이 다른 나라의 종노릇을 할 리 없었다. 무왕이 다시 가르침을 청하자 「홍범(洪範)」 한 편을 주었다고 한다. 이 이야기는 「홍범」 편에서 보기로 하자.

1. 무너지는 은나라

微子若曰
미 자 약 왈

미자[66]가 이렇게 말하였다.

父師少師아
부 사 소 사

"부사[67]여! 소사[68]여!

殷其弗或亂正四方이로소니
은 기 불 혹 난 정 사 방

은나라가 아마도 사방을 바로 다스리지 못할 듯합니다.

我祖底遂陳于上이어시늘
아 조 지 수 진 우 상

우리 선조 탕 임금은 공을 이루어 하늘에 계시거늘

我用沈酗于酒하여
아 용 침 후 우 주

우리 (임금은) 술에 빠져 주사를 부리며

用亂敗厥德于下하니이다
용 란 패 궐 덕 우 하

아래에서 그 덕을 어지럽혀 망치고 있습니다.

殷이 罔不小大히
은   망 불 소 대

은나라 사람들이 지위고하를 막론하고

好草竊姦宄어늘
호 초 절 간 궤

훔치고 빼앗기를 좋아하지만,

---

66 미자: 은나라 30대 임금 제을(帝乙)의 서자로 주왕의 서형(庶兄)이라고 한다. 이름은 계(啓)이다. 후일 주무왕에 의하여 송나라에 봉해졌다.
67 부사: 채침은 삼공(三公)의 하나인 태사(太師)와 같은 말로 기자(箕子)를 가리킨다고 하였다. 기자는 은나라 29대 임금 문정(文丁)의 아들이며 주왕의 숙부라고 한다. 『논어·미자(微子)』에, "미자는 떠나가고, 기자는 종이 되었으며, 비간은 간하다가 죽었다."라고 하였는데, 기자와 비간이 함께 주왕에게 간언하자 비간은 죽이고 기자는 신분을 노비로 격하시켜 옥에 가두었다고 한다.
68 소사: 삼공의 다음 직급으로 삼공을 보좌하는 벼슬인데, 채침은 왕자 비간(比干)을 가리킨다고 하였다. 비간은 문정의 서자로 주왕의 숙부인데, 주왕의 실정(失政)을 간하다가 가슴을 가르는 형벌을 받고 죽었다고 한다.

卿士師師非度하여
경 사 사 사 비 도

벼슬아치들이 법도에 어긋난 짓을
서로 본받아

凡有辜罪乃罔恒獲한대
범 유 고 죄 내 망 항 획

허물과 죄가 있는 자들이 정당한 벌을
받지 않으니,

小民이 方興하여
소 민　　방 흥

백성들이 기세등등하여

相爲敵讎하나니
상 위 적 수

서로 원수처럼 싸우고 있습니다.

今殷其淪喪이
금 은 기 륜 상

지금 은나라가 몰락해 가는 것이

若涉大水에
약 섭 대 수

마치 큰물을 건너가려 하는데

其無津涯하니
기 무 진 애

물가에 나루터가 없는 것과 같으니,

殷遂喪이 越至于今이니이다
은 수 상　　월 지 우 금

은나라가 드디어 망할 날이
지금입니다."

2. 떠나가는 신하들

曰父師少師아
왈 부 사 소 사

(미자가) 말하였다. "부사여! 소사여!

我其發出狂할새
아 기 발 출 광

우리 (임금이) 미친 짓을 쏟아 내자

吾家耄遜于荒이어늘
오 가 모 손 우 황

우리 국가의 원로들이 황야로 숨고
있는데,

今爾無指告予顚隮하나니
금 이 무 지 고 여 전 제

지금 당신들은 이 무너져 가는 상황에서 나에게 가르침을 주지 않으니

若之何其오
약 지 하 기

어찌해야 합니까?"

3. 같은 길 다른 방법, 떠나는 미자와 지키는 기자

父師若曰
부 사 약 왈

부사가 다음과 같이 말하였다.

王子하 天毒降災하사
왕 자   천 독 강 재

"왕자여! 하늘이 재앙을 모질게 내려

荒殷邦이어시늘
황 은 방

은나라를 황폐케 하는데,

方興하여 沈酗于酒하도다
방 흥   침 후 우 주

(임금은) 기세등등하여 술에 빠져 주사를 부리고 있습니다.

乃罔畏畏하여
내 망 외 외

두려워할 것을 두려워하지 않고,

咈其耉長舊有位人하도다
불 기 구 장 구 유 위 인

벼슬자리에 나온 지가 오래된 원로들을 거역하고 있습니다.

今殷民이
금 은 민

지금 은나라 백성들이

乃攘竊神祇之犧牷牲이어늘
내 양 절 신 기 지 희 전 생

신에게 바치는 희생[69]을 빼앗고 훔치는 것을

用以容하여 將食無災하도다 용인하여, 가져가 먹어도 재앙이
용 이 용　　　 장 식 무 재 없습니다.

降監殷民하니 은나라의 백성들을 굽어 살펴보니,
강 감 은 민

用乂讐斂이로소니 (임금이) 다스린다고 하면서 원수에게
용 예 수 렴 빼앗듯이 거두어들이며

召敵讐不怠하여 (백성을) 적으로 만들기를 부지런히
소 적 수 불 태 하고 있으니

罪合于一하니 (임금과 백성의) 죄가 하나가 되어
죄 합 우 일

多瘠이라도 罔詔로다 굶주려 죽는 자가 많아도 하소연할
다 척　　　 망 조 데가 없습니다.

商이 今其有災하리니 상나라에 이제 재앙이 있을 것이니,
상　 금 기 유 재

我는 興受其敗하리라 나는 일어서서 그 패망을 감당할
아　 흥 수 기 패 것이지만,

商其淪喪이라도 상나라가 몰락하더라도
상 기 륜 상

我罔爲臣僕하리라 나는 (다른 사람의) 신하 노릇은 하지
아 망 위 신 복 않을 것입니다.

詔王子出迪하노니 왕자에게 권유하건대, 당신은 떠나는
조 왕 자 출 적 것이 도리에 맞습니다.

69　희생: 원문의 '희전생(犧牷牲)'은 색이 섞이지 않은[犧], 온전한 형체[牷]의 제물[牲]을 뜻한다.

我舊云이 刻子로다
아 구 운　　각 자

내가 옛날에 말한 것[70]이 그대를
해치게 될 것이니

王子弗出하면
왕 자 불 출

왕자가 떠나가지 않는다면

我乃顚隮하리라
아 내 전 제

우리의 종사가 무너질 것입니다.[71]

自靖하여
자 정

각자의 처지에 따라 편안한[적절한]
방식으로

人自獻于先王이니
인 자 헌 우 선 왕

사람마다 스스로 선왕에게 (충성을)
바칠 것이니,

我는 不顧行遯하리라
아　　 불 고 행 둔

나는 떠나가 숨을 생각이 없습니다."

---

70 옛날에 말한 것: 채침의 설명에 따르면, 기자가 일찍이 제을에게 다음 왕위를 미자에게 물려줄
    것을 권유하였으나 제을이 듣지 않고 주왕을 세운 사실을 말한다. 주왕은 이 일에 원한을 품고
    미자를 죽이려고 할 것이라는 말이다.
71 이 두 구절은 은나라가 망하더라도 미자가 명맥을 유지하여 조상의 제사를 받들어야 함을 말한
    것이다.

제IV부
주나라의 기록
[주서周書]

500여 년을 이어 온 은상(殷商)은 31대 주(紂)에 이르러 망하게 된다. 주의 이름은 수(受)이고 왕호는 제신(帝辛)이다. 그는 매우 총명하여, 신하들의 그 어떤 간언도 무위로 돌려 버릴 만큼 언변이 뛰어났다고 한다. 대외적으로는 동방의 여러 부족을 정벌하여 은나라의 영토를 확장했다. 대략 30년쯤 재위한 것으로 추정되는데, 그와 관련된 성어(成語)들이 그의 폭정을 대변하고 있다. 술로 못을 만들고 고기로 숲을 만들어 향락하였다는 주지육림(酒池肉林)이나, 기름을 칠한 구리 기둥을 불 위에 가로로 걸쳐 놓고 죄인을 걸어가게 하였다는 포락지형(炮烙之刑), 암탉이 새벽에 울면 집안이 망한다는 빈계사신(牝鷄司晨) 등이 그러하다.

그런데 이 성어들은 모두 한 여인과 관계가 있다. 유소씨(有蘇氏)의 여인이었던 달기(妲己)는 미모가 출중했다. 주가 유소씨를 정벌하고 얻은 전쟁 포로였는데, 그녀를 얻고부터 주가 정사를 게을리했다고 한다. 주지육림에서 그녀와 함께 놀았고, 포락지형을 보면서 그녀가 박수를 쳤으며, 빈계사신은 그녀를 가리킨 말이다. 주나라의 왜곡된 기록이라는 설도 있지만, 이것이 만약 사실이라면 나라가 망하지 않을 수 없다. 마침내 서쪽 기산(岐山, 섬서성 기산현岐山縣)에서 세력을 키워 온 주족(周族)이 일어난다.

주족의 시조는 순임금이 농사를 담당하는 관리로 임명했던 후직(后稷)인데, 봉지(封地)는 태(邰, 섬서성 무공현武功縣)였다. 후직의 먼 후손인 공류(公劉)가 빈(豳/邠, 섬서성 빈주현彬州縣)에 처음 자리를 잡았고, 다시 그의 후손인 고공단보(古公亶父)가 기산으로 이주하였다. 고공단보는 주나라가 건국한 뒤 태왕(太王)으로 추존되었다. 태왕에게는 세 명의 아들이 있었다. 태왕은 그 가운데 막내아들인 계력(季歷)을 자신의 후계자로 삼았다. 계력이 형들보다 뛰어났던 것은 아니지만, 계력의 아들 창(昌)이 특출하여 그에게 계통을 전해 주기 위함이었다. 할아버지의 눈여김을 받은 이 손자가 바로 후일의 문왕(文王) 희창(姬昌)이다.

아버지의 뒤를 이어 부족의 수령이 된 문왕은 저 유명한 강태공(姜太公)을 등용하고, 할아버지의 기대에 부응해 주족의 세력을 비약적으로 발전시킨다. 천하의 3분의 2를 차지하여 서백(西伯)이라는 작호를 받기도 했다. 그의 세력을 겁낸 은나라의 주왕(紂王)은 그를 유리(羑里, 하남성 탕음현湯陰縣)의 옥에 가둔다. 주나라 사람들이 뇌물을 바쳐서 어렵사리 빠져나온 문왕은 은인자중하며 세력을 키웠으나 결국 왕업을 이루지는 못하고 죽는다.

문왕이 죽자 그의 아들 희발(姬發)이 뒤를 이었다. 그가 바로 후일의 무왕(武王)인데, 드디어 목야(牧野, 하남성 급현汲縣)에서 은나라 군대를 격파해 왕업을 성취한다. 이때 피가 내를 이루어 절굿공이가 떠내려갔다[혈류표저血流漂杵]고 하니 은나라의 저항도 만만치 않았던 모양이다. 이렇게 주나라를 건국한 무왕이 얼마 지나지 않아 죽자 어린 아들 희송(姬誦, 성왕成王)이 등극했다. 건국 초기에 건국주(建國主)가 일찍 죽고 어린 왕이 계승하는 상황이 무척 위태롭지만, 무왕의 동생인 희단(姬旦)이 어린 조카 성왕을 보좌하여 나라를 반석 위에 올려놓는다. 제도를 정비하고 예악(禮樂)을 제정하였으며, 그를 의심하여 은나라 유민들과 결탁해 반란을 일으킨 형제들을 진압했다.

그가 바로 공자가 진심으로 존경하며 닮고자 했던 오직 한 사람, 주공(周公)이다. 그는 삼천 년 중국 문명의 기틀을 다진 인물로 평가받는다. 주나라는 약 800년 동안 32대에 걸쳐 37왕이 재위하며 역사를 이어 간다. 대략 전기 300년을 서주(西周)라고 하고, 평왕(平王)이 낙양으로 도읍을 옮긴 후기 500년을 동주(東周)라고 하는데, 동주는 다시 춘추 300년과 전국 200여 년으로 구분된다. 주나라의 기록인 「주서(周書)」에는 모두 32편의 글이 실려 있다. 상·중·하로 나뉘어 있는 「태서(泰誓)」를 1편으로 계산하면 30편이 된다. 이 가운데 『금문상서(今文尚書)』가 20편이고, 위고문(僞古文)이 10편이다. 전체적인 분량도 많아졌고, 전(前) 시대의 글들에 비해서 위고문이 상대적으로 적어졌다. 앞에서 읽어 본 『금문상서』들도 모두 주나라에 와서 기록된 것으로 보이니, 이제 기록이 제대로 이루어지는 시대가 된 것이다. 가짜도 적어졌으므로 믿을 만한 역사를 읽는 재미가 쏠쏠할 것이지만, 진짜라서 많이 어렵다.

제27편
위대한 연설 [태서상泰誓上]

위고문으로 상·중·하 세 편으로 나뉘어 있다. 「태서」는 사연이 많은 글이다. 「태서」는 원래 한문제(漢文帝) 때 복원된 복생(伏生)의 『금문상서』 28편에 들어 있지 않았던 글이다. 한무제(漢武帝) 때 하내(河內)에 사는 여자가 「태서」 1편을 조정에 바치면서 비로소 편입되어 『금문상서』는 29편이 되었다. 그렇게 읽혀 오다가 후한 말에 마융(馬融)이 이 편을 가짜라고 판정해 다시 빠지게 되었고, 『금문상서』는 다시 28편이 되고 「태서」는 사라져 버렸다.

하내 여자가 바친 「태서」를 인용한 내용이 사마천(司馬遷)의 『사기(史記)』에 있는데, 지금의 「태서」와는 다른 글이다. 지금의 「태서」는 매색(梅賾)의 헌상본에 들어 있는 위고문이다. 사마천이 인용한 내용으로 보아 하내 여자가 바친 「태서」도 가짜라는 것이 정설이니, 진짜 「태서」가 있었는지도 의심스럽다.

「태서」는 무왕(武王)이 은을 치기 위해 황하 유역 맹진(孟津, 하남성 맹진현)에 제후들을 모아 놓고 한 연설이다. 500년을 이어 온 왕조를 무너뜨리고 800년을 이어 갈 새 나라를 세울 대전(大戰)을 앞두고 한 연설이기에 보통의 연설이 아니라 위대한[泰] 연설인 것이다.

연설은 세 차례에 걸쳐 이루어지는데, 상편은 1월 하순에 맹진에 도착해서 지휘부인 제후들과 관리들을 대상으로 한 연설이다. 중편은 1월 28일[戊午日]에 황하를 건너기 직전에 군대를 사열하고 난 뒤 군사들에게 한 연설이고, 하편은 황하를 건너고 난 1월 29일[己未日]에 역시 군대를 사열하고 군사들에게 한 연설이다. 연설의 핵심 내용은 두 가지다. 하나는 주왕의 죄상을 적시하여 성토한 것이고, 다른 하나는 이 싸움이 하늘을 대신해서 행하는 싸움이라는 것이다. 무왕의 군대는 이로부터 5일이 지난 2월 4일[甲子日]에 목야(牧野)에서 은나라 군대와 싸우게 된다.

1. 제후들이 맹진에 모이다

惟十有三年春에
<small>유 십 유 삼 년 춘</small>

(무왕) 13년 봄에

大會于孟津하시다
<small>대 회 우 맹 진</small>

맹진[1]에 크게 모였다.

2. 임금은 백성의 부모거늘

王曰 嗟아
<small>왕 왈 차</small>

왕이 말씀하셨다.

我友邦冢君과
<small>아 우 방 총 군</small>

"아아! 우리 우방의 여러 군주와

越我御事庶士아
<small>월 아 어 사 서 사</small>

책임과 실무를 맡은 여러 관리는

明聽誓하라
<small>명 청 서</small>

나의 훈계를 잘 들어라.

惟天地는 萬物父母오
<small>유 천 지 만 물 부 모</small>

천지는 만물의 부모이고

惟人은 萬物之靈이니
<small>유 인 만 물 지 령</small>

사람은 만물의 영장(靈長)이니,

亶聰明이 作元后오
<small>단 총 명 작 원 후</small>

(그 가운데) 진실로 총명[2]한 자가 임금이 되고

元后作民父母니라
<small>원 후 작 민 부 모</small>

임금은 백성들의 부모이다.

---

1 맹진: 현재의 하남성 맹진현(孟津縣)으로 남쪽으로 낙양과 접하고, 북쪽으로는 황하와 접해 있다.
2 총명: 총명의 원래 뜻은 듣지 못하는 것이 없고 보지 못하는 것이 없어서 모든 일을 할 수 있는 지혜와 능력이다.

3. 하늘도 진노한 주왕의 죄상

今商王受弗敬上天하며
금 상 왕 수 불 경 상 천

지금 상나라의 임금 수(受)[3]가 하늘을 공경치 않아,

降災下民하도다
강 재 하 민

재앙이 백성에게 내리도록 하였다.

沈湎冒色하여
침 면 모 색

술에 빠지고 여색을 탐하여

敢行暴虐하여
감 행 포 학

감히 포학한 일들을 자행하니,

罪人以族하고
죄 인 이 족

멸족시키는 벌로 사람을 죄주고

官人以世하며
관 인 이 세

(인재를 고르지 않고) 벼슬을 세습하도록 하고 있다.

惟宮室臺榭陂池侈服으로
유 궁 실 대 사 피 지 치 복

궁실과 누대와 연못과 사치한 복장을 즐기느라

以殘害于爾萬姓하며
이 잔 해 우 이 만 성

너희 만백성을 잔인하게 해치고

焚炙忠良하며
분 적 충 량

충성스럽고 어진 사람들을 불태우며

刳剔孕婦한대
고 척 잉 부

임신한 여인의 배를 가르니,

皇天이 震怒하사
황 천   진 노

하늘이 진노하사

命我文考하사
명 아 문 고

돌아가신 우리 문왕[4]께 명령하여

---

3 수(受): 은나라 주왕의 이름이다.

肅將天威하시니

숙 장 천 위

삼가 하늘의 위엄을 받들게 하셨으나

大勳을 未集하시니라

대 훈 미 집

대업을 완성하지는 못하셨다.

4. 반성하지 않는 주왕

肆予小子發이

사 여 소 자 발

그러므로 나 소자 발(發)5이

以爾友邦冢君으로

이 이 우 방 총 군

너희 우방의 여러 군주와

觀政于商하니

관 정 우 상

상나라의 정사를 살펴보니,

惟受罔有悛心하여

유 수 망 유 전 심

수가 (아직도) 마음을 바꾸지 않고

乃夷居하여

내 이 거

거만하게 웅크리고 앉아

弗事上帝神祇하며

불 사 상 제 신 기

상제와 여러 신을 섬기지 않고

遺厥先宗廟하여 弗祀하여

유 궐 선 종 묘 불 사

선왕의 종묘를 버려 두고 제사 지내지 않으며,

犧牲粢盛이

희 생 자 성

(제사에 쓸) 희생과 곡식을

旣于凶盜이어늘

기 우 흉 도

흉악한 도적들에게 모두 약탈당하고도

---

4 문왕: 원문의 '문고(文考)'는 돌아가신 아버지 문왕이라는 뜻이다.

5 발(發): 무왕의 이름이다.

乃曰吾有民有命이라 하여
내 왈 오 유 민 유 명

'나에게는 백성이 있고 천명이
있다.'라고 하며

罔懲其侮하도다
망 징 기 모

자신의 거만함을 뉘우치지 않고 있다.

5. 은나라 정벌은 하늘의 명령

天佑下民하사
천 우 하 민

하늘이 백성들을 돕고자

作之君作之師하사든
작 지 군 작 지 사

임금을 세우고 스승을 세우신 것은,

惟其克相上帝하여
유 기 극 상 상 제

상제를 잘 도와

寵綏四方이시니
총 수 사 방

천하를 사랑하고 안정시키도록 한
것이다.

有罪無罪에
유 죄 무 죄

죄 있는 자를 토벌하고 죄 없는 자를
풀어 주는 일을

予曷敢有越厥志하리오
여 갈 감 유 월 궐 지

내가 어찌 감히 내 뜻대로 함부로
하겠는가.

同力커든 度德하고
동 력   탁 덕

(상대방과) 힘이 비슷하면 누가 더 덕이
있는가를 따져 보고

同德커든 度義하리니
동 덕   탁 의

덕이 비슷하면 누가 더 정당한지를
따져야 하니,

受有臣億萬하나
<small>수 유 신 억 만</small>
수는 억만 명의 신하가 있지만

惟億萬心이어니와
<small>유 억 만 심</small>
억만 명이 각기 다른 마음을 품고
있거니와

予有臣三千하니
<small>여 유 신 삼 천</small>
나의 신하는 삼천 명에 불과하지만

惟一心이니라
<small>유 일 심</small>
마음은 하나이다.

商罪貫盈이라
<small>상 죄 관 영</small>
상나라의 죄가 (천지에) 가득 차

天命誅之하시니
<small>천 명 주 지</small>
하늘이 치도록 명령하시니,

予弗順天하면
<small>여 불 순 천</small>
내가 하늘의 명령을 따르지 않는다면

厥罪惟鈞하리라
<small>궐 죄 유 균</small>
그 죄가 (수와) 같을 것이다.

6. 하늘의 벌을 집행하는 무왕

予小子는 夙夜祗懼하여
<small>여 소 자   숙 야 지 구</small>
나 소자는 밤낮으로 삼가 두려워하여,

受命文考하여
<small>수 명 문 고</small>
문왕께 명을 받아

類于上帝하며
<small>류 우 상 제</small>
상제께 유제사[6]를 지내고

宜于冢土하여
<small>의 우 총 토</small>
토지신[7]께 의제사[8]를 지낸 뒤,

---

6 유제사: 유(類)는 비슷하다는 말이니, 하늘에 지내는 정기 제사인 교사(郊祀)의 절차에 따라 지
   내는 임시 제사이기에 유제사라고 한다.

以爾有衆으로
이 이 유 중

너희들과 함께

底天之罰하노라
지 천 지 벌

하늘의 벌을 완수하고자 한다.

天矜于民이라
천 긍 우 민

하늘은 백성들을 가엾게 여기니,

民之所欲을
민 지 소 욕

백성들이 하고자 하는 바를

天必從之하시나니
천 필 종 지

하늘은 반드시 따르신다.

爾尚弼予一人하여
이 상 필 여 일 인

너희들은 부디 나 한사람을 도와서

永淸四海하라
영 청 사 해

사해를 영원히 맑게 하도록 하라.

時哉라 弗可失이니라
시 재   불 가 실

때가 되었으니 시기를 놓치지 말라."

---

7 토지신: 원문의 '총토(冢土)'는 천자가 토지신을 제사하는 장소인 대사(大社)를 말한다. '총(冢)'
    은 크고 높다는 뜻인데, 대사는 각 지역의 토지신을 모시는 사(社)보다 높이 쌓기 때문에 이른 말
    이다.
8 의제사: 의(宜)는 천자가 토지신에게 지내는 임시 제사의 이름이다. 『이아(爾雅)·석천(釋天)』에,
    "큰일을 일으켜 대중을 움직일 때, 반드시 사(社)에서 제사를 올린 뒤에 출병하는 것을 의(宜)라
    고 한다(起大事, 動大衆, 必有事乎社而後出, 謂之宜)"고 하였다. 주희는 전쟁은 위험하고 승부
    를 알 수 없는 일이므로 복과 순조롭기[宜]를 빌기 때문에 의(宜)라고 한다 하였다.

제28편
위대한 연설 [태서중泰誓中]

7. 군대를 사열하고 주왕의 죄를 성토하다

惟戊午에
유 무 오

무오일[1월 28일]에

王이 次于河朔이어늘
왕   차 우 하 삭

왕이 황하의 북쪽에 주둔하자

羣后以師로 畢會한대
군 후 이 사   필 회

여러 제후가 군사를 모두 모았다.

王이 乃徇師而誓하시다
왕   내 순 사 이 서

왕이 드디어 군대를 사열하고
훈계하셨다.

曰 嗚呼라
왈 오 호

"아!

西土有衆아 咸聽朕言하라
서 토 유 중   함 청 짐 언

서토[9]의 군사들이여 모두 나의 말을
들으라.

我聞
아 문

내가 들으니,

---

9 서토: 주나라의 근거지인 풍호(豐鎬, 지금의 서안 일대) 지역을 가리키니, 중원의 서쪽이기 때문
   에 한 말이다.

吉人은 爲善하되
길 인   위 선

선한 사람은 선한 일만 하기에도

惟日不足이어든
유 일 부 족

날이 부족하고

凶人은 爲不善하되
흉 인   위 불 선

악한 사람은 악한 일만 하기에도

亦惟日不足이라 하니
역 유 일 부 족

역시 날이 부족하다고 한다.

今商王受가 力行無度하여
금 상 왕 수   력 행 무 도

지금 상나라 왕 수가 법도에 어긋난
일을 힘써 행하여

播棄犁老하고
파 기 리 로

머리가 희끗희끗한 옛 신하들을
추방하고

昵比罪人하며
닐 비 죄 인

죄지은 자들을 가까이하며

淫酗肆虐한대
음 후 사 학

주색에 빠져 포학하게 굴고 있고,

臣下化之하여
신 하 화 지

신하들도 그를 따라 점차 변화하여

朋家作仇하여
붕 가 작 구

붕당을 만들어 원수처럼 여기며

脅權相滅한대
협 권 상 멸

(임금의) 권세를 빙자해 서로 죽이니,

無辜籲天하여
무 고 유 천

죄 없는 사람들이 하늘에
호소함으로써

穢德이 彰聞하니라
예 덕   창 문

더러운 행실이 드러나 (하늘에)
알려지게 되었다.

8. 걸(桀)보다 더 큰 주(紂)의 죄

惟天이 惠民이어시든
유 천   혜 민

하늘이 백성을 사랑하시니

惟辟은 奉天하나니
유 벽   봉 천

임금은 하늘의 그 뜻을 받들어야
하거늘,

有夏桀이 弗克若天하여
유 하 걸   불 극 약 천

하나라의 걸왕이 하늘을 따르지 않아

流毒下國한대
류 독 하 국

천하의 나라들에 해독을 끼치자,

天乃佑命成湯하사
천 내 우 명 성 탕

하늘이 도우사 드디어 탕 임금께
명령하여

降黜夏命하시니라
강 출 하 명

하나라의 명맥을 내치도록 하셨다.

惟受는 罪浮于桀하니
유 수   죄 부 우 걸

수는 죄가 걸보다 더 크니,

剝喪元良하며
박 상 원 량

선량한 사람을 박해하여 떠나가게
하고

賊虐諫輔하며
적 학 간 보

직간하며 보필하는 신하를 잔학하게
해치고,

謂己有天命이라 하며
위 기 유 천 명

'천명이 나에게 있다' 하며

謂敬不足行이라 하며
위 경 부 족 행

'삼가는 행위 따위는 할 필요가 없다'
하며

謂祭無益이라 하며
위 제 무 익

'제사를 지내는 것이 이로울 것이 없다'
하며

謂暴無傷이라 하나니
위 포 무 상

'포악하게 굴어도 해로울 것이 없다'
하니,

厥鑒이 惟不遠하여
궐 감   유 불 원

(그러다 망한) 본보기가 멀리 있는 것이
아니라

在彼夏王하니라
재 피 하 왕

저 하나라 걸왕에게 있도다.

9. 반드시 이기는 싸움

天其以予로 乂民이라
천 기 이 여   예 민

하늘이 나를 시켜 백성을 다스리게
하사,

朕夢恊朕卜하여
짐 몽 협 짐 복

나의 꿈이 나의 점과 일치하고

襲于休祥하니
습 우 휴 상

아름답고 상서로운 조짐이 거듭
나타나니,

戎商必克하리라
융 상 필 극

상나라와 싸우면 반드시 이기리라.

受有億兆夷人이나
수 유 억 조 이 인

수에게 억조의 평범한 백성들이
있지만

離心離德커니와
리 심 리 덕

마음이 떠나고 덕에서 멀어졌고,

予有亂臣十人하여
여 유 란 신 십 인

나에게는 잘 다스리는 신하 열 명[10]이
있어

同心同德하니
동 심 동 덕

마음이 같고 덕이 같으니,

雖有周親하나
수 유 주 친

비록 (그에게) 가까운 친척이 있다
하더라도

不如仁人하니라
불 여 인 인

(나의) 어진 사람보다 못한 것이다.

天視自我民視하시며
천 시 자 아 민 시

하늘은 우리 백성들이 보는 것을 보고

天聽이 自我民聽하시나니
천 청   자 아 민 청

하늘은 우리 백성들이 듣는 것을
들으시는데,

百姓有過在予一人하니
백 성 유 과 재 여 일 인

백성들이 (토벌의) 책임을
나 한사람에게 지우고 있으니

今朕은 必往하리라
금 짐   필 왕

이제 나는 반드시 가야만 한다.

10. 정벌은 탕 임금을 빛내는 일이니

我武를 惟揚하여
아 무   유 양

우리의 무위(武威)를 드날리며

侵于之疆하여
침 우 지 강

저들의 국경으로 쳐들어가,

---

10 열 명: 주공 단(周公旦), 소공 석(召公奭), 태공 망(太公望), 필공(畢公), 영공(榮公), 태전(太顚),
   굉요(閎夭), 산의생(散宜生), 남궁괄(南宮括), 태사(太姒, 문왕의 부인) 등을 말한다고 한다.

取彼凶殘하여
취 피 흉 잔

저 흉악하고 잔학한 자를 잡아서

我伐이 用張하면
아 벌 용 장

우리의 정벌을 완수한다면

于湯에 有光하리라
우 탕 유 광

탕 임금께도 빛나는 일이 될 것이다.

11. 적을 가볍게 여기지 말아야

勖哉로다 夫子여
욱 재 부 자

힘쓸지어다, 장병들이여!

罔或無畏하여
망 혹 무 외

혹시라도 두려울 것이 없다 하지 말고

寧執非敵이라 하라
녕 집 비 적

차라리 대적하기 어렵다는 마음을
품도록 하라.

百姓이 懍懍하여
백 성 름 름

백성들이 벌벌 떨며

若崩厥角하나니
약 붕 궐 각

뿔이 부러진 (들짐승처럼) 겁내고 있다.

嗚呼라 乃一德一心하여
오 호 내 일 덕 일 심

아! 너희들은 덕을 함께하고 마음을
함께하여

立定厥功하여 惟克永世하라
립 정 궐 공 유 극 영 세

공을 세워 영원히 이어 나가도록
하라!"

제29편
위대한 연설 [태서하泰誓下]

12. 다시 군대를 사열하고 주왕의 죄를 성토하다

時厥明에
시 궐 명

때는 (무오일) 그다음 날,

王이 乃大巡六師하사
왕   내 대 순 육 사

왕이 육군(六軍)[11]을 크게 사열하고

明誓衆士하시다
명 서 중 사

모든 군사에게 분명하게 훈계하셨다.

王曰
왕 왈

왕이 말씀하셨다.

嗚呼라 我西土君子아
오 호   아 서 토 군 자

"아! 우리 서토의 군자들[12]이여!

天有顯道하여
천 유 현 도

하늘에 빛나는 도리가 있어

厥類惟彰하니
궐 류 유 창

그 내용이 분명한데,[13]

---

11 육군(六軍): 천자의 군대이다. 채침의 설명에 따르면, 무왕은 아직 육군을 거느리지 못했으나 뒷날 이 일을 기록한 사관(史官)이 이렇게 적었다고 한다.
12 군자들: 제후로부터 군사들까지 모두를 말한 것이다.
13 이 두 구절에 대한 채침의 설명에 따르면, '현도(顯道)'는 다음 구절에 나오는 오상(五常)을 가리키고 '궐류(厥類)'는 그 오상의 내용을 말한다.

今商王受狎侮五常하며
금 상 왕 수 압 모 오 상

지금 상왕 수는 오상[14]을 모독하고

荒怠弗敬하여
황 태 불 경

황음하고 나태하며 삼가지 않아,

自絶于天하며
자 절 우 천

스스로 하늘로부터 버림을 받고

結怨于民하도다
결 원 우 민

백성들에게 원한을 사고 있다.

斮朝涉之脛하며
작 조 섭 지 경

아침에 물을 건너는 사람의 정강이를 찍고[15]

剖賢人之心하며
부 현 인 지 심

현자의 심장을 가르며[16]

作威殺戮으로
작 위 살 륙

위세를 부려 살육을 일삼아

毒痡四海하며
독 부 사 해

천하를 병들게 하였으며,

崇信姦回코
숭 신 간 회

간사한 자를 높이고 믿어

放黜師保하며
방 출 사 보

보필하는 대신들을 내쳤으며,

屏棄典刑코
병 기 전 형

예부터 전해 온 법도를 팽개치고

囚奴正士하며
수 노 정 사

바른 선비를 가두어 종으로 삼았으며,[17]

---

14 오상: 군신(君臣)·부자(父子)·부부(夫婦)·형제(兄弟)·장유(長幼) 사이에 지켜야 할 도리, 즉 오
   륜을 말한다.
15 주왕이 겨울날 아침에 다리를 걷고 물을 건너는 사람을 보고, 정강이를 도끼로 찍어 추위를 견디
   는 까닭을 살펴보았다고 한다.
16 충신 비간(比干)이 주왕을 간하자, 주왕이 성인(聖人)은 심장에 일곱 개의 구멍이 있다고 들었
   다며 비간의 배를 갈라 심장을 꺼내 살펴보았다고 한다.
17 주왕은 간언하는 기자(箕子)를 노비로 격하시켜 옥에 가두었다고 한다.

郊社를 不修하며
_{교 사 불 수}
하늘과 땅의 제사를 폐하고

宗廟를 不享코
_{종 묘 불 향}
종묘에 제사를 올리지 않았으며,

作奇技淫巧하여
_{작 기 기 음 교}
기이하고 음란한 기교를 부리게 하여

以悅婦人한대
_{이 열 부 인}
부인을 기쁘게 하였으니,

上帝弗順하사
_{상 제 불 순}
상제께서 (천도를) 따르지 않는 것을 보고

祝降時喪하시나니
_{축 강 시 상}
결연히 이 멸망을 내리시니,

爾其孜孜하여
_{이 기 자 자}
너희는 부지런히 노력하여

奉予一人하여
_{봉 여 일 인}
나 한사람을 받들어

恭行天罰하라
_{공 행 천 벌}
삼가 하늘의 벌을 시행하라.

13. 포학한 임금은 원수와 같으니

古人이 有言曰
_{고 인 유 언 왈}
옛사람이 말하기를,

撫我則后이오
_{무 아 즉 후}
'나를 어루만져 준다면 임금이고

虐我則讐라 하니
_{학 아 즉 수}
나를 학대한다면 원수이다' 하였으니,

獨夫受洪惟作威하나니
_{독 부 수 홍 유 작 위}
위세를 크게 부리고 있는 한 명의 사내[18] 수는

乃汝世讎니라
내 여 세 수
바로 너희의 대대로 내려오는 원수와
같다.

樹德하댄 務滋오
수 덕　　　무 자
덕을 베풀 때는 널리 퍼지도록 힘쓰고

除惡하댄 務本이니
제 악　　　무 본
악을 제거할 때는 뿌리를 자르도록
힘써야 하니,

肆予小子는 誕[19]以爾衆士로
사 여 소 자　　탄　이 이 중 사
이에 나 소자는 너희 군사들과

殄殲乃讎하노니
진 섬 내 수
너희의 원수를 섬멸하고자 하니

爾衆士其尙迪果毅하여
이 중 사 기 상 적 과 의
너희 군사들은 부디 과감하고
씩씩하게 나아가

以登乃辟이어다
이 등 내 벽
너희의 임금을 성공하게 하라!

功多하면 有厚賞코
공 다　　　유 후 상
공이 많으면 두터운 상이 있을 것이요,

不迪하면 有顯戮하리라
부 적　　　유 현 륙
(용감하게) 나아가지 않으면
저잣거리에서 죽일 것이다.

---

18 한 명의 사내: 원문의 '독부(獨夫)'는 민심이 떠나고 천명이 끊어진 주왕은 이미 천자가 아니고
평범한 사내에 불과하다는 말이다.
19 誕(탄): 종래 '크다[大]'는 뜻으로 해석해 왔으나 문장이 연결되지 않는 경우가 많은데, 청대의 고
증학자 왕인지(王引之)는 문두의 발어사나 문장 가운데의 조사라고 하였다. 본서에서는 크다는
뜻으로 해석하기도 하고, 여기서처럼 허사(虛辭)로 간주하여 해석하지 않기도 했다.

14. 이기면 문왕의 덕, 지면 나[무왕]의 죄

嗚呼라
오 호

아!

惟我文考
유 아 문 고

우리 돌아가신 문왕께서는

若日月之照臨하사
약 일 월 지 조 림

마치 해와 달이 임하여 비추듯

光于四方하시며
광 우 사 방

사방에 빛나시며

顯于西土하시니
현 우 서 토

서토에 더욱 드러나셨으니,

惟我有周는 誕受多方이리라
유 아 유 주   탄 수 다 방

우리 주나라는 널리 많은 나라들을
받아들일 것이다.

予克受라도 非予武라
여 극 수   비 여 무

내가 수를 이기더라도 나의 무공
때문이 아니라

惟朕文考無罪시며
유 짐 문 고 무 죄

내 아버지 문왕께 죄가 없기 때문이며,

受克予라도
수 극 여

수가 나를 이기더라도

非朕文考有罪라
비 짐 문 고 유 죄

내 아버지 문왕께 죄가 있기 때문이
아니라

惟予小子無良이니라
유 여 소 자 무 량

나 소자가 선량하지 못하기 때문이다."

제30편
목야에서의 연설 [목서牧誓]

『금문상서』이다. 드디어 결전의 날이 다가왔다. 무왕이 군대를 이끌고 은나라의 도성까지 진격하여 목야(牧野, 하남성 급현汲縣)의 들판에 진을 쳤다. 주나라에 복속한 여러 부족의 군사들뿐만 아니라 외방의 오랑캐들까지 참여한 연합군이었다. 무왕은 위용을 갖추어 황금 도끼를 들고 깃발을 흔들며 멀리서 온 그들을 격려했다. 맹진에서 이미 수차례에 걸쳐 성토하였지만, 한 번 더 주왕의 죄상을 열거했다. 군대는 분노했고 사기는 충천했다. 이제 저 죄 많은 주왕을 하늘을 대신해서 징벌할 것이니 만에 하나라도 실수하면 안 된다고 깨우치고, 행군의 요령과 공격의 방법까지 자세하게 일러 주었다. 예닐곱 걸음을 나아가면 반드시 멈추어 대오를 정돈하고, 예닐곱 번을 찌르고 나서는 반드시 전열을 가다듬도록 했다. 마지막으로, 제대로 싸우지 않으면 죽일 것이라는 엄중한 군령을 선포하고 연설이 끝났다.

이것이 사실의 기록이라면 놀랍다. 3,000년 전 전쟁터의 모습이 눈앞에 선연하다. 군사들의 함성 소리가 들리고, 황금 도끼를 들고 흰 깃발을 휘두르는 무왕의 모습이 보인다. 지축을 울리며 진격하다가 일곱 걸음에서 멈추고, 적들을 일곱 번 찌르고 전열을 가다듬는 그 질서정연함도 놀랍거니와 연설에서 그것까지 일러 주는 무왕의 자상함도 놀랍다. 이 편이 『금문상서』라서 더 잘 보이고 더 잘 들린다.

1. 결전의 날, 무위를 떨치다

時甲子昧爽에
시 갑 자 매 상

때는 갑자일[2월 4일] 새벽,

王이 朝至于商郊牧野하사   왕이 아침에 상나라의 성 밖 목야의
왕   조 지 우 상 교 목 야   들판에 이르러

乃誓하시니   훈계하셨다.
내 서

王左杖黃鉞하시고   왕이 왼손으로 황금 장식의 도끼를
왕 좌 장 황 월   짚고,

右秉白旄하사 以麾曰   오른손으로 흰 깃발을 잡아 휘두르며
우 병 백 모   이 휘 왈   말씀하셨다.

逖矣라 西土之人아   "멀리 왔도다! 서토의 사람들이여!"
적 의   서 토 지 인

2. 마지막 훈계

王曰   왕이 말씀하셨다.
왕 왈

嗟我友邦冢君과   "아아! 우리 우방의 여러 군주와
차 아 우 방 총 군

御事인   일을 다스리는 책임자인
어 사

司徒와 司馬와 司空과   사도와 사마와 사공20과
사 도   사 마   사 공

亞旅와 師氏와   아와 여와 사씨21와
아 려   사 씨

---

20 사도와 사마와 사공: 제후의 삼경(三卿)이다. 천자는 육경을 두고 큰 나라의 제후는 삼경을 두었
    는데, 무왕이 아직 제후의 신분이라 삼경만 있었던 것이다. 사도(司徒)는 백성을 주관하고, 사마
    (司馬)는 병마를 주관하고, 사공(司空)은 토목을 주관한다.
21 아와 여와 사씨: 아(亞)는 삼경의 다음인 대부(大夫)이고, 여(旅)는 삼경의 속관들인 사(士)이

千夫長과 百夫長과
천부장 백부장

천부장과 백부장[22]과

及庸蜀羌髳微盧彭濮人아
급 용 촉 강 모 미 로 팽 복 인

용·촉·강·모·미·노·팽·복[23]의
사람들이여!

稱爾戈하며 比爾干하며
칭 이 과 비 이 간

너희의 창[24]을 들고 너희의 방패를
나란히 하고

立爾矛하라 予其誓하리라
립 이 모 여 기 서

너희의 긴 창[25]을 세우라. 내가
훈계하리라."

3. 새벽에 우는 암탉

王曰 古人이 有言曰
왕 왈 고 인 유 언 왈

왕이 말씀하셨다. "옛사람이 한 말이
있다.

牝雞난 無晨이니
빈 계 무 신

'암탉은 새벽에 울지 않나니

牝雞之晨은
빈 계 지 신

암탉이 새벽에 울면

惟家之索이라 하도다
유 가 지 삭

집안이 망한다'고 했다.

고, 사씨(師氏)는 병사들을 거느리고 문을 지키는 자이다.

22 천부장과 백부장: 천 명의 군사를 거느린 장수와 백 명의 군사를 거느린 장수를 말한다.

23 용·촉·강·모·미·노·팽·복: 모두 이민족의 이름인데, 용(庸)과 복(濮)은 장강과 한수 유역에 살던
    남방의 이민족이고, 촉(蜀)과 강(羌)은 서촉(西蜀)에, 모(髳)와 미(微)는 파촉(巴蜀)에, 노(盧)
    와 팽(彭)은 서북에 살던 이민족들이다. 주나라의 군대는 여러 민족의 연합군이었던 것이다.

24 창: 원문의 '과(戈)'는 자루에 창날이 ㄱ자로 장착된 창이다.

25 긴 창: 원문의 '모(矛)'는 가장 흔하게 보이는 창으로 뾰족한 창날이 자루 끝에 장착된 것이다.

今商王受가 惟婦言을 是用하여
금 상 왕 수   유 부 언   시 용

지금 상왕 수가 부인의 말만 따르고
있으니,

昏棄厥肆祀하여
혼 기 궐 사 사

올려야 할 제사를 함부로 팽개쳐

弗答하며
불 답

(은혜에) 보답하지 않고,

昏棄厥遺王父母弟하여
혼 기 궐 유 왕 부 모 제

선왕께서 남기신 동부모의 아우들을
함부로 팽개쳐

不迪하고
부 적

도리를 따르지 않으며,

乃惟四方之多罪逋逃를
내 유 사 방 지 다 죄 포 도

죄가 많아 달아났던 사방의 사람들을

是崇是長하며 是信是使하여
시 숭 시 장   시 신 시 사

높여서 대우하고 신임해 부리며

是以爲大夫卿士하여
시 이 위 대 부 경 사

대부와 경사로 삼아

俾暴虐于百姓하며
비 포 학 우 백 성

백성에게 포학하게 굴도록 하여

以姦宄于商邑하도다
이 간 궤 우 상 읍

안팎으로 상나라를 어지럽히고 있다.

4. 전쟁의 기술, 나가고 멈추고 찌르고 멈추고

今予發은
금 여 발

이제 나 발[26]은

惟恭行天之罰하노니
유 공 행 천 지 벌

하늘의 벌을 삼가 시행하고자 한다.

今日之事는
금 일 지 사

오늘의 일은

不愆于六步七步하여
불 건 우 육 보 칠 보

(전진할 때) 여섯 걸음 일곱 걸음을 넘지 말고

乃止齊焉하리니
내 지 제 언

멈추어 (대오를) 정돈해야 할 것이니,[27]

夫子는 勖哉하라
부 자   욱 재

그대들이여! 힘쓸지어다!

不愆于四伐五伐六伐七伐하여
불 건 우 사 벌 오 벌 육 벌 칠 벌

(공격할 때) 최소 네다섯 번, 최대 예닐곱 번 치는 것을 넘지 말고

乃止齊焉하리니
내 지 제 언

멈추어 (전열을) 정돈해야 할 것이니,

勖哉하라 夫子아
욱 재   부 자

힘쓸지어다! 그대들이여!

尙桓桓如虎如貔하며
상 환 환 여 호 여 비

부디 호랑이와 비휴(貔貅)[28]처럼

---

26 발: 무왕의 성명이 희발(姬發)이다.

27 이 두 구절은 가볍게 전진하지 말라는 말이다. 아마 실제의 진군을 이처럼 하였을 것이다.

28 비휴(貔貅): 무위(武威)를 상징하는 전설상의 동물.

如熊如羆于商郊하여
여 웅 여 비 우 상 교

곰과 큰곰처럼 상나라의 들판에서
씩씩하게 싸우되,

弗迓克奔하여
불 아 극 분

항복하러 달려온 자를 대적하여

以役西土하라
이 역 서 토

서토의 병사들을 수고롭게 하지 말라.

勖哉하라 夫子아
욱 재　　부 자

힘쓸지어다! 그대들이여!

爾所弗勖이면
이 소 불 욱

너희가 힘쓰지 않으면

其于爾躬에 有戮하리라
기 우 이 궁　　유 륙

너희의 몸에 죽음이 있을 것이다."

제31편
무덕의 완성 [무성武成]

위고문이다. 「무성(武成)」은 무왕이 호경(鎬京)을 출발하여 은나라를 이기고 돌아와 새 정치를 시작하기까지 4개월간의 기록이다. 위고문들은 대체로 글이 명료한데, 이 편은 어찌된 일인지 문맥의 연결이 매끄럽지 않다. 정이(程頤)·왕안석(王安石) 등의 학자들이 착간(錯簡)이 있는 것으로 판단하여 각기 순서를 바로잡았는데, 채침(蔡沈)이 다시 이들의 견해를 참고하여 새롭게 정리했다. 채침이 정리한 대로 읽으면 맥락이 순조롭기 때문에 본서에서는 그의 견해에 따라 원문을 재편집해 싣고 번역했다. 재편집한 순서에 따라 이 편의 내용을 대략 정리하면 아래와 같다.

무왕은 1월 3일에 주나라의 도읍인 호경(鎬京, 섬서성 서안시西安市)에서 출발하여 천지와 명산대천에 제사를 올리고, 1월 말에 황하 가에 있는 맹진에 도착했다. 여기서 군대를 정돈한 뒤, 황하를 건너 2월 3일에 목야의 들판에 진을 치고, 이튿날인 2월 4일에 은나라 군대와 싸워 이겼다. 은나라 도읍 조가(朝歌, 하남성 기현淇縣)로 들어가 은나라를 다독이는 여러 조치를 취한 뒤 4월 3일에 주나라의 종묘가 있는 풍(豊)으로 돌아왔다.

귀환한 무왕이 가장 먼저 한 일은 전쟁에 사용했던 말과 소를 산야에 풀어 버린 일이다. 다시는 전쟁이 없을 것임을 대내외에 선포한 것이다. 다음으로 제후와 관리들을 임명한 뒤 종묘와 여러 신에게 제사를 올리고 무공(武功)이 완성되었음을 고하였다. 새로 임용된 제후와 관리들을 불러 이번 정벌이 선왕들의 덕을 계승하여 하늘을 대신해 한 일이었음을 깨우치고 민생을 다독여 안정시키는 것으로 이 편은 끝난다.

1. 천지와 명산대천에 고하는 주왕의 죄상

惟一月壬辰旁死魄越翼日癸巳에
<small>유 일 월 임 진 방 사 백 월 익 일 계 사</small>

> 1월 임진일 방사백[29]을 지난 다음 날
> 계사일[3일]

王이 朝步自周하사
<small>왕　　조 보 자 주</small>

> 아침에 왕이 주(周)[30]에서부터
> 출발하여

于征伐商하시다
<small>우 정 벌 상</small>

> 상나라를 치러 가셨다.

底商之罪하사
<small>지 상 지 죄</small>

> 상나라의 죄상을 지극하게 밝혀

告于皇天后土와
<small>고 우 황 천 후 토</small>

> 황천과 후토와

所過名山大川하사 曰
<small>소 과 명 산 대 천　　왈</small>

> 지나는 곳마다 명산대천에 다음과
> 같이 고하셨다.

29　방사백: 음력 초이틀을 말한다. 달의 밝은 부분을 명(明)이라고 하고 어두운 부분을 백(魄)이라고 하여 명이 전혀 없는 초하루를 사백(死魄)이라고 하고 그다음 날을 방사백(旁死魄)이라고 한다. 이 구절에서 1월 3일이라고 하면 될 것을 이렇게 길게 말한 것은 고대 중국인들이 날짜를 말할 때, '四月 丁酉朔 初五日 辛丑(사월 정유삭 초오일 신축)'처럼 반드시 그달 초하루[朔日]의 간지를 말하고 해당 일자를 말하는 관습의 원형일 것이다.

30　주(周): 주나라의 도읍인 호(鎬)를 말한다. 현재의 섬서성 서안시의 서남부 지역으로 풍수(灃水) 유역이다. 문왕은 기산(岐山)에 있던 주족(周族)의 근거지를 풍수 서쪽(지금의 서안 서남부)으로 옮겨 풍경(豐京)이라 하였고, 무왕 때 다시 풍수 동쪽으로 옮겨 호경(鎬京)이라고 하였다. 호경으로 옮긴 뒤에도 선왕의 종묘는 풍경에 두었기에 합쳐서 풍호(豐鎬)라 불렀다. 후일 낙읍(洛邑, 하남성 낙양시洛陽市)이 완성된 뒤에는 호경[풍호]을 종주(宗周), 낙읍을 성주(成周)라고 각각 불렀다. 풍수는 서안시 장안구(長安區)의 진령(秦嶺)에서 발원해 함양시(咸陽市)에서 위수(渭水)와 합류하는 위수의 지류이다.

惟有道曾孫周王發은
유 유 도 증 손 주 왕 발

"덕을 갖춘 분들의 후손인 주나라 왕 발은

將有大正于商하노니
장 유 대 정 우 상

장차 상나라를 크게 바로잡을 것입니다.

今商王受無道하여
금 상 왕 수 무 도

지금 상나라의 왕 수가 무도하여

暴殄天物하며
포 진 천 물

하늘이 내신 물건들[31]을 낭비하여 없애고,

害虐烝民하며
해 학 증 민

뭇 백성들을 해치고 학대하며,

爲天下에 逋逃主라
위 천 하   포 도 주

온 세상 도망자들의 주인 노릇을 하니

萃淵藪어늘
췌 연 수

(도망자들이) 못에 고기 모이듯 숲에 짐승 모이듯 모여들었습니다.

予小子旣獲仁人하여
여 소 자 기 획 인 인

나 소자가 이미 어진 사람을 얻어,

敢祗承上帝하여
감 지 승 상 제

감히 상제를 삼가 받들어

以遏亂略하니
이 알 란 략

세상을 어지럽히는 모략을 막으려 하자,

---

31 하늘이 내신 물건들: 자연에서 생산되는 여러 생물과 무생물을 통칭한 것이다. 이런 자연 자원들은 모두 하늘이 만든 것인데 주왕이 함부로 사치하고 낭비한다는 뜻이다.

華夏蠻貊이 罔不率俾하나이다
화 하 만 맥　　　망 불 솔 비

　　　화하[32]와 오랑캐가 모두 따르지 않음이
　　　없습니다.

惟爾有神은 尙克相予하여
유 이 유 신　　　상 극 상 여

신께서는 바라옵건대 저를 도와

以濟兆民하여
이 제 조 민

억조의 백성들을 구원하사

無作神羞하라
무 작 신 수

신의 부끄러움이 되지 않게 하소서.”

2. 승리, 그리고 은나라 다독이기

旣戊午에 師渡孟津하여
기 무 오　　　사 도 맹 진

무오일[1월 28일]에 군대가 맹진을 건너,

癸亥에 陳于商郊하여
계 해　　　진 우 상 교

계해일[2월 3일]에 상나라 성 밖에 진을
치고

俟天休命하더시니
사 천 휴 명

천명을 기다리고 있었다.

甲子昧爽에
갑 자 매 상

갑자일[2월 4일] 새벽에

受率其旅하되 若林하여
수 솔 기 려　　　약 림

수(受)가 수풀처럼 빽빽한 그의 무리를
거느리고

32　화하: 고대에 하남성 일대의 중원 지역에 살던 사람들이 자신들을 가리키는 말로 사용하였다.
　　화하(華夏)는 지금도 중국인들이 사용하고 있는데, 최초의 용례가 이 문장이다. 화(華)와 하
　　(夏)는 비슷한 뜻이기에 통용해 쓰이다가 결합해서 한 단어가 된 것이다. '하'는 밝고 크다는 뜻
　　이고, '화'는 빛난다는 뜻이다.

會于牧野하니
회 우 목 야

목야에 모였으나

罔有敵于我師오
망 유 적 우 아 사

우리 군사에게 대적하는 자가 없었다.

前徒倒戈하여
전 도 도 과

앞에 있던 군사들이 창을 거꾸로 잡고

攻于後以北하니
공 우 후 이 배

뒤쪽을 공격하여 달아나게 하자

血流漂杵하여
혈 류 표 저

피가 (강물처럼) 흘러 방패가
떠다녔으니,

一戎衣에 天下大定이어늘
일 융 의   천 하 대 정

갑옷을 한번 입기만 하였는데 천하가
크게 평정되었다.

乃反商政하여 政由舊하시고
내 반 상 정   정 유 구

이에 수(受)의 정사를 돌이켜 선왕의
옛 정사를 따르게 하였다.

釋箕子囚하시며
석 기 자 수

기자를 감옥에서 풀어 주었으며,

封比干墓하시며
봉 비 간 묘

비간의 묘소에 봉분을 쌓고,

式商容閭하시며
식 상 용 려

상용33이 살던 마을을 지나면서 경의를
표하였다.

散鹿臺之財하시며
산 록 대 지 재

녹대34의 재물을 나누어 주고,

---

33 상용: 은나라의 현자. 주왕에게 직간하다 감옥에 갇혔다고도 하고, 은거하였다고도 한다.
34 녹대: 주왕이 보물을 쌓아 두던 별궁 이름이다. 주나라 병사들에게 쫓긴 주왕은 녹대에 불을 지
    르고 보석을 몸에 휘감은 채 불속으로 뛰어들어 죽었다고 한다.

發鉅橋之粟하사
발 거 교 지 속
거교³⁵의 곡식을 풀어서

大賚于四海하신대
대 뢰 우 사 해
천하 사람들에게 듬뿍 나누어 주자

而萬姓이 悅服하니라
이 만 성   열 복
만백성이 기뻐하며 복종했다.

3. 귀국, 문덕을 펼치고 인사를 단행하다

厥四月哉生明에
궐 사 월 재 생 명
그해 4월 재생명³⁶에

王이 來自商하사
왕   래 자 상
왕이 상으로부터 와서

至于豊하사
지 우 풍
풍³⁷ 땅에 이르러

乃偃武修文하사
내 언 무 수 문
무(武)의 일을 그치고 문덕(文德)을
닦아,

歸馬于華山之陽하시며
귀 마 우 화 산 지 양
말을 화산의 남쪽으로 돌려보내고

放牛于桃林之野하사
방 우 우 도 림 지 야
소를 도림³⁸의 들판에 풀어

示天下弗服하시다
시 천 하 불 복
다시는 (전쟁에) 쓰지 않을 것임을
천하에 보이셨다.

---

35 거교: 현재의 하남성 곡주현(曲周縣) 동북쪽에 있었던 주왕의 곡식 창고.
36 재생명: 음력 초사흘을 말한다. 재(哉)는 '시(始)'의 뜻이고 명(明)은 달의 밝은 부분이니, 재생명
     (哉生明)은 월광이 비로소 생기는 날이란 뜻이다.
37 풍: 풍호(豊鎬)의 풍이니 선왕의 종묘가 있는 곳이다. 앞의 주 참조.
38 도림: 현재의 섬서성 위남시(渭南市) 동관현(潼關縣) 북쪽에 있었다.

既生魄에
기 생 백

기생백[39]에

庶邦冢君과 暨百工이
서 방 총 군   기 백 공

모든 나라의 군주와 모든 관리가

受命于周하니라
수 명 우 주

주나라로부터 임명을 받았다.

4. 종묘와 신들에게 무공의 완성을 고하다

丁未에 祀于周廟하실새
정 미   사 우 주 묘

정미일에 주나라의 종묘에 제사를
올리니,

邦甸侯衛가
방 전 후 위

방국(邦國)과 전복(甸服)·후복(侯服)·
위복(衛服)[40]의 제후들이

駿奔走하여 執豆籩하더니
준 분 주   집 두 변

바삐 다니며 제기[41]를 잡았다.

越三日庚戌에 柴望하사
월 삼 일 경 술   시 망

사흘이 지난 경술일에 시제사[42]와
망제사[43]를 지내고

大告武成하시다
대 고 무 성

무공이 완성되었음을 크게 고하셨다.

---

39 기생백: 달이 이지러지기 시작하는 16일을 말한다.

40 방국(邦國)과 전복(甸服)·후복(侯服)·위복(衛服): 방국은 국도(國都)이고, 전복은 왕의 직할지
이고, 후복은 직할지 바깥 지역이고, 위복은 후복의 바깥 지역이다.

41 제기: 원문의 '두(豆)'는 나무로 만든 제기로 젓갈 등 젖은 제수를 담고, '변(籩)'은 대나무로 엮
은 제기로 과일 등 마른 제수를 담는다. 이 구절은 제후들이 종묘 제사의 집사로 복무하였다는
뜻이다.

42 시제사: 하늘에 지내는 임시 제사로, 섶[柴]을 태워 지내는 제사이기에 시(柴)라고 한다.

43 망제사: 산천에 지내는 제사 이름으로, 바라보며 지내는 제사이기에 망(望)이라고 한다.

5. 대를 이어 왕업을 닦은 주나라의 선왕들

王若曰
왕 약 왈

왕이 다음과 같이 말씀하셨다.

嗚呼라 羣后아
오 호   군 후

"아! 여러 제후여!

惟先王이 建邦啓土하여시늘
유 선 왕   건 방 계 토

선왕⁴⁴께서 나라를 세워 땅을 여시고,

公劉克篤前烈이어시늘
공 류 극 독 전 렬

공류⁴⁵께서 선왕의 업적을 두텁게
하셨으며,

至于大王하여
지 우 태 왕

태왕⁴⁶에 이르러

肇基王迹하여시늘
조 기 왕 적

비로소 왕업의 기반을 닦으셨고,

王季其勤王家어시늘
왕 계 기 근 왕 가

왕계⁴⁷께서 부지런히 왕가를 만드셨다.

我文考文王이
아 문 고 문 왕

나의 돌아가신 아버지 문왕께서

克成厥勳하사
극 성 궐 훈

드디어 공훈을 이루시어

誕膺天命하사
탄 응 천 명

천명을 크게 받아

以撫方夏하신대
이 무 방 하

사방 중국을 어루만져 위로하시니,

---

44 선왕: 주나라의 시조인 후직(后稷)을 가리킨다.
45 공류: 무왕의 먼 조상으로 빈(豳/邠) 땅에 처음 정착한 인물이다.
46 태왕: 무왕의 증조부로 빈에서 기산(岐山)으로 주족을 옮겨 주나라의 터전을 마련한 인물인 고
   공단보를 말한다. 주나라가 건국한 뒤 태왕(大王/太王)으로 추존되었다.
47 왕계: 무왕의 할아버지인 계력(季歷)인데, 주나라 건국 후에 왕계(王季)로 추존되었다.

大邦은 畏其力하고
대 방　외 기 력

큰 나라는 그 힘을 두려워하고

小邦은 懷其德이언
소 방　회 기 덕

작은 나라는 그 덕을 그리워하기를

惟九年이러니
유 구 년

9년이나 하였으나

大統을 未集이어시늘
대 통　미 집

대통[왕업]을 이루지 못하고
(돌아가시어),

予小子其承厥志로다
여 소 자 기 승 궐 지

나 소자가 그 뜻을 이었도다.

6. 왕업을 완성한 무왕

恭天成命하여
공 천 성 명

하늘이 정하신 명령을 삼가 받들어

肆予東征하여
사 여 동 정

드디어 내가 동방을 정벌하여

綏厥士女하니
수 궐 사 녀

그곳의 남녀 백성들을 안정시키자,

惟其士女가 篚厥玄黃하여
유 기 사 녀　비 궐 현 황

남녀들이 검붉은 비단과 누런 비단을
광주리에 담아 바쳐

昭我周王은
소 아 주 왕

우리 주나라의 왕업을 빛나게
하였으니,

天休震動이라
천 휴 진 동

하늘이 복을 주어 (그들의 마음을)
움직여

用附我大邑周니라
용 부 아 대 읍 주

우리 큰 나라 주에 귀부하게 하신
것이로다."

7. 제도를 정비하고 민생을 다독이다

列爵惟五에 分土惟三이며
열 작 유 오   분 토 유 삼

작위는 다섯 등급으로 나열하되
봉토는 셋으로 나누었으며,[48]

建官惟賢하시고
건 관 유 현

벼슬에는 현명한 사람을 세우고

位事惟能하시며
위 사 유 능

일은 유능한 사람에게 맡겼으며,

重民五教하사되
중 민 오 교

백성들의 다섯 가지 가르침[49]을
소중하게 다루되,

惟食喪祭하시며
유 식 상 제

특히 먹는 것과 상사(喪事)와 제사를
중시하였고,

惇信明義하시며
돈 신 명 의

신뢰를 강구하고 의로움을 힘쓰도록
하였으며,

崇德報功하시니
숭 덕 보 공

덕이 있는 자를 높이고 공이 있는
자에게 보답하시니,

---

48 작위는 공(公)·후(侯)·백(伯)·자(子)·남(男)의 다섯 등급으로 나누고, 분봉한 토지는 공과 후는
사방 100리, 백은 사방 70리, 자와 남은 사방 50리로 하였다고 한다.

49 다섯 가지 가르침: 군신·부자·부부·형제·장유 사이에 지켜야 할 도리에 대한 가르침. 오전(五典)
또는 오상(五常)이라고도 한다.

垂拱而天下治하나라
수 공 이 천 하 치

옷깃을 드리운 채 두 손을 마주잡고
있어도 천하가 다스려졌다.

제32편
위대한 규범 [홍범洪範]

『금문상서』이다. 위대한 규범이란 뜻인 '홍범(洪範)'은 아홉 개의 범주로 구성되어 있어 홍범구주(洪範九疇)라고도 한다. 그 아홉 가지 범주의 첫째가 오행론인데, 무왕과 기자(箕子)의 시대에는 없었던 이론이다. 여기에 등장하는 이륜(彝倫)이란 어휘도 좀 따져 볼 필요가 있다. 무왕은 하늘이 백성들을 안정시켜 잘살아가도록 도와주는 '이륜'이 어떻게 펼쳐지게 되었는지 모르겠다고 질문하고, 기자는 우임금이 치수를 잘하자 하늘이 '이륜'을 주었는데 그것이 바로 홍범구주라고 대답한다.

채침은 이 이륜을 '인간이 가지고 있는 착한 본성에서 나오는 윤리[秉彝人倫]'라고 하는데, 그러면 도대체 문맥이 이어지지 않는다. 하늘이 백성을 잘 살도록 도와주는 것이 윤리이고 우임금이 치수를 잘하자 하늘이 내려 준 것이 윤리라고 하니 이상한 것이다. 더구나 홍범구주에는 윤리와 관련한 내용도 없다. 채침의 이런 해석은 도덕적 완결성을 추구하던 성리학이 출현하고 난 뒤에나 가능한 것이다. 공영달(孔穎達)의 『상서정의(尙書正義)』에서는 이륜을 상도(常道)라고 했다. 천도(天道)의 불변성을 의미하는 말이므로 천도 그 자체로 이해해도 될 것이다. 그러면 문맥이 이어진다. 본문에서는 이에 따라 번역했다.

주나라를 건국한 무왕은 은나라의 유신(遺臣) 기자를 찾아가 백성들을 잘 살게 할 다스림의 원리를 물었다. 기자는 위대한 규범[洪範] 아홉 가지를 일러 준다. '위대한 규범'이라고 하니 거창하게 들리지만 내용은 소박하다. 이 편을 찬찬히 들여다보면, 임금이 다스리는 나라에서 하늘에 의지해 농사를 지으며 살던 사람들의 이상과 소망이 어렴풋이 보인다. 오사(五事)와 황극(皇極)은 이상적인 군주가 다스려 주기를 바라는 소망의 표현이고, 팔정(八政)과 오기(五紀)는 하늘에 순응해 농사짓는 사람들에게 필요한 제도와 역법이며, 계의(稽疑)와 서징(庶徵)은 변덕 많은 자연 현상과 알 수 없는 미래에 대한 농민들의 불안을 대변하고, 삼덕(三德)은 농업 공동체의 조화를 깨트리는 구성원을 상벌로 길들이는 방법이며, 오복(五福)과 육극(六殛)은 여유롭고 건강하게 오래 살기를 바라는 농민들의 소망을 담고 있고, 오행(五行)은 이 모든 것의 기저에 깔려 있는 원리이면서 하늘에 순응하려는 의지의 표현이다. 본문의 각주를 통해 좀 더 살펴보기로 한다.

1. 무왕, 기자에게 다스림의 원리를 묻다

惟十有三祀에
유 십 유 삼 사

(무왕) 13년에

王이 訪于箕子하시다
왕   방 우 기 자

왕이 기자를 방문하셨다.

王이 乃言曰
왕   내 언 왈

왕이 마침내[50] 말씀하셨다.

嗚呼라 箕子아
오 호   기 자

"아! 기자여!

惟天陰騭下民하사
유 천 음 즐 하 민

하늘이 묵묵히 백성들을 안정시키사

相恊厥居하니
상 협 궐 거

각기 자신의 삶을 살아가도록
도와주시는데,

我는
아

나는

不知其彛倫의 攸敍하노라
부 지 기 이 륜   유 서

이런 하늘의 원리를 어떻게 펼쳐야
할지를 모르겠습니다."

---

50 마침내: 채침이 원문의 '내(乃)'를 어렵사리 정중하게 질문한 것을 드러내기 위한 글자라고 하였기에 이처럼 번역했다.

2. 기자의 대답, 천하를 다스리는 아홉 가지 강령

箕子乃言曰
기 자 내 언 왈

기자가 이윽고 말하였다.

我聞하니
아 문

"제가 들은 바로는,

在昔鯀이 陻洪水하여
재 석 곤   인 홍 수

옛날에 곤이 홍수를 (다스리다 물길을 잘못) 막아

汨陳其五行한대
골 진 기 오 행

오행의 원리를 어지럽히자[51]

帝乃震怒하사
제 내 진 노

상제께서 진노하사

不畀洪範九疇하시니
불 비 홍 범 구 주

(천하를 다스리는) 아홉 가지 위대한 규범을 주지 않으시니

彝倫의 攸斁니라
이 륜   유 두

하늘의 원리가 무너졌습니다.

鯀則殛死어늘
곤 즉 극 사

곤이 귀양 가서 죽고

禹乃嗣興하신대
우 내 사 흥

우가 이어서 일어나자

天乃錫禹洪範九疇하시니
천 내 석 우 홍 범 구 주

하늘이 우에게 아홉 가지 위대한 규범을 주시니

彝倫의 攸敍니라
이 륜   유 서

하늘의 원리가 펼쳐지게 되었습니다.

---

51 곤(鯀)이 치수에 실패한 것을 오행(五行)을 잘못 다스렸다고 표현한 것을 보면 생각해 볼 점이 많다. 물[水]의 성질은 아래로 내려가는 것인데 이에 역행하여 물길을 역류하도록 해서 실패하였다는 뜻일 것이지만, 이런 일을 오행을 잘못 베풀었다[汨陳]고 하는 것을 보면 오행론이 이미 인사(人事)의 준칙으로 정착하였음을 알 수 있다.

初一은 曰五行이오
초 일 왈 오 행

처음 하나는 오행이요,

次二는 曰敬用五事요
차 이 왈 경 용 오 사

다음 둘은 오사를 삼가는 것이요,

次三은 曰農用八政이오
차 삼 왈 농 용 팔 정

다음 셋은 팔정으로 농사를 짓는
것이요,

次四는 曰恊用五紀요
차 사 왈 협 용 오 기

다음 넷은 오기로 (하늘의 운행에)
부합하는 것이요,

次五는 曰建用皇極이오
차 오 왈 건 용 황 극

다음 다섯은 황극을 세우는 것이요,

次六은 曰乂用三德이오
차 륙 왈 예 용 삼 덕

다음 여섯은 삼덕으로 다스리는
것이요,

次七은 曰明用稽疑요
차 칠 왈 명 용 계 의

다음 일곱은 의혹을 헤아려 밝히는
것이요,

次八은 曰念用庶徵이오
차 팔 왈 념 용 서 징

다음 여덟은 여러 가지 징조를
유념하는 것이요,

次九는 曰嚮用五福이오
차 구 왈 향 용 오 복

다음 아홉은 오복으로 백성들을 (착한
길로) 향하게 하고

威用六極이니라
위 용 육 극

육극으로 백성들을 경계시키는
것입니다.

3. 오행[52]의 조목

一五行은
일 오 행

첫째, 오행은

一曰水요
일 왈 수

하나가 물이요,

二曰火요
이 왈 화

둘이 불이요,

三曰木이오
삼 왈 목

셋이 나무요,

四曰金이오
사 왈 금

넷이 쇠요,

五曰土니라
오 왈 토

다섯이 흙입니다.

水曰潤下요
수 왈 윤 하

물은 적시면서 아래로 흐르는 것이요,

火曰炎上이오
화 왈 염 상

불은 타올라 위로 솟는 것이요,

木曰曲直이오
목 왈 곡 직

나무는 굽기도 하고 곧기도 한 것이요,

---

52 오행: 오행은 전국 시대에 만들어진, 인간이 하늘에 순응하는[天人合一] 원리이다. 오행론은 원
래 상생(相生)과 상극(相克)으로 왕조의 교체를 설명함으로써 새 왕조의 정당성을 확보하려는
정치적 논리였다. 농업 공동체의 필수 요소 다섯 가지의 상호 관계를 설정하여, 이전에 음양으로
세상을 해석하려던 논리보다 훨씬 정교해졌다. 이로 인해 전국 시대 말기부터 급속하게 확산되
어 한(漢)나라에 들어와서는 주류 사상으로 자리 잡았다. 이제는 왕조의 교체뿐만 아니라 복잡
다단한 세상의 모든 일이 오행의 상생상극이라는 시스템 속으로 흡수됨으로써, 오행을 벗어나
는 세상사는 없어졌다. 본문에서 보이는 바와 같이, 아래로 흐르는 물이나 위로 타오르는 불이라
는 초보적 인식이 짠맛과 쓴맛으로 연결되는 메커니즘을 설명하지 못하기 때문에 비과학적이라
는 비난도 받지만, 세계를 시스템화하여 하늘과 자연에 순응하려 했던 노력의 일환으로 인정해
야 할 것이다.

金曰從革이오
금 왈 종 혁

쇠는 따르기도 하고 바뀌기도 하는
것이요,[53]

土爰稼穡이니라
토 원 가 색

흙은 심고 거두는 것입니다.

潤下는 作鹹하고
윤 하 　 작 함

적시면서 아래로 흐르는 것은 짠맛을
만들고,

炎上은 作苦하고
염 상 　 작 고

타올라 위로 솟는 것은 쓴맛을 만들고,

曲直은 作酸하고
곡 직 　 작 산

굽기도 하고 곧기도 한 것은 신맛을
만들고,

從革은 作辛하고
종 혁 　 작 신

따르기도 하고 바뀌기도 하는 것은
매운맛을 만들고,

稼穡은 作甘이니라.
가 색 　 작 감

심고 거두는 것은 단맛을 만듭니다.

4. 오사[54]의 조목

二五事는
이 오 사

둘째, 오사는

---

53 쇠는 사람이 주조하는 대로 모양이 이루어지지만, 또 이를 녹여서 다른 모양으로 바꿀 수도 있다
　 는 뜻이다.

54 오사: 오사(五事)는 무엇을 보고 듣고 무엇을 생각하고 무슨 말을 할 것인가의 문제이다. 누구에
　 게나 적용될 수 있는 고민인 듯하지만, 이 화살은 군주를 향하고 있다. 백성들이 군주를 통제할
　 수 없는 상황에서, 지혜롭고 도덕적인 군주가 민생을 잘 보살펴 민원을 해결해 주기 바라는 소망
　 의 표현일 것이다.

一曰貌요
일 왈 모

하나가 용모요,

二曰言이오
이 왈 언

둘이 말하는 것이요,

三曰視요
삼 왈 시

셋이 보는 것이요,

四曰聽이오
사 왈 청

넷이 듣는 것이요,

五曰思니라
오 왈 사

다섯이 생각하는 것입니다.

貌曰恭이오
모 왈 공

용모는 공손해야 하고,

言曰從이오
언 왈 종

말은 이치에 맞아야 하며,

視曰明이오
시 왈 명

보는 것은 밝아야 하고,

聽曰聰이오
청 왈 총

듣는 것은 분명해야 하며,

思曰睿니라
사 왈 예

생각하는 것은 슬기로워야 합니다.

恭은 作肅하며
공 작 숙

용모가 공손하면 정중해지고,

從은 作乂하며
종 작 예

말이 이치에 맞으면 조리가 있게 되고,

明은 作哲하며
명 작 철

보는 것이 밝으면 지혜로워지고,

聰은 作謀하며
총 작 모

듣는 것이 분명하면 일을 도모할 수 있고,

睿는 作聖이니라
예 작 성

생각이 슬기로우면 거룩해집니다.

5. 팔정[55]의 조목

三八政은
_{삼 팔 정}

셋째, 팔정은

一曰食이오
_{일 왈 식}

하나가 음식이요,

二曰貨요
_{이 왈 화}

둘이 재물이요,

三曰祀요
_{삼 왈 사}

셋이 제사요,

四曰司空이오
_{사 왈 사 공}

넷이 사공이요,

五曰司徒요
_{오 왈 사 도}

다섯이 사도요,

六曰司寇요
_{육 왈 사 구}

여섯이 사구요,

七曰賓이오
_{칠 왈 빈}

일곱이 손님이요,

八曰師니라
_{팔 왈 사}

여덟이 군대입니다.

---

55 팔정: 팔정(八政)은 여덟 가지 정치 행위라는 말이다. 정치는 무엇을 하는 행위인가라는 물음에 대한 이 시대의 대답이다. 사공(司空)과 사도(司徒)와 사구(司寇)는 관직 이름인데, 사공은 토목을 담당하고 사도는 교육을 담당하고 사구는 치안을 담당한다. 백성을 먹고살도록 해 주고, 경제를 발전시키고, 주택을 마련해 주는 것은 기본이다. 그런 뒤에 교육시켜 은혜에 감사할 줄 아는 사람을 만들면 제사도 잘 받들 것이다. 안심하고 살도록 치안을 유지해야 하며, 국가적으로 볼 때는 외교와 전쟁도 중요하다. 이 모든 일이 잘 이루어지도록 하는 것이 정치이다. 그런데 앞에서 이 팔정으로 농사짓는다고 했다. 농업은 이 시대의 기본 산업이었다. 농사를 잘 지어야 가장 중요한 먹는 문제가 해결되니, 농사짓는 백성들을 이렇게 다스리라는 말이다. 백성을 국민으로 치환하면 현대에도 여전히 적용되는 팔정이다.

6. 오기[56]의 조목

四五紀는 <small>사 오 기</small>	넷째, 오기는
一曰歲요 <small>일 왈 세</small>	하나가 해이고,
二曰月이오 <small>이 왈 월</small>	둘이 달이요,
三曰日이오 <small>삼 왈 일</small>	셋이 날이요,
四曰星辰이오 <small>사 왈 성 신</small>	넷이 별이요,
五曰曆數니라 <small>오 왈 력 수</small>	다섯이 역수입니다.

7. 다스림의 기준, 황극[57]

五皇極은 <small>오 황 극</small>	다섯째, 황극은

---

56 오기: 오기(五紀)는 농사짓는 데 가장 중요한 계절의 변화이다. 계절의 흐름과 절기를 잘 관찰하여 인사에 적용하도록 해야 한다. 역수(曆數)는 「요전(堯典)」에 나온 역법과 같은 말이니, 천문을 관측하여 한 해의 어느 날에 씨를 뿌리고 어느 달에 수확해야 하는지를 헤아리는 방법이다. 이렇게 관찰한 계절의 변화를 백성에게 알려 주고 독려해야 풍년이 들고 앞에서 이야기한 팔정을 시행할 수 있는 것이다.

57 황극: 거창한 말 같아 보이지만, 임금이 스스로 백성들의 기준이 되라는, 유가에서 늘 하는 말이다. 임금의 실천을 백성들이 보고 배우기 때문에 임금은 완벽해야 한다. 임금에게 황극(皇極)을 세우라는 말은 당신이 도덕적으로 완벽하지 않으면 우리는 당신을 따르지 않을 것이라는 협박이기도 하다. 앞의 오사는 모호하게 임금을 겨누었는데, 여기의 황극은 직접 임금을 겨누어 도덕적 완결성을 요구하고 있다. 임금이 만약 도덕적 실천을 완벽하게 한다면 국가가 잘 다스려져 여러 가지 복이 생긴다. 이렇게 생긴 복도 임금이 독점할 것이 아니라 백성들에게 나누어 주라고 한다. 기자는 특히 이 황극을 정성 들여 자세히 설명하는데, 상대가 임금이기 때문일 것이다.

皇이 建其有極이니
<small>황 건 기 유 극</small>

임금이 (먼저 실천하여) 지극한 기준을
세우는 것이니,

斂時五福하여
<small>렴 시 오 복</small>

(지극한 기준을 세움으로써 생긴)
이 오복을 거두어

用敷錫厥庶民하면
<small>용 부 석 궐 서 민</small>

백성들에게 베풀어 주면,

惟時厥庶民이
<small>유 시 궐 서 민</small>

이 백성들도

于汝極에 錫汝保極하리라
<small>우 여 극 석 여 보 극</small>

당신의 지극한 기준을 잘 지키는
것으로 당신께 되돌려 줄 것입니다.

凡厥庶民이 無有淫朋하며
<small>범 궐 서 민 무 유 음 붕</small>

모든 백성이 간악하게 뭉치지 않고

人無有比德은
<small>인 무 유 비 덕</small>

관리들이 사사로운 붕당을 만들지
않는 것은

惟皇이 作極일새니라
<small>유 황 작 극</small>

임금이 지극한 기준이 되었기
때문입니다.

凡厥庶民이
<small>범 궐 서 민</small>

모든 백성 가운데

有猷有爲有守를
<small>유 유 유 위 유 수</small>

생각이 깊은 자와 실천하는 자와
지조가 있는 자들을

汝則念之하며
<small>여 즉 념 지</small>

당신은 유념할 것이며,

不恊于極이라도
<small>불 협 우 극</small>

지극한 기준과 꼭 합치하지 않더라도

不罹于咎어든
<small>불 리 우 구</small>

악에 빠지지 않았다면

皇則受之하라
황 즉 수 지
임금은 용납해야 합니다.

而康而色하여
이 강 이 색
부드러운 낯빛을 하고

曰予攸好德이라커든
왈 여 유 호 덕
'저는 덕을 좋아합니다.'라고 하거든

汝則錫之福하면
여 즉 석 지 복
당신은 그에게 복[벼슬]을 주십시오.

時人이 斯其惟皇之極하리라
시 인 사 기 유 황 지 극

이 사람은 임금이 세운 지극한 기준을
실천할 것입니다.

無虐煢獨하고
무 학 경 독
외로운 자들을 사납게 대하지 말고

而畏高明하라
이 외 고 명
지위가 높고 드러난 자들을
두려워하지 마십시오.

人之有能有爲를
인 지 유 능 유 위
유능하고 부지런한 자들을 (관리로
임명하여)

使羞其行하면
사 수 기 행
일을 하도록 한다면

而邦이 其昌하리라
이 방 기 창
나라가 번창할 것입니다.

凡厥正人은
범 궐 정 인
모든 관리는

旣富하사 方穀이니
기 부 방 곡
녹봉이 넉넉해야 직무를 잘 수행할 수
있으니

汝弗能使有好于而家하면
여 불 능 사 유 호 우 이 가
당신이 (녹봉을 적게 주어) 그들의
집안이 화목하지 않도록 한다면

時人이 斯其辜리라
시 인　사 기 고

이 사람은 죄를 짓게 될 것입니다.

于其無好德에
우 기 무 호 덕

덕을 좋아하지 않는 자에게는

汝雖錫之福이라도
여 수 석 지 복

당신이 비록 녹봉을 주더라도

其作汝用咎리라
기 작 여 용 구

결국 당신의 허물이 될 것입니다.

無偏無陂하여 遵王之義하며
무 편 무 피　　준 왕 지 의

치우침도 기울어짐도 없이
왕자(王者)의 올바른 도리를 따르며,

無有作好하여 遵王之道하며
무 유 작 호　　준 왕 지 도

사심으로 좋아함이 없이 왕자의 길을
갈 것이며,

無有作惡하여 遵王之路하라
무 유 작 오　　준 왕 지 로

사심으로 싫어함이 없이 왕자의 길을
가십시오.

無偏無黨하면 王道蕩蕩하며
무 편 무 당　　왕 도 탕 탕

치우침 없고 편들지 않는다면 왕도는
탕탕[58]할 것이며,

無黨無偏하면 王道平平하며
무 당 무 편　　왕 도 평 평

편들지 않고 치우침이 없다면 왕도는
평평[59]할 것이며,

58　탕탕: 넓고 유원하다는 뜻이다. 왕도가 공간적으로 광대하고 시간적으로 영원하다는 말이다.

無反無側하면 王道正直하리니
무 반 무 측   왕 도 정 직

뒤집거나 기울이지 않는다면 왕도가
바르고 곧을 것이니,

會其有極하여 歸其有極하리라
회 기 유 극   귀 기 유 극

(사람들이) 황극으로 모여들고
황극으로 귀의할 것입니다.

曰皇極之敷言이
왈 황 극 지 부 언

황극에 대해 이처럼 자세하게
말씀드리는 것은

是彝是訓이니
시 이 시 훈

이것이 떳떳한 이치이고 가르침이기
때문이니

于帝其訓이시니라
우 제 기 훈

바로 상제께서 가르쳐 주신 것입니다.

凡厥庶民이 極之敷言을
범 궐 서 민   극 지 부 언

모든 백성이 황극을 자세하게 설명한
말을

是訓是行하면
시 훈 시 행

가르침 삼아 실천한다면

以近天子之光하여
이 근 천 자 지 광

천자의 빛나는 덕에 친근해져서

曰天子作民父母하사
왈 천 자 작 민 부 모

'천자는 우리의 부모이시고

---

59 평평: 평이하고 평탄하다는 뜻이다. 왕도는 까다롭거나 험난하지 않아야 한다는 말이다. '평평
    (平平)'은 종래 '변변(辨辨)'의 가차자로 보아 '편편'으로 읽어 왔으나, '탕탕평평(蕩蕩平平)'을
    줄여서 탕평이라고 하듯이 평평이라는 독음이 관용적으로 사용되기 때문에 평평으로 음을 달
    았다. 변변은 분별하여 잘 다스린다는 뜻이다.

以爲天下王이라 하리라
이 위 천 하 왕

천하의 왕이시로다.'라고 할 것입니다.

8. 삼덕[60]의 조목

六三德은
육 삼 덕

여섯째, 삼덕은

一曰正直이오
일 왈 정 직

하나가 바르고 곧음이요,

二曰剛克이오
이 왈 강 극

둘이 강함으로 다스리는 것이요,

三曰柔克이니
삼 왈 유 극

셋이 부드러움으로 다스리는 것입니다.

平康은 正直이오
평 강 정 직

안정된 사람은 바르고 곧게 대하고,

彊弗友란 剛克하고
강 불 우 강 극

강경하여 잘 따르지 않는 사람은
강함으로 다스리고,

燮友란 柔克하며
섭 우 유 극

유순하여 잘 따르는 사람은
부드러움으로 다스리며,

---

60 삼덕: 어느 사회에나 규범을 벗어나는 사람들이 있게 마련이지만 농업 공동체의 조화는 특히 중
요하다. 부락 공동체를 구성해 살면서 철마다 이루어지는 농사일을 품앗이해야 하는데 조화가
깨어지면 공동체가 흔들리게 된다. 조화를 깨는 이런 사람들을 잘 다스려 공동체의 조화 속으로
끌어들이는 일은 임금만 해야 한다. 벼슬[상]과 위력[벌]은 임금에게서 나와야 하고 신하가 벼슬
과 위력을 행사하면 자신을 망친다. 전국 시대 말기의 패권주의와 강력한 군권(君權)에 의한 천
하 통일을 지향하는 냄새가 난다. 제목은 덕이라고 하면서 벌을 이야기하니 참 어색했는데, 이런
의도가 숨어 있었나 보다.

沈潛이란 剛克하며
침 잠　　 강 극
위축되어 가라앉은 사람은 강함으로 고무시키고,

高明이란 柔克이니라
고 명　　 유 극
억세고 두드러진 사람은 부드러움으로 눌러 줘야 합니다.

惟辟이사 作福하며
유 벽　　 작 복
임금이라야 복[벼슬]을 줄 수 있으며,

惟辟이사 作威하며
유 벽　　 작 위
임금이라야 위력[형벌]을 보일 수 있으며,

惟辟이사 玉食하나니
유 벽　　 옥 식
임금이라야 옥식[61]을 먹을 수 있으니,

臣無有作福作威玉食이니라
신 무 유 작 복 작 위 옥 식
신하에게는 복과 위력과 옥식이 있을 수 없습니다.

臣之有作福作威玉食하면
신 지 유 작 복 작 위 옥 식
신하에게 복과 위엄과 옥식이 있게 되면,

其害于而家하며
기 해 우 이 가
그[대부]의 집안이 해로울 것이며

凶于而國하여
흉 우 이 국
그[제후]의 나라가 위태로울 것이니,

人用側頗僻하며
인 용 측 파 벽
그의 신하들은 바르지 못하고 기울어 편벽될 것이며

民用僭忒하리라
민 용 참 특
그의 백성들은 참람하여 도리에 어긋나게 될 것입니다.

---

61 옥식: 옥처럼 귀한 음식. 군주는 백성들의 봉양을 받아야 함을 뜻한다.

9. 계의(稽疑)[62]의 조목

七稽疑는
칠 계 의

일곱째, 의심스러운 것을 헤아리는
방법은

擇建立卜筮人하고
택 건 립 복 서 인

거북점과 시초점(蓍草占)을 치는
사람을 가려 세워서

乃命卜筮니라
내 명 복 서

거북점과 시초점을 치도록 명령하는
것입니다.

曰雨와
왈 우

(거북점은) 비가 내리듯 여러 개의
선이 있는 것과

曰霽와
왈 제

날이 개이듯 선이 갑자기 끊어진 것과

曰蒙과
왈 몽

흐릿하여 선이 잘 드러나지 않는 것과

曰驛과
왈 역

선들이 이어진 것과

曰克이며
왈 극

선이 교차하는 것으로 판단하며,[63]

---

62 계의(稽疑): 점을 통해 대사를 결정하는 법을 설명하고 있다. 거북점과 시초점의 두 가지 방법이
    있는데, 거북점은 우리가 앞에서 익히 보았듯이 거북의 껍질을 태워서 갈라지는 선을 보고 판단
    하는 방법이고 시초점은 50개의 산가지인 시초(蓍草)를 운용하여 괘(卦)와 효(爻)를 얻어 판단
    하는 방법이다. 거북점의 텍스트는 남아 있지 않지만, 시초점의 텍스트는 『주역』이다. 점의 결과
    만을 따르지 않고 임금의 생각과 관리와 백성들의 의견을 종합하여 판단하라고 한 점이 돋보인
    다. 인지(人智)가 많이 발전한 것이다.
63 이상 다섯 가지에 대해, 공영달을 비롯한 종래의 주석가들은 대체로 거북점의 조짐으로 판단하
    고 오행과 연결시켜 설명하였는데, 이는 20세기 초에 출토된 갑골편(甲骨片)을 보지 못하고 유
    추한 결과일 것이다. 이 구절은 「홍범」이 집필되기 이전부터 전해 오던 기록을 반영한 것으로 보

曰貞과 曰悔니라
왈 정   왈 회

(시초점은) 정(貞)과 회(悔)[64]로
판단합니다.

凡七은 卜五요 占用二니
범 칠   복 오   점 용 이

모두 일곱 가지 가운데 거북점이
다섯이고 시초점이 두 가지이니,

衍忒하나니라
연 특

일의 오류를 미루어 살피는 것입니다.

立時人하여 作卜筮하되
립 시 인   작 복 서

이 사람을 세워 거북점과 시초점을
치되,

三人이 占이어든
삼 인   점

세 사람이 점을 쳤으면

則從二人之言이니라
즉 종 이 인 지 언

두 사람의 말을 따르십시오.

汝則有大疑어든
여 즉 유 대 의

당신이 큰 의문이 있으면

謀及乃心하며 謀及卿士하며
모 급 내 심   모 급 경 사

당신의 마음으로 생각한 다음
경사들과 의논하고

이며, 아마 갑골편을 태웠을 때 나타나는 선들의 모양에 대한 언급일 것이다. 이 선들을 보고 길
흉을 어떻게 판단하였는지는 알 수 없지만, 거북점의 조형(兆形)에 대한 유일한 언급이라는 점
에서 이 단락은 매우 흥미롭다. 『순자(荀子)』에 최초로 주석을 단 당나라의 양경(楊倞)은 『순자』
「왕제(王制)」편의 '오복(五卜)'에 대한 주석에서, "오복은 「홍범」에서 '왈우·왈제·왈몽·왈역·왈극'
이라고 한 것이니, 복조의 모양을 말한 것이다(五卜, 「洪範」所謂, 曰雨, 曰霽, 曰蒙, 曰驛, 曰克,
言兆之形也)."라고 하였다.

64 정(貞)과 회(悔): 각각 내괘(內卦)와 외괘(外卦)를 가리키기도 하고, 우괘(遇卦)와 지괘(之卦)를
가리키기도 한다. 여섯 개의 효로 이루어진 하나의 대성괘(大成卦)에서 아래의 세 효를 내괘라
고 하고 위에 세 효를 외괘라고 하며, 점을 쳐서 얻은 괘를 우괘라고 하고, 우괘가 변화하여 옮겨
간 괘를 지괘라고 한다.

謀及庶人하며 謀及卜筮하라
모급서인 모급복서

백성들과 의논하고 거북점과
시초점으로 헤아리십시오.

汝則從하며 龜從하며
여즉종 귀종

당신의 생각을 거북점이 따르고

筮從하며 卿士從하며
서종 경사종

시초점이 따르고 경사들이 따르고

庶民從이면 是之謂大同이니
서민종 시지위대동

백성들이 따르는 경우, 이것을
'대동'이라고 하니,

身其康彊하며
신기강강

당신은 심신이 편안하고 강건할 것이며

子孫이 其逢吉하리라
자손 기봉길

자손들에게 길한 일이 있을 것입니다.

汝則從하며 龜從하며
여즉종 귀종

당신의 생각을 거북점이 따르고

筮從이오 卿士逆하며
서종 경사역

시초점이 따르면, 경사가 반대하고

庶民逆하여도 吉하리라
서민역 길

백성들이 반대해도 길할 것입니다.

卿士從하며 龜從하며
경사종 귀종

경사의 생각을 거북점이 따르고

筮從이오 汝則逆하며
서종 여즉역

시초점이 따르면, 당신이 반대하고

庶民이 逆하여도 吉하리라
서민 역 길

백성들이 반대해도 길할 것입니다.

庶民이 從하며 龜從하며
서민 종 귀종

백성들의 의견을 거북점이 따르고

筮從이오 汝則逆하며
서종 여즉역

시초점이 따르는데, 당신이 반대하고

卿士逆하여도 吉하리라
경사역 길

경사가 반대해도 길할 것입니다.

汝則從하며 龜從이오
여 즉 종　　　 귀 종

당신의 의견을 거북점이 따르는데,

筮逆하며 卿士逆하며
서 역　　　 경 사 역

시초점이 반대하고 경사가 반대하고

庶民이 逆하면
서 민　　 역

백성들이 반대하면,

作內는 吉하고
작 내　　 길

안에서 하는 일에는 길하고

作外는 凶하리라
작 외　　 흉

밖에서 하는 일에는 흉할 것입니다.

龜筮共違于人하면
귀 서 공 위 우 인

거북점과 시초점이 모두 사람과
어긋날 때,

用靜은 吉하고
용 정　　 길

가만히 있으면 길하고

用作은 凶하리라
용 작　　 흉

일을 일으키면 흉할 것입니다.

10. 서징(庶徵)[65]의 조목

八庶徵은
팔 서 징

여덟째, 여러 가지 징조는

曰雨와 曰暘과 曰燠과
왈 우　　 왈 양　　 왈 욱

비와 햇볕과 따뜻함과

---

65 서징(庶徵): 여러 가지 징조라는 뜻의 서징은 자연 현상을 인사와 결부시키는 전형적인 농업 공
　　동체의 인식이다. 임금의 다스림이 순조로우면 비[雨]·햇볕[暘]·더위[燠]·추위[寒]·바람[風]의
　　다섯 가지가 적절한 때[時]에 작동한다고 하니, 오행론과 결부된 황당한 논리가 아닐 수 없다. 하
　　지만 한편으로는 자연재해와 절대 권력 앞에 무력했던, 그래서 이런 논리를 만들 수밖에 없었던
　　고대인들이 안타깝기도 하다.

曰寒과 曰風과 曰時니
왈 한 　　왈 풍　　왈 시

추위와 바람과 이것들이 때맞춰
이르는 것이니,

五者來備하되
오 자 래 비

다섯 가지가 와서 갖추어지되

各以其敍하면
각 이 기 서

각각 그 절후에 맞는다면

庶草도 蕃廡하리라
서 초　　번 무

여러 풀조차 무성하게 자랄 것입니다.

一이 極備하여도 凶하며
일　　극 비　　　　흉

하나가 지나치게 많아도 흉하며

一이 極無하여도 凶하니라
일　　극 무　　　　흉

하나가 지나치게 부족해도 흉합니다.

曰休徵은
왈 휴 징

복이 되는 징조는

曰肅에 時雨가 若하며
왈 숙　　시 우　　약

(임금이) 삼가면 제때에 비가 내리고

曰乂에 時暘이 若하며
왈 예　　시 양　　약

잘 다스리면 제때에 햇볕이 들고

曰哲에 時燠이 若하며
왈 철　　시 욱　　약

지혜로우면 제때에 날이 따뜻해지고

曰謀에 時寒이 若하며
왈 모　　시 한　　약

사려가 깊으면 제때에 날이 추워지고

曰聖에 時風이 若이니라
왈 성　　시 풍　　약

거룩하면 제때에 바람이 부는
것입니다.

曰咎徵은
왈 구 징

허물이 되는 징조는

曰狂에 恒雨가 若하며
왈 광　　항 우　　약

(임금이) 광망하면 늘 비가 내리고

曰僭에 恒暘이 若하며
왈 참　　항 양　　약

말이 사리에 어긋나면 늘 햇볕이 들고

曰豫에 恒燠이 若하며

왈 예　항 욱　약

게으르면 늘 날씨가 덥고

曰急에 恒寒이 若하며

왈 급　항 한　약

조급하면 늘 날씨가 춥고

曰蒙에 恒風이 若이니라

왈 몽　항 풍　약

어리석으면 늘 바람이 부는 것입니다.

曰王省은 惟歲요

왈 왕 성　유 세

왕의 득실은 해마다 징조를 살펴 따지고

卿士는 惟月이오

경 사　유 월

경사의 득실은 달마다 징조를 살펴 따지고

師尹은 惟日이니라

사 윤　유 일

사윤[66]의 득실은 날마다 징조를 살펴 따지니,

歲月日에 時無易하면

세 월 일　시 무 역

해와 달과 날이 때를 바꾸지[어기지] 않으면,

百穀用成하며

백 곡 용 성

모든 곡식이 풍성해지고

乂用明하며

예 용 명

다스림이 밝아지며

俊民이 用章하며

준 민　용 장

뛰어난 백성이 드러나고

家用平康하리라

가 용 평 강

집안이 평안해질 것입니다.

日月歲에 時旣易하면

일 월 세　시 기 역

날과 달과 해가 때를 바꾸면[어기면]

百穀用不成하며

백 곡 용 불 성

모든 곡식이 이루어지지 못하고

66　사윤: 각 관청의 우두머리들이다.

父用昏不明하며
예 용 혼 불 명

다스림이 어두워져 밝지 못하며

俊民이 用微하며
준 민 용 미

뛰어난 백성이 드러나지 못하고

家用不寧하리라
가 용 불 녕

집안은 안녕하지 못할 것입니다.

庶民은 惟星이니
서 민 유 성

백성들은 (하늘에 촘촘히 널려 있는)
별과 같으니

星有好風하며
성 유 호 풍

별은 바람을 좋아하고

星有好雨니라
성 유 호 우

별은 비를 좋아합니다.

日月之行은 則有冬有夏하니
일 월 지 행 즉 유 동 유 하

해와 달의 운행으로 겨울이 있고
여름이 있으며

月之從星으로 則以風雨니라
월 지 종 성 즉 이 풍 우

달이 별을 따르면서 바람이 불고 비가
내립니다.

11. 백성들의 행복과 불행, 오복과 육극[67]

九五福은
구 오 복

아홉째, 오복은

---

67 오복과 육극: 오복(五福)과 육극(六極)을 각기 연결시켜 하나의 문장을 만들어 보면 왜 그들이
이런 조목을 만들었는지 알 수 있다. 오복은 "건강하고 편안하고 여유롭고 착하게 오래 살다가
자식들이 지켜보는 가운데 행복하게 죽고 싶다"는 말이고, 육극은 "가난과 걱정으로 전전긍긍
하며 비겁하고 악독하게 살다가 병들어 비명횡사하고 싶지 않다"는 것이다.

一曰壽요
일 왈 수

하나가 오래 사는 것이요,

二曰富요
이 왈 부

둘이 부유함이요,

三曰康寧이오
삼 왈 강 녕

셋이 몸이 건강하고 마음이 편안한
것이요,

四曰攸好德이오
사 왈 유 호 덕

넷이 덕을 좋아하는 것이요,

五曰考終命이니라
오 왈 고 종 명

다섯이 천수(天壽)를 다 누리고
편안하게 죽는 것입니다.

六極은
육 극

육극은

一曰凶短折이오
일 왈 흉 단 절

하나가 흉한 일로 일찍 죽는 것이요,

二曰疾이오
이 왈 질

둘이 병드는 것이요,

三曰憂요
삼 왈 우

셋이 근심이 많은 것이요,

四曰貧이오
사 왈 빈

넷이 가난한 것이요,

五曰惡이오
오 왈 악

다섯이 악독한 것이요,

六曰弱이니라
육 왈 약

여섯이 나약한 것입니다."

제33편
서려의 큰 개 [여오旅獒]

위고문이다. 무왕이 주나라를 건국하자, 중원의 제후들이 복종하는 것은 물론
이고 역외의 오랑캐[만이蠻夷]들까지 조공을 바치며 복종을 맹세한다. 서쪽에
있던 어느 나라에서 사냥개 한 마리를 보내왔는데, 키가 사 척(四尺, 1m 내외)이
넘는 큰 개였다. 무왕이 이 개를 보고 어떻게 반응했는지는 알 수 없지만, 태보
(太保) 희석(姬奭)은 글을 지어 받지 말 것을 권유했다.

희석은 소공(召公/邵公)·소백(召伯)·소강공(召康公)·소공석(召公奭) 등으로 불리
는 주나라 초기의 주요 인물로 앞으로 우리가 자주 만나야 할 사람이다. 문왕의
아들이고 무왕과 주공의 동생인 그는 무왕을 도와 은을 정벌하고 연나라(燕, 북
경 일대)에 봉해진 개국 공신이다. 제후에 봉해졌지만 봉지로 가지 않고 조정에
남아 국초의 주나라를 안정시키는 데 진력한다. 무왕이 죽은 뒤에는 조카 성왕
(成王)과 그 아들 강왕(康王)을 보좌하여 이른바 성강지치(成康之治)를 이룩한
다. 그가 지나가다가 잠시 쉬었던 팥배나무[甘棠]를 백성들이 차마 베지 못하고
소공의 덕을 찬송했다는 노래가 『시경』의 「감당(甘棠)」 편으로 남아 있다.

위고문이지만 이 편에는 교훈이 많다. 물건에 탐닉하면 뜻을 잃게 된다는 완물
상지(玩物喪志)도 그렇고, 작은 일을 소홀히 하면 아홉 길의 산을 쌓다가 한 삼
태기의 흙이 모자라서 성공하지 못하는 격이라는 구인일궤(九仞一簣)의 교훈
도 그러하다.

1. 서려의 조공과 소공의 깨우침

惟克商하니   상나라를 이겨
유 극 상

遂通道于九夷八蠻이어늘
수 통 도 우 구 이 팔 만

드디어 사방 오랑캐[68]들과 길이 통하게
되자

西旅底貢厥獒한대
서 려 지 공 궐 오

서려[69]가 큰 개를 공물로 바쳤다.

太保乃作旅獒하여
태 보 내 작 려 오

태보[70]가 이에 「여오」의 글을 지어

用訓于王하니라
용 훈 우 왕

다음과 같이 왕을 깨우쳤다.

2. 덕을 따라온 조공, 덕으로 베푸는 조공품

曰 嗚呼라
왈 오 호

"아!

明王이 愼德이어시든
명 왕 신 덕

현명한 임금이 덕을 삼가면

四夷咸賓하여
서 이 함 빈

사방 오랑캐가 모두 손님으로 와서

無有遠邇畢獻方物하니
무 유 원 이 필 헌 방 물

원근을 막론하고 모두 그 지방에서
생산되는 물건을 바치니,

惟服食器用이니이다
유 복 식 기 용

의복과 음식과 그릇 및 여러
용품들입니다.

王이
왕

왕이

---

68 사방 오랑캐: 원문의 '구이팔만(九夷八蠻)'은 실제의 숫자나 종족이 아니라 사방의 많은 오랑캐
　　를 지칭하는 관용적인 표현이다.
69 서려: 서쪽 이민족의 나라라고 하는데, 구체적인 내력은 알 수 없다.
70 태보: 삼공(三公)의 하나이니, 여기서는 무왕의 아우인 소공(김公) 희석(姬奭)을 말한다.

乃昭德之致于異姓之邦하사
내 소 덕 지 치 우 이 성 지 방

덕으로 인해 오게 된 이 물건들을
이성(異姓) 제후들에게 보여

無替厥服하시며
무 체 궐 복

그 직분을 폐하지 않도록 하며,[71]

分寶玉于伯叔之國하사
분 보 옥 우 백 숙 지 국

동성(同姓) 제후들에게는 보옥을
나누어 주어

時庸展親하시면
시 용 전 친

친친(親親)[72]의 정의를 펼치신다면,

人不易物하여
인 불 이 물

사람들은 그 물건들을 소홀하게
다루지 않고

惟德其物하리이다
유 덕 기 물

그 물건에서 (왕의) 덕을 생각할
것입니다.

德盛은 不狎侮하나니
덕 성   불 압 모

덕이 성대한 사람은 타인을 함부로
대하지 않으니,

狎侮君子하면
압 모 군 자

군자를 함부로 대하면

罔以盡人心하고
망 이 진 인 심

그의 마음을 다하게 할 수 없고,

狎侮小人하면
압 모 소 인

소인을 함부로 대하면

---

71 이 두 구절은, 진귀한 조공품을 다른 나라의 제후들에게 보여 줌으로써 그들도 직분을 다해 조공
    을 바치도록 한다는 뜻이다.
72 친친(親親): 마땅히 친해야 할 사람과 친하게 지내는 것. 앞의 친은 동사이고 뒤의 친은 목적어
    인데, 여기서 '친(親)'은 혈연에 의한 친밀함을 말한다.

罔以盡其力하리라
망 이 진 기 력

그의 힘을 다하게 할 수 없습니다.

3. 물건에 탐닉하면 뜻을 잃나니

不役耳目하사
불 역 이 목

듣고 보는 것에 이끌리지 마시고

百度를 惟貞하소서
백 도   유 정

모두 법도에 따라 바르게
행동하십시오.

玩人하면 喪德하고
완 인   상 덕

사람에 탐닉하면 덕을 잃게 되고

玩物이면 喪志하리이다
완 물   상 지

물건에 탐닉하면 뜻을 잃게 됩니다.

志以道寧하시며
지 이 도 녕

도리에 맞는 뜻을 품어야 편안할
것이며

言以道接하소서
언 이 도 접

도리에 맞는 말만 받아들이십시오.

4. 물건은 보배가 아니니, 현자가 보배거늘

不作無益하여 害有益하면
부 작 무 익   해 유 익

무익한 것으로 유익한 것을 해치치
않아야

功乃成하며
공 내 성

공이 이루어질 것이며,

不貴異物하고 賤用物하면
불 귀 이 물   천 용 물

기이한 물건을 귀하게 여기지 않고,
날마다 쓰는 물건을 천하게 여기지
않아야

民乃足하며
민 내 족

백성들이 풍족해집니다.

犬馬非其土性이어든
견 마 비 기 토 성

개와 말은 그 지방의 것이 아니면

不畜하시며
불 흑

기르지 마시고,

珍禽奇獸를
진 금 기 수

진기한 새와 짐승을

不育于國하소서
불 육 우 국

나라에 기르지 마십시오.

不寶遠物하면
불 보 원 물

먼 곳의 물건을 보배로 여기지 않으면

則遠人이 格하고
즉 원 인   격

먼 곳의 백성들이 오게 되고,

所寶惟賢이면
소 보 유 현

현자를 보배로 여기면

則邇人이 安하리이다
즉 이 인   안

가까이 있는 백성들이 편안할
것입니다.

5. 작은 일이 큰 일을 망치는 법

嗚呼라
오 호

아!

夙夜에 罔或不勤하소서
숙 야   망 혹 불 근

새벽부터 한밤까지 잠시라도
부지런하지 않을 때가 없게 하소서!

不矜細行하시면
불 긍 세 행

終累大德하여
종 루 대 덕

爲山九仞에
위 산 구 인

功虧一簣하리이다
공 휴 일 궤

允迪玆하시면
윤 적 자

生民이 保厥居하여
생 민　　보 궐 거

惟乃世王하시리이다
유 내 세 왕

작은 행동을 삼가지 않으면

끝내는 성대한 덕에 누가 되어,

아홉 길의 산을 쌓다가

한 삼태기의 흙이 모자라 성공하지
못하는 것과 같습니다.

진실로 이것들을 실천하신다면

백성들이 삶의 터전을 잘 보전하여

대대로 왕업을 이어 갈 수 있을
것입니다."

제34편
쇠사슬로 봉하여 [금등金縢]

『금문상서』이다. 이 편은 『서경』에 드물게 보이는 스토리가 있는 글이다. 이야기의 주인공은 주공(周公)인데, 애국 충정을 각색하여 그의 위대성을 부각시키고 있다. 주공 희단(姬旦)은 문왕의 아들이자 무왕의 동생이며 성왕의 숙부이다. 무왕을 도와 은나라를 정벌하고, 등극 초기에 무왕이 죽자 어린 성왕을 보좌하며 섭정(攝政)했다. 그는 예악을 정비하고 공신과 왕자를 제후로 봉하는 봉건제(封建制)와 적장자가 왕위를 계승하는 종법(宗法) 제도를 확립하였으며, 삼감(三監)의 난을 평정하는 등, 개국 초의 어수선한 상황을 정비하여 주나라의 기반을 공고하게 다졌다. 특히 그가 정비한 예악의 문화는 공자에게 계승되어 유학이 성립하는 바탕이 되었다. 맹자는 공자를 '모아서 크게 완성한[集大成]' 분이라고 했는데, 만약 주공이 없었다면 공자가 집대성할 근거가 없었을 것이다.

이 편의 스토리는 대략 다음과 같다. 어느 날 무왕이 병이 들었다. 주공은 제단을 마련하고 선왕들께 제사를 올리며 자신이 대신 죽겠다고 빌었다. 기도의 효험이 있었던지 무왕은 쾌차했고, 주공은 자신이 기도한 일을 비밀에 부치고 기도문을 상자에 넣어 쇠사슬[金縢]로 묶어 봉한 뒤, 사관에게 보관하도록 했다. 얼마 뒤 무왕이 죽고 어린 성왕이 등극했다. 주공은 성왕을 보좌하여 모든 정무를 관장했다. 그러자 관숙(管叔)을 비롯한 형제들이 그가 어린 조카의 왕위를 찬탈할 것이라는 소문을 퍼뜨려 성왕을 동요시켰다. 주공은 죄를 청하며 동쪽으로 물러났으나 성왕의 의심은 계속되었다.

그해 가을에 곡식을 수확하기도 전에 천둥을 동반한 태풍이 몰아쳤다. 곡식들은 쓰러지고 나무들이 뽑혀 나가자 성왕과 강태공(姜太公) 여상(呂尙), 소공(召公) 희석(姬奭)이 함께 상자를 열어 주공의 기도문을 보게 된다. 무왕을 위해 대신 죽고자 한 주공의 글을 본 성왕은 모든 의심을 풀고 통곡했다. 주공의 충심을 이해하지 못한 자신을 책망하여 동쪽으로 사신을 보내 주공을 모셔 왔다.

쓰러진 곡식들이 일어서고 풍년이 들었다. 사마천이 쓴 『사기』에는 성왕이 상자를 열어 본 것이 주공이 죽은 뒤라고 기록되어 있는데, 아닐 것이다. 숙부를 계속 의심하면서 섭정을 받았다면 구도가 좀 이상해지기 때문이다.

1. 무왕의 와병

旣克商二年에 기 극 상 이 년	상나라를 이긴 지 2년 만에
王이 有疾하여 弗豫하다 왕 유 질 불 예	왕이 병이 들어 즐겁지 못하셨다.[73]
二公曰 이 공 왈	태공(太公)[74]과 소공(召公)[75]이,
我其爲王하여 穆卜하리라 아 기 위 왕 목 복	"우리가 왕을 위해 삼가 점을 쳐보겠습니다" 하였다.
周公曰 주 공 왈	주공이,
未可以戚我先王이라 하고 미 가 이 척 아 선 왕	"우리 선왕들을 근심하게 할 수 없습니다" 하고
公이 乃自以爲功하사 공 내 자 이 위 공	공이 곧 자신의 일로 삼아

---

73 원문의 '불예(弗豫)'는 즐겁지 않다는 뜻인데, 이 문장에서 유래하여 후대에 임금의 환후를 간접적으로 표현하는 말로 쓰였다. 불예(不豫)로도 쓴다.

74 태공(太公): 강태공 여상(呂尙)을 말한다. 그의 성은 강(姜)이고 씨는 여(呂)이며 이름은 상(尙)이고 자는 자아(子牙)라고 한다. 위수에서 낚시질로 세월을 낚다가 문왕에게 등용되어 태공망(太公望)으로 존칭되었다. 문왕을 도와 왕업을 다지고 무왕을 도와 왕업을 이룬 개국 공신이다. 무왕이 즉위 후 그를 상보(尙父)로 높여 부르며 제(齊)나라에 봉하여 제나라의 시조가 되었다.

75 소공(召公): 무왕의 아우 소공석(召公奭)이다.

爲三壇하되 同墠하고
위 삼 단　　　동 선
동일한 터에 세 개의 단을 쌓고,

爲壇於南方하되 北面하고
위 단 어 남 방　　　북 면
(세 단의) 남쪽에 북향으로 하나의 단을 쌓아

周公立焉하사
주 공 립 언
주공이 (여기에) 서서

植璧秉珪하사
치 벽 병 규
벽옥을 (예물로) 놓고 옥홀을 잡은 채

乃告太王王季文王하시다
내 고 태 왕 왕 계 문 왕
태왕과 왕계와 문왕께 고하셨다.

2. 주공의 기도, 무왕을 대신해 죽기를 청하다

史乃冊祝曰
사 내 책 축 왈
태사(太史)[76]가 축책(祝冊)[77]을 읽었다.

惟爾元孫某 遘厲虐疾하니
유 이 원 손 모 구 려 학 질
"당신들의 맏손자 아무개[78]가 사나운 병에 걸렸는데

若爾三王은
약 이 삼 왕
당신들 세 분 왕에게는

是有丕子之責于天하시니
시 유 비 자 지 책 우 천
하늘에 대해 원자[79]를 보호할 책임이 있으시니

---

76 태사(太史): 조정의 기록과 역법을 담당하는 관리들의 우두머리. 주나라 때는 조정의 대신이었으나 후기로 오면서 점차 지위가 내려갔다.

77 축책(祝冊): 교사(郊祀)나 제향(祭享) 등의 축문을 적은 간책(簡冊).

78 아무개: 기록하는 과정에서 무왕의 이름을 피휘(避諱)한 것이다. 실제 축문에는 '원손발(元孫發)'로 적혀 있었을 것이다.

79 원자: 원문의 '비자(丕子)'는 원자(元子)라는 뜻이다. 천자(天子)인 무왕은 하늘의 맏아들이라

以旦으로 代某之身하소서
이 단 대 모 지 신
제가 아무개를 대신하게 하소서!

予仁若考라
여 인 약 고
저는 선조들께 순종하고

能多材多藝하여
능 다 재 다 예
재주와 기예[80]가 많아

能事鬼神이어니와
능 사 귀 신
귀신을 섬길 수 있지만,

乃元孫은
내 원 손
원손은

不若旦의 多材多藝하여
불 약 단 다 재 다 예
저처럼 재주와 기예가 많지 못하여

不能事鬼神하리이다
불 능 사 귀 신
귀신을 섬길 수 없을 것입니다.

乃命于帝庭하사
내 명 우 제 정
이에 상제의 뜰에서 천명을 받아

敷佑四方하사
부 우 사 방
(문덕을) 펼쳐 사방을 도우사

用能定爾子孫于下地하신대
용 능 정 이 자 손 우 하 지
지상에서 당신들의 자손을 안정시키니

四方之民이 罔不祗畏하나니
사 방 지 민 망 부 지 외
사방의 백성들이 삼가 두려워하지
않음이 없습니다.

嗚呼라
오 호
아!

는 뜻이다. 백성들은 모두 하늘의 아들들인데, 천자는 그 아들 가운데 맏이라는 관념에서 나온
말이다.

80 재주와 기예: 잡다한 일에 종사하는 여러 가지 작은 재주들을 말한다. 왕업을 이룬 무왕의 높은
덕과 큰 능력에 대비시켜 한 말이다.

無墜天之降寶命하시사
무 추 천 지 강 보 명
하늘이 내리신 보배로운 천명을
실추하지 않아야

我先王도
아 선 왕
우리 선왕들께서도

亦永有依歸하시리이다
역 영 유 의 귀
길이 의지할 곳이 있을 것입니다.

今我卽命于元龜하리니
금 아 즉 명 우 원 귀
이제 저는 거북점의 명령에 나아가
살펴볼 것이로되

爾之許我인댄
이 지 허 아
당신들께서 저의 소망을 허락하신다면

我其以璧與珪로
아 기 이 벽 여 규
저는 벽옥과 옥홀을 받들어

歸俟爾命하리어니와
귀 사 이 명
돌아가 당신들의 명령을 기다리겠지만,

爾不許我인댄
이 불 허 아
당신들께서 저의 소망을 허락하지
않으신다면

我乃屛璧與珪하리라
아 내 병 벽 여 규
저는 벽옥과 옥홀을 감추어 버릴
것입니다."

3. 상자 속에 봉한 기도문, 무왕의 쾌차

乃卜三龜하니
내 복 삼 귀
이에 (세 사람이) 세 마리의 거북으로
점을 치니

一習吉이어늘
일 습 길
한결같이 거듭 길하였고

啓篇見書하니
계 약 견 서

자물쇠를 열고 (점치는) 책을 보니

乃幷是吉하더라
내 병 시 길

역시 모두 길하였다.

公曰
공 왈

주공이 말씀하였다.

體는 王其罔害로소니
체   왕 기 망 해

"거북점의 결과가 왕께 해가 없다는
것으로 나왔으니,

予小子新命于三王이란대
여 소 자 신 명 우 삼 왕

나 소자는 세 분 왕들께 새로운 명을
받아

惟永終을 是圖하리니
유 영 종   시 도

(우리의 왕업이) 영원하도록 도모할
것이다.

玆攸俟니
자 유 사

이제 (돌아가) 기다릴 것이니,

能念予一人이샷다
능 념 여 일 인

우리 한 분[무왕]을 생각해 주실
것이다."

公이 歸하사
공   귀

공이 돌아와

乃納冊于金縢之匱中하니
내 납 책 우 금 등 지 궤 중

축책을 상자 속에 넣고 쇠사슬로 묶어
두었는데,

王이 翼日에 乃瘳하니라
왕   익 일   내 추

왕이 다음 날 쾌차하셨다.

4. 의심하는 성왕, 떠나가는 주공

武王이 既喪이어늘
무 왕　　기 상

무왕이 돌아가시자

管叔이 及其羣弟로
관 숙　　급 기 군 제

관숙[81]이 여러 동생과

乃流言於國曰
내 류 언 어 국 왈

나라 안에 유언비어를 퍼뜨렸다.

公將不利於孺子하리라
공 장 불 리 어 유 자

"주공이 장차 어린아이[성왕]에게
불리할 것이다."

周公이 乃告二公曰
주 공　　내 고 이 공 왈

(이에) 주공이 태공과 소공에게
고하였다.

我之弗辟면
아 지 불 피

"내가 피하지 않으면

我無以告我先王이라 하고
아 무 이 고 아 선 왕

나는 우리 선왕들께 드릴 말씀이
없습니다."

周公이 居東二年에
주 공　　거 동 이 년

주공이 동쪽에 거주한 지 2년에

則罪人을 斯得하다
즉 죄 인　　사 득

드디어 (유언비어를 퍼뜨린) 죄인[82]을
찾았다.

---

81 관숙: 무왕의 아우이자 주공의 형인 희선(姬鮮)으로 관국(管國, 하남성 정주鄭州)에 봉해졌다.
아우들인 채숙(蔡叔) 희도(姬度)·곽숙(霍叔) 희처(姬處)와 함께 삼감(三監)이 되어, 주왕의 아
들인 무경(武庚)의 나라를 감독했다. 이들이 나중에 주공을 모함하는 유언비어를 퍼뜨리고, 무
경과 연합하여 이른바 삼감의 난을 일으키자 주공이 평정했다.
82 죄인: 관숙과 채숙, 곽숙 등이다.

于後에 公이 乃爲詩하여
우 후　공　내 위 시

뒤에 주공이 시를 지어

以貽王하고
이 이 왕

왕에게 드리고

名之曰鴟鴞라 하니
명 지 왈 치 효

「치효」[83]라고 이름 붙이니

王亦未敢誚公하다
왕 역 미 감 초 공

왕도 또한 감히 공을 꾸짖지 못하였다.

5. 열린 상자, 통곡하는 성왕

秋大熟하여 未穫이어늘
추 대 숙　미 확

가을에 벼가 잘 익었는데, 아직 수확도
하기 전에

天이 大雷電以風하니
천　대 뢰 전 이 풍

하늘이 천둥과 번개를 몰아치고
바람이 크게 불어

禾盡偃하며
화 진 언

벼가 모두 쓰러지고

大木이 斯拔이어늘
대 목　사 발

큰 나무들도 뽑혀 나가자

邦人이 大恐하더니
방 인　대 공

나라 사람들이 크게 두려워했다.

---

83 「치효(鴟鴞)」: 『시경』에 실려 있다. 자신을 새에 비유하여 지은 시로 전체 4장인데, 2장까지만 소
개하면 다음과 같다. "올빼미야 올빼미야, 내 새끼 빼앗거든, 내 둥지는 헐지 마라, 사랑하며 애
쓰면서, 기른 자식 애틋하다! 하늘에 비 오기 전, 뽕나무 뿌리 물어다가, 둥지를 얽어 두면, 아래
사는 너희 사람, 나를 감히 무시하랴!(鴟鴞鴟鴞, 旣取我子, 無毁我室. 恩斯勤斯, 鬻子之閔斯.
// 迨天之未陰雨, 徹彼桑土, 綢繆牖戶, 今女下民, 或敢侮予.)"

王이 與大夫로 盡弁하사
왕 여대부 진변

왕이 대부와 함께 모두 조복(朝服)[84]을 갖추어 입고

以啓金縢之書하여
이 계 금 등 지 서

쇠사슬로 봉한 글을 열어,

乃得周公所自以爲功하여
내 득 주 공 소 자 이 위 공

드디어 주공이 자신의 일로 삼아

代武王之說하다
대 무 왕 지 설

무왕을 대신하고자 하였던 말씀을 얻게 되었다.

二公及王이
이 공 급 왕

태공·소공과 왕이

乃問諸史與百執事한대
내 문 저 사 여 백 집 사

여러 사관과 집사들에게 (내력을) 묻자

對曰 信하니이다
대 왈 신

대답하기를, "모두 사실입니다.

噫라 公命이어시늘
희 공 명

아아! 주공의 명령에 따라

我勿敢言이로소이다
아 물 감 언

저희들은 감히 말하지 못하였습니다" 하였다.

王이 執書以泣曰
왕 집 서 이 읍 왈

왕이 글을 잡고 울면서 말씀하였다.

其勿穆卜이로다
기 물 목 복

"삼가 점치지 말라!

昔에 公이 勤勞王家어시늘
석 공 근 로 왕 가

옛날 주공이 왕가를 위해 부지런히 수고하셨거늘

---

84 조복(朝服): 원문의 '변(弁)'을 『상서정의』에 피변(皮弁)이라고 하였는데, 피변은 흰 사슴 가죽으로 만든 관모이니 매월 초하루에 임금과 신하가 조회할 때 머리에 쓴다.

惟予沖人이 弗及知라니
유 여 충 인　　불 급 지

나 어린 사람이 미처 알지 못하자,

今天이 動威하사
금 천　　동 위

지금 하늘이 위엄을 떨쳐

以彰周公之德하시니
이 창 주 공 지 덕

주공의 덕을 드러내시니,

惟朕小子가 其新[85]逆함이
유 짐 소 자　　기 친　역

나 소자가 친히 맞이하는 것이

我國家禮에 亦宜之라 하시고
아 국 가 례　　역 의 지

우리나라의 예법에 합당할 것이다."

6. 주공을 맞이하는 성왕

王이 出郊한대
왕　　출 교

왕이 성 밖으로 나가자

天乃雨하여 反風하니
천 내 우　　반 풍

하늘이 이에 비를 내리고 바람을
거꾸로 불게 하여

禾則盡起어늘
화 즉 진 기

벼가 모두 일어났다.

二公이 命邦人하여
이 공　　명 방 인

태공과 소공이 나라 사람에게 명하여

凡大木所偃을
범 대 목 소 언

쓰러졌던 큰 나무들을

盡起而築之하니
진 기 이 축 지

모두 일으켜 다시 심으니

歲則大熟하니라
세 즉 대 숙

한 해의 농사가 크게 풍년이 들었다.

85　新: 채침은 '親(친)'의 오자로 보았다.

제35편
위대한 깨우침 [대고大誥]

『금문상서』이다. 이 편은 「금등」 편의 후속편이다. 동쪽 땅으로 2년 동안 물러가 있던 주공을 성왕이 모셔 오자 유언비어를 퍼뜨렸던 관숙은 불안했다. 이에 앞서 무경(武庚)과 관련한 이야기를 먼저 해 보자. 무경은 은나라 주왕의 아들이다. 무왕은 은을 정벌하고 무경을 주왕의 도읍인 조가(朝歌, 하남성 기현淇縣)에 봉해 은의 유민들을 다독이게 했다. 또한 후환을 막고자 자신의 동생들을 그 주위에 배치하여 무경을 감독하도록 했는데, 조가의 동부 지역에는 관숙을, 서남부 지역인 용(鄘)에는 채숙(蔡叔)을, 북부 지역인 패(邶)에는 곽숙(霍叔)을 각각 배치했다. 무경을 감독하던 이들이 바로 삼감(三監)이다. 주공의 복귀로 불안했던 관숙은 이들 두 아우 및 무경과 손을 잡고 이른바 삼감의 난을 일으켰다. 반란은 진압되어야 했고, 성왕은 주공에게 출병을 명령했다.

그러나 출병이 쉽지 않았다. 본문을 보면, 어렵고 중대한 일이라서 신중해야 한다느니, 당신네 집안 문제라느니 하는 말들이 있었고, 심지어는 원로들까지 반대하고 나섰다. 그런 그들을 불러 출병의 정당성을 천명한 것이 이 글이다. '왕이 다음과 같이 말씀하셨다[王若曰]'라고 말하면서 글이 시작되지만, 이 글의 화자는 주공이다. 성왕은 아직 10대 중반이었고, 주공은 섭정하고 있었다. 주공이 성왕의 입장으로 말하고 사관이 '왕의 말'이라고 적었을 것이다. 주공의 섭정기에 나온 글들은 모두 이런 형식을 취하였다. 그것이 법도이기 때문이다. 정벌의 결과는 대승이었다. 무경과 관숙은 주살되었고, 채숙은 영구 추방되었으며, 곽숙은 평민으로 강등되었다.

1. 정벌은 하늘의 징벌이거늘

王若曰 猷라
왕 약 왈 유

왕께서 다음과 같이 말씀하셨다.
"아아!

大誥爾多邦과
대 고 이 다 방

너희 많은 나라들과

越爾御事하노라
월 이 어 사

너희 일을 맡은 자들에게 크게 고하여
깨우치노라.

弗吊라
불 조

(하늘의) 돌보심을 받지 못해

天이 降割于我家하사
천 강 할 우 아 가

하늘이 우리나라에 재앙을 내려

不少延이어시늘
불 소 연

(무왕의 죽음을) 조금도 늦추지
않으셨다.

洪惟我幼沖人이
홍 유 아 유 충 인

깊이 생각건대 나 어린 사람[성왕]이

嗣無疆大歷服하여
사 무 강 대 력 복

한없이 큰 역수(曆數)[86]와
오복(五服)[87]을 계승하였으나

弗造哲하여 迪民康이온
불 조 철 적 민 강

밝게 다스려 백성을 안락함으로
인도하지 못했으니

---

86 역수(曆數): 원래 천체의 운행과 기후의 변화가 철을 따라서 돌아가는 차례를 의미하는데, 임금이 이것을 관장하므로 천명을 받아 제위에 오르는 일을 뜻하게 되었다.

87 오복(五服): 천자의 직할지인 왕기(王畿)를 중심으로 하여 주위를 사방 매 5백 리씩 순차적으로 나눈 다섯 구역. 전복(甸服)·후복(侯服)·수복(綏服)·요복(要服)·황복(荒服). 「우공」편 참조.

矧曰其有能格知天命가
신 왈 기 유 능 격 지 천 명

하물며 '천명을 헤아려 안다'고 할 수
있겠는가.

已아
이

(그러므로 어찌 힘쓰기를) 그만둘 수
있으랴!

予惟小子若涉淵水하니
여 유 소 자 약 섭 연 수

나 소자는 마치 깊은 물을 건너는
듯하니

予惟往은 求朕攸濟니라
여 유 왕   구 짐 유 제

내가 계속 할 일은 (이 물을 무사히)
건너는 일이다.

敷賁하며
부 비

(앞사람이 만드신) 아름다운 법도를
펼치고

敷前人受命은
부 전 인 수 명

앞사람이 받으신 천명을 펼치는 것은

玆不忘大功이니
자 불 망 대 공

(앞사람의) 위대한 공로를 잊지 못하기
때문이니

予不敢閉于天降威用이니라
여 불 감 폐 우 천 강 위 용

나는 감히 하늘이 내리는 징벌을
그만둘 수 없다.

2. 거북점의 길조

寧王이
녕 왕

영왕[88]께서

遺我大寶龜하심은
견 아 대 보 귀

나에게 보배로운 큰 거북을 물려주신
것은

紹天明이시니
소 천 명

하늘의 밝은 명령을 중개하고자 하신
것이다.

卽命한대
즉 명

(이에) 거북점의 명령에 나아가
살펴보았더니

曰有大艱于西土라
왈 유 대 간 우 서 토

'서토에 큰 어려움이 있어

西土人이 亦不靜이라 하더니
서 토 인 역 부 정

서토의 사람들이 안정되지 못할
것이다' 하였는데

越玆蠢이로다
월 자 준

지금에 이르러 (저들이) 준동하고 있다.

殷小腆이
은 소 전

은나라가 조금 살아나

誕敢紀其敍하여
탄 감 기 기 서

감히 (망하기 전의) 실마리를 이으려
하니

天降威나
천 강 위

하늘이 징벌을 내리실 것이지만,

---

88 영왕: 천하를 편안케 한 왕이란 뜻으로 무왕을 가리킨다.

知我國에 有疵하여
지 아 국   유 자

우리나라에도 흠결[89]이 있어

民不康하고
민 불 강

백성들이 불안해하는 것을 알고

曰予復하여
왈 여 복

(무경은) '내가 (은나라의 왕업을) 회복하리라!' 하며

反鄙我周邦이라 하도다
반 비 아 주 방

도리어 우리 주나라를 변방 고을로 삼으려 하고 있다.

今蠢이어늘 今翼日에
금 준   금 익 일

지금 (저들이) 준동하고 있지만 이제 내일,

民獻有十夫予翼以于하여
민 헌 유 십 부 여 익 이 우

어진 백성 열 명[90]이 나를 도와 (은나라로) 가서

粊寧武圖功하면
미 녕 무 도 공

(저들을) 안정시켜 (선왕이) 도모하신 일을 계승한다면

我有大事休리니
아 유 대 사 휴

우리의 큰일[전쟁]에 좋은 결과가 있게 될 것이니,

朕卜이 丼吉이니라
짐 복   병 길

내가 친 거북점도 모두 길하였다.

肆予告我友邦君과
사 여 고 아 우 방 군

그러므로 나는 우리 우방의 제후들과

---

89 흠결: 성왕의 숙부들인 관숙·채숙·곽숙이 무경과 함께 모반한 사실을 두고 한 말이다.

90 어진 백성 열 명: 조정의 신하들이 반대할 때, 백성들 가운데 현자 열 명이 나서서 자신들이 은나라로 가서 저들을 안정시키겠다고 한 것인데, 그 이름은 전하지 않는다.

越尹氏와 庶士와
월 윤 씨   서 사

관청의 책임자들과 여러 실무자와

御事하여 曰
어 사   왈

일을 맡은 자들에게 다음과 같이
고한다.

予得吉卜이라
여 득 길 복

'내가 거북점을 쳐 길조를 얻었다.

予惟以爾庶邦으로
여 유 이 이 서 방

나는 너희 여러 나라와 함께

于伐殷의 逋播臣하노라
우 벌 은   포 파 신

가서 은나라의 도망간 신하들을 칠
것이다.'

3. 정벌을 반대하는 신하들

爾庶邦君과
이 서 방 군

너희 여러 나라의 제후들과

越庶士御事罔不反하여
월 서 사 어 사 망 불 반

실무자들과 일을 맡은 관리들은 모두
반대하여,

曰艱大하며
왈 간 대

'(이 일은) 어렵고 중대합니다.

民不靜이
민 부 정

백성들이 안정되지 못한 원인이

亦惟在王宮과
역 유 재 왕 궁

왕궁과

邦君室이라 하며
방 군 실

(당신의) 집안에도 있습니다.'라고 하며,

越予小子考翼도
월 여 소 자 고 익

나 소자가 아버지처럼 섬기는 원로들도

不可征이라 하여
불 가 정

정벌하러 가면 안 된다고 하면서,

王은 害不違卜고 하도다
왕   할불위복

'왕은 어찌 거북점만 따르려고 합니까'
한다.

4. 어길 수 없는 상제의 명령

肆予冲人이 永思艱하니
사 여 충 인   영 사 간

이에 나 어린 사람도 어려움을 깊이
생각해 보고 말한다.

曰 嗚呼라 允蠢이면
왈 오 호   윤 준

'아! (저들이) 준동하여

鰥寡哀哉니
환 과 애 재

처지가 고단한 백성들이 참으로
가여우니

予造는 天役이라
여 조   천 역

내가 하는 일은 하늘이 시키신 일이라,

遺大投艱于朕身이시니
유 대 투 간 우 짐 신

나에게 크고 어려운 일을 던져
주셨으니

越予冲人은
월 여 충 인

나 어린 사람은

不卬自恤이니라
불 앙 자 휼

스스로를 돌볼 겨를이 없다.'

義엔 爾邦君과
의   이 방 군

(그러므로 이제) 너희 제후들과

越爾多士와 尹氏와 御事는
월 이 다 사   윤 씨   어 사

여러 관리와 우두머리들과 일을 맡은
자들은

綏予하여
수 여

나를 편안하게 위로하여

曰無毖于恤이어다
왈 무 비 우 휼

'근심으로 괴로워하지 마십시오.

不可不成乃寧考의 圖功이니라
불 가 불 성 내 녕 고　　도 공

당신 아버지 영왕께서 도모하신 일을
완성하지 않을 수 없습니다.'라고 해야
옳을 것이다.

已아 予惟小子
이　　여유소자

(어찌) 그만둘 수 있겠는가! 나 소자는

不敢替上帝命이로니
불 감 체 상 제 명

감히 상제의 명령을 버리지 못한다.

天休于寧王하사
천 휴 우 녕 왕

하늘이 영왕께 복을 내리사

興我小邦周하실새
흥 아 소 방 주

우리 작은 주나라를 일으키실 때에

寧王이 惟卜을 用하사
녕 왕　　유 복　　용

영왕께서 거북점을 사용하여

克綏受玆命하시며
극 수 수 자 명

이 천명을 편안하게 받으셨는데,

今天이 其相民하심을
금 천　　기 상 민

지금 하늘이 백성을 도우려 하는 뜻도

矧亦惟卜을 用임에랴
신 역 유 복　　용

더구나 거북점을 사용해 알았음에랴!

嗚呼라
오 호

아!

天明畏는
천 명 외

하늘의 밝은 명령이 두려운 것은

弼我丕丕基시니라
필 아 비 비 기

우리의 위대한 왕업을 돕기 때문이다.
(감히 어길 수 있으랴!)"

5. 정벌을 반대하는 옛 신하들에게

王曰
왕 왈

왕이 말씀하셨다.

爾惟舊人이라
이 유 구 인

"너희는 옛사람들이다.

爾丕克遠省하나니
이 비 극 원 성

너희는 지난 일을 잘 살필 수 있을
것이니

爾知寧王若勤哉어니
이 지 녕 왕 약 근 재

너희는 영왕께서 얼마나
부지런하셨는지 알 것이다.

天閟毖는 我成功所니
천 비 비   아 성 공 소

하늘이 막아서 어렵게 할 때가 우리가
성공할 때이니,

予不敢不極卒寧王圖事니라
여 불 감 불 극 졸 녕 왕 도 사

나는 감히 영왕이 도모하신 일을
완수하지 않을 수 없다.

肆予大化誘我友邦君하노니
사 여 대 화 유 아 우 방 군

이에 나는 우리 우방의 제후들을
회유하여 크게 변화시켰다.

天棐忱辭는
천 비 침 사

하늘이 정성스러운 말로 우리를
도우심은

其考我民이니
기 고 아 민

우리 백성의 말을 헤아려 보면 알 수
있으니,[91]

---

91 이 두 구절은, 앞에서 내일 어진 백성 10명을 보내 상나라를 안정시킬 것이라고 하였는데, 그들
이 무경을 정벌해야 함을 정성스럽게 말하였고 그것이 하늘의 말이며 하늘의 뜻이라는 것이다.

予는
여

내가

曷其不于前寧人圖功에
갈 기 불 우 전 녕 인 도 공

어찌 예전에 영왕의 신하들이
도모했던 일을

攸終하리오
유 종

끝내지 않을 수 있으랴!

天亦惟用勤毖我民이라
천 역 유 용 근 비 아 민

하늘도 (저들이) 우리 백성을 힘들고
고달프게 하는 것을

若有疾하시나니
약 유 질

마치 (우리 백성이) 병든 것처럼
여기시니

予는
여

내가

曷敢不于前寧人攸受休에
갈 감 불 우 전 녕 인 유 수 휴

어찌 예전에 영왕의 신하들이 받았던
하늘의 복을

畢하리오
필

완성하지 않을 수 있으랴!"

6. 아버지가 하시던 일, 아들이 이어야지

王曰
왕 왈

왕이 말씀하셨다.

若昔에 朕其逝할새
약 석   짐 기 서

"지난번에 내가 (정벌을) 떠나고자
하였을 때

朕言艱하여 日思하니
짐 언 간   일 사

나도 어렵다고 말하면서 날마다
생각하였다.

若考作室하여
약 고 작 실

아버지가 집을 짓고자 하여

旣底法이어든
기 지 법

이미 규모를 정해 두었으나,

厥子乃弗肯堂이온
궐 자 내 불 긍 당

그 아들이 집터 다지는 일도 기꺼이
하려 들지 않는데

矧肯構아
신 긍 구

하물며 기꺼이 건물을 세우려
하겠는가!

厥父菑어든
궐 부 치

아버지가 밭을 일구었으나

厥子乃弗肯播온
궐 자 내 불 긍 파

그 아들이 파종도 기꺼이 하려 들지
않는데

矧肯穫가
신 긍 확

하물며 기꺼이 수확하려 들겠는가!

厥考翼은
궐 고 익

내가 아버지처럼 섬기는 원로들에게

其肯曰予有後하니
기 긍 왈 여 유 후

(만약 이런 아들이 있다면) 과연 '나에게
후손이 있으니

弗棄基아
불 기 기

터전을 버리지 않으리라'고 말할 수
있겠는가!

肆予는 曷敢不越卬하여
사 여　　갈 감 불 월 앙

그러므로 내가 어찌 감히 나의 시대에 이르러

敉寧王大命하리오
미 녕 왕 대 명

영왕이 받으신 천명을 돌보지 않겠는가!

若兄考의 乃有友伐厥子어든
약 형 고　　내 유 우 벌 궐 자

만약 부형(父兄)의 친구가 그 아들을 때린다면,

民養은 其勸코 弗救아
민 양　　기 권　　불 구

하인들은 공격을 부추기면서 구원하지 않을 것인가!"[92]

7. 하늘이 짓던 농사 우리가 끝내야지

王曰
왕 왈

왕께서 말씀하셨다.

嗚呼라 肆哉어다
오 호　　사 재

"아! 마음을 놓을지어다,

爾庶邦君과 越爾御事아
이 서 방 군　　월 이 어 사

너희 여러 나라 제후들과 너희 일을 맡은 자들이여!

爽邦은 由哲이며
상 방　　유 철

(선왕이) 나라를 빛낼 수 있었던 것은 지혜로운 사람들 덕분이니,

92　이 두 구절에서 부형은 무왕을, 부형의 친구는 무경과 삼숙(三叔)을, 그 아들은 반란군 지역에 있는 백성들을, 하인들은 반대하는 제후와 관리들을 각각 비유하였다.

亦惟十人이 迪知上帝命하며
역 유 십 인   적 지 상 제 명

열 명의 신하[93]가 상제의 명을 알아서
실천하였으며,

越天이 棐忱이시니
월 천   비 침

하늘도 (선왕의) 정성을 헤아려
도우셨다.

爾時에 罔敢易法하니
이 시   망 감 역 법

너희는 그때도 감히 (선왕의) 법도를
바꾸지 못하고 따랐는데,

矧今에
신 금

더구나 지금은

天이 降戾于周邦하사
천   강 려 우 주 방

하늘이 주나라에 재앙을 내리사

惟大艱人이 誕鄰하여
유 대 간 인   탄 린

큰 어려움을 만든 자들이 가까이
있으면서

胥伐于厥室임에랴
서 벌 우 궐 실

함께 왕실을 공격하고 있음에랴!

爾亦不知天命不易이로다
이 역 부 지 천 명 불 역

너희는 참으로 천명을 어길 수 없다는
것을 모르는구나!

予永念하여 曰
여 영 념   왈

내가 오래 생각하고 이르건대,

天惟喪殷이
천 유 상 은

'하늘이 은나라를 망하게 하기를

---

93 열 명의 신하: 『논어·태백(泰伯)』에, "순임금은 신하 다섯 사람이 있어 천하가 다스려졌고, 무왕
은 '나에게 잘 다스리는 신하 열 명이 있다' 하였다"라는 구절이 있는데, 이 열 명은 주공 단(周公
旦)·소공 석(召公奭)·태공 망(太公望)·필공(畢公)·영공(榮公)·태전(太顚)·굉요(閎夭)·산의생
(散宜生)·남궁괄(南宮适)과 무왕의 어머니 태사(太姒)를 말하는 것으로 알려져 있다.

若穡夫시니
약 색 부

마치 농부가 (잡초를 뽑는 것처럼)
하셨으니

予는 曷敢不終朕畝하리오
여 갈 감 부 종 짐 무

내가 어찌 감히 나의 밭일을 끝내지
않으랴.

天亦惟休于前寧人이시니라
천 역 유 휴 우 전 녕 인

(이렇게 한다면) 하늘도 옛 영왕의
신하들인 (너희에게) 복을 내리실
것이다.'

予는 曷其極卜이며
여 갈 기 극 복

내가 어찌 거북점만 믿고

敢弗于從하리오
감 불 우 종

감히 (너희들의 의견을) 따르지 않으려고
하는 것이겠는가.

率寧人한댄
솔 녕 인

영왕의 신하들이 하던 일을 따른다면

有指疆土이어늘
유 지 강 토

국토를 안정시킬 수 있기에 하는
것인데

矧今에 卜幷吉임에랴
신 금 복 병 길

더구나 지금 거북점까지 모두
길함에랴!

肆朕이
사 짐

그러므로 나는

誕以爾로 東征하노니
탄 이 이 동 정

너희들과 함께 동쪽으로 가려고 하니

天命이 不僭이라
천 명 불 참

천명이 어긋나지 않을 것이다.

卜陳이 惟若玆하니라
복 진 유 약 자

거북점의 결과가 이와 같았도다."

제36편
미자를 임명하는 말씀 [미자지명微子之命]

위고문이다. 「상서(商書)」의 마지막 편 「미자(微子)」에서 우리는 미자를 만난 적이 있다. 제을(帝乙)의 맏아들이자 주왕의 이복형인 그 미자다. 숙부들인 기자(箕子)와 비간(比干)과 함께 500년 왕조가 망할 때 충절을 다하여 공자에게 '세 사람의 어진 사람[三仁]'이라는 칭송을 받았던 그 미자다. 기자로부터, 한 사람이라도 이 혹독한 시대에서 살아남아야 은나라의 명맥을 이어 갈 수 있다는 충고를 듣고 떠났던 그 미자가 드디어 탕 임금의 제사를 받들게 되었다.

삼감의 난을 평정한 주공이 미자를 은나라의 옛 땅 상구(商丘)에 봉하고 나라 이름을 송(宋)이라고 했다. 원래 무경이 있던 조가(朝歌)는 현재의 하남성 기현(淇縣) 일대로 하남성의 북부이고, 상구는 현재의 하남성 상구시(商丘市)로 하남성 동부이다. 상구는 상나라의 시조 설(契)이 봉해진 땅이라고 하는데, 탕 임금의 도읍인 박(亳, 상구시 우성현虞城縣 곡숙진穀熟鎭)도 이 근처이다. 주공이 미자를 조가에 봉하지 않고 상구에 봉한 것은 아마 상나라의 발상지에서 선왕들의 제사를 받들게 하고자 함이었을 것이다. 조가에는 곧 강숙(康叔)을 봉하여 위(衛)나라를 세우게 되는데, 다음 편에서 살펴보기로 한다. 주나라 천하에서 은나라의 문화와 전통을 지켜 가던 송나라는 34명의 제후가 700여 년을 이어 갔다. 송양공(宋襄公) 때에는 춘추오패(春秋五霸)에 끼일 정도로 강성했으나, 기원전 286년에 제(齊)·초(楚)·위(魏)의 연합군에게 패망한다. 영토는 이 세 나라가 나누어 가졌다.

1. 미자를 송나라에 봉하다

王若曰 猷라 殷王元子아
왕약왈 유   은왕원자

왕께서 다음과 같이 말씀하셨다.
"아아! 은나라 왕의 맏아들이여!

惟稽古하여 崇德하며
유계고   숭덕

옛 제도를 상고하여 덕 있는
선왕[탕왕]을 높이며,

象賢하여 統承先王하여
상현   통승선왕

(선왕의) 덕을 닮은 자에게 선왕의
전통을 계승하도록 하여,

修其禮物하여
수기예물

예법와 문물을 닦아

作賓于王家하노니
작빈우왕가

주나라 왕실의 손님이 되도록 하니,[94]

與國咸休하여
여국함휴

주나라와 더불어 복을 함께 누려

永世無窮하라
영세무궁

영세토록 다함이 없도록 하라.

2. 탕 임금의 위대한 덕

嗚呼라 乃祖成湯이
오호   내조성탕

아! 너의 선조 탕 임금이

克齊聖廣淵하신대
극제성광연

바르고 거룩하며 광대하고 깊으시어,

---

94 전 왕조의 후손을 제후로 봉하여 선조의 제사를 받들게 할 때는 신하로 삼지 않고 손님으로 예우
하였다. 앞의 「익직」편에서, 순임금이 요임금의 아들 단주(丹朱)를 우(虞)나라의 손님으로 예우
하였다.

皇天이 眷佑어시늘
황천   권우

하늘이 돌아보고 도우사

誕受厥命하사
탄수궐명

천명을 받아서

撫民以寬하시며
무민이관

백성을 너그럽게 어루만지며

除其邪虐하시니
제기사학

사악하고 사나움을 제거하시니,

功加于時하시며
공가우시

공은 시대를 덮었고

德垂後裔하시니라
덕수후예

덕은 후손들에게 드리웠도다.

3. 미자의 아름다운 덕

爾惟踐修厥猷하여
이유천수궐유

너는 탕 임금의 도를 실천하고 닦아

舊有令聞하니
구유령문

일찍부터 아름다운 소문이 있었다.

恪愼克孝하며
각신극효

삼가고 효도하며

肅恭神人일새
숙공신인

신과 인간에게 엄숙하고 공손하였기에,

予嘉乃德하여
여가내덕

내가 너의 덕을 아름답게 여겨

曰篤不忘하노라
왈독불망

'(그 덕이) 두터움을 잊지 못한다'
하였노라.

上帝時歆하시며
상제시흠

상제께서는 이에 제사를 받으시고

下民祇協할새
하민지협

백성들은 공경하고 화합하니,

庸建爾于上公하여
용 건 이 우 상 공

이에 너를 상공⁹⁵으로 세워

尹玆東夏하노라
윤 자 동 하

이 동쪽 땅을 다스리게 하노라.

4. 직분을 다하여 왕실의 울타리가 되기를

欽哉하여 往敷乃訓하여
흠 재　　　왕 부 내 훈

삼가 가서 너의 가르침을 펼치되,

愼乃服命하여
신 내 복 명

너의 직분⁹⁶을 삼가고

率由典常하여
솔 유 전 상

법도와 원칙을 따라 행하여

以蕃王室하며
이 번 왕 실

왕실의 울타리가 되도록 하라.

弘乃烈祖하며
홍 내 렬 조

너의 빛나는 조상을 더욱 빛내고

律乃有民하여
건 내 유 민

너의 백성들이 규범을 지키도록 다스려

永綏厥位하여
영 수 궐 위

길이 그 자리가 안녕토록 하라.

毗予一人하여
비 여 일 인

나 한사람을 도와

世世享德하여
세 세 향 덕

대대로 덕을 누리고

萬邦作式하여
만 방 작 식

모든 나라의 모범이 되어

---

95 상공: 선왕의 후손을 제후로 세울 때의 작호(爵號)이다.

96 직분: 원문의 '복명(服命)'은 관리들의 등급에 따른 복식과 작록(爵祿)을 말하니, 여기서는 미자
　　의 제후로서의 직분을 말한다.

俾我有周로 無斁케 하라
비 아 유 주   무 역

우리 주나라가 싫어하지 않도록 하라.

嗚呼라 往哉惟休하여
오 호   왕 재 유 휴

아! 가서 아름다운 정사를 펼쳐

無替朕命하라
무 체 짐 명

나의 명령을 저버리지 않도록 하라!"

제37편
강숙에게 주는 깨우침 [강고康誥]

『금문상서』이다. 「강고」는 강숙(康叔)을 위(衛)나라에 봉하며 훈계한 글이다. 이 글의 첫 단락은 주공이 동쪽에 새 도읍[洛邑]을 만든 일을 서술하고 있는데, 채침은 소식(蘇軾, 1037~1101)의 의견을 받아들여 「낙고(洛誥)」 편의 첫 단락이 여기에 잘못 끼인 것이라고 했다. 그러나 「낙고」의 첫머리에 옮겨 놓고 보아도 맥락이 이상하기는 마찬가지이니, 낙읍을 완성한 뒤 강숙을 위나라에 봉한 일의 순서를 나타낸 것으로 보고 그냥 여기에 두는 것이 좋을 듯하다. 이 편의 화자에 대해서도 논란이 있다. 채침은 이 글을 무왕이 강숙에게 훈계한 글이라고 하였지만, 사마천이 『사기·위강숙세가(衛康叔世家)』에서, "주공 단이 (…) 무경의 은나라 백성들로 강숙을 봉하여 위나라 임금을 삼았다"고 한 말과 맞지 않는다. 사마천은 강숙이 위나라에 봉해진 것이 성왕 때의 일이라는 것이다. 본서에서는 대체로 공인된 사마천의 견해에 따라 섭정하던 주공이 한 훈계로 간주했다.

기록에 보이는 문왕과 태사(太姒) 사이에서 태어난 아들은 모두 열 명인데, 주공이 넷째이고 강숙은 아홉째이다. 이름이 봉(封)이었던 강숙을 주공은 조가에 봉하여 위나라를 개국하게 했다. 조가가 어떤 땅이던가! 은나라 주왕이 스스로 불에 타 죽고 그 아들 무경이 반란을 일으켰던 그 땅이다. 이 반역의 땅으로 아홉째 동생을 보내면서 넷째 형이 많이 불안했던 모양이다. 「강고」에서 「주고(酒誥)」·「자재(梓材)」까지 내리 세 편이 모두 이 동생에게 한 충고의 글이다. 「강고」에는 동생을 보내는 형의 애틋한 마음이 가득하다. 충고하고 당부하고 또 충고하고 당부한다. 그 가운데 형벌과 관련한 충고가 유독 많은 것은 은나라 유민들을 통제해야 되기 때문일 것이다. 그러다 보니 강숙은 형법의 전문가가 되었다. 주공의 불안과는 달리 강숙 희봉(姬封)은 은나라 유민들을 잘 다독이고, 후일 조정으로 복귀하여 형법과 치안을 담당하는 사구(司寇)가 된다. 위나라는 41명의 제후가 약 900년을 이어 갔다.

1. 주공이 낙수 가에 새 도읍을 건설하다

惟三月哉生魄에
유 삼 월 재 생 백

3월 재생백[97]에

周公이 初基하여
주 공   초 기

주공이 처음 터전을 닦아

作新大邑于東國洛하니
작 신 대 읍 우 동 국 락

새로운 도읍을 동쪽 지역 낙수 가에
만드시니

四方民이 大和會어늘
사 방 민   대 화 회

사방의 백성들이 크게 화합하여
모여들었다.

侯甸男邦采衛百工이
후 전 남 방 채 위 백 공

후·전·남의 나라와 채·위의 제후들[98]과
백관들이

播民和하여
파 민 화

백성들의 화합을 북돋우며

見士于周하더니
현 사 우 주

주나라에 조현(朝見)[99]하고 일에
종사하니,

周公이 咸勤하사
주 공   함 근

주공이 모두 부지런한 것을 보고

---

97 재생백: 달의 검은 부분이 비로소 생겨나는 16일을 말한다.

98 후·전·남의 나라와 채·위의 제후들: 『주례(周禮)·하관(夏官)·직방씨(職方氏)』에 따르면, 「우공」
     의 오복을 주나라에서는 구복(九服)으로 바꾸었다. 왕의 직할지인 왕기는 사방 천 리였고, 여기
     서부터 오백 리씩 멀어지는 순서대로 후(侯)·전(甸)·남(男)·채(采)·위(衛)·만(蠻)·이(夷)·진(鎭)·
     번(蕃)이다. 여기서 후·전·남·채·위의 내오복(內五服)은 중국의 제후들이고, 만·이·진·번의 외사
     복(外四服)은 역외의 이민족 나라들이다.

99 조현(朝見): 신하가 조정에 나와 임금을 뵙는 일이다.

乃洪大誥治하다
내 홍 대 고 치

다스리는 일을 크게 고하여
깨우치셨다.

2. 문왕이 받아 무왕이 완성한 천명

王若曰
왕 약 왈

왕이 말씀하셨다.[100]

孟侯朕其弟小子封아
맹 후 짐 기 제 소 자 봉

"제후들의 우두머리이며 나의 아우인
어린 봉아!

惟乃丕顯考文王이
유 내 비 현 고 문 왕

너의 위대하고 빛나는 아버지
문왕께서는

克明德愼罰하시니라
극 명 덕 신 벌

덕을 밝히고 벌을 삼가셨다.

不敢侮鰥寡하시며
불 감 모 환 과

홀아비와 과부들처럼 가련한 사람들을
감히 업신여기지 않으셨고,

庸庸하시며 祗祗하시며
용 용   지 지

등용할 만한 사람을 등용하고 공경할
만한 사람을 공경하셨으며

威威하사 顯民하사
위 위   현 민

위엄이 필요할 때 위엄을 보이시니
백성들에게 덕이 드러나

---

100 채침은 만약 여기의 왕이 성왕이라면, 주공이 강숙을 아우라고 부를 수 없다고 한다. 앞의 「대
고(大誥)」에서처럼 주공은 성왕의 입장에서 말해야 한다는 것이다. 아마 주공이 자신의 입장
에서 강숙을 아우라고 부르고, 기록자가 적으면서 '왕약왈(王若曰)' 세 글자를 덧붙여 천자의
권위를 드러내었을 것이다.

用肇造我區夏어시늘
용 조 조 아 구 하

이로써 처음 우리나라를 이룩하셨다.

越我一二邦이 以修하며
월 아 일 이 방 이 수

한두 나라들이 다스려지기 시작하여

我西土惟時怙冒하여
아 서 토 유 시 호 모

(마침내) 서토의 사람들이 모두
의지하고 받들게 되자

聞于上帝하신대
문 우 상 제

상제께 알려지니,

帝休하사
제 휴

상제께서 아름답게 여겨

天乃大命文王하사
천 내 대 명 문 왕

하늘이 마침내 문왕에게 천명을 내려
주셨다.

殪戎殷이어시늘
에 융 은

은나라를 정벌하여 죽이라 하시자

誕受厥命하시니
탄 수 궐 명

그 명령을 받드시니,

越厥邦厥民이
월 궐 방 궐 민

그 나라와 그 백성들이

惟時敍어늘
유 시 서

이에 편안하게 되었으니

乃寡兄이 勖하니
내 과 형 욱

바로 너의 훌륭한 형님[101]께서 힘쓰신
것이다.

肆汝小子封이
사 여 소 자 봉

그러므로 너 어린 봉이

---

101 너의 훌륭한 형님: 무왕을 가리킨다. 원문의 '과형(寡兄)'을 송대의 유학자들은 '덕이 부족한[寡
德] 형'이라는 뜻의 겸사(謙辭)로 보았고, 채침도 이 해석에 따라 무왕의 자칭으로 본 것이다.
그러나 한나라의 유학자들은 '세상에 드문[寡有]'의 뜻으로 보았기에 이에 따라 번역했다.

在玆東土하니라
재 자 동 토

이 동쪽 땅[위나라]에 있게 된 것이다."

3. 너의 다스림이 천명을 지키는 길이니

王曰
왕 왈

왕이 말씀하였다.

嗚呼라 封아 汝念哉어다
오 호 봉 여 념 재

"아! 봉아! 너는 유념하라.

今民은
금 민

이제 백성을 다스리는 일은

將在祗遹乃文考니
장 재 지 휼 내 문 고

장차 네가 아버지 문왕을 삼가 따르는
데 달려 있으니,

紹聞하며
소 문

네가 들은 (문왕의) 일을 계승하고

衣德言하라
의 덕 언

(문왕의) 어진 말씀을 힘써 실천하라.

往敷求于殷先哲王하여
왕 부 구 우 은 선 철 왕

가서 지혜로웠던 은나라 선왕들의
가르침을 널리 구하여

用保乂民하며
용 보 예 민

백성들을 보호하고 다스릴 것이며,

汝丕遠惟商耈成人하여
여 비 원 유 상 구 성 인

아득히 상나라의 덕이 높았던
원로들을 생각하여

宅心知訓하며
택 심 지 훈

그들이 남긴 가르침을 알고자 마음을
쓸 것이며,

別求聞由古先哲王하여
별 구 문 유 고 선 철 왕

그 밖에도 옛날의 지혜로웠던
임금들의 행적을 듣고 실천하여

用康保民하라
용 강 보 민

백성들을 안락하게 보호하도록 하라.

弘于天하여
홍 우 천

하늘이 주신 덕을 확대하여

若德이 裕乃身이라사
약 덕 유 내 신

덕이 네 몸에 넉넉하도록 하여야

不廢在王命하리라
불 폐 재 왕 명

우리 왕께 있는 천명을 폐하지 않게 될
것이다."

4. 백성의 마음 따라 옮겨 가는 천명

王曰
왕 왈

왕이 말씀하셨다.

嗚呼라 小子封아
오 호 소 자 봉

"아! 어린 봉이여!

恫瘝乃身하여 敬哉어다
통 환 내 신 경 재

(백성들의 아픔을) 너의 아픔으로
여겨 삼가도록 하라.

天畏나 棐忱이어니와
천 외 비 침

하늘이 두렵지만 정성을 다하면
돕거니와,

民情은 大可見이나
민 정 대 가 견

백성의 마음은 잘 알 수 있더라도

小人은 難保니
소 인 난 보

백성의 (마음이) 변하지 않도록 하기는
어려우니,

往盡乃心하여
왕 진 내 심

가서 네 마음을 다하여

無康好逸豫라사
무 강 호 일 예

편안히 즐기기를 좋아하지 않아야

乃其乂民이니
내 기 예 민

백성을 다스릴 수 있을 것이다.

我聞하니 曰怨은
아 문 　 　 왈 원

내가 듣건대, '원망은

不在大하며 亦不在小라
부 재 대 　 　 역 부 재 소

일의 크고 작음과 상관없이

惠不惠하며 懋不懋니라
혜 불 혜 　 　 무 불 무

이치에 맞는지의 여부와 노력의 여하에
달려 있다'고 한다.

已아 汝惟小子아
이 　 여 유 소 자

(어찌 힘쓰기를) 그만둘 수 있겠는가!
너 어린 사람이여!

乃服은 惟弘王하여
내 복 　 유 홍 왕

네가 할 일은 왕의 덕을 넓혀

應保殷民하며
응 보 은 민

은나라 백성들을 화합시키고 보호하는
것이며,

亦惟助王하여
역 유 조 왕

또 왕을 도와서

宅天命하며 作新民이니라
택 천 명 　 　 작 신 민

천명을 안정시키고 백성들을 새롭게
하는 것이다."

5. 실수로 지은 죄와 고의로 지은 죄

王曰 嗚呼라 封아
왕 왈 오 호 　 봉

왕이 말씀하셨다. "아! 봉아!

敬明乃罰하라
경 명 내 벌

너의 벌을 삼가고 공정하게 하도록
하라.

人有小罪라도
인 유 소 죄

사람이 작은 죄를 지었더라도

非眚이면 乃惟終이라
비 생   내 유 종

실수가 아니라면 끝까지 작심하고 지은
(고의범이니)

自作不典하여 式爾니
자 작 부 전   식 이

스스로 법을 어겨 그렇게 된 것이라,

有厥罪小나
유 궐 죄 소

그 죄가 작더라도

乃不可不殺이니라
내 불 가 불 살

죽이지 않을 수 없다.

乃有大罪라도
내 유 대 죄

큰 죄를 지었더라도

非終이면 乃惟眚災라
비 종   내 유 생 재

끝까지 작심하고 지은 것이 아니라면
실수나 재앙 때문에

適爾니 旣道極厥辜어든
적 이   기 도 극 궐 고

우연히 그렇게 된 (과실범이니), 그 죄를
숨김없이 자백하였다면

時乃不可殺이니라
시 내 불 가 살

이는 죽여서는 안 된다."

6. 분명하고 공정해야 하는 형벌

王曰 嗚呼라 封아
왕 왈 오 호   봉

왕이 말씀하셨다. "아! 봉아!

有敍라사 時乃大明服하여
유 서   시 내 대 명 복

형벌이 조리가 있어야 분명하고 따를 수 있게 되어

惟民이 其勅懋和하리라
유 민   기 칙 무 화

백성들이 조심하고 법을 지키고자 힘쓸 것이다.

若有疾하면
약 유 질

병이 생기면 (병을 없애듯이 악을 제거하면)

惟民이 其畢棄咎하며
유 민   기 필 기 구

백성들이 모두 죄를 짓지 않게 되고,

若保赤子면
약 보 적 자

어린아이를 보호하듯이 (선을 지켜 나가면)

惟民이 其康乂하리라
유 민   기 강 예

백성들이 안락하고 다스려질 것이다.

非汝封이 刑人殺人이니
비 여 봉   형 인 살 인

너 봉이 사람을 벌주고 사람을 죽이는 것이 아니니

無或刑人殺人하라
무 혹 형 인 살 인

혹시라도 사사롭게 사람을 벌주고 죽이지 마라.

又曰 非汝封이 劓刵人이니
우 왈 비 여 봉   의 이 인

다시 말하건대, 너 봉이 코 베고 귀 베는 것이 아니니

無或劓刵人하라
무 혹 의 이 인

혹시라도 사사롭게 코를 베고 귀를 베지 마라.”

7. 원칙을 제시하고 판결을 신중하게

王曰
_{왕 왈}

왕이 말씀하셨다.

外事에 汝陳時臬하여
_{외 사   여 진 시 얼}

"바깥 일[102]에는 네가 원칙만 제시하고

司師茲殷罰有倫케 하라
_{사 사 자 은 벌 유 륜}

담당자가 적절한 은나라의 벌에 따라
처리하도록 하라."

又曰
_{우 왈}

또 말씀하기를,

要囚를 服念五六日하며
_{요 수   복 념 오 육 일}

"죄수를 판결할 때는 짧게는 5~6일,

至于旬時하여서
_{지 우 순 시}

길게는 열흘[103]까지 마음에 두고
생각한 뒤

丕蔽要囚하라
_{비 폐 요 수}

최종 판결을 하도록 하라"고 하셨다.

---

102 바깥 일: 원문의 '외사(外事)'를 채침은 '알 수 없다[未詳]'고 하였고, 청나라의 고증학자 손성연
    (孫星衍, 1753~1818)은 '외조청옥지사(外朝聽獄之事)'라고 하였다. 외조는 왕실의 생활 공
    간인 내정(內廷)과 구분되는 정치 공간을 말하니, '외조에서 옥사를 처리하는 일'이라는 뜻이
    다.

103 열흘: 원문의 '순시(旬時)'를 채침은 '순(旬)'과 '시(時)'로 구분하여 각각 열흘과 한 철(3개월)로
    해설하였으나, 문맥의 흐름으로 보면 한 단어로 보아 열흘로 이해하는 것이 타당할 것이다.

8. 살피고 또 살펴야 하는 형벌

王曰 汝陳時臬事하여
왕 왈 여 진 시 얼 사

왕이 말씀하셨다. "너는 원칙과 사례만 제시하고

罰에 蔽殷彝하되
벌   페 은 이

벌줄 때는 은나라의 상법(常法)으로 판결하되,

用其義刑義殺이오
용 기 의 형 의 살

공정한 형벌과 공정한 죽임을 시행할 것이며

勿庸以次汝封하라
물 용 이 차 여 봉

너 봉의 (사사로운) 뜻에 얽매여 시행하지 마라.

乃汝盡遜하여
내 여 진 손

네가 (처리한 것이) 모두 순조로워

曰時敍라도
왈 시 서

'이에 조리가 있게 되었다'고 여겨지더라도

惟曰未有遜事라 하라
유 왈 미 유 손 사

'아직 일이 순조롭지 않다' 하며 신중하도록 하라

已아 汝惟小子나
이   여 유 소 자

(어찌 힘쓰지) 않을 수 있겠는가! 너는 어리지만

未其有若汝封之心하니
미 기 유 약 여 봉 지 심

너 봉과 같은 마음을 가진 사람이 없고

朕心朕德은 惟乃知니라
짐 심 짐 덕   유 내 지

나의 마음과 나의 덕은 네가 알고 있을 것이다.

9. 벌주어야 할 사람들, 백성을 해치는 자들

凡民이 自得罪하여
범 민   자 득 죄

무릇 백성이 스스로 죄를 얻어

寇攘姦宄하며
구 양 간 궤

약탈하고 난동을 부리며

殺越人于貨하여
살 월 인 우 화

재물 때문에 사람을 죽이고 다치게
하면서

暋不畏死를
민 불 외 사

사나워 죽음을 두려워하지 않는 자를

罔弗憝니라
망 불 대

미워하지 않는 사람은 없다."

10. 벌주어야 할 사람들, 인륜을 해치는 자들

王曰 封아
왕 왈 봉

왕이 말씀하셨다. "봉아!

元惡은 大憝니
원 악   대 대

큰 죄를 지은 사람을 크게 미워하나니

矧惟不孝不友임에랴
신 유 불 효 불 우

더구나 효도하지 않고 우애하지 않는
사람이랴!

子弗祗服厥父事하여
자 불 지 복 궐 부 사

아들이 아버지의 일에 삼가 종사하지
않아

大傷厥考心하면
대 상 궐 고 심

그 아버지의 마음을 몹시 아프게
한다면,

于父不能字厥子하여
우 부 불 능 자 궐 자
아버지도 그 아들을 사랑할 수 없어서

乃疾厥子하리이며
내 질 궐 자
마침내 그 아들을 미워할 것이며,

于弟弗念天顯하여
우 제 불 념 천 현
아우가 하늘이 밝히신 도리를 생각지
않고

乃弗克恭厥兄하면
내 불 극 공 궐 형
그 형을 공경하지 않는다면,

兄亦不念鞠子哀하여
형 역 불 념 국 자 애
형도 부모님이 길러 주신 애틋한
형제임을 생각지 않아

大不友于弟하리니
대 불 우 우 제
아우에게 우애를 다하지 않을 것이니,

惟吊玆오
유 조 자
이런 상황에 이르고서도

不于我政人에 得罪하면
불 우 아 정 인   득 죄
우리 다스리는 사람에게 죄를 얻지
않는다면

天惟與我民彝大泯亂하리니
천 유 여 아 민 이 대 민 란
하늘이 우리 백성에게 주신 윤리가
사라져 크게 어지러울 것이다.

曰乃其速由文王作罰하여
왈 내 기 속 유 문 왕 작 벌
'빨리 문왕이 만드신 벌로

刑玆無赦하라
형 자 무 사
이들에게 형벌을 내려 용서하지 말라'
하여라.

11. 벌주어야 할 사람들, 악을 조장하는 관리들

不率은 大戛이니
불 솔   대 알

따르지 않는 자들은 철저하게 법으로
다스릴 것이니,

矧惟外庶子訓人과
신 유 외 서 자 훈 인

더구나 밖에서 사람을 가르치는
서자(庶子)[104]들과

惟厥正人과
유 궐 정 인

관청의 우두머리들과

越小臣諸節이
월 소 신 제 절

부절을 지닌 소신들[105]에 이르기까지

乃別播敷하여
내 별 파 부

(조정의 명령과) 다른 정책을 전파해
퍼뜨리고

造民大譽하여
조 민 대 예

백성들에게 큰 명예를 구하기만 할 뿐,

弗念弗庸하여
불 념 불 용

(임금을) 생각하지도 않고 (법을)
적용하지도 않아

瘝厥君임에랴
환 궐 군

임금을 병들게 하는 자들임에랴!

時乃引惡이라
시 내 인 악

이것은 곧 악을 조장하는 자들로

---

104 서자(庶子): 벼슬 이름. 주대에 제후와 경대부들의 적장자 이외의 여러 자제의 교육을 담당하
    던 벼슬이다.
105 부절을 지닌 소신들: 부절은 신표로 가지던 옥이나 대나무로 만든 부신(符信)을 말하니, 각각의
    직무에서 결재권을 가지고 있는 여러 벼슬아치를 가리킨다.

惟朕의 憝니 已아
_{유 짐   대   이}

내가 미워하는 바이니 그냥 둘 수 있겠는가!

汝乃其速由玆義하여
_{여 내 기 속 유 자 의}

너는 속히 이 올바른 도리를 따라

率殺하라
_{솔 살}

모두 주륙하라.

12. 군주는 백성의 모범

亦惟君惟長이
_{역 유 군 유 장}

또한 군장(君長)[106]이

不能厥家人과
_{불 능 궐 가 인}

자신의 집안사람과

越厥小臣外正이오
_{월 궐 소 신 외 정}

소신들과 바깥 관청의 책임자들을 제대로 다스리지 못하고

惟威惟虐으로
_{유 위 유 학}

위력과 사나움을 부려

大放王命하면
_{대 방 왕 명}

왕명을 모조리 내버리게 한다면

乃非德用乂니라
_{내 비 덕 용 예}

이는 덕이 아닌 것으로 다스리는 것이다.

汝亦罔不克敬典하여
_{여 역 망 불 극 경 전}

그러므로 너도 삼가 법도를 잘 지킴으로써

---

106 군장(君長): 강숙을 가리킨다.

乃由裕民하되
　내 유 유 민
백성들을 인도하되,

惟文王之敬忌로 하여
유 문 왕 지 경 기
문왕께서 공경하고 삼가셨듯이 하여

乃裕民이요
내 유 민
백성들을 인도함으로써

曰我惟有及이라면
왈 아 유 유 급
'내가 (문왕이 하신 일에) 미친 점이
있다.'라고 한다면

則予一人이 以懌하리라
즉 여 일 인　　이 역
나 한사람이 기뻐할 것이다."

13. 덕으로 백성을 이끌어야

王曰 封아
왕 왈 봉
왕이 말씀하셨다. "봉아!

爽惟民은 迪吉康이니
상 유 민　　적 길 강
나의 분명한 생각은 백성을 착하고
안락함으로 이끌어야 한다는 것이다.

我는 時其惟殷先哲王德으로
아　　시 기 유 은 선 철 왕 덕
나는 이 은나라의 지혜로운 선왕들의
덕으로

用康乂民하여 作求니
용 강 예 민　　　작 구
그들처럼 백성들을 안락하게
다스리고자 하는데,

矧今民이 罔迪不適이랴
신 금 민　　망 적 부 적
더구나 지금은 (개국 초기라서)
백성들이 인도하는 대로 따라오지
않을 수 없는 때이다.

不迪하면
부 적

이런데도 인도하지 않는다면

則罔政이 在厥邦하리라
즉 망 정   재 궐 방

이 나라에 다스림이라는 것이 없는
것이다."

14. 백성의 죄는 임금의 죄

王曰 封아
왕 왈 봉

왕이 말씀하셨다. "봉아!

予惟不可不監이라
여 유 불 가 불 감

나는 살펴보지 않을 수 없다.

告汝德之說于罰之行하노니
고 여 덕 지 설 우 벌 지 행

너에게 벌의 시행을 덕으로 하라는
말을 일러 주었으나

今惟民이 不靜하여
금 유 민   부 정

지금 (은나라) 백성들이 안정되지 못해

未戾厥心하여
미 려 궐 심

마음을 잡지 못하고

迪屢未同하니
적 루 미 동

여러 차례 인도해도 (다스림에)
동화되지 않으니

爽惟天이 其罰殛我하시리니
상 유 천   기 벌 극 아

하늘이 우리를 벌하여 죽이실
것이라는 분명한 생각이 든다.

我其不怨하리라
아 기 불 원

(그렇더라도) 나는 원망하지 않을
것이다.

惟厥罪는 無在大하며

유 궐 죄   무 재 대

(백성들의) 죄가 크거나 작거나

亦無在多하니

역 무 재 다

많거나 적거나 (모두 나의 죄인데)

矧曰其尙顯聞于天임에랴

신 왈 기 상 현 문 우 천

더구나 '이미 드러나 하늘에
알려졌다'고 함에랴."

15. 군주는 백성을 두려워해야

王曰 嗚呼라 封아 敬哉어다

왕 왈 오 호   봉   경 재

왕이 말씀하셨다. "아! 봉아! 삼가도록
하라.

無作怨하며

무 작 원

원망 들을 일을 하지 말고

勿用非謀非彝하고

물 용 비 모 비 이

옳지 않은 계책과 바르지 않은 법을
쓰지 말며

蔽時忱하여 丕則敏德하여

폐 시 침   비 칙 민 덕

이 참된 마음으로 결단하고 덕을 힘쓴
사람을 잘 본받아,

用康乃心하며 顧乃德하며

용 강 내 심   고 내 덕

네 마음을 편안히 하고 너의 덕을
돌아보며

遠乃猷하며 裕乃以民寧하면

원 내 유   유 내 이 민 녕

원대하게 계획하고 백성들을
편안하도록 인도한다면

不汝瑕殄하리라
불 여 하 진

(백성들도) 너에게 잘못이 있다고 하며 거부하지 않으리라.”

16. 직분을 다함이 천명을 지키는 길

王曰 嗚呼라 肆汝小子封아
왕 왈 오 호   사 여 소 자 봉

왕이 말씀하셨다. “아! 그러므로 너 어린 봉아!

惟命은 不于常이니
유 명   불 우 상

천명은 고정된 것이 아니다.

汝念哉하여 無我殄享하여
여 념 재   무 아 진 향

너는 유념하여 내가 누리게 해 준 것을 끊지 않도록 하라.

明乃服命하며
명 내 복 명

너의 직분에 맞게 분명하게 행동하고

高乃聽하여
고 내 청

네가 들은 나의 말을 높이 받들어

用康乂民하라
용 강 예 민

백성들을 안락하게 다스리도록 하라.”

17. 위나라로 가서 훈계를 실천하라

王若曰 往哉封아
왕 약 왈 왕 재 봉

왕이 이렇게 말씀하였다. “가거라! 봉아!

勿替敬典하여
물 체 경 전

공경해야 할 바른 법을 버리지 말고

聽朕의 告汝라사
청 짐 고 여

乃以殷民으로 世享하리라
내 이 은 민   세 향

내가 너에게 고한 말을 따라야

은나라 백성들과 함께 대대로 누릴
것이다."

제38편
술에 대한 깨우침 [주고酒誥]

『금문상서』이다. 「강고」에서 백방으로 훈계한 주공은 이번에는 술을 가지고 강숙을 깨우친다. 강숙이 지금 가야 하는 위나라의 조가는 주왕이 주지육림으로 향락하던 곳이다. 어느새 백성들까지 그릇된 임금에게 동화되어 음주가 풍속이 되어 버렸다. 이런 곳으로 가려 하니, 특별히 술을 경계시켜야 하는 것이다.

중국의 양조 역사는 유구하다. 우임금 때 의적(儀狄)이 처음 술을 만들었다고 하는데, 우임금이 마셔 보고는 "후세에 틀림없이 술 때문에 나라를 망치는 사람이 나올 것이다."라고 했다는 이야기가 유향(劉向)이 쓴 『전국책(戰國策)』에 실려 있다. 두강(杜康)이 처음 만들었다는 기록도 보이는데, 누가 만들었든 술은 만들어지는 순간부터 절제의 대상이었을 것이다. 이제 우리가 읽어야 할 「주고」 편 역시 절주(節酒)의 역사 속에서 오래된 명문이다. 술을 지나치게 매도하는 느낌이 있지만 재미있는 생각들도 많다. 술로 감성의 문을 열어 큰 성취를 이룬 문인들도 많았건만 주공이 이토록 술을 매도하는 까닭은 아마 조금 전에 술 때문에 망한 나라를 보았기 때문일 것이다.

1. 술은 제사를 받들기 위한 것

王若曰 왕 약 왈	왕이 다음과 같이 말씀하셨다.
明大命于妹邦하노라 명 대 명 우 매 방	"매방107에 중대한 명령을 밝힌다.

---

107 매방: 『시경·용풍(鄘風)·상중(桑中)』에 있는 매향(沫鄉)과 같은 곳으로 조가의 옛 이름이다. 주왕과 무경의 도읍이었고, 당시에는 위(衛)나라의 중심지였다.

乃穆考文王이
내 목 고 문 왕

너의 목고[108] 문왕께서

肇國在西土하실새
조 국 재 서 토

서토에 나라를 세우실 때

厥誥毖庶邦庶士와
궐 고 비 서 방 서 사

여러 나라의 많은 관리들과

越少正御事하사
월 소 정 어 사

관청의 정부(正副) 책임자들과 일을
맡은 자들을 깨우쳐

朝夕에 曰祀玆酒니
조 석   왈 사 자 주

아침저녁으로 당부하시기를, '제사에만
이 술을 써라.

惟天이 降命하사
유 천   강 명

하늘이 명을 내리시어

肇我民하사든
조 아 민

처음 우리 백성들에게 (술을 만들게)
하신 것은

惟元祀니라
유 원 사

큰 제사를 받들기 위함이었다.'라고
하셨다.

天이 降威하시고
천   강 위

하늘이 위엄을 보이시고,

我民이 用大亂喪德이
아 민   용 대 란 상 덕

우리 백성이 크게 어지러워 덕을 잃는
것이

亦罔非酒의 惟行이며
역 망 미 주   유 행

술이 그렇게 하지 않은 것이 없으며,

---

108 목고: 덕이 깊고 유원한 아버지라는 해석과 종묘에서의 소목(昭穆)에 따른 신주 위치가 목에
     해당하는 아버지라는 두 가지 해석이 있다.

越小大邦이 用喪이
월 소 대 방   용 상

크고 작은 나라가 망하는 것도

亦罔非酒의 惟辜니라
역 망 비 주   유 고

술의 허물이 아닌 것이 없었다.

文王이 誥敎小子와
문 왕   고 교 소 자

문왕께서 젊은 사람들과

有正有事하사대
유 정 유 사

관리들과 종사하는 일이 있는 자들을
깨우쳐 가르치기를,

無彝酒하라
무 이 주

'늘 술에 취해 있지 말라.

越庶國이 飮하되 惟祀니
월 서 국   음   유 사

모든 나라는 술을 마시되 제사 때에만
마실 것이며,

德將無醉하라
덕 장 무 취

(그때도) 덕으로 행하여 취하지 않도록
하라' 하셨다.

2. 술은 효도하고 충성한 뒤에 마시는 것

惟曰
유 왈

(문왕이 또) 말씀하시기를,

我民이 迪小子하되
아 민   적 소 자

'우리 백성들이 젊은 사람들을
인도하여

惟土物愛하면
유 토 물 애

땅에서 생산되는 것들을 사랑하도록
하면

厥心이 臧하리니
궐 심   장

마음이 착해질 것이니,

聰聽祖考之彝訓하여
총 청 조 고 지 이 훈

부조(父祖)의 바른 가르침을 잘 들어서

越小大德에
월 소 대 덕

크고 작은 덕을

小子惟一하라
소 자 유 일

젊은 사람들은 한결같이 실천하라'
하셨다.

妹土아 嗣爾股肱하여
매 토　　사 이 고 굉

매토의 백성들아! 너희의 팔다리를
쉬지 말고

純其藝黍稷하여
순 기 예 서 직

곡식을 많이 심어

奔走事厥考厥長하며
분 주 사 궐 고 궐 장

부형과 어른들을 부지런히 섬기며,

肇牽車牛하여
조 견 거 우

수레와 소를 민첩하게 끌고

遠服賈하여
원 복 고

멀리 가서 장사하여

用孝養厥父母하여
용 효 양 궐 부 모

효도를 다해 부모를 봉양하고,

厥父母慶이어사
궐 부 모 경

그 부모가 기뻐하시거든

自洗腆하여 致用酒하라
자 선 전　　치 용 주

스스로 정결하고 풍성하게 차려 술을
마시도록 하라.

庶士有正과
서 사 유 정

여러 실무자와 관청의 우두머리와

越庶伯君子아
월 서 백 군 자

덕 있는 여러 고관이여!

其爾는 典聽朕敎하라
기 이　　전 청 짐 교

너희는 항상 나의 가르침을 잘 듣도록
하라.

爾大克羞耉惟君이오사
이 대 극 수 구 유 군

너희는 노인들을 잘 봉양하고 임금을
잘 받들고 나서,[109]

爾乃飮食醉飽하라
이 내 음 식 취 포

너희도 취토록 마시고 배불리 먹도록
하라.

丕惟曰 爾克永觀省하여
비 유 왈 이 극 영 관 성

분명히 말하건대, 너희는 늘 살피고
반성하여

作稽中德이어사
작 계 중 덕

일마다 중덕을 헤아려 실천해야,

爾尙克羞饋祀니
이 상 극 수 궤 사

너희는 (신들에게) 음식을 올려 제사
지낼 수 있을 것이며

爾乃自介用逸이니라
이 내 자 개 용 일

너희도 스스로를 도와 즐길 수 있는
것이다.

玆乃允惟王正事之臣이며
자 내 윤 유 왕 정 사 지 신

이러해야만 참으로 왕의 일을 바로
다스리는 신하일 것이니

玆亦惟天이 若元德하여
자 역 유 천   약 원 덕

이에 하늘도 훌륭한 덕을 인정할
것이며

永不忘이 在王家하리라
영 불 망   재 왕 가

왕가도 (너희를) 영원히 잊지 않을
것이다."

---

109 채침은 이 구절 원문의 마지막 두 글자 '유군(惟君)'의 뜻을 미상이라고 하였는데, 여기서는 정
약용(丁若鏞)의 설(『여유당전서(與猶堂全書)·상서고훈(尙書古訓)』)을 따라 위와 같이 번역
하였다.

3. 주나라는 술을 절제하여 천명을 받았나니

王曰 封아
왕왈 봉

왕이 말씀하셨다. "봉아!

我西土棐徂邦君御事小子는
아 서 토 비 조 방 군 어 사 소 자

지난날 우리 서토를 돕던 제후들과

일을 맡은 자들과 젊은이들이

尙克用文王敎하여
상 극 용 문 왕 교

문왕의 가르침을 잘 따라

不腆于酒하니라
불 전 우 주

술에 깊이 빠지지 않았다.

故我至于今하여
고 아 지 우 금

그러므로 지금에 이르러

克受殷之命이니라
극 수 은 지 명

은나라의 천명을 (우리가) 받은 것이다."

4. 절주(節酒)로 지킨 은나라의 천명

王曰 封아 我聞하니
왕왈 봉   아문

왕이 말씀하셨다. "봉아! 내가
듣기로는,

惟曰在昔殷先哲王이
유 왈 재 석 은 선 철 왕

옛날 은나라의 지혜로우셨던 선왕들은

迪畏天顯小民하사
적 외 천 현 소 민

하늘의 밝은 명령과 백성들을
두려워하고 힘써

經德秉哲하사
경 덕 병 철

항상 덕을 실천하고 밝은 지혜로
인재를 등용하셨다.

自成湯으로 咸至于帝乙이
자 성 탕　　　 함 지 우 제 을

탕 임금으로부터 제을에 이르기까지
모두

成王畏相이어시늘
성 왕 외 상

임금의 덕을 이루고 재상을
경외하시니,

惟御事厥棐有恭하여
유 어 사 궐 비 유 공

일을 맡은 관리들도 정성을 다해
보필하여

不敢自暇自逸이온
불 감 자 가 자 일

감히 스스로 한가하거나 안일하지
않았다고 하니,

矧曰其敢崇飮가
신 왈 기 감 숭 음

하물며 '감히 술 마시기를 숭상했다'고
할 수 있으랴!

越在外服한 侯甸男衛邦伯과
월 재 외 복　　 후 전 남 위 방 백

외복에 있는 후·전·남·위의 제후와
방백110들과

越在內服한 百僚庶尹과
월 재 내 복　　 백 료 서 윤

내복111에 있는 모든 관료와 여러
관청의 우두머리와

110　방백: 제후들의 우두머리이다.
111　내복: 왕의 직할지인 기내를 말한다.

惟亞惟服과 宗工과
<small>유 아 유 복　　종 공</small>

아관(亞官)[112]과 서리들과 고위 관원들과

越百姓里居에
<small>월 백 성 리 거</small>

(은퇴하여) 백성들과 함께 향리에 거주하는 자에 이르기까지

罔敢湎于酒하니
<small>망 감 면 우 주</small>

감히 술에 빠지는 자가 없었으니,

不惟不敢이라 亦不暇오
<small>불 유 불 감　　　　역 불 가</small>

감히 하지 못하였던 것이 아니라 할 겨를이 없었던 것이라

惟助成王德顯하며
<small>유 조 성 왕 덕 현</small>

왕의 덕을 이루어 드러나도록 돕고

越尹人祗辟하니라
<small>월 윤 인 지 벽</small>

일을 맡은 관리들이 임금을 보필하는 것을 돕느라 그러하였다.

5. 술에 빠져 나라를 망친 주왕

我聞하니
<small>아 문</small>

내가 듣건대,

亦惟曰在今後嗣王하여
<small>역 유 왈 재 금 후 사 왕</small>

이제 그 뒤를 이어 왕이 된 자[113]는

酖身하여
<small>감 신</small>

몸이 술에 절어

112　아관(亞官): 각 관청의 장관 다음가는 벼슬.
113　그 뒤를 이어 왕이 된 자: 주왕 수(受)를 말한다.

厥命이 罔顯于民이오
궐 명　　罔顯우민

그의 명령이 백성들에게 드러나지
못하였고,

祗保越怨이어늘 不易하고
지 보 월 원　　　　　불 역

삼가고 지키는 일 대신 원망 받을 일만
하면서 고치지 않았다.

誕惟厥縱淫泆于非彝하여
탄 유 궐 종 음 일 우 비 이

도리를 어기고 황음에 빠졌으며

用燕喪威儀한대
용 연 상 위 의

안일함을 젖어 위의를 잃자

民이 罔不盡傷心이어늘
민　　罔불혁상심

백성들이 마음 아파하지 않음이
없었으나,

惟荒腆于酒하여
유 황 전 우 주

술에 깊이 빠져

不惟自息乃逸하며
불 유 자 식 내 일

스스로 안일함을 그만둘 생각을 하지
않았다.

厥心疾狠하여
궐 심 질 혼

마음이 모질고 사나워

不克畏死하며
불 극 외 사

죽음을 겁내지 않았으며,

辜在商邑하여
고 재 상 읍

상읍의 허물 때문에

越殷國滅無罹하니
월 은 국 멸 무 리

은나라가 망하는데도 근심하지
않았으며,

弗惟德馨香祀登聞于天이오
불 유 덕 형 향 사 등 문 우 천

덕의 향기로 바치는 제사가 하늘에
올라가지 않았고

誕惟民怨庶羣自酒腥이
탄 유 민 원 서 군 자 주 성

백성들이 원망하는 갖가지 술
비린내만

聞在上이라
문 재 상

하늘에 퍼졌다.

故天降喪于殷하사
고 천 강 상 우 은

그러므로 하늘이 은나라를 망하게
하셨는데,

罔愛于殷은 惟逸이니
망 애 우 은 유 일

은나라를 사랑하지 않은 것은
방종하였기 때문이니

天非虐이라
천 비 학

하늘이 사나웠던 것이 아니라

惟民이 自速辜니라
유 민 자 속 고

(주왕과 백성들이) 스스로 허물을
불렀던 것이다."

6. 임금과 신하가 함께 술을 절제해야

王曰 封아
왕 왈 봉

왕이 말씀하셨다. "봉아!

予不惟若玆多誥라
여 불 유 약 자 다 고

내가 이처럼 많은 훈계를 하려고 한
것이 아니었으나,

古人이 有言曰
고 인 유 언 왈

옛사람이 말하기를,

人은 無於水에 監이오
인 무 어 수 감

'사람은 물에 (자신을) 비추어 볼
것이 아니라

當於民에 監이니
당 어 민 감

마땅히 백성들에게 비추어 보아야
한다' 했다.

今惟殷이 墜厥命하니
금 유 은 추 궐 명

지금 은나라가 천명을 실추시켰으니

我其可不大監하여
아 기 가 부 대 감

우리가 크게 거울로 삼아

撫于時아
무 우 시

이 시대를 어루만져 바로잡지 않을 수
있겠느냐.

予惟曰
여 유 왈

내가 이르노니,

汝劼毖殷獻臣과
여 괄 비 은 헌 신

너는 은나라의 어진 신하들과

侯甸男衛니
후 전 남 위

후·전·남·위의 제후들이 (술을)
삼가도록 할 것이며,

矧太史友와 內史友와
신 태 사 우 내 사 우

벗처럼 너를 도우는 태사[114]와
내사[115]와

越獻臣百宗工임에랴
월 헌 신 백 종 공

어진 신하들과 여러 고위 관원도
물론이고,

矧惟爾事는
신 유 이 사

네가 존중하여

---

114 태사: 기록과 역법(曆法)을 담당하던 사관의 우두머리. 주나라 때의 태사(太史)는 역사뿐만 아
    니라 국가의 공식 문서를 작성하고 보관하였으며 관리의 임명과 제사의 일도 담당하는 조정의
    대신이었으나, 한나라 이후로 지위가 점차 격하되었다.
115 내사: 왕의 여러 가지 정무를 보좌하던 관리. 『주례(周禮)·춘관(春官)』에 "내사(內史)는 왕의
    팔병(八柄)을 관장하여 왕의 다스림을 펼치니, 작(爵)·녹(祿)·폐(廢)·치(置)·살(殺)·생(生)·여
    (予)·탈(奪)이다" 하였다.

服休服采임에랴
복 휴 복 채

함께 도를 논하고 함께 일하는 신하도
물론이며,

矧惟若疇인
신 유 약 주

너와 짝처럼 친근한,

圻父薄違와
기 보 박 위

명을 어긴 자를 다스리는 기보[116]와

農父若保와
농 보 약 보

백성을 가르치고 보호하는 농보[117]와

宏父定辟임에랴
굉 보 정 벽

땅을 개척하여 백성을 살게 하는
굉보[118]도 (술을 삼가도록 해야 할 것이니),

矧汝剛制于酒임에랴
신 여 강 제 우 주

하물며 (그들에게) 술을 통제해야 할
너임에랴!

厥或誥曰羣飮이어든
궐 혹 고 왈 군 음

누가 '무리 지어 술을 마시고 있다'고
알리거든

汝勿佚하여 盡執拘하여
여 물 일   진 집 구

너는 놓치지 말고 모두 잡아

以歸于周하라 予其殺이니라
이 귀 우 주   여 기 살

주나라로 보내라. 내가 죽이거나
하겠다.[119]

---

116 기보: 제후의 삼경(三卿) 가운데 하나인 사마(司馬). 방정(邦政)을 관장한다.
117 농보: 제후의 삼경 가운데 하나인 사도(司徒). 방교(邦敎)를 관장한다.
118 굉보: 제후의 삼경 가운데 하나인 사공(司空). 방토(邦土)를 관장한다.
119 죽이거나 하겠다: 채침은 원문의 '기(其)'를 확정하지 않았음을 나타내는 말로 보아, 반드시 죽인다는 뜻은 아니라고 하였다. 채침의 설에 따라 번역하였다.

又惟殷之迪諸臣惟工이
우 유 은 지 적 제 신 유 공

또 은나라의 술에 익숙한 모든 신하와
관리들이

乃湎于酒어든
내 면 우 주

술에 빠지면

勿庸殺之하고 姑惟敎之하라
물 용 살 지　　고 유 교 지

그들을 죽이지 말고 우선 그들을
가르쳐라.

有斯면 明享이어니와
유 사　　명 향

이 가르침을 간직한다면 분명코
(지위를 계속) 누리게 할 것이지만

乃不用我敎辭하면
내 불 용 아 교 사

내가 가르치는 말을 따르지 않는다면

惟我一人이 弗恤하여
유 아 일 인　　불 휼

나 한사람은 (너를) 돌보지 않고

弗蠲乃事하여
불 견 내 사

너의 일을 불결하게 여겨

時同于殺하리라
시 동 우 살

이에 (너를 술을 마셔) 죽을죄를
지은 자들과 동일하게 다룰 것이다."

7. 내 말을 명심해야 하나니

王曰 封아
왕 왈 봉

왕이 말씀하셨다. "봉아!

汝典聽朕毖하라
여 전 청 짐 비

너는 나의 삼가라는 말을 명심하여
들어라.

勿辯乃司하면
물 변 내 사

民湎于酒하리라
민 면 우 주

너의 관리들을 다스리지 않는다면

백성들이 술에 빠지게 될 것이다."

제39편
훌륭한 재목 [자재梓材]

『금문상서』이다. '梓(자)'는 '재'로도 읽는데 가래나무이다. 가래나무는 재질이 치밀하고 뒤틀리지 않아 귀하게 쓰이는 나무이니, 자재(梓材)는 좋은 목재라는 뜻이다. 본문에 한 번 언급되면서 이 편의 제목이 되었을 뿐, 한 편의 내용을 요약하는 뜻은 없다. 「자재」는 난해하다. 채침은 '잘 모르는 부분이 많다'거나 '죽간이 잘못 끼어들었다'거나 하며 난감해했는데, 필자 역시 그러했다. 그나마 채침의 설명을 들어가며 다른 책들을 참고해 어렵사리 번역한 내용을 정리해 보면 대략 이런 이야기인 듯하다.

이 글 역시 주공이 강숙에게 주는 충고인데, 이번의 충고는 정복민들을 어떻게 다루어야 할지에 대한 것이다. 그들의 왕자[무경武庚]를 제후로 삼아 자치하게 하였더니 당장 반란을 일으켰던 그 은나라 유민들이다. 그래서 이번에는 우리 왕자[강숙康叔]를 '감독'으로 파견하지만 좀 불안하다. 가장 먼저 신경 써야 할 부류는 토착 귀족들이다. 바로 본문에서 말하는 '나라를 이끄는 큰 가문[大家]'들이다. 일단 백성들이 그들을 잘 따르도록 유도하여 그들의 기득권을 존중해 주고, 우리가 데리고 간 신하들도 그들을 인정하도록 해야 한다. 그들이 중간자로서 불만이 없어야 정복민들을 통제할 수 있기 때문이다. 이 일을 수행하는 사람은 우리가 데리고 가는 관리들이다. 그러므로 우리 관리들도 잘 챙겨야 한다. 너희들이 나의 스승이다 하면서 늘 다독여야 수족처럼 부릴 수 있는 것이다.

다음으로는 정복민들을 직접 다스리는 방법이다. 지금은 그들이 불만으로 가득 차 있다. 차차 안정되고 나면 정책을 바꾸더라도, 지금은 무조건 그들을 끌어안아야 한다. 지난번 반란에도 참여했던 그들이다. 알고 보면 그들은 강도이고 살인자들이지만 자기들끼리 숨겨 주고 있다. 그들을 모두 용서해 주어야 한다. 그래야 그들을 감동시킬 수 있다.

강숙은 일반 제후들과는 다르다. 정복민을 감독하러 가는 감독자이다. 형벌을 엄격하게 집행하여 함부로 준동하지 못하도록 해야 하지만, 지금의 상황은 채찍만 휘두르면 안 된다. 가족이 없는 과부 같은 약자들을 잘 보살펴야 한다. 학대하지 말고 포용해야 한다. 그래야 우리 무왕께서 이룩한 천명을 온전히 지킬 수 있다. 이미 그들을 정복하고 진압하여 통나무를 잘 다듬어 두었으니 강숙은 가서 단청을 칠해서 유종의 미를 거두면 되는 것이다.

마지막 단락은 잘못 끼어든 것인데, 신하가 임금을 경계시키는 말투다. 그렇다고 하여 이 편과 전혀 무관한 것은 아니다. 핵심은 '밝은 덕[明德]'이다. 임금이 덕으로 다스려야 사방의 제후들이 감화되어 복종한다는 말이다. 혹 주공이, 강숙이 덕치(德治)를 펼치도록 권유하기 위해 어떤 신하가 한 말을 전달해 준 것일지도 모른다.

1. 상하를 소통시켜야

王曰 封아 왕 왈 봉	왕이 말씀하셨다. "봉아!
以厥庶民과 曁厥臣으로 이 궐 서 민　기 궐 신	백성과 신하들이
達大家하며 달 대 가	나라를 이끄는 큰 가문[120]과 소통하게 하고
以厥臣으로 達王은 이 궐 신　달 왕	(백성과) 신하들이 왕과 소통하게 하는 것이

---

120 나라를 이끄는 큰 가문: 노나라의 삼환(三桓)이나 초나라의 소씨(昭氏)·굴씨(屈氏)·경씨(景氏) 같은 거족을 말한다. 『좌전』 정공(定公) 4년의 기사에 따르면 강숙을 위나라에 봉할 때, 도씨(陶氏)·시씨(施氏)·번씨(繁氏)·기씨(錡氏)·번씨(樊氏)·기씨(饑氏)·종규씨(終葵氏) 등 은민 칠족(殷民七族)을 이주시켰다고 하는데 아마 이들이 위나라의 대가(大家)일 것이다.

惟邦君이니라
유 방 군

제후의 책무이다.

2. 관리들은 나의 스승

汝若恒越하여
여 약 항 월

너는 언제나 한결같이

曰我有師師는
왈 아 유 사 사

'나에게는 배울 만한 스승이 있으니

司徒와 司馬와 司空과
사 도   사 마   사 공

사도와 사마와 사공과

尹과 旅니라
윤   려

각 관청의 장관들과 여러
대부이다.'라고 하라.

3. 정복자는 너그러워야

曰予罔厲殺人이라 하라
왈 여 망 려 살 인

'나는 함부로 사람을 죽이지
않는다.'라고 하라.

亦厥君이 先敬勞니
역 궐 군   선 경 로

군주가 먼저 공경하고 달래야 하니

肆徂厥敬勞하라
사 조 궐 경 로

그러므로 네가 가서 공경하고 달랠
것이며,

肆往姦宄殺人歷人을
사 왕 간 궤 살 인 력 인

그러므로 네가 가서 강도와 살인자와
죄인을 은닉한 자들조차

宥하면

유

용서하면,

肆亦見厥君事하여

사 역 견 궐 군 사

이에 (신하들도) 임금이 하는 일을 보고

戕敗人을 宥하리라

장 패 인　유

사람을 상해한 (가벼운 죄를 지은)

자들을 용서할 것이다.

4. 감(監)을 세운 뜻은 백성을 위함이니

王啓監하사든

왕 계 감

선왕이 감(監)[121]의 제도를 만드신 것은

厥亂이 爲民이니

궐 란　위 민

백성들을 위해 잘 다스리게 하고자 한

것이니,

曰無胥戕하며

왈 무 서 장

'(너희들은) 부디 (백성들을) 죽이지 말고

無胥虐하여

무 서 학

부디 (백성들을) 학대하지 말 것이며

至于敬寡하며

지 우 경 과

약자를 존중하도록 하고

至于屬婦하여

지 우 촉 부

홀로 된 여인이 생계를 이어 갈 수

있도록 하여

121　감(監): 천자가 관리를 파견하여 제후국을 감독하게 하는 일이나 그 관리. 여기서는 무왕이 관

　　숙·채숙·곽숙 등 이른바 삼감(三監)을 보내어 무경을 감독하게 한 일을 말한다. 채침은, 강숙도

　　은나라 기내(畿內)의 백성들을 다스리게 되었으므로 당시에 '감'이라고 하였기에 이런 말을 했

　　다고 한다.

合由以容하라
합 유 이 용

이렇게 모두를 포용하도록 하라'고
말씀하셨다.

王이 其效邦君과 越御事하는
왕 기 효 방 군 월 어 사

왕이 제후들과 관리들에게 최선을
다하도록

厥命은 曷以오
궐 명 갈 이

명령하는 까닭은 무엇인가?

引養引恬이니라
인 양 인 녑

(백성들을) 잘 살고 편안하도록
인도하기 위함인 것이다.

自古로 王이 若玆하니
자 고 왕 약 자

예부터 왕이 (감을 경계함이)
이러하였으니

監은 罔攸辟이니라
감 망 유 벽

감이 된 너는 죽이는 형벌을 쓰지
않아야 할 것이다.

5. 마무리를 잘하여 유종의 미를 거두기를

惟曰若稽田에
유 왈 약 계 전

이르노니, 밭을 일굴 때,

旣勤敷菑하여늘
기 근 부 치

부지런히 묵정밭을 골고루 김매고 나서

惟其陳修하여
유 기 진 수

(땅을) 잘 골라

爲厥疆畎하며
위 궐 강 견

두둑과 도랑을 내듯이 하고,

若作室家에
약 작 실 가

집을 지을 때,

旣勤垣墉하여늘
기 근 원 용

부지런히 담장을 세우고 나서

惟其塗墍茨하며
유 기 도 기 자

진흙을 바르고 이엉을 이듯이 하고,

若作梓材에
약 작 자 재

좋은 목재를 만들 때,

旣勤樸斲하여늘
기 근 복 착

부지런히 통나무를 다듬고 나서

惟其塗丹雘이니라
유 기 도 단 확

단청을 칠하는 것처럼 하라.”

6. 덕으로 다스려야[122]

今王이 惟曰 先王이
금 왕   유왈 선 왕

“이제 왕이, ‘선왕들께서

旣勤用明德하사
기 근 용 명 덕

부지런히 밝은 덕으로

懷爲夾하신대
회 위 협

(먼 곳의 제후들을) 회유하여 가까이
하시자

庶邦享하여
서 방 향

여러 나라가 조향(朝享)[123]하여

作兄弟方來하여
작 형 제 방 래

형제가 되어 사방에서 찾아와

---

122 이 단락은 신하가 천자를 경계한 말인데, 주희와 채침은 모두 죽간이 여기에 잘못 섞여 든 것으로 보았다.

123 조향(朝享): 제후가 천자를 알현하고 공물을 바치는 것. 조공(朝貢).

亦旣用明德하니
역 기 용 명 덕

또한 모두 밝은 덕을 본받으니

后式典集하시면
후 식 전 집

후왕인 나도 이런 옛 법도를 따라
(천하를) 화목하게 하겠다' 하신다면

庶邦이 丕享하리이다
서 방　　비 향

여러 나라가 크게 조향할 것입니다.

皇天이 旣付中國民과
황 천　　기 부 중 국 민

위대하신 하늘이 이미 중원의 백성과

越厥疆土于先王하시니
월 궐 강 토 우 선 왕

강토를 선왕에게 주셨으니

肆王은 惟德을 用하사
사 왕　　유 덕　　용

왕께서는 밝은 덕으로

和懌先後迷民하사
화 예 선 후 미 민

어리석은 백성들을 달래고 위로하여

用懌先王受命하소서
용 역 선 왕 수 명

천명을 받으신 선왕들을 기쁘게
하십시오.

已若玆監하여
이 약 자 감

이와 같이 살피시어,

惟曰欲至于萬年惟王하사
유 왈 욕 지 우 만 년 유 왕

아뢰건대, 만년토록 왕업을 이어

子子孫孫이 永保民하나이다
자 자 손 손　　영 보 민

자자손손 영원히 백성들을 보존하시기
바랍니다."

제40편
소공의 깨우침 [소고召誥]

『금문상서』이다. 당시의 활동 무대였던 중원을 기준으로 보면 낙읍[낙양]은 천
하의 중심이었다. 주나라의 도읍인 호경은 이에 비해 서쪽으로 치우쳐 있어 불
편했던 모양이다. 무왕 때부터 미련이 있었던 이 땅에 드디어 새 도읍을 만들기
로 결정했다. 성왕이 소공에게 먼저 가서 터를 잡게 하였고, 뒤이어 주공이 가
서 살펴본 뒤 천지에 제사를 올려 일의 시작을 고했다. 이곳에 살고 있던 은나
라 유민들과 가까이 있는 주나라 백성들을 동원해 공사를 진행했다. 새 도읍이
완공되자 주공은 성왕에게 보고하기 위해 호경으로 복귀한다. 이때 낙읍에 남
아 있던 소공이 떠나는 주공을 통해 성왕을 깨우친 말이 이 편이다.

어린 조카 성왕에 대한 충정으로 가득한 이 글은 몹시 간절하다. 이 글을 읽어
보면 후세에 소공이 주공과 나란히 평가되는 이유를 알 수 있다. 하나라와 은
나라가 어떻게 천명을 받았다가 그 천명을 실추하였는지, 주나라는 어떻게 천
명을 받을 수 있었는지를 누누이 이야기하며 성왕을 깨우친다. 『서경』을 펴면
요임금 때부터 늘 보이던 그 천명이지만 소공이 말하는 천명은 특별하게 와 닿
는다. 충정에서 우러나온 말이기 때문이다. '하나라와 은나라가 천명을 오래
가지고 있었는지 나는 모른다. 오래 가지고 있지 않았는지도 나는 모른다. 그러
나 한 가지는 안다. 덕이 사라지는 순간 천명도 사라진다는 것을.' 이 대목에서
절정에 도달한 이 충고는 "왕께서 영원한 천명을 비는 일에 이바지하겠다"는
소공의 다짐으로 끝난다. 조카의 귀를 잡아당겨 일러 주듯 자상하고 진지한 이
숙부의 깨우침을 듣고 성왕은 틀림없이 감동하였을 것이다.

1. 소공이 새 도읍의 기초를 다지다

惟二月旣望越六日乙未에 _{유 이 월 기 망 월 육 일 을 미}	2월 16일에서 6일이 지난 을미일[21일]에
王이 朝步自周하여 _{왕 조 보 자 주}	왕이 아침에 주[호경]에서 출발하여
則至于豊하다 _{즉 지 우 풍}	풍에 이르렀다.
惟太保先周公相宅하여 _{유 태 보 선 주 공 상 택}	(왕이) 태보[124]에게 주공보다 먼저 가서 터를 살펴보게 하니
越若來三月惟丙午朏 _{월 약 래 삼 월 유 병 오 비}	3월 3일 병오일에서
越三日戊申에 _{월 삼 일 무 신}	삼 일이 지난 무신일[5일]에
太保朝至于洛하여 _{태 보 조 지 우 락}	태보가 아침에 낙에 이르러
卜宅하니 _{복 택}	도읍터를 점쳐
厥旣得卜하여 _{궐 기 득 복}	길한 점괘를 얻고
則經營하니라 _{즉 경 영}	위치와 규모를 정하였다.
越三日庚戌에 _{월 삼 일 경 술}	삼 일이 지나 경술일[7일]에
太保乃以庶殷으로 _{태 보 내 이 서 은}	태보가 여러 은나라 백성들을 데리고
攻位于洛汭하니 _{공 위 우 락 예}	낙수의 물굽이 안쪽에 건물터를 닦아

---

124 태보: 소공을 가리킨다.

越五日甲寅에 位成하니라
월 오 일 갑 인   위 성

오 일이 지나 갑인일[11일]에 터가
완성되었다.

2. 주공이 새 도읍을 건설하다

若翼日乙卯에
약 익 일 을 묘

다음 날 을묘일[12일]에

周公이 朝至于洛하여
주 공   조 지 우 락

주공이 아침에 낙에 이르러

則達觀于新邑營하다
즉 달 관 우 신 읍 영

새로 닦은 도읍터를 두루 살펴보았다.

越三日丁巳에
월 삼 일 정 사

삼 일이 지나 정사일[14일]에

用牲于郊하니 牛二러라
용 생 우 교   우 이

소 두 마리를 희생으로 교제(郊祭)[125]를
지내고,

越翼日戊午에 乃社于新邑하니
월 익 일 무 오   내 사 우 신 읍

다음 날 무오일[15일]에 새 도읍에서
사제(社祭)[126]를 지냈는데

牛一羊一豕一이러라
우 일 양 일 시 일

(희생은) 소 한 마리, 양 한 마리,
돼지 한 마리[127]였다.

---

125 교제(郊祭): 하늘과 땅의 신에게 지내는 가장 큰 제사이다. 하늘과 땅에 각각 소 한 마리씩을 올
린 것이다. 교(郊)에는 소만 올리고 사(社)에는 태뢰(太牢, 소·양·돼지)를 올린 것은, 예법이 높
은 제사에는 간략함으로 정성을 드러내고 낮은 제사에는 풍성하게 하는 것이 귀하기 때문이라
한다.
126 사제(社祭): 나라의 토지신에게 지내는 제사이다.

越七日甲子에 _{월 칠 일 갑 자}	칠 일이 지나 갑자일[21일]에
周公이 乃朝用書하여 _{주 공　내 조 용 서}	주공이 아침에 문서로써
命庶殷侯甸男邦伯하시다 _{명 서 은 후 전 남 방 백}	은나라 백성들과 후복·전복·남복의 방백128들에게 명령하였다.
厥旣命殷庶하니 _{궐 기 명 은 서}	은나라 백성들에게 명령을 하자,
庶殷이 丕作하니라 _{서 은　비 작}	은나라 백성들이 열심히 일했다.

3. 새 도읍을 완공하고 복귀하는 주공129

太保乃以庶邦冢君으로 _{태 보 내 이 서 방 총 군}	태보가 이에 여러 나라의 제후들을 데리고
出取幣하여 _{출 취 폐}	밖으로 나가 (제후들의) 폐백을 가지고
乃復入錫周公曰 _{내 부 입 석 주 공 왈}	다시 들어와 주공께 드리고 말하였다.130

127　소 한 마리, 양 한 마리, 돼지 한 마리: 태뢰라고 하는 가장 풍성한 제수이다. 양과 돼지만 쓰는 것
　　은 소뢰(少牢)인데, 천자의 사직(社稷)에는 태뢰를 쓰고 제후의 사직에는 소뢰를 쓰는 것이 예
　　법이다. '뢰(牢)'는 우리이니, 제사에 쓸 짐승은 미리부터 우리에 가두어 길렀기에 하는 말이다.

128　방백: 방백(邦伯)은 제후들의 장(長)이다. 채침의 설명에 따르면, 주공은 방백에게 문서로 명령
　　하고 방백은 제후들에게 구두로 명령을 전달한 것이라고 한다.

129　이 단락은 공사를 모두 끝내고 주공이 복귀할 때의 상황이다. 앞 단락에서 공사를 시작했는
　　데, 공사가 바로 끝나 버려 좀 어색하기는 하지만, 아마 공사 중에 특기할 만한 상황이 없었던
　　듯하다.

4. 소공의 깨우침, 천명은 근심이기도 하니

拜手稽首하여
배 수 계 수

"손을 모아 절하고 머리를 조아리며

旅王若公하노니
려 왕 약 공

왕과 공[131]께 말씀드립니다.

誥告庶殷함은
고 고 서 은

은나라 백성들을 깨우치는 일은

越自乃御事니이다
월 자 내 어 사

당신의 관리들로부터[132] 시작해야
합니다.

嗚呼라 皇天上帝가
오 호   황 천 상 제

아! 위대한 하늘의 상제께서

改厥元子玆大國殷之命하사
개 궐 원 자 자 대 국 은 지 명

맏아들[133]과 이 큰 나라 은의 천명을
바꾸어,

惟王受命이 無疆惟休시나
유 왕 수 명   무 강 유 휴

왕께서 천명을 받은 것은 끝없는
경사이지만

亦無疆惟恤이시니
역 무 강 유 휼

또한 끝없는 근심이기도 하니

---

130 제후들의 폐백을 주공에게 건넨 것은 천자인 성왕에게 전달하고자 한 것이다.

131 왕과 공: 주공을 통하여 왕에게 폐백과 소공의 뜻을 전달하고자 왕과 주공을 함께 언급한 것이다.

132 당신의 관리들로부터: 채침의 설명에 따르면, 마치 상대방을 호칭할 때 아랫사람인 '집사(執事)'라고 하듯이 왕을 바로 가리키지 못하여 왕의 관리들이라고 하였다고 한다. 은나라 백성들을 깨우치는 일은 성왕이 스스로 하기에 달려 있다는 말이다.

133 맏아들: 은나라의 천자(天子) 주왕을 말한다. 왕을 천자라고 하는 것은 왕이 되는 순간 하늘의 맏아들이 되기 때문이다. 백성들은 모두 하늘의 아들들인데, 천자는 그 아들 가운데 맏이라는 뜻이다.

嗚呼曷其오
오 호 갈 기

아! 어떻게 하겠습니까?

奈何不敬이리오
내 하 불 경

어찌 삼가지 않겠습니까!

5. 천명을 실추한 은나라

天旣遐終大邦殷之命하시며
천 기 하 종 대 방 은 지 명

하늘이 이미 큰 나라 은의 천명을 멀리
끝내셨습니다.

玆殷多先哲王도
자 은 다 선 철 왕

이 은나라의 지혜로운 선왕들의
혼령이

在天이어신마는
재 천

하늘에 계시어 (의지할 수 있었건만,)

越厥後王後民이
월 궐 후 왕 후 민

후왕과 그 백성들에 이르러

玆服厥命하여
자 복 궐 명

그 천명을 계승하여서는

厥終에 智藏瘝在어늘
궐 종   지 장 환 재

마침내 현자는 숨고, 백성을 괴롭히는
자들만 자리에 있게 하였으니,

夫知保抱携持厥婦子하여
부 지 보 포 휴 지 궐 부 자

사내들이 처자식을 끌어안고

以哀로 籲天하여
이 애   유 천

애달피 하늘을 향해 울부짖을 수밖에
없어

徂厥亡出執하니
조 궐 망 출 집

거리를 헤매며 떠돌다가 붙잡혔습니다.

嗚呼라 天亦哀于四方民이라
오 호 　 천 역 애 우 사 방 민

　　　　아! 하늘도 사방 백성들을 애달피 여겨

其眷命用懋하시니
기 권 명 용 무

　　　　덕을 힘쓰는 자를 돌아보고 천명을
　　　　주셨으니

王其疾敬德하소서
왕 기 질 경 덕

　　　　왕께서는 어서 덕을 삼가도록
　　　　하십시오.

6. 하나라와 은나라가 우리의 거울이니

相古先民有夏한대
상 고 선 민 유 하

　　　　옛사람들의 하나라를 살펴보면,

天迪하시고 從子保어시늘
천 적 　 　 종 자 보

　　　　하늘이 인도하시고 그 아들[134]까지
　　　　보호하시자

面稽天若하시니
면 계 천 약

　　　　(우임금이) 우러러 하늘의 뜻을 헤아려
　　　　따르셨는데

今時에 旣墜厥命하니이다
금 시 　 기 추 궐 명

　　　　오늘날 이미 천명을 실추하였습니다.

今相有殷한댄
금 상 유 은

　　　　지금 은나라를 살펴보면,

天迪하시고 格保커시늘
천 적 　 　 격 보

　　　　하늘이 인도하고 바로잡아 보호하시자

134　그 아들: 왕위를 세습한 우임금의 아들 계(啓)를 말한다.

面稽天若하시니
면 계 천 약

(탕 임금이) 우러러 하늘의 뜻을 헤아려 따르셨는데

今時에 旣墜厥命하니이다
금 시 기 추 궐 명

오늘날 이미 천명을 실추하였습니다.

今冲子嗣하시니
금 충 자 사

지금 어린 임금이 뒤를 이으셨으니

則無遺壽耇하소서
즉 무 유 수 구

원로들을 버리지 마소서.

曰其稽我古人之德이어늘
왈 기 계 아 고 인 지 덕

(그들은) 우리 옛사람의 덕을 헤아릴 수 있는 사람들이거니와

矧曰其有能稽謀自天이로다
신 왈 기 유 능 계 모 자 천

또한 하늘의 뜻을 헤아려 도모할 수 있는 사람들입니다!

嗚呼라 有王은
오 호 유 왕

아! 왕께서는

雖小하시나 元子哉시니
수 소 원 자 재

비록 어리지만 (하늘의) 맏아들이시니,

其不能諴于小民하여
기 비 능 함 우 소 민

백성들을 크게 화합하도록 하여

今休하소서
금 휴

이 시대를 아름답게 하소서.

王不敢後하사
왕 불 감 후

왕은 (덕을 삼가는 일) 감히 미루지 마시고

用顧畏于民碞하소서
용 고 외 우 민 암

백성의 사나움[135]을 생각하고 두려워하십시오.

7. 천하의 중앙인 낙읍, 덕정을 펼칠 터전

王이 來紹上帝하사
왕 래소상제

왕은 (낙읍에) 오시어 상제를 계승하여

自服于土中하소서
자복우토중

세상의 가운데에서 정사를 펼치소서.

且도 曰其作大邑하여
단 왈기작대읍

단[주공]도 말하기를, '큰 도읍을
만들어

其自時로 配皇天하며
기자시 배황천

이로부터 하늘을 마주하며

毖祀于上下하며
비사우상하

천지의 신에게 삼가 제사 지내며

其自時로 中乂라 하나니
기자시 중예

이로부터 세상의 가운데에서 다스릴
것이다' 하였으니,

王이 厥有成命하시면
왕 궐유성명

왕께서 하늘이 이루어 주신 천명을
소유하신다면

治民이 今休하리이다
치민 금휴

백성을 다스려 이 시대를 아름답게
하실 것입니다.

王이 先服殷御事하사
왕 선복은어사

왕께서는 먼저 은나라의 관리들을
다스려,

比介于我有周御事하사
비개우아유주어사

우리 주나라의 관리들을 가까이에서
돕도록 하여

---

135 백성의 사나움: 백성은 미미하지만 천명을 바꿀 수 있는 존재이기에 하는 말이다.

節性하시면
절 성

(악에 물든) 성품을 절제하도록 하시면,

惟日其邁하리이다
유 일 기 매

날마다 (선량함으로) 나아갈 것입니다.

王敬作所시니
왕 경 작 소

왕께서는 삼가는 것을 머무는 자리로 삼아야 하니

不可不敬德이니이다
불 가 불 경 덕

덕을 삼가지 않을 수 없습니다.

8. 천명을 지키는 길, 덕

我는 不可不監于有夏며
아   불 가 불 감 우 유 하

우리는 하나라를 거울삼지 않을 수 없으며

亦不可不監于有殷이니
역 불 가 불 감 우 유 은

은나라도 거울삼지 않을 수 없으니

我不敢知하노니
아 불 감 지

나는 감히 알지 못합니다.

曰有夏服天命하여
왈 유 하 복 천 명

'하나라가 천명을 받아

惟有歷年가
유 유 력 년

오랫동안 가지고 있었는지를.'

我不敢知하노니
아 불 감 지

나는 감히 알지 못합니다.

曰不其延가
왈 불 기 연

'오래 가지고 있지 못하였는지를.'

惟不敬厥德하여
유 불 경 궐 덕

(그러나) 그 덕을 삼가지 않으면

乃早墜厥命하니이다
내 조 추 궐 명

일찍 그 천명을 실추하게 되는 것은
알고 있습니다.

我不敢知하노니
아 불 감 지

나는 감히 알지 못합니다.

曰有殷이 受天命하여
왈 유 은   수 천 명

'은나라가 천명을 받아

惟有歷年가
유 유 력 년

오랫동안 가지고 있었는지를.'

我不敢知하노니
아 불 감 지

나는 감히 알지 못합니다.

曰不其延가
왈 불 기 연

'오래 가지고 있지 못하였는지를.'

惟不敬厥德하여
유 불 경 궐 덕

(그러나) 그 덕을 삼가지 않으면

乃早墜厥命하니이다
내 조 추 궐 명

일찍 그 천명을 실추하게 되는 것은
알고 있습니다.

今王이 嗣受厥命하시니
금 왕   사 수 궐 명

지금 왕께서 그 천명을
이어받으셨는데,

我亦惟玆二國命에
아 역 유 자 이 국 명

내가 생각건대 이 두 나라가 천명을
두고

嗣若功이라 하노니
사 약 공

(덕을 삼갔던) 일을 이어받아야만 하니,

王乃初服이로다
왕 내 초 복

(더구나 지금은 새 도읍에서) 왕이
처음 정사를 펼치는 때입니다.

9. 새 도읍의 새 정사, 덕정

嗚呼라
오 호

아!

若生子罔不在厥初生하여
약 생 자 망 부 재 궐 초 생

자식을 낳음에 처음 태어날 때 (바른 길로 인도하여)

自貽哲命하니
자 이 철 명

스스로에게 밝은 운명을 주도록 하는 것과 같으니,

今天은 其命哲가
금 천   기 명 철

이제 하늘이 밝은 운명을 명하실지

命吉凶가 命歷年가
명 길 흉   명 력 년

길함을 명하실지 흉함을 명하실지 오래가도록 명하실지는

知今我初服이니이다
지 금 아 초 복

지금 우리가 처음 펼치는 정사에서 알 수 있습니다.

宅新邑하사
택 신 읍

새 도읍에 계시면서

肆惟王이 其疾敬德하소서
사 유 왕   기 질 경 덕

왕께서는 어서 덕을 삼가소서!

王其德之用이
왕 기 덕 지 용

왕께서 덕으로 다스리는 것이

祈天永命이니이다
기 천 영 명

천명의 영원함을 비는 길입니다.

其惟王은
기 유 왕

왕께서는

勿以小民의 淫用非彝로
물 이 소 민   음 용 비 이

백성들이 법도에 맞지 않는 일을 많이 한다고 하여

亦敢殄戮用乂하소서
역 감 진 륙 용 예

과감하게 죽이는 형벌로 다스리지
마십시오.

民若하여 有功하리이다
민 약　　　유 공

백성들을 부드럽게 인도해야 공이 있을
것입니다.

其惟王位在德元하면
기 유 왕 위 재 덕 원

덕이 으뜸인 사람이 왕위에 있어야

小民이 乃惟刑하여
소 민　　내 유 형

백성들이 (그 덕을) 본받아

用于天下라
용 우 천 하

천하에 덕이 통용됨으로써

越王에 顯하리이다
월 왕　　현

왕의 덕이 더욱 드러날 것입니다.

上下勤恤하여 其曰
상 하 근 휼　　　기 왈

군신(君臣) 상하가 백성들을 부지런히
보살피며 기약하기를,

我受天命이
아 수 천 명

'우리가 받은 천명이

丕若有夏歷年하며
비 약 유 하 력 년

크게는 하나라가 누린 햇수와 같을
것이며, (그에 더하여)

式勿替有殷歷年이라 하나니
식 물 체 유 은 력 년

은나라가 누린 햇수까지 폐하지 않을
것이다.'라고 해야 하니

欲王은 以小民으로
욕 왕　　이 소 민

왕께서는 백성들과 함께

受天永命하나이다
수 천 영 명

영원한 천명을 받으시기 바랍니다."

10. 소공의 다짐, 천명을 도울 것이니

拜手稽首曰
배 수 계 수 왈

손 모아 절하고 머리를 조아리며
이르건대,

予小臣은 敢以王之讎民과
여 소 신   감 이 왕 지 수 민

"저 소신은 감히 왕을 배반한 은나라
백성들과

百君子와 越友民으로
백 군 자   월 우 민

모든 관리들과 (주나라의) 순한
백성들과 함께

保受王威命明德하노니
보 수 왕 위 명 명 덕

왕의 엄숙한 명령과 밝은 덕을 받들어
지킬 것이니,

王이 末有成命하시면
왕   말 유 성 명

왕께서 마침내 하늘이 이루신 천명을
소유하신다면

王亦顯하시리이다
왕 역 현

왕께서도 (후세까지) 빛나실 것입니다.

我非敢勤이라
아 비 감 근

저는 감히 부지런하다고 할 수 없지만,

惟恭奉弊하여
유 공 봉 폐

공손히 폐백을 받들어

用供王이 能祈天永命하나이다
용 공 왕   능 기 천 영 명

왕께서 영원한 천명을 비는 일에
이바지하고자 합니다."

제41편
낙읍의 깨우침 [낙고洛誥]

『금문상서』이다. 이 편은 주공이 낙읍을 건설한 전말과 그 과정에서 성왕과 주고받은 말들을 기록한 글이다. 3월 5일에 소공이 낙읍에 가서 부지를 물색하고 11일에 터를 다지는 일을 마쳤다. 이튿날 12일에 주공이 와서 살펴보고는 점을 쳐 보았다. 결과는 잘 잡은 터였고, 주공은 사자를 보내 이 일을 성왕에게 보고한다. "주공이 손 모아 절하고 머리를 조아리며 말씀하였다"고 했지만 이는 성왕에게 직접 한 것이 아니라 사자에게 한 것이다. 임금에게 전하는 말이기에 사자에게 대신 절하고 보고서를 보냈고, 이를 받아 본 성왕도 역시 사자에게 절하고 치하하는 글을 보낸다. 신하에게 보내는 사자에게 임금이 절하는 것이 어색하지만, 섭정하는 숙부는 단순한 신하가 아니기 때문이다.

다음 단락은 신 도읍의 건설을 마치고 돌아온 주공이 성왕에게 아뢰는 내용이다. 앞 편의 소공의 깨우침도 이때 성왕에게 전달하였을 것이다. 주공은 이 단락에서 신 도읍의 완공을 고유하는 제사와 논공행상의 시행을 건의한다. 늘 지내던 제사뿐만 아니라 모든 신에게 성대한 제사를 올릴 것이며, 신 도읍 건설에 공이 큰 자들을 엄선하여 사후에 선왕과 함께 제사를 받는 특전을 주도록 권유했다.

이후의 이야기는, 주공이 은퇴하려고 하자 성왕이 은퇴를 만류하며 낙읍을 다스려 줄 것을 요청했고, 주공은 이를 승낙한다는 것이다. 주공은 이제 섭정을 끝내고 새 도읍을 맡아 다스리게 되었고, 성왕이 12월에 선왕들께 올리는 겨울 제사[烝祭]에서 이 사실을 고유하는 것으로 이 편은 끝난다. 이후 주나라는 호경과 낙읍을 각각 종주(宗周)·성주(成周)라고 하면서 두 개의 도읍을 유지한다. 낙읍이라는 명칭이 이 당시에 쓰이지 않았다는 주장도 있으나 편의상 계속 사용하기로 한다.

1. 주공의 보고

周公이 拜手稽首曰
주 공　　　배 수 계 수 왈

주공이 손 모아 절하고 머리를
조아리며 말씀하였다.[136]

朕은 復子明辟하나이다
짐　　복 자 명 벽

"나는 조카이신 밝은 임금께 결과를
보고합니다.[137]

王이 如弗敢及天의
왕　　여 불 감 급 천

왕께서 감히 천명의

基命定命이실새
기 명 정 명

시작과 끝을 잘 알지 못하는 듯이
(겸손)하시기에

予乃胤保하여 大相東土하니
여 내 윤 보　　　대 상 동 토

내가 태보를 이어 동쪽 지역을 자세히
살펴보니

其基作民明辟이로소이다
기 기 작 민 명 벽

과연 백성의 밝은 임금이 되실
터전이었습니다.

136　이 구절은 주공이 성왕에게 사자를 보내면서 왕에게 올리는 예를 갖춤을 말한 것이다.

137　원문의 '복자명벽(復子明辟)'은 무왕 사후, 주공의 처신과 관련하여 논의가 분분한 구절이다.
　　무왕 사후에 주공이 천자의 자리에 올랐다는 견해와 섭정으로서 국사를 보좌했다는 견해로
　　크게 나뉘는데, 전자의 경우에 '복(復)'은 되돌려 준다는 의미로, '명벽(明辟)'은 임금의 자리로
　　보아 성왕에게 천자의 정사를 돌려준다는 의미로 해석하였고, 후자의 경우에는 성왕의 명을
　　받아 낙읍을 경영한 주공이 성왕에게 일의 결과를 보고한 것으로 보아, '복'은 복명한다는 뜻
　　으로 '명벽'은 성왕을 지칭하는 것으로 보았다. '자(子)'의 의미도 이인칭 대명사로 보는 견해와
　　조카로 보는 견해로 나뉘는데, 위의 번역은 모두 후자의 입장으로 해설한 채침의 견해를 따른
　　것이다.

予惟乙卯에 朝至于洛師하여
여 유 을 묘　　조 지 우 락 사

내가 을묘일[3월 12일] 아침에 새 서울
낙읍에 이르러

我卜河朔黎水하며
아 복 하 삭 려 수

황하 북쪽의 여수[138]를 점쳐 보고,

我乃卜澗水東과 瀍水西하니
아 내 복 간 수 동　　전 수 서

마침내 간수의 동쪽과 전수의
서쪽[139]을 점쳐 보니

惟洛을 食하며
유 락　　식

낙수를 먹었으며,[140]

我又卜瀍水東하니
아 우 복 전 수 동

또 전수의 동쪽[141]을 점쳐 보니

亦惟洛을 食할새
역 유 락　　식

역시 낙수를 먹었기에,

伻來하여
팽 래

사자를 보내어

以圖及獻卜하나이다
이 도 급 헌 복

지도와 거북점의 결과를 바칩니다."

---

138 여수: 소식은 여수를 여양(黎陽)이라고 하였는데, 현재의 하남성 북부의 준현(浚縣)이다. 주공
　　이 먼저 이곳을 도읍지로 점쳐 보았는데 적합하지 않았다는 뜻이다.

139 간수의 동쪽과 전수의 서쪽: 낙읍을 말한다. 간수(澗水)는 현재의 간하(澗河)로 하남 섬현(陝
　　縣)에서 발원하여 낙양의 서쪽으로 흘러가 낙수로 들어가는 물길이며, 전수(瀍水)는 현재의
　　전하(瀍河)로 맹진현(孟津縣)에서 발원하여 낙양의 동쪽으로 흘러가 낙수로 들어가는 물길
　　이다. 그러므로 낙읍은 간수와 전수의 사이에 있는 왕성(王城) 자리이다.

140 먹었으며: 점을 치기 위한 거북 껍질에 먹으로 표시를 해두고 태웠을 때 갈라지는 선이 간수와
　　전수가 흘러 들어가는 낙수를 가리켰다는 말이다.

141 전수의 동쪽: 낙읍의 동쪽 외곽이다. 이때 이곳에는 은나라 백성들이 이주하여 살고 있었다. 앞
　　편 「소고」에서 소공이 도읍의 기초를 다질 때 동원한 은나라 백성이 이들이다.

2. 성왕, 주공의 공로를 치하하다

王이 拜手稽首曰
왕 배 수 계 수 왈

왕이 손 모아 절하고 머리를 조아리며
말씀하셨다.[142]

公이 不敢不敬天之休하사
공 불 감 불 경 천 지 휴

"공께서 감히 아름다운 천명을 삼가지
않음이 없어

來相宅하시니
래 상 택

가서 도읍터를 살펴

其作周에 匹休샷다
기 작 주 필 휴

주(周)[143]에 짝할 아름다운 땅을
찾으셨습니다.

公旣定宅하고 伻來하여
공 기 정 택 팽 래

공께서 이미 도읍터를 정하고, 사자를
보내와

來視予卜休恒吉하시니
래 시 여 복 휴 항 길

언제나 길할 것이라는 거북점의
결과를 나에게 보여 주시니

我二人이 共貞이로다
아 이 인 공 정

우리 두 사람이 함께 누릴[144] 것입니다.

公其以予로 萬億年을
공 기 이 여 만 억 년

공께서 내가 길이길이

敬天之休하실새
경 천 지 휴

하늘이 주신 복을 삼가 받들 수 있도록
하셨으니

---

142 성왕이 주공이 보내온 사자로부터 지도와 거북점의 결과를 받고 주공에게 예를 표한 것이다.

143 주(周): 여기의 주는 앞서 언급했듯 주나라의 도읍인 호경(鎬京)을 가리킨다.

144 누릴: 원문의 '정(貞)'의 본의는 조개[貝]를 예물로 바쳐 점친다[卜]는 의미이다. 아마 점의 좋은
결과를 함께 누린다는 뜻일 것이다. 채침은 당(當, 해당하다)의 뜻으로 보았다.

拜手稽首誨言하나이다

배 수 계 수 회 언

깨우쳐 주신 말씀에 손 모아 절하고
머리를 조아립니다.”

3. 주공의 건의, 성대한 제사와 논공행상

周公曰

주 공 왈

주공이 말씀하였다.

王이 肇稱殷禮하사

왕 조 칭 은 례

“왕께서는 이제 성대한 예를 거행하여

祀于新邑하사대

사 우 신 읍

새 도읍에서 제사를 지내시되

咸秩無文하소서

함 질 무 문

기록에 없는 제사까지 모두 차례대로
지내십시오.

予齊百工하여

여 제 백 공

나는 (내가 거느리던) 관리들을
정돈하여

伻從王于周하고

팽 종 왕 우 주

주[호경]에서 왕을 모시도록 하고,

予惟曰庶有事라 하니다

여 유 왈 서 유 사

‘아마 일[제사][145]이 있을 것이다.’라고
일러 두겠습니다.

---

145 일[제사]: 『좌전(左傳)』 성공(成公) 13년 조(條)에 “국가의 큰일은 제사와 전쟁이다[國之大事,
在祀與戎].”라고 하여 옛사람들은 제사가 있다는 말을 종종 ‘일이 있다[有事]’라고 표현하였
다. 여기서는 주공이 신하들에게 제사가 있을 것임을 암시하면서, 아울러 성왕이 직접 명령을
내릴 것을 권유한 것이다.

今王이 卽命曰 記功宗하여
금 왕   즉 명 왈 기 공 종

이제 왕께서는 '공적이 높은 자를 기록하여

以功으로 作元祀하라 하시고
이 공   작 원 사

큰 제사146로 공적을 포상하라'고 즉시 명령하시고,

惟命曰 汝受命이어니
유 명 왈 여 수 명

(공신들에게) '너희들은 (제사로 포상하는) 명을 받았으니

篤弼하라 하소서
독 필

성실하게 보필하라'고 명령하십시오.

丕視功載니
비 시 공 재

공적을 (공정하게) 기록하여 널리 보여야 하니

乃汝其悉自敎工이니이다
내 여 기 실 자 교 공

이것이 당신께서 백관을 (공정하도록) 가르치는 것입니다.

孺子는 其朋가
유 자   기 붕

어린 당신은 사사롭게 편들겠습니까?

孺子其朋이면
유 자 기 붕

어린 당신이 사사롭게 편들어 (공신을 포상한다면)

其往이 無若火始燄燄이라
기 왕   무 약 화 시 염 염

이로부터, 불이 처음 붙을 때는 약하지만

---

146 큰 제사: 죽은 뒤에 선왕의 겨울 제사인 대증(大烝)에서 함께 제향을 받는 것을 말한다. 후세에, 공이 있는 신하가 죽으면 그 신위를 연고가 있는 임금의 사당에 배향하는 묘정배향(廟庭配享)의 원형이다.

厥攸灼이 敍弗其絶아
궐 유 작　　　 서 불 기 절

타올라 번지면 끌 수 없게 되듯 하지
않겠습니까!147

厥若彝及撫事를 如予하여
궐 약 이 급 무 사　　　여 여

내가 정치할 때처럼 올바른 도를 따라
일을 처리하시고,

惟以在周工으로
유 이 재 주 공

현재의 주나라 관리들을 데리고

往新邑하여
왕 신 읍

새 도읍으로 가서

伻嚮卽有僚하며
팽 향 즉 유 료

(관리들이) 임금의 의향을 헤아려
자리에 나아가

明作有功하며
명 작 유 공

분명한 자세로 분발해 직무를
수행하도록 함으로써

惇大成裕하면
돈 대 성 유

(풍속을) 돈후하고 관대하며
넉넉하도록 하신다면

汝永有辭하리이다
여 영 유 사

(후세에) 길이 당신을 칭찬하는 말이
있게 될 것입니다."

147　이상 네 구절은 어린 성왕이 논공행상을 사심으로 하게 되면 처음에는 작은 불만들이 있을 것
　　이지만 종당에는 막을 수 없는 국가의 큰 폐단이 될 것임을 극론한 것이다.

4. 제후를 다루는 법

公曰 已아
공 왈 이

주공이 말씀하였다. "(어찌 힘쓰지) 않을
수 있겠습니까!

汝惟冲子惟終이어다
여 유 충 자 유 종

당신은 어리지만 (선왕들이 시작하신
일을) 잘 끝내셔야 합니다.

汝其敬하여서
여 기 경

당신은 삼가시어

識百辟의 享하며
식 백 벽 　 향

제후들이 (진심으로) 섬기는지를
알아야 하고,

亦識其有不享이니
역 식 기 유 불 향

(진심으로) 섬기지 않는지도 알아야
합니다.

享은 多儀하니
향 　 다 의

섬김에는 많은 예의가 따르는데

儀不及物하면
의 불 급 물

예의가 공물에 미치지 못하면

惟曰不享이니
유 왈 불 향

'섬기지 않는 것'이라 하니,[148]

惟不役志于享하면
유 불 역 지 우 향

(제후들이) 섬김에 뜻을 다하지 않으면

凡民이 惟曰不享이라 하여
범 민 　 유 왈 불 향

백성들도 '(임금을) 섬길 필요가
없다'라고 하여

---

148 이 두 구절은 폐백[공물]이 아무리 풍성하더라도 예의가 부족하면 정성이 없는 것이라서 올바른 섬김이 되지 않는다는 뜻이다.

惟事其爽侮하리이다
유 사 기 상 모

정사가 어긋나고 (임금을) 업신여기게
될 것입니다.

5. 주공, 은퇴를 고하다

乃惟孺子頒朕의 不暇하여
내 유 유 자 반 짐   불 가

어린 당신은 내가 겨를이 없어 못한
일을 펼쳐야 하니,[149]

聽朕의 敎汝于棐民彝어다
청 짐   교 여 우 비 민 이

백성들을 바르게 인도하도록 한 나의
가르침을 따르십시오.

汝乃是不蘉하면
여 내 시 불 망

당신이 이것을 힘쓰지 않는다면

乃時惟不永哉인저
내 시 유 불 영 재

이에 (당신의 천명이) 영원하지 못할
것입니다.

篤敍乃正父하대
독 서 내 정 부

(세상을) 바로잡으신 당신 아버지의
일을 힘써 펼치기를

罔不若予하면
망 불 약 여

내가 하였듯이 한다면

不敢廢乃命하리니
불 감 폐 내 명

(사람들이) 감히 당신의 명령을 어기지
못할 것이니

---

149 채침은 이 구절의 뜻을 알 수 없다고 하였다.

汝往敬哉어다
여 왕 경 재

당신은 (낙읍으로) 가서 삼가
실천하도록 하십시오.

玆予는 其明農哉로리니
자 여 기 명 농 재

이제 나는 (물러가) 농사에 힘을 쏟을
것이니

彼裕我民하면
피 유 아 민

저 (낙읍의) 우리 백성들을 잘 이끌어
주신다면

無遠用戾하리이다
무 원 용 려

먼 곳의 백성들도 모여들 것입니다."

6. 은퇴를 만류하는 성왕

王若曰
왕 약 왈

왕이 이렇게 말씀하셨다.

公이 明保予冲子하여
공 명 보 여 충 자

"공께서는 어린 저를 깨우쳐 지켜
주셨습니다.

公稱丕顯德하여
공 칭 비 현 덕

공께서는 크고도 빛나는 덕으로

以予小子로 揚文武烈하며
이 여 소 자 양 문 무 렬

나 소자가 문왕과 무왕의 공적을
선양하고

奉答天命하며
봉 답 천 명

천명을 받들어 부응하도록 하셨으며,

和恒四方民하여
화 항 사 방 민

사방의 백성들이 길이 화목하게

居師하시다
거 사

무리 지어 살도록 하셨습니다.

惇宗將禮하되
돈 종 장 례

공이 높은 자를 우대하여 크게 예우하되

稱秩元祀하며
칭 질 원 사

차례대로 큰 제사로 포상하게 하시고,

咸秩無文케 하시다
함 질 무 문

기록에 없는 제사까지 모두 차례대로 지내게 하셨습니다.

惟公德이
유 공 덕

공의 덕이

明光于上下하며
명 광 우 상 하

위아래에 밝게 빛나고

勤施于四方하여
근 시 우 사 방

사방에 널리 퍼져

旁作穆穆迓衡하여
방 작 목 목 아 형

온 세상이 화기가 충만한 태평을 맞이해

不迷文武勤教하니
불 미 문 무 근 교

문왕과 무왕의 부지런한 가르침을 잃지 않으시니

予冲子는 夙夜에 毖祀로다
여 충 자   숙 야   비 사

어린 나는 밤낮으로 제사만 삼가 받들 뿐이었습니다."

王曰
왕 왈

왕이 말씀하셨다.

公功은 棐迪이 篤하니
공 공   비 적   독

"공의 공로는 (나를) 돕고 인도함이 두터운 것이니

罔不若時어다
망 불 약 시

(떠나지 말고) 늘 이와 같이 해 주시기 바랍니다."

7. 성왕, 주공에게 낙읍을 맡기다

王曰
왕 왈

公아 予小子는 其退하여
공   여소자   기퇴

卽辟于周하고
즉 벽 우 주

命公後하리라
명 공 후

四方이 迪亂커늘
사 방   적 란

未定于宗禮라
미 정 우 종 례

亦未克敉公功이로라
역 미 극 미 공 공

迪將其後하여
적 장 기 후

監我士師工하여
감 아 사 사 공

誕保文武受民하여
탄 보 문 무 수 민

亂爲四輔어다
란 위 사 보

왕이 말씀하셨다.

"공이시여! 어린 저는 물러가

주[호경]에서 다스리고

공은 뒤에 남아 (낙읍을) 다스리도록
명하겠습니다.

사방이 안정되었으나

아직 큰 공을 세운 자에 대한 예우가
정해지지 않아

공의 공로도 미처 포상하지
못했습니다.

뒤에 남아 다스림을 크게 펼쳐

우리 모든 관리의 귀감이 되어

문왕과 무왕께서 (하늘로부터) 받은
백성을 잘 보호하고

(낙읍을) 잘 다스려 사보[150]로
만드십시오."

---

150 사보: 도성의 울타리가 되는 사방 고을.

8. 주공에게 거듭 낙읍을 당부하다

王曰
왕 왈

왕이 말씀하셨다.

公定이어든 予往已니
공 정   여 왕 이

"공이 (여기) 머무르면 나는 (안심하고 호경으로) 갈 것이며

公功을 肅將祇歡하노니
공 공   숙 장 지 환

(백성들은) 공의 공로를 삼가 받들고 공경하며 기뻐할 것이니

公無困哉[151]어다
공 무 곤 아

공은 (떠난다고 하며) 나를 곤란하게 하지 마십시오.

我惟無斁其康事하노니
아 유 무 역 기 강 사

나는 (백성을) 안락하게 해 주는 일은 싫어함이 없으니

公勿替刑하면
공 물 체 형

공이 (관리들의) 모범이 되는 일을 마다하지 않으신다면

四方이 其世享하리라
사 방   기 세 향

천하 사방이 대대로 (공의 덕을) 누릴 것입니다."

---

151 哉: 채침은 『한서(漢書)』의 용례를 인용하여 '我(아)'의 오자로 보았다.

9. 주공, 덕정을 권유하고 덕정을 다짐하다

周公이 拜手稽首曰
주 공   배 수 계 수 왈

주공이 손 모아 절하고 머리를 조아리며 말씀하였다.

王命予來하여
왕 명 여 래

"왕께서 나를 (낙읍으로) 오라고 명령하여

承保乃文祖受命民과
승 보 내 문 조 수 명 민

당신 할아버지 문왕이 천명으로 받은 백성과

越乃光烈考武王하니
월 내 광 렬 고 무 왕

아버지 무왕의 빛나는 공적을 받들어 지키게 하시니,

弘朕恭이삿다
홍 짐 공

나의 충고[152]를 크게 여기셨기 때문입니다.

孺子來相宅하니
유 자 래 상 택

어린 당신께서는 (낙읍에) 와 도읍터를 살펴보셨으니,

其大惇典殷獻民하여
기 대 돈 전 은 헌 민

이제 (선왕의) 법도와 은나라의 현자들을 크게 존중하고

亂爲四方新辟하여
란 위 사 방 신 벽

천하 사방의 새 임금이 되어 잘 다스리고

152　충고: 원문의 '공(恭)'을, "임금에게 어려운 일을 하도록 요구하는 것을 공손함이라고 한다(責難於君, 謂之恭)"고 한 『맹자·이루』편의 뜻으로 풀이한 것이다.

作周恭先하소서
작 주 공 선

공손함을 솔선함으로써 주나라 (후세 군주들의) 모범이 되십시오.

曰其自時로 中乂하여
왈 기 자 시 　 중 예

말하건대, 지금부터 천하의 중앙에서 다스려

萬邦이 咸休하면
만 방 　 함 휴

온 세상이 모두 아름다워지면

惟王이 有成績하리이다
유 왕 　 유 성 적

왕께서는 이룬 업적이 있게 될 것입니다.[153]

予旦은 以多子와 越御事로
여 단 　 이 다 자 　 월 어 사

나 단(旦)은 많은 경대부와 실무 관리들과 함께

篤前人成烈하여
독 전 인 성 렬

앞사람들께서 이룩하신 업적을 더욱 힘써

答其師하여
답 기 사

백성들의 기대에 부응하고

作周孚先하여
작 주 부 선

믿음을 솔선함으로써 주나라 (후세 신하들의) 모범이 되어

考朕昭子刑하여
고 짐 소 자 형

나의 밝은 조카의 법도를 완성함으로써

乃單文祖德하리이다
내 단 문 조 덕

당신 할아버지 문왕의 덕을 모두 드러내도록 하겠습니다.

---

153 이상의 세 구절은 주공이 낙읍을 다스려 이루어지는 효과는 모두 성왕의 치적이 된다는 뜻이다.

10. 성왕이 술을 내려 주공의 공로를 포상하다

伻來毖殷하시고
팽 래 비 은

(왕께서는) 사신을 보내 은나라
사람들을 경계시키고

乃命寧予하시대
내 명 녕 여

마침내 저를 포상하셨는데,

以秬鬯二卣하시고
이 거 창 이 유

거창주(秬鬯酒)[154] 두 통을 내리시면서

曰明禋하노니
왈 명 인

'정결한 제사를 올리고자

拜手稽首하여
배 수 계 수

손 모아 절하고 머리를 조아리며

休享하노라 하시다
휴 향

아름답게 여겨 흠향하시기를 청한다'고
하셨습니다.[155]

予不敢宿하여
여 불 감 숙

저는 감히 올리는 술잔[156]을 받을 수가
없어

則禋于文王武王하였나이다
즉 인 우 문 왕 무 왕

문왕과 무왕께 제사를 올렸습니다.

惠篤敍하여
혜 독 서

(문왕과 무왕의 도를) 따르고 힘써 펼쳐

無有遘自疾하여
무 유 구 자 질

스스로 병에 걸리지 마시고

---

154 거창주(秬鬯酒): 검은 기장으로 빚어 울금향을 가미한 향기 나는 술로 제사의 강신주로 사용
     한다.
155 이상 네 구절은 성왕이 주공을 신명처럼 받들어 살아 있는 주공에게 신명에게 올리는 제사를
     하사하였다는 말이다.
156 올리는 술잔: 원문의 '숙(宿)'은 진작(進爵)의 뜻이다.

萬年에 厭于乃德하며
만 년   염 우 내 덕

(후손들이) 만년토록 당신의 덕을 흠뻑
누리도록 하고

殷乃引考케 하소서
은 내 인 고

은나라 사람들도 장수하기를
빌었습니다.[157]

王伻殷으로
왕 팽 은

왕께서는 이제 은나라 사람들로
하여금

乃承敍萬年하여
내 승 서 만 년

만년토록 (당신의) 가르침을 받들도록
하여

其永觀朕子하여
기 영 관 짐 자

길이 나의 조카를 보면서

懷德케 하소서
회 덕

덕을 그리워하게 하소서!"

11. 성왕, 주공의 일을 선왕들께 고하다

戊辰에 王이 在新邑하사
무 진   왕   재 신 읍

무진일에 성왕이 새 도읍에서

烝祭하시니 歲러니
증 제   세

겨울 제사[158]를 지냈는데, 해마다
지내는 제사였다.

---

157 채침은 이상의 네 구절을 주공이 문왕과 무왕께 제사를 올리며 성왕을 위해 기도한 내용이라고
     하였다.
158 겨울 제사: 원문의 '증(烝)'은 겨울에 종묘에서 지내는 제사이다. 종묘에는 계절마다 제사를 올
     리는데, 춘하추동의 제사를 각각 사제(祠祭)·약제(礿祭)·상제(嘗祭)·증제(烝祭)라고 한다.

文王에 騂牛一이며
문 왕 성 우 일

문왕께 붉은 소 한 마리를 희생으로 올리고

武王에 騂牛一이러라
무 왕 성 우 일

무왕께 붉은 소 한 마리를 희생으로 올렸다.

王命作冊한대
왕 명 작 책

왕이 책서(冊書)[159]를 만들도록 명하자

逸이 祝冊하니
일 축 책

사일(史佚)[160]이 축책[161]을 만들었는데,

惟告周公其後러라
유 고 주 공 기 후

주공이 뒤에 남아 낙읍을 다스리게 된 것을 고하는 내용이었다.

王賓이
왕 빈

왕의 빈객들[162]이

殺禋이라 咸格이어늘
살 인 함 격

희생을 죽여 제사를 지내는 까닭에 모두 도착하자

王이 入太室하여 祼하다
왕 입 태 실 관

왕이 태실[163]에 들어가 강신례(降神禮)[164]를 거행하였다.

---

159 책서(冊書): 책봉의 내용을 적어 만든 간책(簡冊).

160 사일(史佚): 주나라 초기의 사관. 윤일(尹佚) 또는 태사일(太史佚)이라고도 한다. 무왕이 죽으면서 주공·소공·태공 및 사일에게 성왕의 보필을 부탁하였다고 하며, 이들을 주초사성(周初四聖)이라고 한다.

161 축책: 교사(郊祀)나 제향 등의 축문을 적은 간책.

162 왕의 빈객들: 하나라의 후예인 기(杞)나라의 제후와 은나라의 후예인 송(宋)나라의 제후 등은 왕이 신하로 삼지 않고 빈객으로 대우하였기에 하는 말인데, 여기서는 제사를 돕는 여러 제후를 포함하여 지칭한 것이다.

163 태실: 종묘 중앙의 방. 종묘 자체를 가리키기도 한다.

164 강신례(降神禮): 원문의 '관(祼)'은 거창주를 땅에 붓는 행위인데 신이 오시도록 하는 강신의 의식이다.

王이 命周公後하사
왕   명주공후

왕이 주공에게 뒤에 남아 낙읍을
다스리도록 명하시고

作冊이어시늘 逸이 誥하니
작 책   일   고

책서(冊書)를 만들어 사일이 (주공에게)
낭독하니,

在十有二月이러라
재 십 유 이 월

12월에 있었던 일이다.

惟周公이 誕保文武受命을
유 주 공   탄 보 문 무 수 명

주공이 (낙읍에서) 문왕과 무왕이 받은
천명을 잘 보존한 것이

惟七年하다
유 칠 년

7년이었다.

제42편
많은 관리들 [다사多士]

『금문상서』이다. 사(士)는 실무에 종사하는 하급 관리들이다. 그러므로 '다사(多士)'는 많은 관리들이라는 뜻인데, 은나라의 옛 관리들이다. 삼감의 난을 진압한 주공은 상족을 추종하던 엄(奄, 산동성 곡부曲阜)을 마지막으로 정복한다. 주공은 정복을 마치고 돌아오는 길에 조가에 있던 유민들을 대거 끌고 와서 낙수 가에 살게 하였다. 새 도읍 낙읍을 건설하기 전의 일이다. 그래서 소공은 이들을 동원해 신도시의 기초 공사를 할 수 있었고, 주공은 이들을 건설 공사에 투입할 수 있었던 것이다. 낙읍을 잘 만들어 놓고 주공과 소공은 성왕에게 천도를 극력 권유했다. 무슨 이유 때문인지는 모르지만 성왕은 이곳으로 옮기려 하지 않았다. 그는 주공에게 이 잘 지은 신도시를 맡겨 버린다. 성왕이 오기 싫었던 이유가 혹시 이 유민들 때문은 아니었을까? 아무튼 이렇게 해서 주공은 섭정 생활을 마무리하고 자신이 조성한 새 도읍에서 새로운 인생을 시작할 것이다.

앞에서부터 진지하게 글을 읽어 온 독자들은 좀 이상할 것이다. 조가에는 이미 강숙이 가서 은나라 유민들을 다스리고 있는데, 낙수 가로 끌려 온 유민들은 누구란 말인가? 상구에 봉해진 미자도 은나라 백성들을 거느리고 있을 텐데 그들은 또 누구란 말인가? 은나라를 정복한 주나라는 유민들의 세력화를 막기 위해 유민들을 흩어 버렸다. 조가에도 남겨 두고 낙수 가로도 옮기고 미자에게도 떼어 주고 했다. 기록에 나타나지 않은 더 많은 곳으로 '소개(疏開)'시켰을 것이다. 이 일을 적극적으로 추진했던 사람은 물론 주공이다. 이제 이 주공이 낙읍을 다스리게 되자 유민들의 불만이 터진 모양이다. 주공은 유민들 가운데 비교적 식견이 있었던 은나라의 옛 관리들을 소집했다. 주공은 그들을 회유도 하고 협박도 했다. 그 말들을 모아 놓은 것이 이 편이다.

1. 은나라가 망한 까닭

惟三月에 周公이
<small>유 삼 월　　　주 공</small>

3월에 주공이

初于新邑洛에
<small>초 우 신 읍 락</small>

비로소 새 도읍 낙읍에서

用告商王士하다
<small>용 고 상 왕 사</small>

상나라 왕의 관리들에게 고하였다.

王若曰
<small>왕 약 왈</small>

왕께서 이렇게 말씀하셨다.

爾殷遺多士아
<small>이 은 유 다 사</small>

"너희 은나라의 남은 관리들이여!

弗弔라 旻天이
<small>불 조　　　민 천</small>

하늘이 돌보지 않으사

大降喪于殷이어늘
<small>대 강 상 우 은</small>

은나라에 멸망을 크게 내리셨다.

我有周佑命하여
<small>아 유 주 우 명</small>

우리 주나라는 하늘의 도움으로
천명을 받아

將天明威하여 致王罰하여
<small>장 천 명 위　　　치 왕 벌</small>

하늘의 밝은 위엄을 받들어서 왕의
벌을 행하여

勅殷命하여 終于帝로다
<small>칙 은 명　　　종 우 제</small>

은나라의 천명을 바로잡아 상제의
일을 끝내었도다.

肆爾多士아
<small>사 이 다 사</small>

그러므로 너희 많은 관리들이여!

非我小國이 敢弋殷命이라
<small>비 아 소 국　　　감 익 은 명</small>

우리 작은 나라가 감히 은나라의
천명을 가져간 것이 아니다.

惟天不畀는
유 천 불 비

하늘이 (너희에게 천명을) 주지 않은 것은

允罔固亂이라
윤 망 고 란

정녕코 혼란을 고착시켜서는 안 되기 때문이며,

弼我시니
필 아

(그러므로) 우리를 도우신 것이니,

我其敢求位아
아 기 감 구 위

우리가 감히 (천자의) 자리를 요구하였겠는가?

惟帝不畀는
유 제 불 비

상제께서 (너희에게 천명을) 주지 않은 것은

惟我下民의 秉爲가
유 아 하 민   병 위

백성들이 가지고 있는 (마음과) 행동이

惟天明畏일새니라
유 천 명 외

하늘의 권선징악[165]을 대신하는 것이기 때문이다.

我聞하니
아 문

내가 들으니,

曰上帝引逸이어시늘
왈 상 제 인 일

상제께서 편안하도록 인도하셨으나

有夏不適逸한대
유 하 부 적 일

하나라가 편안함으로 나아가기를 거부하자,

---

165 하늘의 권선징악: 원문의 '천명외(天明畏)'를 옮긴 말이다. 하늘이 선한 자를 빛나게 하고 악한 자를 두렵게 한다는 뜻이다. 백성들은 선을 좋아하고 악을 싫어하는 마음을 행동으로 표현하는데, 그러한 백성들의 마음과 행동이 바로 하늘이 천명을 주기도 하고 주지 않기도 하는 기준이라는 것이다.

則惟帝降格하사
즉 유 제 강 격

상제께서 재앙을 내려

嚮于時夏어시늘
향 우 시 하

이 하나라에 의향[경고]을 보이셨지만,

弗克庸帝하고
불 극 용 제

상제의 뜻을 따르지 않고

大淫泆有辭한대
대 음 일 유 사

황음과 방종을 자행하면서 변명만
일삼았다.

惟時天이 罔念聞하사
유 시 천　　　망 념 문

이에 하늘이 유념하여 들어주지 않고

厥惟廢元命하사
궐 유 폐 원 명

그 천명을 폐하여

降致罰하시니라
강 치 벌

벌을 내리셨다.

乃命爾先祖成湯하사
내 명 이 선 조 성 탕

이에 너희 선조 성탕께 명하여

革夏하사
혁 하

하나라의 (천명을) 바꾸고

俊民으로 甸四方하시니라
준 민　　　전 사 방

훌륭한 인재들을 등용하여 사방을
다스리게 하니

自成湯으로 至于帝乙이
자 성 탕　　　지 우 제 을

성탕으로부터 제을[166]에 이르기까지

罔不明德恤祀하시니라
망 불 명 덕 휼 사

덕을 밝히고 제사를 삼가 받들지
않음이 없었다.

亦惟天이
역 유 천

하늘이

---

166 제을: 주왕의 아버지로 은나라 30대 임금이다.

丕建保乂有殷이어시늘
비 건 보 예 유 은

은나라를 세워 보호하고 잘
다스려지게 하시니,

殷王도 亦罔敢失帝하여
은 왕   역 망 감 실 제

은나라의 왕들도 감히 상제의 법도를
잃지 않고

罔不配天其澤하니라
망 불 배 천 기 택

하늘에 짝하여 (백성들에게) 은택을
베풀지 않음이 없었다.

在今後嗣王하여
재 금 후 사 왕

이제 그 뒤를 이은 왕[주왕]은

誕罔顯于天이온
탄 망 현 우 천

천도에 몹시 어두웠으니

矧曰
신 왈

하물며

其有聽念于先王勤家아
기 유 청 념 우 선 왕 근 가

'선왕들이 국가의 일에 부지런하였음을
듣고 유념하였다'고 할 수 있으랴!

誕淫厥泆하여
탄 음 궐 일

그 황음과 방종이 너무 심하여

罔顧于天顯民祗하니라
망 고 우 천 현 민 지

밝은 천도와 보살펴야 할 백성을
돌아보지 않자,

惟時上帝不保하사
유 시 상 제 불 보

이에 상제께서 지켜 주지 않고

降若玆大喪하시니라
강 약 자 대 상

이처럼 큰 멸망을 내리셨던 것이다.

惟天不畀는
유 천 불 비

하늘이 (너희에게 천명을) 주지 않은
것은

不明厥德일새니라
불 명 궐 덕

그 덕을 밝히지 않았기 때문이니,

凡四方小大邦이 喪함은
범 사 방 소 대 방　　　상

천하 사방의 크고 작은 나라가 망할 때,

罔非有辭于罰이니라
망 비 유 사 우 벌

그 벌에 대해 말할 만한 이유가 없는
경우는 없다."

2. 주나라가 천명을 받은 까닭

王若曰
왕 약 왈

왕께서 이렇게 말씀하였다.

爾殷多士아
이 은 다 사

"너희 은나라의 많은 관리들이여!

今惟我周王이
금 유 아 주 왕

우리 주나라의 왕이

丕靈承帝事하니라
비 령 승 제 사

상제의 일을 매우 잘 받들자,

有命曰割殷이실새
유 명 왈 할 은

(상제께서) '은나라를 멸하라'고
명하시므로

告勅于帝하시니라
고 칙 우 제

상제께 고하고 바로잡은 것이다.

惟我事不貳適이라
유 아 사 불 이 적

우리는 이 일을 하면서 마음이
흔들리지 않았으니

惟爾王家我適이니라
유 이 왕 가 아 적

그러므로 너희 왕가가 우리에게 와서
복종하게 된 것이다.

予其曰惟爾洪無度하니
여 기 왈 유 이 홍 무 도

내가 말하건대, 너희가 참으로 법도가
없었으니

我不爾動이라
아 불 이 동

우리가 너희를 흔든 것이 아니라

自乃邑이니라
자 내 읍

너희 상읍(商邑)이 스스로 흔들린
것이다.

予亦念天이 卽于殷하여
여 역 념 천   즉 우 은

내가 생각하기에, 하늘이 은나라에
임하여

大戾하시니 肆不正이로다
대 려   사 부 정

큰 재앙을 내렸으므로 (상읍이) 바르지
않게 되었다."167

3. 너희를 낙읍으로 옮긴 것은 천명에 따른 것이니

王曰 猷라 告爾多士하노라
왕 왈 유   고 이 다 사

왕이 말씀하셨다. "아아! 너희 많은
관리들에게 말하노라.

予惟時其遷居西爾는
여 유 시 기 천 거 서 이

내가 그러므로 너희를 옮겨 서쪽에
살도록 한 것은

非我一人이 奉德不康寧이라
비 아 일 인   봉 덕 불 강 녕

나 한사람이 가진 덕이 (부족해 너희를)
불편하게 한 것이 아니라

---

167 이 두 구절은 너희들이 부정한 일을 하여 하늘이 큰 재앙을 내린 상읍(商邑), 즉 조가는 이제 바르지 않은 땅이 되었기에 너희들을 이곳으로 옮겨 온 것이라는 뜻이다.

時惟天命이니 無違하라
<small>시 유 천 명　　　　무 위</small>

이것이 하늘의 명령이기 때문에 (그렇게 한 것이니) 어기지 말라.

朕은 不敢有後하리니
<small>짐　　　불 감 유 후</small>

나는 감히 더 이상 다른 명령을 내리지 않을 것이니

無我怨하라
<small>무 아 원</small>

(따르지 않다가 벌을 받더라도) 나를 원망하지 말라.

惟爾知惟殷先人의
<small>유 이 지 유 은 선 인</small>

너희는 은나라 선조들의

有冊有典하나니
<small>유 책 유 전</small>

기록이 있음을 알 것이니,

殷革夏命하니라
<small>은 혁 하 명</small>

은나라도 하나라의 천명을 바꾸었다.

今爾其曰
<small>금 이 기 왈</small>

지금 너희가,

夏는 迪簡在王庭하며
<small>하　　적 간 재 왕 정</small>

'하나라의 인재를 선발해 데려와 왕의 뜰에 있게 하였으며

有服이 在百僚라 하나니
<small>유 복　　재 백 료</small>

백관들 사이에서 함께 일하게 하였다'고 하는데,[168]

予一人은 惟聽用德이니라
<small>여 일 인　　유 청 용 덕</small>

나 한사람은 덕이 있는 자를 임용할 뿐이다.

---

168 이 두 구절은, 우리 은나라는 하나라를 정벌한 뒤에 하나라 사람들을 등용했는데 당신네 주나라는 왜 하지 않느냐는 뜻이다. 왕의 뜰에 있는 사람은 지위가 높은 사람이고, 백관들 사이에서 일하는 사람은 지위가 낮은 사람이니, 은나라에서는 관직의 고하를 막론하고 하나라 유민을 기용했다는 뜻이다.

肆予敢求爾于天邑商은
사 여 감 구 이 우 천 읍 상

그러므로 내가 감히 너희를 수도
상읍(商邑)에서 데려온 것은

予惟率肆矜爾니
여 유 솔 사 긍 이

내가 (상나라가 행한 옛일을) 따라
너희를 가엾게 여긴 때문인데 (너희가
반성하지 않으니)

非予罪라 時惟天命이니라
비 여 죄　　　시 유 천 명

(너희를 쓰지 않는 것은) 나의 죄가
아니라 하늘의 명령인 것이다."

4. 목숨을 살려 준 은혜, 순종으로 보답해야

王曰 多士아
왕 왈 다 사

왕이 말씀하셨다. "많은 관리들이여!

昔朕이 來自奄할새
석 짐　　　래 자 엄

옛날 내가 엄[169]에서 돌아올 때

予大降爾四國民命하여
여 대 강 이 사 국 민 명

너희 네 나라 백성의 죄를 감형하여
목숨을 살려 주고,

我乃明致天罰하여
아 내 명 치 천 벌

하늘의 벌만 분명하게 시행하고자

移爾遐逖하여
이 이 하 적

너희를 멀리 (낙읍으로) 옮겨서

---

169 엄: 상족(商族)의 분파로 산동성 곡부 지역에 있던 소국. 무경을 도와 반란을 일으키자 주공이
　　 은(殷)·관(管)·채(蔡)·곽(霍)의 사국(四國)을 평정한 뒤 마지막으로 멸망시켰다. 이 지역에 주
　　 공의 아들 백금(伯禽)을 봉해 노(魯)나라가 되었다.

比事臣我宗多遜케 하니라
_{비 사 신 아 종 다 손}

우리 종주(宗周)를 가까이 섬겨
순종하도록 하였다.”

5. 순종하는 것이 너희가 살길이니

王曰 告爾殷多士하노라
_{왕 왈 고 이 은 다 사}

왕이 말씀하셨다. “너희 은나라의 여러
관리에게 알리노라.

今予惟不爾殺이라
_{금 여 유 불 이 살}

지금 내가 너희를 죽이지 않으려고

予惟時命을 有申하노라
_{여 유 시 명　　유 신}

이 명령을 거듭 내린다.

今朕이 作大邑于玆洛은
_{금 짐　　작 대 읍 우 자 락}

지금 내가 이 낙수 가에 큰 도읍을
만든 것은,

予惟四方罔攸賓이며
_{여 유 사 방 망 유 빈}

사방의 제후들이 빈례(賓禮)를 행할
곳이 없기 때문이며,

亦惟爾多士攸服하여
_{역 유 이 다 사 유 복}

또한 너희 많은 관리들이 일하며

奔走臣我多遜이니라
_{분 주 신 아 다 손}

바삐 다니면서 우리를 섬겨 순종하게
하고자 함이다.

爾乃尙有爾土하며
_{이 내 상 유 이 토}

너희는 너희의 땅을 가지게 될 것이며

爾乃尙寧幹止니라
_{이 내 상 녕 간 지}

너희는 편안하게 일하고 편안하게 살게
될 것이다.

爾克敬하면
이 극 경

너희가 조심한다면

天惟畀矜爾어니와
천 유 비 긍 이

하늘이 너희를 가엾게 여기겠지만

爾不克敬하면
이 불 극 경

너희가 조심하지 않는다면

爾不啻不有爾土라
이 불 시 불 유 이 토

너희는 땅을 소유하지 못할 뿐만
아니라

予亦致天之罰于爾躬하리라
여 역 치 천 지 벌 우 이 궁

나는 너희 몸에 하늘의 벌을 내릴
것이다.

今爾惟時宅爾邑하며
금 이 유 시 택 이 읍

이제 너희가 너희 고을에 자리를 잡고

繼爾居하여
계 이 거

계속 살면서

爾厥有幹有年于玆洛하니
이 궐 유 간 유 년 우 자 락

이 낙읍에서 일하며 생명을 이어 갈
것이니,

爾小子의 乃興이
이 소 자   내 흥

너희의 자손들이 흥하는 것이

從爾遷이니라
종 이 천

너희가 옮기고부터일 것이다."

王曰又曰
왕 왈 우 왈

왕이 말씀하시고 또 말씀하셨다.

時予乃或言은 爾攸居니라
시 여 내 혹 언   이 유 거

"내가 자꾸 말하는 것은 너희들이
편안하게 살기를 바라기 때문이다."

제43편
안일하지 말아야 [무일無逸]

『금문상서』이다. 유교를 숭상하고 덕치를 표방하던 조선에서 이 글처럼 주목받았던 글도 드물다. 조선의 명종은 이 글을 책상에 새겨 두고 보았으며, 영조는 병풍을 만들어 쳐 두었고, 심지어 폭군으로 유명한 연산군조차 등극 초기에 병풍에 써 두고 경계했다고 하니, 『서경』의 글 중에서도 베스트셀러였던 것이다.

내용을 보면 그럴 만도 하다. 다스리는 사람[군자]은 다스림을 받는 사람[소인]들이 땀 흘려 노력한 덕택으로 살고 있으니 게으르고 안일하면 안 된다는 이야기이다. 섭정 초기에 어린 조카 성왕을 깨우친 주공의 말씀이다. 은나라와 주나라의 훌륭했던 군주들의 실천을 일일이 소개하면서 임금 된 도리를 다하라고 타이르고 있다. 그런데 재미있는 것은 그런 군주들은 모두 장수했다고 하면서 부지런히 덕을 실천하면 오래 산다는 등식을 만들어 보여 준 점이다. 공자도 덕이 있는 사람은 오래 산다[仁者壽]고 하였으니 주나라 사람들의 일반적인 생각이었던 모양이다. 무슨 과학적인 근거가 있는 것은 아니지만, 부지런하면 운동량이 증가하고 덕이 있으면 스트레스를 적게 받아서 그런 것인지도 모르겠다. 이 밖에도 마음에 와 닿는 말이 많은데, 그중에 한 가지가 '요즘 아이들은 빈둥빈둥 놀기만 하면서 부지런히 일하는 부모를 보고 노인네가 뭘 모른다며 무시한다'는 주공의 말씀이다. 예나 지금이나 어른들은 젊은이들이 못마땅했던 모양이다.

1. 부지런한 농부와 게으른 아들

周公曰 嗚呼라
주 공 왈 오 호

주공이 말씀하였다. "아!

君子는 所其無逸이니라
군 자   소 기 무 일

군자는 게으름에 빠지지 않는 것을
본분으로 여깁니다.

先知稼穡之艱難이오사
선 지 가 색 지 간 난

뿌리고 거두는 어려움을 먼저 알고서

乃逸하면
내 일

(그 어려움을) 편안함으로 삼는다면

則知小人之依하리이다
즉 지 소 인 지 의

백성들이 무엇에 의지해 살아가는지를
알게 될 것입니다.

相小人한대
상 소 인

백성들을 살펴보면,

厥父母勤勞稼穡이어든
궐 부 모 근 로 가 색

그 부모가 부지런히 농사를 짓는데

厥子乃不知稼穡之艱難하고
궐 자 내 부 지 가 색 지 간 난

그 아들은 농사의 어려움을 모르고

乃逸하여 乃諺하며
내 일   내 언

빈둥거리며 천박하게 지껄이고

旣誕하나니
기 탄

방자하게 굴거나,

否則侮厥父母曰
부 즉 모 궐 부 모 왈

그렇지 않으면 그 부모를 무시하여

昔之人이 無聞知라 하나이다
석 지 인   무 문 지

'노인네가 들은 것도 없고 아는 것도
없다'고 합니다."

2. 부지런하여 장수했던 은나라 왕들

周公曰
주 공 왈

주공이 말씀하였다.

嗚呼라 我聞하니
오 호   아 문

"아! 내가 듣건대

曰昔在殷王中宗하사
왈 석 재 은 왕 중 종

옛날 은나라 왕 중종[170]은

嚴恭寅畏하사
엄 공 인 외

엄숙하고 공손하며 삼가고 두려워하여

天命自度하시며
천 명 자 도

천명으로 스스로를 다스리고

治民祇懼하사
치 민 지 구

백성을 다스림에 삼가고 두려워하여

不敢荒寧하시니
불 감 황 녕

감히 게으르고 편안하지 않으셨다고
합니다.

肆中宗之享國이
사 중 종 지 향 국

그러므로 중종께서 재위하신 것이

七十有五年이시니이다
칠 십 유 오 년

75년이었습니다.

其在高宗時하얀
기 재 고 종 시

고종[171] 때에는,

---

170 중종: 일반적으로 태무(太戊)라고 하며 이름은 주(伷)이다. 태갑(太甲)의 손자로 상나라 제9대
임금이다. 75년 동안 재위하며 덕을 닦고 백성들을 안정시켰으며, 이척(伊陟)과 무함(巫咸) 등
의 명신들을 등용해 선정을 펼쳤다. 사마천은 "은나라를 부흥시켜 제후들이 귀의하였기에 중
종(中宗)이라고 한다" 하였다.

171 고종: 일반적으로 무정(武丁)이라고 부르며 이름은 소(昭)이다. 19대 임금 반경(盤庚)의 조카
로 은나라 22대 임금이다. 아버지 소을(小乙)이 무정을 대궐 밖으로 보내 세상 경험을 쌓도록
했다. 황하 가에 살면서 감반(甘盤)에게 배웠으며 제위에 오른 뒤 은나라를 중흥시켜 고종이
라는 묘호(廟號)를 받았다. 후세 사람들이 그를 중흥주(中興主) 은고종(殷高宗)이라고 부르
고, 그의 시대를 무정성세(武丁盛世)라고 하였다.

舊勞于外하사
구 로 우 외

오래도록 궁궐 밖에서 고생하며

爰暨小人이러시니
원 기 소 인

백성들과 더불어 지냈습니다.

作其卽位하사
작 기 즉 위

떨쳐 일어나 왕위에 나아가

乃或亮陰三年을
내 혹 량 암 삼 년

3년 동안 상중(喪中)에 있으면서

不言하시니
불 언

말을 하지 않았는데,

其惟不言하시나
기 유 불 언

말을 하지 않았으나

言乃雍하시며
언 내 옹

말씀하시면 화락하였으며,

不敢荒寧하사
불 감 황 녕

감히 게으르고 편안하지 않으며

嘉靖殷邦하사
가 정 은 방

은나라를 아름답게 교화하고 안정시켜,

至于小大히
지 우 소 대

높고 낮은 사람에 이르기까지

無時或怨하니
무 시 혹 원

혹시라도 원망하는 사람이 없었으니,

肆高宗之享國이
사 고 종 지 향 국

고종께서 재위하신 것이

五十有九年이시니이다
오 십 유 구 년

59년이었습니다.

其在祖甲하얀
기 재 조 갑

조갑[172] 때에는,

---

172 조갑: 이름은 재(載)이며 고종 무정의 아들이고 24대 조경(祖庚)의 아우로, 은나라 25대 임금
이다. 무정이 조갑을 편애하여 태자 조경을 폐하려 하자 도성을 나가 백성들과 함께 생활하였
다. 뒤에 조경이 죽자 즉위하여 서융(西戎)을 정벌하는 등 공적이 많았다. 묘호는 세종(世宗)
이다.

不義惟王이라 하사
불 의 유 왕

왕이 되는 것이 의롭지 않다고 하면서

舊爲小人이러시니
구 위 소 인

오랫동안 평민으로 있었기에,

作其卽位하사
작 기 즉 위

떨쳐 일어나 왕위에 나아가서는

爰知小人之依하사
원 지 소 인 지 의

백성들이 무엇에 의지해 살아가는지를
알아

能保惠于庶民하시며
능 보 혜 우 서 민

백성들을 보살피고 사랑하여

不敢侮鰥寡하시니
불 감 모 환 과

홀아비와 과부처럼 가련한 사람들을
감히 무시하지 않았으니

肆祖甲之享國이
사 조 갑 지 향 국

조갑이 재위하신 것이

三十有三年이시니이다
삼 십 유 삼 년

33년이었습니다.

3. 안일하면 단명하나니

自時厥後로
자 시 궐 후

이때부터 그 뒤로는

立王이 生則逸하니
립 왕   생 즉 일

왕이 된 자들이 태어나면서부터
안락하였으니,

生則逸이라
생 즉 일

나면서부터 안락한 까닭에

不知稼穡之艱難하며
부 지 가 색 지 간 난

농사의 어려움을 알지 못하고

不聞小人之勞하고
불문소인지로

백성들의 수고로움을 듣지 못하며

惟耽樂之從하니
유탐락지종

향락에 탐닉하니,

自時厥後로
자시궐후

이때부터 그 뒤로는

亦罔或克壽하여
역망혹극수

오래 사는 임금이 없어

或十年하며 或七八年하며
혹십년   혹칠팔년

(길어야) 혹 10년이나 7~8년을
재위하였으며

或五六年하며
혹오륙년

(짧게는) 혹 5~6년이나

或四三年하니이다
혹사삼년

3~4년을 재위하였습니다."

4. 부지런하여 장수했던 문왕

周公曰 嗚呼라
주공왈 오호

주공이 말씀하였다. "아!

厥亦惟我周에
궐역유아주

또한 우리 주나라에도

太王王季
태왕왕계

태왕과 왕계께서

克自抑畏하시니이다
극자억외

스스로를 다스리고 근신하셨습니다.

文王이 卑服으로
문왕   비복

문왕께서는 허름한 옷을 입고

卽康功田功하시니
즉강공전공

길 닦는 일[173]과 밭 매는 일을 직접
하셨는데,

徽柔懿恭하사
휘 유 의 공

선량하고 인자하며 덕스럽고 공손하사

懷保小民하시며
회 보 소 민

백성들을 품어서 보호하시며,

惠鮮鰥寡하사
혜 선 환 과

가련한 사람들을 구휼하여 생기를
불어넣어 주고

自朝로 至于日中昃히
자 조 　　 지 우 일 중 측

아침부터 해가 중천에 이르고 기울
때까지

不遑暇食하사
불 황 가 식

밥 먹을 겨를도 없이 부지런히
노력하여

用咸和萬民하시니이다
용 함 화 만 민

만백성을 모두 화락하게 만드셨습니다.

文王이 不敢盤于遊田하사
문 왕 　 불 감 반 우 유 전

문왕은 감히 유람과 사냥을 즐기지
않고

以庶邦惟正之供하시니
이 서 방 유 정 지 공

여러 나라로부터 정해진 조세만
받았으니,

文王受命이
문 왕 수 명

문왕이 천명을 받은 것이

惟中身이러시니
유 중 신

중년이었는데,

厥享國이
궐 향 국

재위하신 것이

---

173 길 닦는 일: 원문의 '강공(康功)'을 채침은 백성을 편안하게 하는 일이라고 하였으나, 장병린(章
炳麟, 1868~1936)의 견해에 따라 번역하였다. '강(康)'에는 사통팔달(四通八達)의 큰길이라
는 의미가 있다.

五十年이시니이다
오 십 년

50년이었습니다."[174]

5. 안일하지 말아야

周公曰 嗚呼라
주 공 왈 오 호

주공이 말씀하였다. "아!

繼自今으로 嗣王은
계 자 금   사 왕

이제부터 사왕[175]께서는

則其無淫于觀于逸于遊于田하사
칙 기 무 음 우 관 우 일 우 유 우 전

(문왕께서) 보고 즐기며 유람하고
사냥하는 것을 지나치게 하지
않으셨음을 본받아

以萬民惟正之供하소서
이 만 민 유 정 지 공

만백성에게 정해진 조세만 받도록
하십시오.

無皇曰今日에
무 황 왈 금 일

한가롭게 '오늘만 잠시

耽樂이라 하소서
탐 락

즐기리라' 하지 마십시오.

乃非民의 攸訓이며
내 비 민   유 훈

백성들을 가르치는 일이 아니며

非天의 攸若이라
비 천   유 약

하늘이 옳게 여기는 일이 아닙니다.

---

174 문왕은 47세에 아버지를 이어 주족(周族)의 수령이 되었고, 97세에 죽었다고 한다.
175 사왕: 선왕이 죽고 왕위를 계승한 임금. 여기서는 성왕을 말한다.

時人이 丕則有愆하리니
시 인　　비 칙 유 건

이 시대의 사람들이 그 허물을 크게
본받을 것이니

無若殷王受之迷亂하사
무 약 은 왕 수 지 미 란

은왕 수[주왕]가 혼미하여

酗于酒德哉하소서
후 우 주 덕 재

악덕한 술에 탐닉하였던 것처럼 하지
마십시오."

6. 신하와 백성은 임금을 보고 배우나니

周公曰 嗚呼라 我聞하니
주 공 왈 오 호　　아 문

주공이 말씀하였다. "아! 내가 듣건대,

曰古之人이
왈 고 지 인

옛날 사람들은

猶胥訓告하며
유 서 훈 고

오히려 서로 깨우쳐 알려 주고

胥保惠하며
서 보 혜

서로 보호하고 순리를 따르도록
하였으며

胥敎誨하여
서 교 회

서로 가르쳐 주었기 때문에,

民이
민

백성들이

無或胥譸張爲幻하니이다
무 혹 서 주 장 위 환

서로 속이거나 거짓된 것으로
현혹시키지 않았습니다.

此厥不聽하시면
차 궐 불 청

(내가 한) 이 말씀을 듣지 않는다면

人乃訓之하여
인 내 훈 지

신하들[176]도 당신을 본받아

乃變亂先王之正刑하여
내 변 란 선 왕 지 정 형

선왕의 바른 법을 어지럽혀

至于小大하리니
지 우 소 대

크고 작은 일들을 함부로 바꿀 것이며,

民이 否則厥心違怨하며
민 부 즉 궐 심 위 원

백성들도 마음으로 거역하고
원망하거나

否則厥口詛祝하리이다
부 즉 궐 구 저 주

그렇지 않으면 입으로 저주할
것입니다.”

7. 백성들의 비난은 임금의 허물이니

周公曰 嗚呼라
주 공 왈 오 호

주공이 말씀하였다. “아!

自殷王中宗하여
자 은 왕 중 종

은나라 왕 중종부터

及高宗과 及祖甲과
급 고 종 　 급 조 갑

고종과 조갑과

及我周文王과
급 아 주 문 왕

우리 주나라의 문왕까지

玆四人이 迪哲하시니이다
자 사 인 　 적 철

이 네 분은 명철하게 처신하셨습니다.

厥或告之曰
궐 혹 고 지 왈

누군가가 고하기를

---

176 신하들: 원문의 ‘인(人)’은 지위가 있는 사람을 가리키며 지위가 없는 백성[民]과 상대되는 개념
　　이다.

小人이 怨汝詈汝라커든
소인   원여리여

백성들이 당신을 원망하고 비난한다
하거든

卽皇自敬德하사
즉황자경덕

발분하여 스스로 덕을 삼가서

厥愆을 曰朕之愆이라 하소서
궐건   왈짐지건

그 허물은 나의 허물이라고 하십시오.

允若時하시면
윤약시

참으로 이처럼 하신다면

不啻不敢含怒리이다
불시불감함노

감히 노여운 마음을 품지 않을 뿐만이
아닐 것입니다.

此厥不聽하시면
차궐불청

(내가 한) 이 말씀을 듣지 않는다면

人乃或譸張爲幻하여
인내혹주장위환

신하들이 속이고 거짓된 것으로
현혹시켜

曰小人怨汝詈汝라커든
왈소인원여리여

'백성들이 당신을 원망하고
비난한다'고 하면

則信之하리니
즉신지

믿게 될 것입니다.

則若時하면
즉약시

만약 이와 같이 한다면

不永念厥辟이며
불영념궐벽

임금 된 도리를 깊이 생각하지 않게
되고

不寬綽厥心하여
불관작궐심

마음이 너그럽고 여유롭지 못하게
되어

亂罰無罪하며 殺無辜하리니
란 벌 무 죄　　殺 무 고

죄 없는 자를 함부로 벌하고 무고한
자를 죽이게 될 것이니,

怨有同하여
원 유 동

(백성들의) 원망이 쌓여

是叢于厥身하리이다
시 총 우 궐 신

자신에게 모이게 될 것입니다.”

周公曰 嗚呼라
주 공 왈 오 호

주공이 말씀하였다. “아!

嗣王은 其監于玆하소서
사 왕　　기 감 우 자

사왕께서는 이것을 잘 살피소서!”

제44편
소공 이야기 [군석君奭]

『금문상서』이다. 군석(君奭)은 주공의 동생 소공이다. 소공의 이름은 석(奭)인데 그 앞에 군(君)이 덧붙은 것은 존칭이라고 한다. 존칭이라고 하더라도 그리 대단한 존칭도 아닐 것이다. 지금도 우리가 김군·이군 하면서 사용하는 그 정도의 존칭일 것이다. 어쩌면 김군·이군의 그 '군'도 여기에서 유래하였는지 모를 일이다. 그러므로 군석이라는 말은 '너 석이'가 아니라 '자네 석이' 정도의 뜻일 것이다. 무왕이 죽고 난 뒤에 소공의 이름을 부를 수 있는 사람은 주공뿐이다. 그래서 이 편에는 주공이 소공에게 한 말씀들이 실려 있다.

이 글의 시대 배경은 내용으로 보아 아마 성왕의 등극 초기일 것이다. 형이 동생에게 하는 말인데 내용은 간절하고 절박하다. 주나라가 건국되기는 하였지만 건국주 무왕은 죽었고, 본문의 내용처럼 '어린 왕이 즉위하였으나 즉위하지 않은 것과 같다'. 아직 정치 능력이 없다는 말이다. 하는 수 없이 자신이 섭정하고 있기는 하지만 쉽지 않다. 은나라 유민들은 도처에서 술렁이고 있고, 같은 형제들도 자신을 의심의 눈초리로 보고 있다. 섭정이라고는 하지만 고립무원한 처지에서 조력자가 절실하다. 그래서 주공은 소공에게 손을 내민다.

이 편을 통해서 우리는 주공이 말하지 않았더라면 잃어버렸을 많은 고인(古人)의 이름을 확인할 수 있다. 은상(殷商)의 명군들을 보좌했던 현신(賢臣)들의 이름과, 무왕이 '나에게 열 명의 유능한 신하가 있다'고 한 그 신하들의 이름들이다. 주공은 이들을 거명하면서 소공에게 그들처럼 어린 왕을 보필해 달라고 한다. 왕을 보필해 달라고 하지만, 속뜻은 섭정하고 있는 자신을 지지하고 도와 달라는 말이다. 소공은 아마 무왕이 죽자 은퇴할 생각이 있었던 모양이다. 주공은 부디 물러간다는 말을 하지 말고 나를 도와 달라고 한다. 지금 자네하고 나 말고 누가 이 난국을 타개할 수 있겠느냐며 간곡하게 부탁한다. 여기에 대한 소공의 반응은 실려 있지 않지만, 소공의 행적에 비추어 볼 때 주공의 이 설득은 성공한 것이 틀림없다.

1. 주공의 고뇌, 천명을 어떻게 지킬 것인가

周公이 若曰
주 공 　 약 왈

주공이 다음과 같이 말씀하였다.

君奭아
군 석

"군석이여!

弗弔라 天이 降喪于殷하사
불 조 　 천 　 강 상 우 은

하늘이 돌보지 않으사 은나라를
망하게 하시자,

殷이 旣墜厥命이어늘
은 　 기 추 궐 명

은나라가 그 천명(天命)을 실추하여

我有周旣受하시니
아 유 주 기 수

우리 주나라가 받게 되었다.

我不敢知하노니
아 불 감 지

내가 감히 알 수 없는 것은

曰厥基는 永孚于休아
왈 궐 기 　 영 부 우 휴

'우리의 터전이 영원히 복을 받을 수
있을까?' 하는 것이며,

若天이 棐忱가
약 천 　 비 침

'우리의 정성을 하늘이 도와주실까?'
하는 것이다.

我亦不敢知하노니
아 역 불 감 지

또 내가 감히 알 수 없는 것은

曰其終에 出于不祥가
왈 기 종 　 출 우 불 상

'결국 상서롭지 못한 일이 일어나지
않을까?' 하는 것이다.

2. 천명, 사람에게 달린 문제이니

嗚呼라
오 호

아!

君이 已曰時我라 하더니
군   이 왈 시 아

군은 이미 '이것은 우리에게 달려 있는
문제다.'라고 하였는데,

我亦不敢寧于上帝命하여
아 역 불 감 녕 우 상 제 명

나 또한 감히 상제가 주신 천명에
안주할 수 없다.

弗永遠念天威越我民에
불 영 원 념 천 위 월 아 민

하늘이 우리 백성들을 질책하고 등을
돌리며 위엄을 보일 때가

罔尤違하노니
망 우 위

없으리라는 생각만 영원히 하고 있을
수는 없으니,[177]

惟人이니라
유 인

이것은 사람의 문제이기 때문이다.

在我後嗣子孫하여
재 아 후 사 자 손

우리 뒤를 이은 자손들이

大弗克恭上下하여
대 불 극 공 상 하

하늘과 백성을 크게 공경하지 못하여

遏佚前人光하면
알 일 전 인 광

앞사람들의 빛나는 일을 실추하고
잃어버린다면,

在家不知아
재 가 부 지

한집에 살면서 모른 체할 것인가.

---

177   이상 두 구절은 본서의 편의상 구분된 것일 뿐, 실제로는 연결된 하나의 구절이다. 그러므로 번
역도 한 문장을 적절하게 나누어 배치한 것이라서 각 행의 원문과 대응되지 않는다.

天命이 不易라 天難諶이니　천명은 쉽지가 않고 하늘은 믿기
천 명　불 이　천 난 심
　　　　　　　　　　　　　　어려우니

乃其墜命은　　　　　　　　천명을 실추하게 되는 것은
내 기 추 명

弗克經歷嗣前人恭明德이니라
불 극 경 력 사 전 인 공 명 덕
　　　　　　　　　　　　　　앞사람들이 삼가 밝힌 덕을 실천하여
　　　　　　　　　　　　　　이어 가지 못하기 때문이다.

3. 천명을 지키는 방법, 선왕의 덕을 계승해야

在今予小子旦하여　　　　이제 나 소자 단은
재 금 여 소 자 단

非克有正이라　　　　　　바로잡을 능력이 없으므로
비 극 유 정

迪은 惟前人光으로　　　　앞사람들의 빛나는 일로 인도하여
적　 유 전 인 광

施于我冲子니라　　　　　우리 어린 조카에게 베풀고자 한다.”
시 우 아 충 자

又曰 天不可信이나　　　　또 말씀하였다. “하늘은 믿을 수
우 왈 천 불 가 신
　　　　　　　　　　　　　없지만

我道는 惟寧王德을 延하여　우리가 갈 길은 영왕[무왕]의 덕을
아 도　 유 녕 왕 덕　 연
　　　　　　　　　　　　　연장하여

天不庸釋于文王受命이니라　문왕이 받으신 천명을 하늘이 놓아
천 불 용 석 우 문 왕 수 명
　　　　　　　　　　　　　버리지 않도록 하는 것이다.”

4. 선왕의 덕을 계승하는 방법, 현신의 보필

公曰
공 왈

주공이 말씀하였다.

君奭아 我聞하니
군 석   아 문

"군석이여! 내가 들으니,

在昔成湯이 旣受命이어시늘
재 석 성 탕   기 수 명

옛날 탕 임금이 천명을 받으시자

時則有若伊尹이
시 즉 유 약 이 윤

당시에 이윤 같은 사람이 있어서

格于皇天하며
격 우 황 천

(그 공이) 하늘에 이르렀고,

在太甲하여
재 태 갑

태갑 때에도

時則有若保衡하며
시 즉 유 약 보 형

보형[이윤]과 같은 사람이 있었으며,

在太戊하여
재 태 무

태무[178] 때에는

時則有若伊陟臣扈가
시 즉 유 약 이 척 신 호

이척과 신호 같은 사람이 있어

格于上帝하며
격 우 상 제

(그 공이) 상제를 만족시켰으며

巫咸이 乂王家하며
무 함   예 왕 가

무함은 왕가를 다스렸으며,

在祖乙하여
재 조 을

조을[179] 때에는

---

178 태무: 앞에서 보았던 중종(中宗)이다. 이윤의 아들인 이척(伊陟)을 재상으로 기용하고 신호(臣扈)·무함(巫咸) 등 현신을 등용하여 은나라를 부흥시켰다.

179 조을: 태무(太戊)의 손자로 은나라 13대 임금이다. 무함의 아들인 무현(巫賢)을 재상으로 기용하여 난이(蘭夷)와 반방(班方)을 평정하는 등 은나라의 국세를 크게 떨쳤다.

時則有若巫賢하며
시 즉 유 약 무 현

무현과 같은 사람이 있었으며,

在武丁하여
재 무 정

무정 때에는

時則有若甘盤하니라
시 즉 유 약 감 반

감반과 같은 사람이 있었다.

率惟玆有陳하여
솔 유 자 유 진

(모두) 이 신도(臣道)를 따라 공적을 펼쳐

保乂有殷하니
보 예 유 은

은나라를 보전하고 다스렸으니

故殷이 禮陟配天하여
고 은   례 척 배 천

그러므로 은나라의 선왕들이 예에 따라 올라가 하늘과 짝하여[180]

多歷年所하니라
다 력 년 소

나라를 지속한 햇수가 길었다.

天惟純佑命이라
천 유 순 우 명

하늘이 한결같이 (상나라의) 명맥을 도와

則商이 實하여
즉 상   실

상나라에 인재가 가득하였으니,

百姓王人이
백 성 왕 인

백성과 왕의 사람[181]에 이르기까지

罔不秉德明恤하며
망 불 병 덕 명 휼

덕을 지니고 나라를 걱정하지 않음이 없었으며,

---

180 예에 따라 올라가 하늘과 짝하여: 공이 큰 임금이 죽은 뒤 하늘에 지내는 제사에 배향되는 것을 말한다.
181 왕의 사람: 왕실의 미관(微官)이니, 그 지위나 직무가 후대의 환관과 비슷하다.

小臣屛侯甸이
소 신 병 후 전

낮은 신하와 먼 곳의 제후에
이르기까지

矧咸奔走임에랴
신 함 분 주

모두 직무에 분주하였음에랴!

惟玆惟德을 稱하여
유 자 유 덕   칭

오직 덕이 있는 자들을 등용하여

用乂厥辟이라
용 예 궐 벽

임금의 일을 다스리게 하니,

故一人이
고 일 인

그러므로 임금 한 사람이

有事于四方이어든
유 사 우 사 방

사방에 일이 있어 명령하면

若卜筮하여
약 복 서

거북점과 시초점처럼

罔不是孚하니라
망 불 시 부

이를 믿지 않는 자가 없었다.”

5. 군석, 네가 도와야

公曰 君奭아
공 왈 군 석

주공이 말씀하였다. “군석이여!

天壽平格이라
천 수 평 격

하늘은 공평하고 지극한 사람을 오래
살게 한다.

保乂有殷하더시니
보 예 유 은

(그러므로 여섯 신하가) 은나라를
보전하고 다스렸으나

有殷이 嗣天滅威하니
유 은   사 천 멸 위

은나라의 사왕(嗣王) 주(紂)가 하늘의
위엄으로 멸망하였으니,

今汝永念하면
금 여 영 념

이제 네가 (주나라가) 영원하기를
생각하고 (도운다면)

則有固命하여
즉 유 고 명

견고한 천명을 지니게 되어

厥亂이 明我新造邦하리라
궐 란 　 명 아 신 조 방

다스림이 우리 새로 만든 나라에
빛나리라."

6. 군석, 네가 선왕들의 어진 신하들처럼 도와야

公曰 君奭아
공 왈 군 석

주공이 말씀하였다. "군석이여!

在昔上帝割하사
재 석 상 제 할

옛날 상제께서 (은나라에) 재앙을
내리시고

申勸寧王之德하사
신 권 녕 왕 지 덕

덕 있는 영왕[무왕]에게 거듭 권하여

其集大命于厥躬하시니라
기 집 대 명 우 궐 궁

천명을 그 몸에 모이게 하셨다.

惟文王이
유 문 왕

문왕께서

尙克修和我有夏하신 것은
상 극 수 화 아 유 하

우리나라를 다스려 조화롭게 할 수
있었던 것은

亦惟有若虢叔과
역 유 유 약 괵 숙

또한 괵숙 같은 사람이 있고

有若閎夭와
유 약 굉 요

굉요 같은 사람이 있고

有若散宜生과
유 약 산 의 생

산의생 같은 사람이 있고

有若泰顚과
유약태전
태전 같은 사람이 있고

有若南宮括하니라
유약남궁괄
남궁괄 같은 사람이 있었기 때문이다."

又曰
우왈
또 말씀하였다.

無能往來玆하여 迪彝敎면
무능왕래자　　적이교
"(다섯 신하가) 이곳을 오가며
올바른 가르침으로 인도하지 않았다면

文王도 蔑德降于國人이라
문왕　　멸덕강우국인
문왕의 덕이 백성들에게 내려가
미치지 못하였을 것이다.

亦惟純佑는
역유순우
(하늘이) 한결같이 도왔던 것은

秉德이 迪知天威하여
병덕　　적지천위
덕 있는 신하들이 하늘의 위엄을 알고
실천하여

乃惟時昭文王하여
내유시소문왕
이에 문왕의 덕을 빛나게 함으로써

迪見冒하여
적현모
(위로 하늘에) 드러나고 (아래로 백성을)
덮도록 인도하여

聞于上帝라
문우상제
상제에게 알려졌기 때문이니,

惟時受有殷命哉하시니라
유시수유은명재
이에 은나라의 천명을 넘겨받았던
것이다.

武王은
무왕
무왕은

惟玆四人이 尙迪有祿하니
유자사인　　상적유록
이 네 사람[182]이 인도하여 천록(天祿)을
소유하게 되었으니

後曁武王이 誕將天威하여　　　뒤에 무왕이 하늘의 위엄을 받들어
후 기 무 왕　　탄 장 천 위

咸劉厥敵하니　　　　　　　　그 적을 모두 죽임에 이르러
함 류 궐 적

惟玆四人이 昭武王惟冒하여
유 자 사 인　　소 무 왕 유 모
　　　　　　　　　　　　　　이 네 사람이 무왕의 덕을 밝혀 천하를
　　　　　　　　　　　　　　덮게 하자

丕單稱德하니라　　　　　　　천하가 모두 (무왕의) 덕을 칭송하였다.
비 단 칭 덕

7. 너와 함께 건너야 할 강물이니

今在予小子旦하여　　　　　　지금 나 소자 단은
금 재 여 소 자 단

若游大川하니　　　　　　　　마치 큰 냇물을 헤엄쳐 건너는 듯하니
약 유 대 천

予往에 曁汝奭으로　　　　　　내가 건너간다면 너 석과 함께
여 왕　　기 여 석

其濟하리라　　　　　　　　　건너가리라.
기 제

小子同未在位하시니　　　　　어린 왕은 (즉위하였으나) 아직 즉위하지
소 자 동 미 재 위　　　　　　않은 것과 같으니

誕無我責가　　　　　　　　　우리들에게 책임이 없겠는가.
탄 무 아 책

182　네 사람: 앞의 다섯 사람 가운데 괵숙이 먼저 죽었다.

收罔勖不及하여
수 망 욱 불 급

(군이) 가버리고 (왕의) 부족한 점을
힘써 돕지 않아

耈造德이 不降하면
구 조 덕 불 강

노숙(老宿)한 사람의 덕이 백성들에게
미치지 못하면,

我則鳴鳥를 不聞이온
아 즉 명 조 불 문

우리는 봉황이 우는 소리도 듣지 못할
것인데

矧曰其有能格가
신 왈 기 유 능 격

하물며 하늘을 감동시킬 수 있겠는가."

8. 너그럽게 마음먹고 떠나가지 마라

公曰 鳴呼라 君아
공 왈 오 호 군

주공이 말씀하였다. "아! 군이여!

肆其監于玆어다
사 기 감 우 자

내가 한 말을 잘 헤아려 보라.

我受命이 無疆惟休나
아 수 명 무 강 유 휴

우리가 천명을 받은 것은 끝없는
아름다움이지만

亦大惟艱이니
역 대 유 간

또한 (보존하기가) 몹시 어려우니,

告君乃猷裕하노니
고 군 내 유 유

군이 너그럽게 마음먹기를 고한다.

我는 不以後人迷하노라
아 불 이 후 인 미

나는 뒷사람들을 혼미하게 하고 싶지
않구나."

9. 무왕이 남긴 말씀을 잊지 말기를

公曰
공 왈

주공이 말씀하였다.

前人이 敷乃心하여
전 인   부 내 심

"앞사람[무왕]께서 마음을 다해

乃悉命汝하사
내 실 명 여

너에게 곡진하게 명령하시고,

作汝民極하시고
작 여 민 극

너를 백성들의 기준이 되게 하여

曰汝明勗偶王하여
왈 여 명 욱 우 왕

말씀하기를, '너는 현명하게 노력하여
왕과 나란히

在亶乘玆大命하여
재 단 승 자 대 명

확신을 가지고 이 천명을 싣고 가야
한다.

惟文王德하여
유 문 왕 덕

문왕의 덕을 생각하며

丕承無疆之恤하라 하시다
비 승 무 강 지 휼

(나라를 위한) 끝없는 걱정을 잘
받들도록 하라' 하셨다."

10. 나와 너, 두 사람뿐이니

公曰 君아 告汝朕允하노라
공 왈 군   고 여 짐 윤

주공이 말씀하였다. "군이여! 나는
너에게 진심으로 말한다.

保奭아 其汝克敬以予하여
보석 기여극경이여

태보(太保)인 석아! 너는 나의 말을
삼가서

監于殷喪大否하여
감우은상대비

크게 잘못하여 나라를 잃은 은나라를
거울삼아

肆念我天威하라
사념아천위

우리 하늘의 위엄을 잘 생각하라.

予不允이오 惟若玆誥아
여불윤 유약자고

내가 진실하지 않으면서 이처럼 (너를)
깨우치려 하겠느냐.

予惟曰襄我二人이라 하노니
여유왈양아이인

내가 (왕업을) 도울 사람은 우리 두
사람뿐이라고 말하면

汝有合哉아
여유합재

너도 동의할 것이다.

言曰在時二人하여
언왈재시이인

'우리 두 사람에게

天休滋至어든
천휴자지

하늘의 복이 너무 많이 이르러

惟時二人이 弗戡이로소니
유시이인 불감

이 두 사람으로는 감당할 수 없다'고
말할 지경이면,

其汝克敬德하여
기여극경덕

너는 덕을 삼가서

明我俊民이니
명아준민

우리의 인재를 찾아

在讓後人于丕時니라
재양후인우비시

이런 성대한 때에 뒷사람에게
양보하여도 될 것이다.

嗚呼라 篤棐는 時二人이니
<small>오 호 독 비 시 이 인</small>

아! 최선을 다해 보필할 사람은 우리 두 사람이니,

我式克至于今日休하나
<small>아 식 극 지 우 금 일 휴</small>

우리가 오늘의 경사를 누리고 있으나,

我咸成文王功于不怠하여
<small>아 함 성 문 왕 공 우 불 태</small>

우리 모두 게으르지 말고 문왕의 공을 완성하여

丕冒하여 海隅出日이
<small>비 모 해 우 출 일</small>

(온 세상을) 크게 덮어 해 뜨는 바다 모퉁이까지

罔不率俾니라
<small>망 불 솔 비</small>

따르지 않는 곳이 없도록 해야 할 것이다.”

11. 군이여, 유종의 미를 거두시라

公曰 君아
<small>공 왈 군</small>

주공이 말씀하였다. “군이여!

予不惠오 若兹多誥아
<small>여 불 혜 약 자 다 고</small>

내가 이치도 모르면서 이처럼 길게 훈계하는 것은

予惟用閔于天越民이니라
<small>여 유 용 민 우 천 월 민</small>

내가 하늘과 백성을 걱정하기 때문이다.”

公曰 嗚呼라 君아
<small>공 왈 오 호 군</small>

주공이 말씀하였다. “아! 군이여!

惟乃知民德하나니
<small>유 내 지 민 덕</small>

너도 백성들의 생리를 알 것이니

亦罔不能厥初나 惟其終이니
역 망 불 능 궐 초   유 기 종

처음에는 누구나 잘하지만 마지막까지
잘하기는 어렵다.

祗若玆하여 往敬用治하라
지 약 자   왕 경 용 치

이것을 잘 삼가서 가서 조심조심
다스려라."

제45편
채중을 임명하는 말씀 [채중지명蔡仲之命]

위고문이다. 채중(蔡仲)은 관숙과 함께 반란을 일으켰던 채숙 희도(姬度)의 아들로 성명은 희호(姬胡)이다, 삼감의 난이 평정된 뒤, 채숙은 곽린(郭鄰)에 영구 추방되어 그곳에서 죽었다. 그 아들 채중은 아버지와 달리 주공의 마음에 들었던 모양이다. 주공은 그를 먼저 자신의 개인 신하[卿士]로 삼았다가 다시 채숙의 봉지였던 채(蔡, 하남성 상채현上蔡縣)에 봉하여 채숙의 계통을 이어 가게 했다.

이 편은 채중을 봉하면서 주공이 해준 말이다. 내용은 아버지 닮지 말고 할아버지 문왕을 닮으라는 것인데, 아버지가 아무리 역적으로 죽었다지만 아들에게 하기에는 좀 민망한 말이다. 이 말이 사무쳤던지 채중은 봉지에 가서 아버지가 지어 두었던 호화로운 거처를 버려 두고 초가집을 지어 사는 등 검소한 생활을 하여 백성들의 존경을 받았다고 한다. 채나라는 기원전 447년에 초나라에 합병되었다.

1. 채중을 채 땅에 봉하다

惟周公이 位冢宰하여 유 주 공　위 총 재	주공이 총재로 있으면서
正百工이어늘 정 백 공	백관을 바로잡자
羣叔이 流言한대 군 숙　류 언	(성왕의) 여러 숙부가 근거 없는 말을 퍼뜨렸다.
乃致辟管叔于商하고 내 치 벽 관 숙 우 상	이에 관숙을 상에서 죽이고,

囚蔡叔于郭鄰하되
수채숙우곽린

채숙을 곽린에 가두면서

以車七乘하고
이거칠승

수레 일곱 대만 따르게 하고,

降霍叔于庶人하여
강곽숙우서인

곽숙을 서인으로 강등하여

三年不齒러니
삼년불치

3년 동안 (조정에) 나란히 서지
못하게 하였다.

蔡仲이 克庸祗德이어늘
채중   극용지덕

채중이 덕을 삼가자

周公이 以爲卿士러니
주공   이위경사

주공이 (자신의) 경사로 삼았는데,

叔이 卒커늘
숙   졸

채숙이 죽자

乃命諸王하여 邦之蔡하다
내명저왕   방지채

왕에게 임명을 받아 채 땅에 나라를
세우게 하였다.

2. 할아버지를 닮아야

王若曰 小子胡아
왕약왈 소자호

왕이 이같이 말씀하셨다. "소자 호여!

惟爾率德改行하여
유이솔덕개행

너는 (문왕의) 덕을 따르고 (채숙의)
행실을 고쳐

克愼厥猷할새
극신궐유

도를 삼가 실천하므로,

肆予命爾하여
사여명이

이에 나는 너를 명하여

侯于東土하노니

후 우 동 토

동쪽 땅의 제후로 삼으니

往卽乃封하여 敬哉어다

왕 즉 내 봉　　　경 재

너의 봉지(封地)로 가서 (자리에)
나아가 삼가도록 하라.

爾尙蓋前人之愆은

이 상 개 전 인 지 건

네가 앞사람[채숙]의 허물을 가릴 수
있는 길은

惟忠惟孝니

유 충 유 효

충성하고 효도하는 것이니

爾乃邁迹自身하여

이 내 매 적 자 신

너는 자신의 길을 가되

克勤無怠하여

극 근 무 태

부지런하고 게으르지 않도록 하여,

以垂憲乃後하여

이 수 헌 내 후

네 후손들에게 모범을 드리우고

率乃祖文王之彝訓하고

솔 내 조 문 왕 지 이 훈

네 할아버지 문왕의 올바른 가르침을
따르고

無若爾考之違王命하라

무 약 이 고 지 위 왕 명

네 아버지처럼 왕명을 어기는 일이
없도록 하라.

3. 덕을 실천하여 왕실의 울타리가 되기를

皇天은 無親하사

황 천　　무 친

하늘은 사사로이 친애함이 없으니

惟德을 是輔하시며

유 덕　　시 보

오직 덕 있는 자를 도우시고,

民心은 無常이라
민심   무상

백성들의 마음은 고정된 것이
아니라서

惟惠之懷하나니
유 혜 지 회

오직 은혜로운 자를 그리워한다.

爲善이 不同하나
위 선   부 동

선을 행하는 것이 다르더라도

同歸于治하고
동 귀 우 치

다스림으로 귀결되는 것은 같고,

爲惡이 不同하나
위 악   부 동

악을 행하는 것이 다르더라도

同歸于亂하나니
동 귀 우 란

어지러움으로 귀결되는 것은 같으니,

爾其戒哉어다
이 기 계 재

너는 경계하도록 하라.

愼厥初하되 惟厥終이라사
신 궐 초   유 궐 종

처음을 신중히 하면서 나중을
생각하여야

終以不困하리니
종 이 불 곤

마지막이 곤란하지 않을 것이니,

不惟厥終하면
불 유 궐 종

나중을 생각하지 않으면

終以困窮하리라
종 이 곤 궁

마지막이 곤궁할 것이다.

懋乃攸績하며 睦乃四鄰하며
무 내 유 적   목 내 사 린

너의 공적을 이루기에 힘쓰며 사방의
이웃과 화목하며

以蕃王室하며 以和兄弟하며
이 번 왕 실   이 화 형 제

왕실의 울타리가 되며 형제와
화합하며

康濟小民하라
강제소민

백성들을 어루만지고 구제하여라.

率自中이오
솔자중

중도를 따르고

無作聰明하여 亂舊章하며
무작총명   란구장

총명한 척하여 옛 법도를 어지럽히지
말 것이며

詳乃視聽하여
상내시청

너의 보고 듣는 것을 자세히 살펴서

罔以側言으로 改厥度하면
망이측언   개궐도

편벽된 말을 따라 법도를 바꾸지
않는다면

則予一人이 汝嘉하리라
즉여일인   여가

나 한사람이 너를 아름답게 여길
것이다."

王曰 嗚呼라 小子胡아
왕왈 오호   소자호

왕이 말씀하였다. "아! 소자 호여!

汝往哉하여 無荒棄朕命하라
여왕재   무황기짐명

너는 가서 나의 명을 함부로 버리지
말라."

제46편
여러 나라들 [다방多方]

『금문상서』이다. 이 편은 좀 이상하다. 내용과 문맥이 거의 앞의 「다사(多士)」와 비슷하다. 주공이 낙읍을 다스리던 초기에 낙읍에 거주하던 은나라 관리들을 회유하고 협박하던 그 글과 비슷한데, 성왕이 엄(奄)에서 돌아와서 행한 훈계라고 하니 이상한 것이다. 그때도 "내가 엄에서 돌아올 때 너희 네 나라 백성의 죄를 감형하여 목숨을 살려 주었다"고 하였는데 여기서도 똑같은 말을 하고 있으니, 그때 훈계의 연장인지, 같은 일이 반복된 것인지, 아니면 착간(錯簡)인지 분명치 않다.

채침은 주공의 섭정이 끝나고 성왕이 친정(親政)할 때 엄과 회이(淮夷)가 '또' 반란을 일으켰다고 했다. 이에 성왕이 직접 가서 토벌한 뒤 돌아와서 한 훈계라는 것이다. 그렇다면 엄이라는 부족은 정말 골치 아픈 부족인 셈인데, 실제로 세력이 강성했다고 알려져 있으니 일단 채침의 설명대로 이해하기로 하자. 여기의 '여러 나라들[多方]'은 은나라의 유민들과 함께 반란을 일으켰던 나라들이다. 나라[方]라고 하지만 대체로 현재의 한 도시 정도를 차지하고 있는 부족들이다. 이제 그들을 낙읍으로 이주시켜 또 회유하고 협박하고 있으며, 내용은 앞의 「다사」와 대동소이하다.

이 편에는 지금까지 볼 수 없었던 문투가 있다. "주공이 말씀하기를 왕께서 이와 같이 말씀하셨다[周公曰王若曰]"라는 표현이다. 이전의 주공 섭정기의 글들은 모두 주공이 말하고 말의 서두에 '왕약왈(王若曰)' 세 글자만 붙이는 형식이었는데, 지금은 주공이 직접 왕의 말씀임을 말하고 있는 것이다. 아마 성왕은 명실공히 천하의 주인이 되었고 주공은 섭정에서 물러났기 때문일 것이다.

1. 왕의 귀환

惟五月丁亥에
유 오 월 정 해

王이 來自奄하여
왕   래 자 엄

至于宗周하다
지 우 종 주

5월 정해일에

왕이 엄[183]으로부터 오시어

종주[184]에 이르렀다.

2. 반드시 알아야 할 살려 준 은혜

周公曰
주 공 왈

王若曰
왕 약 왈

猷라 告爾四國多方하노라
유   고 이 사 국 다 방

惟爾殷侯尹民아
유 이 은 후 윤 민

주공이 말씀하였다.

"왕께서 이렇게 말씀하셨다.

아아! 너희 네 나라[185]와 여러 나라에게
알리노라.

너희들 은후가 다스리던
백성들이여![186]

---

183 엄: 현재의 산동성 곡부(曲阜) 지역으로 세력이 강성했다고 한다. 은나라의 부용국으로 삼감의
    난에 동참하자 주공이 삼감의 난을 평정한 뒤 마지막으로 정벌했던 지역이다.
184 종주: 호경을 가리키는 말이지만, 이 편의 내용을 보면 신도시 낙읍이라야 맞다. 채침은 주나라
    왕이 있는 곳이 곧 종주(宗周)라고 하였다.
185 네 나라: 은(殷)·관(管)·채(蔡)·곽(霍)의 네 나라를 말한다.
186 이 구절의 은후(殷侯)는 무경을 말하는데, 무경이 이미 죽임을 당하였기에 그가 다스리던 백성
    들이라고 한 것이다.

我惟大降爾命하니
아 유 대 강 이 명

내가 너희를 크게 감형하여 목숨을
살려 주었으니

爾罔不知하니라
이 망 부 지

너희는 몰라서는 안 된다.

洪惟圖天之命하여
홍 유 도 천 지 명

(은과 엄은 사사롭게) 천명을 크게
도모하여[187]

弗永寅念于祀하니라
불 영 인 념 우 사

길이 삼가 유념하지 않아 제사를
보존하지 못한 것이다.

3. 하나라가 망한 이유

惟帝降格于夏어시늘
유 제 강 격 우 하

상제께서 하나라에 (재앙을) 내려
경고하였으나

有夏誕厥逸하여
유 하 탄 궐 일

하나라는 향락을 크게 일삼아

不肯慼言于民하고
불 긍 척 언 우 민

백성들을 걱정하는 말을 하려 하지
않고

乃大淫昏하여
내 대 음 혼

몹시 음란하고 혼암(昏暗)하여

---

187 채침의 해설에 따르면, 천명은 덕을 닦아서 받는 것이지 계책을 세워서 도모하는 것이 아니다.
도모하는 순간 이미 사사로운 뜻이 개입하는 것이다.

不克終日勸于帝之迪은
불극종일권우제지적

상제가 인도하심에도 종일토록 힘쓰지
않은 것은

乃爾攸聞이니라
내이유문

너희가 들은 바이다.

厥圖帝之命하여
궐도제지명

상제의 명을 도모하여

不克開于民之麗하고
불극개우민지리

백성이 의지하여 살아갈 길을 열어
주지 않고

乃大降罰하여 崇亂有夏하니
내대강벌   숭란유하

(백성들에게) 큰 벌을 내려 하나라를
몹시 어지럽게 하였다.

因甲于內亂하여
인갑우내란

집안이 어지러운 데서 시작하여

不克靈承于旅하며
불극령승우려

백성들을 잘 받들지 못하게 되었으니,

罔丕惟進之恭하여
망비유진지공

공손함으로 나아가

洪舒于民이오
홍서우민

백성들을 너그럽게 대하지 않고,

亦惟有夏之民이
역유유하지민

하나라의 백성들 가운데

叨懫를 日欽하여
도치   일흠

탐욕스럽고 사나운 자들만 날로
존중하여

劓割夏邑하니라
의할하읍

결국 하나라를 망치게 되었다.

天이 惟時求民主하사
천   유시구민주

하늘이 이에 백성들의 주인을 구하여

乃大降顯休命于成湯하사
내 대 강 현 휴 명 우 성 탕

마침내 탕 임금에게 위대한 천명을
크게 내려

刑殄有夏하시니라
형 진 유 하

하나라를 벌주어 멸망시켰던 것이다.

惟天이 不畀純은
유 천　　불 비 순

하늘이 (걸왕에게 천명을) 한결같이
주지 않은 것은

乃惟以爾多方之義民으로
내 유 이 이 다 방 지 의 민

너희 여러 나라의 의로운 백성[188]을
(등용하여)

不克永于多享이오
불 극 영 우 다 향

(그들과 함께) 길이 많은 것을 누리지
못했기 때문이니,

惟夏之恭多士는
유 하 지 공 다 사

하나라가 존중하는 많은 관리들은
(탐욕스럽고 사나워)

大不克明保享于民이오
대 불 극 명 보 향 우 민

백성들을 잘 보호하여 (행복을) 누리게
하지 못하고

乃胥惟虐于民하여
내 서 유 학 우 민

서로 백성들을 학대하여

至于百爲大不克開하니라
지 우 백 위 대 불 극 개

백 가지 일들이 모두 (백성들의 살길을)
열어 주지 못했다.

188　의로운 백성: 채침은 현자(賢者)라고 하였다.

4. 은나라의 천명, 선왕들은 지키고 주왕은 망치고

乃惟成湯이
내유성탕

마침내 탕 임금이

克以爾多方簡으로
극이이다방간

너희 여러 나라의 선택을 받아

代夏하사 作民主하시니라
대하   작민주

하나라를 대신하여 백성들의 주인이
된 것이다.

愼厥麗하여 乃勸하신대
신궐리   내권

(백성들이) 의지해 살아갈 길을
힘쓰도록 격려하자

厥民이 刑하여 用勸하니라
궐민   형   용권

백성들이 본받아 (서로) 힘쓰도록
격려하였으니,

以至于帝乙히
이지우제을

제을에 이르기까지

罔不明德愼罰하사
망불명덕신벌

덕을 밝히고 벌을 삼가지 않는 분이
없어

亦克用勸하시니라
역극용권

모두 (백성들을) 격려하여 힘쓰도록
하였다.

要囚를 殄戮多罪도
요수   진륙다죄

죄수를 판결할 때, 죄가 많은 자를
죽이는 것도

亦克用勸이며
역극용권

(백성들이 죄를 짓지 않도록) 인도하는
것이며

開釋無辜도
개 석 무 고

죄 없는 자를 풀어 주는 것도

亦克用勸이니라
역 극 용 권

인도하는 것이다.

今至于爾辟하여
금 지 우 이 벽

이제 너희의 임금에 이르러

弗克以爾多方으로
불 극 이 이 다 방

너희 여러 나라가 (건재함에도)

享天之命하니라
향 천 지 명

천명을 누리지 못하였다."

5. 하나라와 은나라는 스스로 멸망하였으니

嗚呼라 王若曰
오 호   왕 약 왈

아! 왕께서 이렇게 말씀하셨다.

誥告爾多方하노라
고 고 이 다 방

"너희 여러 나라에게 깨우쳐 고하노라!

非天이 庸釋有夏며
비 천   용 석 유 하

하늘이 하나라를 버리신 것이 아니며

非天이 庸釋有殷이시니라
비 천   용 석 유 은

하늘이 은나라를 버리신 것이 아니다.

乃惟爾辟이 以爾多方으로
내 유 이 벽   이 이 다 방

너희 임금은 너희 여러 나라를 믿고

大淫圖天之命하여
대 음 도 천 지 명

몹시 방탕하고 (사사로이) 천명을
도모하며

屑有辭하니라
설 유 사

자질구레한 변명만 늘어놓았으니,

乃惟有夏圖厥政하되
내 유 유 하 도 궐 정

하나라가 정사를 도모하면서

不集于享한대
부 집 우 향

(천명을) 향유할 일들을 하지 않자

天降時喪하사
천 강 시 상
하늘이 이 멸망을 내리셔서

有邦으로 間之하시니라
유 방   간 지
제후인 (상나라가) 대신하게 하였고,

乃惟爾商後王이 逸厥逸하여
내 유 이 상 후 왕   일 궐 일
너희 상나라의 끝 임금이 향락을 즐겨

圖厥政하되 不蠲烝한대
도 궐 정   불 견 증
깨끗하고 부지런한 정사를 도모하지
않자

天惟降時喪하시니라
천 유 강 시 상
하늘이 이 멸망을 내리셨던 것이다.

6. 하늘이 준 반성의 시간, 반성하지 못하고

惟聖이라도
유 성
성인이라도

罔念하면 作狂하고
망 념   작 광
유념하지 않으면 미치광이가 되고

惟狂이라도
유 광
미치광이라도

克念하면 作聖하나니
극 념   작 성
유념하면 성인이 될 수 있기에

天惟五年을 須暇之子孫하사
천 유 오 년   수 가 지 자 손
하늘이 오 년의 시간을 자손들에게
주고 기다리며

誕作民主어시늘
탄 작 민 주
백성들의 주인이 되도록 하셨으나,

罔可念聽하니라
망 가 념 청

고려하거나 들을 만한 일을 하지
않았다.

7. 여러 나라에게 준 기회, 감당하지 못하고

天惟求爾多方하사
천 유 구 이 다 방

하늘이 너희 여러 나라에서 (백성의
주인을) 구하고자

大動以威하여
대 동 이 위

(길흉의 조짐들로) 위엄을 크게 드러내

開厥顧天이어시늘
개 궐 고 천

하늘이 돌아보는 뜻을 열어
보이셨으나

惟爾多方이 罔堪顧之하니라
유 이 다 방   망 감 고 지

너희 여러 나라는 돌아보는 뜻을
감당하지 못하였다.

8. 그래서 주나라로 온 천명

惟我周王이 靈承于旅하사
유 아 주 왕   령 승 우 려

우리 주나라 왕이 백성들을 잘 받들고

克堪用德하사
극 감 용 덕

매사를 덕으로 하며

惟典神天이실새
유 전 신 천

하늘과 신의 뜻이 행해지도록
주관하니,

天惟式敎我用休하사
천 유 식 교 아 용 휴

하늘이 우리에게 복을 주어
인도하시고

簡畀殷命하사
간 비 은 명

간택하여 은나라의 천명을 넘겨주시어

尹爾多方하시니라
윤 이 다 방

너희 여러 나라를 다스리게 하셨다.

9. 살려 준 목숨, 순종으로 보답해야 하거늘

今我는 曷敢多誥리오
금 아　　 갈 감 다 고

지금 내가 어찌 감히 길게
훈계하겠는가!

我惟大降爾四國民命하니라
아 유 대 강 이 사 국 민 명

내가 너희 네 나라 백성들을 감형하여
목숨을 살려 주었는데,

爾는
이

너희는

曷不忱裕之于爾多方고
갈 불 침 유 지 우 이 다 방

어찌하여 너희 나라에서 진실하고
너그럽게 처신하지 않는가!

爾는
이

너희는

曷不夾介乂我周王享天之命고
갈 불 협 개 예 아 주 왕 향 천 지 명

어찌 우리 주나라 왕이 천명을
누리도록 도와서 다스리지 않는가!

今爾尙宅爾宅하며
금 이 상 택 이 택

지금 너희가 아직도 너희들의 집에 살면서

畋爾田하나니
전 이 전

너희들의 밭을 경작하고 있거늘,

爾는
이

너희는

曷不惠王하여 熙天之命고
갈 불 혜 왕   희 천 지 명

어찌 왕에게 순종하며 천명을 빛내지 않는가!

爾乃迪屢不靜하나니
이 내 적 루 부 정

너희는 여러 번 난동을 부렸는데

爾心未愛아
이 심 미 애

너희 마음은 (스스로를) 아끼지 않는 것인가?

爾乃不大宅天命가
이 내 부 대 택 천 명

너희는 천명에 순응하기 싫은 것인가?

爾乃屑播天命가
이 내 설 파 천 명

너희는 천명을 하찮게 여겨 던져 버리려는 것인가?

爾乃自作不典하여
이 내 자 작 부 전

너희는 스스로 불법을 저지르면서

圖忱于正가
도 침 우 정

바른 사람에게서 신임을 받고자 하는가?

10. 왕의 경고, 죽일 수도 있으니

我惟時其敎告之하며
아 유 시 기 교 고 지

내가 이처럼 가르치고 타이르며,

我惟時其戰要囚之하되
아 유 시 기 전 요 수 지

내가 이처럼 조심조심 죄수를 판결하되

至于再하며 至于三하니
지 우 재　　지 우 삼

두 번 살피고 세 번 살펴서 하는데,

乃有不用我의 降爾命하면
내 유 불 용 아　　강 이 명

내가 감형하여 너희들의 목숨을 살려
준 뜻을 따르지 않는다면

我乃其大罰殛之하리라
아 내 기 대 벌 극 지

나는 곧 크게 벌을 내려 죽일 것이다.
(그렇게 된다면)

非我有周秉德不康寧이라
비 아 유 주 병 덕 불 강 녕

우리 주나라가 가진 덕이 (부족해)
너희를 불행하게 한 것이 아니라

乃惟爾自速辜니라
내 유 이 자 속 고

너희 스스로 죄를 부른 것이다."

11. 왕의 회유, 직분을 다하면 등용하리니

王曰 嗚呼라 猷라
왕 왈 오 호　　유

왕이 말씀하셨다. "아아!

告爾有方多士와
고 이 유 방 다 사

너희 여러 나라의 관리들과

暨殷多士하노라
기 은 다 사

은나라의 많은 관리들에게 알리노라.

今爾奔走臣我監이
금 이 분 주 신 아 감

지금 너희들이 분주히 우리 감(監)을
섬긴 지가

五祀어니라
오 사

다섯 해가 지났다.

越惟有胥伯小大多正아
월 유 유 서 백 소 대 다 정

서(胥)와 백(伯)과 크고 작은 여러 정(正)[189]들아

爾罔不克臬이어다
이 망 불 극 얼

너희는 맡은 일에 최선을 다하지 않음이 없어야 한다.

自作不和하니
자 작 불 화

스스로 불안해하지 말고

爾惟和哉어다
이 유 화 재

너희는 마음을 화평하게 가지도록 하라

爾室이 不睦하니
이 실   불 목

너희의 집안이 화목하지 않으니

爾惟和哉어다
이 유 화 재

너희는 (집안이) 화목하도록 하라

爾邑克明이라사
이 읍 극 명

너희가 사는 고을이 활기차야

爾惟克勤乃事니라
이 유 극 근 내 사

너희가 너희의 일을 부지런히 할 수 있다.

爾尙不忌于凶德하여
이 상 불 기 우 흉 덕

너희는 흉포한 백성들을 두려워하지 마라.

---

189 서(胥)와 백(伯)과 크고 작은 여러 정(正): 주나라의 관직에는 대서(大胥), 소서(小胥), 상서(象胥) 등의 벼슬이 있었는데, 서는 특수한 재능을 가진 자를 말한다. 백과 정은 우두머리[長]라는 뜻인데 종백(宗伯)·주정(酒正) 등의 관명이 『주례(周禮)』에 보인다. 여기서는 낙읍에서 주나라 관리들을 보좌하는 은나라 출신의 여러 관리를 가리킨다.

亦則以穆穆으로 在乃位하며
역 즉 이 목 목   재 내 위

화평하고 삼가는 자세로 너희의
자리를 지키고,

克闊于乃邑하여 謀介하라
극 열 우 내 읍   모 개

너희 고을을 잘 살펴 (어진 이들이
너희를) 돕도록 도모하라.

爾乃自時洛邑으로
이 내 자 시 락 읍

너희가 이 낙읍에서

尙永力畋爾田하면
상 영 력 전 이 전

길이 힘써 너희의 밭을 경작한다면,

天惟畀矜爾하시며
천 유 비 긍 이

하늘은 너희를 연민하실 것이며,

我有周도 惟其大介賚爾하여
아 유 주   유 기 대 개 뢰 이

우리 주나라도 최선을 다해 너희를
돕고 포상하여

迪簡在王庭하리니
적 간 재 왕 정

인도하고 선발해 왕의 뜰에 둘 것이니

尙爾事어다
상 이 사

부디 너희의 일을 힘쓰도록 하라.

有服이 在大僚니라
유 복   재 대 료

높은 자리에서 일하게 될 것이다."

12. 마지막 경고

王曰 嗚呼라 多士아
왕 왈 오 호   다 사

왕이 말씀하셨다. "아! 많은 관리들아!

爾不克勸忱我命하면
이 불 극 권 침 아 명

너희가 나의 명령을 믿도록 서로
권면하지 않는다면

爾亦則惟不克享이라
이 역 즉 유 불 극 향

너희가 또한 (윗사람을) 섬기지 못하는
것이라

凡民惟曰不享이라 하리니
범 민 유 왈 불 향

(너희) 백성들도 '(윗사람을) 섬길 필요가
없다.'라고 할 것이다.

爾乃惟逸惟頗하여
이 내 유 일 유 파

너희가 방탕하고 바르지 못하여

大遠王命하면
대 원 왕 명

왕명을 멀리하게 되면

則惟爾多方이 探天之威라
즉 유 이 다 방　　　탐 천 지 위

너희 여러 나라가 하늘의 위엄을
불러들이는 것이니

我則致天之罰하여
아 즉 치 천 지 벌

나는 천벌을 시행하여

離逖爾土하리라
리 적 이 토

너희의 터전에서 멀리 옮겨 가게 할
것이다."

王曰 我不惟多誥라
왕 왈 아 불 유 다 고

왕이 말씀하셨다. "나는 길게 훈계하는
것이 아니라

我惟祗告爾命이니라
아 유 지 고 이 명

나는 삼가 너희에게 명령을 알리는
것이다."

又曰 時惟爾初니
우 왈 시 유 이 초

또 말씀하시기를, "이제 너희가 새
출발을 하는 때에

不克敬于和하면
불 극 경 우 화

則無我怨하리라
즉 무 아 원

삼가 화순하지 않는다면

나를 원망하지 못하리라."

제47편
관리의 임용 [입정立政]

『금문상서』이다. 정치의 핵심은 인사다. 인재를 적재적소에 배치하는 것이 다스림의 기본인 것이다. 원래 '정(政)'이라는 글자는 바르다[正]는 뜻과 인위적으로 노력하여 이루다[攵]는 뜻이 결합한 글자이다. 문자학적으로는 틀린 말일지 모르나 후대로 오면서 그렇게 해석해 왔다. 바르게 되도록 하는 것이 정치(政治)이고, 그 일을 수행하는 것은 사람이다. 그러므로 정(政)에는 인사의 뜻이 있고, 정사(政事)는 원래 인사를 단행한다는 뜻이었다. 그래서 조선 시대에 6월과 12월에 하는 정기 인사를 도목정사(都目政事)라고 하였던 것이다. 그러므로 정사를 세운다는 말인 입정(立政)은 관리를 임용한다는 뜻이고, 주공은 성왕에게 인사의 중요성을 누누이 설명하고 있다.

이 편은 신하들이 다섯 자리의 관직을 말하는 것으로 시작한다. 이 다섯 자리는 세 자리의 대신(大臣)과 두 자리의 근신(近臣)을 말하는데. 왕의 백성과 왕의 일, 왕의 형옥(刑獄)을 담당하는 대신과 왕의 의복과 호위를 담당하는 근신이다. 대신은 국가를 경영하는 신하들이고 근신은 왕이 항상 곁에 두고 수족처럼 부리는 신하들이다. 근신을 대신과 함께 나열하는 것이 좀 어색하기는 하지만 대신들이 물러가고 나면 그 빈자리에서 왕의 일상을 보좌하는 신하들이니 가볍게 여길 수 없다. 후대에 환관들이 나라를 망친 경우가 한둘이던가!

그러므로 적임자를 찾아 대신과 근신으로 임명해야 하는데 기준은 덕이다. 덕은 요즘 개념으로 이야기하면 도덕성이지만 이 시대 사람들은 덕이 있으면 능력은 당연히 갖추어져 있다고 생각한 듯하다. 이렇게 유덕하고 유능한 사람을 찾아 제자리에 앉히는 것도 중요하지만, 앉힌 뒤에는 전권을 위임해야 한다. 그들은 전문가이기 때문에 일단 맡겼으면 간섭하지 않아야 하는 것이다. 예나 지금이나 통용되는 인사의 원칙이다.

1. 중요한 다섯 벼슬

周公若曰 拜手稽首하여
주공약왈 배수계수

주공이 (신하들을 거느리고 나아가),

"손 모아 절하고 머리를 조아리며

告嗣天子王矣로이다
고사천자왕의

천자의 자리를 계승하신 왕께
말씀드립니다" 하고 고하자,

用咸戒于王曰 王左右는
용함계우왕왈 왕좌우

모든 신하가 왕에게 깨우치기를,

"왕을 좌우에서 보좌하는 신하는

常伯과 常任과 準人과
상백 상임 준인

상백190·상임191·준인192과

綴衣와 虎賁이니이다
추의 호분

추의193·호분194입니다" 하였다.

2. 하나라의 인사, 성공한 선왕들과 망쳐 버린 걸왕

周公曰 嗚呼라
주공왈 오호

주공이 말씀하였다. "아!

---

190 상백: 기내(畿內, 천자의 직할지)의 지방관들을 통할하는 장관(長官).
191 상임: 관리의 인사와 정무를 총괄하는 장관.
192 준인: 사법과 형옥을 담당하는 장관.
193 추의: 의복과 기물을 담당하는 관리.
194 호분: 왕의 호위와 의장을 담당하는 관리.

休玆나 知恤이 鮮哉니이다
휴 자　지 흘　　선 재

이 벼슬들이 참으로 아름답지만
(적임자를 구하고자) 애쓸 줄 아는
사람이 적습니다.

古之人이 迪하니
고 지 인　　적

옛사람들은 이런 일을 잘하였으니,

惟有夏乃有室大競하여
유 유 하 내 유 실 대 경

하나라 왕실이 강성할 때에

籲俊尊上帝하니
유 준 존 상 제

빼어난 자들을 불러들여 상제를
섬기게 하자

迪知忱恂于九德之行하여
적 지 침 순 우 구 덕 지 행

(이들은) 구덕[195]의 행실을 알아 정성껏
실천하면서

乃敢告敎厥后曰
내 감 고 교 궐 후 왈

과감하게 임금을 깨우쳐 아뢰기를,

拜手稽首后矣로이다
배 수 계 수 후 의

'임금께 손 모아 절하고 머리를
조아립니다.

曰宅乃事하며
왈 택 내 사

당신의 일을 다스릴 적임자를
임명하고,

宅乃牧하며
택 내 목

당신의 지방관을 다스릴 적임자를
임명하며,

---

195 구덕: 「고요모(皐陶謨)」에서, 고요가 '행동에 나타나는 아홉 가지 덕[行有九德]'이라고 한 그
구덕(九德)이다. 「우서·고요모」참조.

宅乃準이라사
택 내 준

당신의 형옥을 다스릴 적임자를
임명하셔야

玆惟后矣니이다
자 유 후 의

이에 임금이신 것입니다.

謀面하여 用丕訓德이라 하여
모 면 　용 비 훈 덕

얼굴만 살피고는 덕을 잘 따르겠다고
여겨

則乃宅人하면
즉 내 택 인

사람을 임명한다면

玆乃三宅에 無義民하리이다
자 내 삼 택 　무 의 민

이 세 자리에 의로운 사람이 없을
것입니다' 하였습니다.

桀德은 惟乃弗作往任하고
걸 덕 　유 내 불 작 왕 임

걸은 악덕하여 옛날 (선왕들처럼)
임명하지 않고

是惟暴德이라 罔後하니이다
시 유 포 덕 　망 후

포악한 심성을 가진 자들을 임명하여
후사가 끊어지게 된 것입니다.

3. 은나라의 인사, 성공한 탕 임금과 망쳐 버린 주왕

亦越成湯이
역 월 성 탕

그 뒤에 성탕이

陟丕釐上帝之耿命하심은
척 비 리 상 제 지 경 명

(천자의 자리에) 올라 상제의 밝은 명을
잘 다스렸는데,

乃用三有宅이 克卽宅하며
내 용 삼 유 택　　극 즉 택

(이미) 세 자리에 임용한 자들은 직무를
잘 수행하였고

曰三有俊이 克卽俊하여
왈 삼 유 준　　극 즉 준

(앞으로) 세 자리에 임용될 만한
인재들은 덕을 잘 닦았으니

嚴惟丕式하여
엄 유 비 식

삼가 (그들을) 크게 본받고자
생각하여[196]

克用三宅三俊하심으로
극 용 삼 택 삼 준

세 자리에 세 명의 적절한 인재를
등용함으로써,

其在商邑하얀
기 재 상 읍

상나라 도읍에서는

用恊于厥邑하며
용 협 우 궐 읍

그 도읍을 화합하도록 하였으며,

其在四方하얀
기 재 사 방

천하 사방에서는

用丕式見德하니이다
용 비 식 견 덕

(탕 임금의) 덕을 보고 크게 본받게
되었습니다.

嗚呼라 其在受德暋하여
오 호　　기 재 수 덕 민

아! 포악하였던 주왕의 시절에는,

---

196 그들을 크게 본받는다는 것은 인재를 알아볼 뿐만 아니라 그 인재의 장점을 본받고자 했다는
　　　말이니, 탕 임금이 이윤에게 먼저 배운 뒤 그를 신하로 삼은 것과 같은 경우이다.

惟羞刑暴德之人으로
유 수 형 포 덕 지 인

형벌 쓰기를 좋아하는 포악한
사람들과

同于厥邦하여
동 우 궐 방

그 나라를 함께 다스리고,

乃惟庶習逸德之人으로
내 유 서 습 일 덕 지 인

여러 가지 악덕에 익숙하고 향락을
즐기는 사람들과

同于厥政한대
동 우 궐 정

정사를 함께 다스리자,

帝欽罰之하사
제 흠 벌 지

상제께서 삼가 벌을 내려

乃伻我有夏하여
내 팽 아 유 하

우리가 중원을 소유하도록 하시고

式商受命하여
식 상 수 명

상나라가 받았던 천명으로

奄甸萬姓하시니이다
엄 전 만 성

만백성을 두루 다스리게 하셨습니다.

4. 인사에 성공한 문왕과 무왕

亦越文王武王이
역 월 문 왕 무 왕

그 뒤에 문왕과 무왕께서

克知三有宅心하시며
극 지 삼 유 택 심

(이미) 세 자리에 임용한 자들의 마음을
훤히 아셨으며

灼見三有俊心하사
작 견 삼 유 준 심

(앞으로) 세 자리에 임용할 인재들의
마음을 훤히 보시어

以敬事上帝하시며
이 경 사 상 제

상제를 삼가 섬기며

立民長伯하시니이다 _{립 민 장 백}	백성들의 우두머리들을 세우셨습니다.
立政에 _{립 정}	이에 관리를 임용하여,
任人과 準夫와 牧으로 _{임 인 준 부 목}	임인[197]과 준부[198]와 목[199]의
作三事하시니이다 _{작 삼 사}	세 자리에 임용하시고,
虎賁과 綴衣와 趣馬와 _{호 분 추 의 취 마}	(왕을 시종하는 관원으로는) 호분과 추의와 취마[200]와
小尹과 左右攜僕과 _{소 윤 좌 우 휴 복}	소윤[201]과 좌우의 시종들과
百司庶府와 _{백 사 서 부}	여러 실무 관리[202]와
大都와 小伯과 藝人과 _{대 도 소 백 예 인}	(그 밖에) 크고 작은 고을의 백(伯)과 예인[203]과
表臣百司와 太史와 尹伯이 _{표 신 백 사 태 사 윤 백}	지방의 실무 관리들[204]과 태사[205]와 윤백[206]의 자리에

---

197 임인: 앞에서 말한 상임이다.
198 준부: 앞에서 말한 준인이다.
199 목: 앞에서 말한 상백이다.
200 취마: 왕의 마필(馬匹)을 관리하는 벼슬이다.
201 소윤: 소관(小官)들의 우두머리이다.
202 여러 실무 관리: 예컨대 왕의 의복을 관리하는 사구(司裘)·사복(司服)이나 왕실의 기명(器皿)을 담당하는 내부(內府), 회계를 담당하는 대부(大府) 등의 관리들이다.
203 예인: 점복과 제사를 담당하는 관리이다.
204 지방의 실무 관리들: 위의 실무 관리는 왕궁의 실무 관리들이고 여기서의 실무 관리는 왕궁 이외의 여러 큰 고을의 관리들을 말한다.
205 태사: 역사의 기록과 역법을 관장하는 관리들의 우두머리.

庶常吉士니이다
서 상 길 사

모두 변함없는 덕을 지닌 사람들을
임명하셨습니다.

司徒와 司馬와
사 도 　 사 마

(제후의 관원[207]으로는) 사도와 사마와

司空과 亞旅이며
사 공 　 아 려

사공과 아와 여[208]이며

夷와 微와 盧蒸과
이 　 미 　 로 증

이와 미와 노[209]의 무리들과

三亳과 阪에 尹이니이다
삼 박 　 판 　 윤

삼박[210]과 험지(險地)에는 윤을 두어
다스렸습니다.

文王이 惟克厥宅心하사
문 왕 　 유 극 궐 택 심

문왕이 적임자를 앉히려는 마음을
품어

乃克立玆常事司牧人하사대
내 극 립 자 상 사 사 목 인

이들 상사와 상백을 세우시되,

以克俊有德하시니이다
이 극 준 유 덕

덕이 있는 인재들을 임용하셨습니다.

---

206 윤백: 여러 관리의 우두머리.

207 제후의 관원: 천자는 육경(六卿)을 거느리지만, 제후는 사도(司徒)·사마(司馬)·사공(司空)의
삼경(三卿)을 두었다.

208 아와 여: 아(亞)는 삼경의 다음인 대부(大夫)이고, 여(旅)는 삼경의 속관들인 사(士)를 말한다.

209 이와 미와 노: 외방의 이민족[오랑캐]들을 말한다. 이(夷)는 중원의 동쪽에 살던 이민족의 통칭
이고, 미(微)는 파촉(巴蜀)에, 노(盧)는 서북쪽에 각각 살던 이민족들이다.

210 삼박: 은나라는 수도를 박(亳)이라고 하였는데, 북박(北亳)인 몽(蒙, 하남성 몽장사촌蒙墻寺
村)과 남박(南亳)인 곡숙(穀熟, 하남성 곡숙진), 서박(西亳)인 언사(偃師, 하남성 언사현)를
말한다.

5. 등용하고 간섭하지 않은 문왕

文王은
문 왕

문왕께서는

罔攸兼于庶言庶獄庶愼하시고
망 유 겸 우 서 언 서 옥 서 신

여러 가지 명령과 옥사(獄事)와
금령(禁令)을 간섭하지 않고

惟有司之牧夫를
유 유 사 지 목 부

책임자인 상백을 통해서만

是訓用違하시니
시 훈 용 위

명령을 따르는 자와 어기는 자를
훈계하셨으니,

庶獄庶愼을
서 옥 서 신

모든 옥사와 금령에 관한 일을

文王이 罔敢知于玆하시니이다
문 왕   망 감 지 우 자

문왕은 감히 이에 대해 알려고 하지
않으셨던 것입니다.

6. 문왕을 본받은 무왕

亦越武王이 率惟敉功하사
역 월 무 왕   솔 유 미 공

또한 무왕에 이르러 (문왕이 천하를)
보살피신 일을 따라

不敢替厥義德하시며
불 감 체 궐 의 덕

감히 의롭고 덕이 있는 사람을 버려
두지 않았으며,

率惟謀하사 從容德하사
솔 유 모　　 종 용 덕

(문왕의) 생각을 따르고 (문왕의)
너그러운 덕을 따르시어

以竝受此不不基하시니이다
이 병 수 차 비 비 기

함께 이 크고도 큰 왕업을 받으셨던
것입니다.

7. 덕을 이룬 적임자를 임용하시기를

嗚呼라 孺子王矣시니
오 호　　 유 자 왕 의

아! 어린 분이 왕이 되셨으니

繼自今으로 我其立政에
계 자 금　　　 아 기 립 정

이제부터 우리 왕께서는 관리를
임용할 때,

立事와 準人과 牧夫를
립 사　　 준 인　　 목 부

상임과 준인과 상백을

我其克灼知厥若하여
아 기 극 작 지 궐 약

그가 (무엇을) 따르는지 분명하게
알고서 임용해[211]

丕乃俾亂하여
비 내 비 란

발분하여 다스리게 함으로써,

相我受民하시며
상 아 수 민

우리에게 맡겨진 백성들을 돕게 하고

和我庶獄庶愼하시고
화 아 서 옥 서 신

우리의 모든 옥사와 금령들이
조화롭게 시행되도록 할 것이며,

211　뜻이 향하는 바를 살펴보고 임용하라는 말이다. 바르고 선한 것을 지향하는지, 그릇되고 악한
　　 것을 지향하는지 살피라는 뜻이다.

時則勿有間之하소서
시 즉 물 유 간 지

이 과정에 (소인들이) 끼어들어
잘못되지 않도록 하십시오.

自一話一言으로
자 일 화 일 언

말 한마디 할 때조차

我則末惟成德之彦하사
아 즉 말 유 성 덕 지 언

우리 왕께서는 덕을 이룬 선비들을
항상 생각하여

以乂我受民하소서
이 예 아 수 민

우리에게 맡겨진 백성을 다스리십시오.

8. 적임자를 임용하고 간섭하지 않으시기를

嗚呼라
오 호

아!

予旦은 已受人之徽言으로
여 단 　 이 수 인 지 휘 언

저는 이미 다른 사람들이 해 준
아름다운 말을

咸告孺子王矣로소니
함 고 유 자 왕 의

어린 왕께 모두 말씀드렸으니,

繼自今으로 文子文孫은
계 자 금 　 문 자 문 손

이제부터 (무왕의) 훌륭한 아들,
(문왕의) 훌륭한 손자인 왕께서는

其勿誤于庶獄庶愼하시고
기 물 오 우 서 옥 서 신

모든 옥사와 금령을 (간섭하여)
그르치지 마시고

惟正을 是乂之하소서
유 정 　 시 예 지

오직 책임자를 다스리십시오.

自古商人과
자 고 상 인

옛날부터 상나라 사람과

亦越我周文王이 立政에
역 월 아 주 문 왕　　립 정

우리 주나라의 문왕께서 관리를
임용하실 때에,

立事와 牧夫와 準人을
립 사　　목 부　　준 인

상임과 상백과 준인에

則克宅之하시며
즉 극 택 지

적임자를 뽑아 앉히시고

克由繹之하시니
극 유 역 지

재능을 다 발휘하도록 하였으니,

玆乃俾乂하시니이다
자 내 비 예

그러므로 그들로 하여금 다스리게 할
수 있었던 것입니다.

國則罔有立政에 用憸人이니
국 즉 망 유 립 정　　용 섬 인

국가는 관리를 임용하면서 약삭빠른
사람을 쓰지 않습니다.

不訓于德이라
불 훈 우 덕

(이런 사람들은) 덕을 따르지 않기
때문에

是罔顯在厥世하리이다
시 망 현 재 궐 세

그 시대에 드러날 수 없습니다.

繼自今으로 立政에
계 자 금　　　　립 정

지금부터 관리를 임용할 때

其勿以憸人하시고
기 물 이 섬 인

약삭빠른 사람을 등용하지 마시고

其惟吉士하사
기 유 길 사

덕이 있는 사람들을 등용하여

用勱相我國家하소서
용 매 상 아 국 가

힘써 우리 국가를 돕게 하십시오.

今文子文孫孺子王矣시니
금 문 자 문 손 유 자 왕 의

이제 훌륭한 아들이자 훌륭한
손자이신 어린 분이 왕이 되셨으니

其勿誤于庶獄하시고
기 물 오 우 서 옥

모든 옥사를 (간섭하여) 그르치지
마시고

惟有司之牧夫하소서
유 유 사 지 목 부

책임자인 상백에게 맡기십시오.

9. 문왕의 덕과 무왕의 업적을 사해에 떨치시기를

其克詰爾戎兵하여
기 극 힐 이 융 병

당신의 갑옷과 병기를 다스려,

以陟禹之迹하여
이 척 우 지 적

우임금이 개척한 자취를 따라

方行天下하여
방 행 천 하

천하 사방을 행군하여

至于海表히 罔有不服케 하사
지 우 해 표   망 유 불 복

바다 끝에 이르기까지 복종하지 않는
자가 없게 하사,

以覲文王之耿光하시며
이 근 문 왕 지 경 광

문왕의 빛나는 덕을 살피시고

以揚武王之大烈하소서
이 양 무 왕 지 대 렬

무왕의 위대한 업적을 선양하십시오.

嗚呼라 繼自今으로 後王은
오 호   계 자 금   후 왕

아! 지금부터 뒤를 이은 왕께서는

立政에 其惟克用常人하소서
립 정   기 유 극 용 상 인

관리를 임용할 때 변함없는 덕을 지닌
자를 쓰십시오."

10. 소공의 판결을 판례로 삼아야

周公이 若曰
주 공   약 왈

주공이 이렇게 말씀하였다.

太史아 司寇蘇公이
태 사   사 구 소 공

"태사여! 사구인 소공[212]이

式敬爾由獄하여
식 경 이 유 옥

당신들이 시행하는 옥사를 신중하게
다스려

以長我王國하니
이 장 아 왕 국

우리 왕국의 국운을 연장하였으니,

玆式有愼하면
자 식 유 신

이에 (그의 판결을) 본받아 조심하도록

以列로 用中罰하리라
이 렬   용 중 벌

조목으로 나열해 두면 알맞은 벌을 쓸
수 있을 것이다."

---

212 소공: 성은 기(己), 이름은 분생(忿生)인데 주나라 개국에 공을 세워 소(蘇, 하남성 박애현博愛
縣)에 봉해짐으로써 소분생 혹은 소공(蘇公)으로 불리게 되었다고 한다. 주초에 사구로서 옥
사를 잘 다스려 후세에 옥신(獄神)으로 추앙받았다고 한다.

제48편
주나라의 관리들 [주관周官]

위고문이다. 「주관」은 주나라의 관제를 설명하고 있지만 주나라 관제의 법전 쯤 되는 『주례(周禮)』와 다르다. 『주례』는 서한 말의 학자 유흠(劉歆)이 처음 세상에 공개했다. 경전 가운데 가장 늦게 출현한 까닭으로, 주공이 저술했다는 전통적인 견해부터 유흠이 위작했다는 주장까지 위서(僞書) 시비가 치열했던 책이다. 현대에 와서 서주의 금문(金文)들이 발굴되면서 일치되는 내용이 많아 사료로서의 가치를 인정받고 있다.

『주례』는 육경(六卿) 체계의 행정 조직으로 구성되어 있다. 이것은 이후 왕조들의 육부(六部) 체계의 원형이며, 조선의 육조판서도 『주례』에 근거한 것이다. 『주례』에 따르면 육경의 우두머리인 총재(冢宰)가 수상이다. 총재는 자기 부서의 업무를 담당하면서 동시에 국정 전반을 총괄한다. 그런데 「주관」에는 육경의 위에 『주례』에는 없는 삼공(三公)과 삼고(三孤)의 직제를 두었다. 본문에 따르면, 삼공은 도를 논하고 음양을 다스려 왕의 덕을 보좌하는 수상의 자리이며, 덕 높은 적임자가 없을 때는 비워 두어도 국정 운영에는 하등 지장이 없다. 국정을 총괄하지만 일정한 직무가 없기 때문이다. 삼고는 이 삼공을 보좌하며 역할은 삼공과 같다. 『주례』가 실무 중심으로 관제를 편제한 반면에 「주관」은 임금을 덕으로 인도하는 '보덕(輔德)' 중심의 관제를 제시하고 있는 것이다. 이는 『서경』이 끊임없이 강조하고 있는 천명과 덕치에 대한 열망의 반영이라는 점에서 의의가 있을 것이나, 『주례』와 다른 이유는 설명되어야 할 것이다. 이런 관제를 설명하고 난 성왕은, 모든 관료가 공손하고 검소한[恭儉] 자세로 일정한 기준[典常]에 따라 부지런히[惟勤] 직무를 수행할 것을 깨우친다. 참으로 이상적인 위고문이다.

1. 성왕의 천하 경영, 순행과 정벌

惟周王이 撫萬邦하사
<small>유 주 왕　　무 만 방</small>

주나라 왕[성왕]이 천하를
안무(按撫)하사

巡侯甸하사
<small>순 후 전</small>

후복(侯服)과 전복(甸服)[213]을 순행하고

四征弗庭하사
<small>사 정 불 정</small>

왕의 뜰에 오지 않는 제후들을
사방으로 정벌하여

綏厥兆民하신대
<small>수 궐 조 민</small>

억조의 백성들을 안녕케 하시자,

六服羣辟이 罔不承德이어늘
<small>육 복 군 벽　　망 불 승 덕</small>

육복[214] 가운데 (왕의) 덕을 받들지 않는
군주가 없었으니

歸于宗周하사
<small>귀 우 종 주</small>

(이에) 종주[호경]로 돌아와

董正治官하시다
<small>동 정 치 관</small>

국사를 다스리는 관리들을 감독하여
바로잡으셨다.

---

213 후복(侯服)과 전복(甸服): 『주례(周禮)』·하관(夏官)·직방씨(職方氏)』에 따르면, 「우공」의 오복
을 주나라에서는 구복(九服)으로 바꾸었다. 왕의 직할지인 왕기는 사방 천 리였고, 여기서부터
500리씩 멀어지는 순서대로 후(侯)·전(甸)·남(男)·채(采)·위(衛)·만(蠻)·이(夷)·진(鎭)·번(蕃)
이다.

214 육복: 구복 가운데 후복·전복·남복·채복·위복에 왕기를 포함하여 지칭한 것이다. 육복(六服)의
바깥은 오랑캐들이다.

2. 인사가 만사의 근본이니

王曰 若昔大猷에
왕 왈 약 석 대 유

왕께서 말씀하셨다. "옛날
대도(大道)가 행해지던 시대에는

制治于未亂하며
제 치 우 미 란

혼란하기 전에 다스림을 이루고

保邦于未危하시니라
보 방 우 미 위

위태롭기 전에 국방을 튼튼하게
하였다.

曰唐虞稽古하여
왈 당 우 계 고

이르건대, 요순은 옛 제도를 상고하여

建官惟百하시니
건 관 유 백

백관을 세우시니,

內有百揆四岳하고
내 유 백 규 사 악

안으로는 백규와 사악이 있었고

外有州牧侯伯하여
외 유 주 목 후 백

밖으로는 주목[215]과 후백[216]이 있어

庶政이 惟和하여
서 정 유 화

모든 정사가 화평하였으며

萬國이 咸寧하니라
만 국 함 녕

천하가 모두 안녕하였다.

夏商은 官倍하여
하 상 관 배

하나라와 상나라는 관리가 두 배가
되었으나

亦克用乂하니
역 극 용 예

역시 잘 다스려졌으니,

---

215 주목: 구주(九州)의 장관.
216 후백: 주목(州牧)의 다음 자리로 구주에 속한 여러 제후를 총괄하던 관리들을 말한다.

明王立政은
명 왕 립 정

현명한 임금이 관리를 임용하는 것은

不惟其官이라 惟其人이니라
불 유 기 관　　　　　유 기 인

관원의 숫자를 늘리려는 것이 아니라
사람을 얻고자 함이었다.

今予小子는 祗勤于德하여
금 여 소 자　　　지 근 우 덕

이제 나 어린 소자는 삼가 덕을
부지런히 닦기를

夙夜에 不逮하여
숙 야　　　불 체

밤낮으로 부족한 듯이 여기며,

仰惟前代時若하여
앙 유 전 대 시 약

앞 시대를 우러러 본받아

訓迪厥官하노라
훈 적 궐 관

관리들을 깨우쳐 인도하노라.

3. 도를 강론하고 음양을 다스리는 삼공

立太師太傅太保하노니
립 태 사 태 부 태 보

태사·태부·태보를 세우니

玆惟三公이니
자 유 삼 공

이들이 삼공이라,

論道經邦하며
론 도 경 방

도를 강론하고 나라를 경영하며

燮理陰陽하나니
섭 리 음 양

음양을 조화롭게 다스리는 직책이니,

官不必備라
관 불 필 비

자리를 반드시 채워야 하는 것이
아니라

惟其人이니라
유 기 인

적절한 인물이 있을 때 임명하는
것이다.

4. 삼공의 버금, 삼고

少師少傅少保는 曰三孤니
소 사 소 부 소 보   왈 삼 고

소사·소부·소보는 삼고이니

貳公弘化하여
이 공 홍 화

삼공의 버금 자리로 교화를 널리 펴고

寅亮天地하여
인 량 천 지

천지의 도를 삼가 밝히며

弼予一人하나니라
필 여 일 인

나 한사람을 보필하는 자리이다.

5. 내정, 육경의 업무 분장

冢宰는 掌邦治하니
총 재   장 방 치

총재는 나라의 다스림을 관장하니

統百官하여 均四海하나니라
통 백 관   균 사 해

백관을 통솔하여 천하를 고르게 한다.

司徒는 掌邦敎하니
사 도   장 방 교

사도는 나라의 교화를 관장하니

敷五典하여 擾兆民하나니라
부 오 전   요 조 민

오륜을 펼쳐 억조의 백성을 바르게
변화시킨다.

宗伯은 掌邦禮하니
종 백　　장 방 례

종백은 나라의 예를 관장하니

治神人하여 和上下하나니라
치 신 인　　　화 상 하

신과 사람을 다스려 상하를 조화롭게
한다.

司馬는 掌邦政하니
사 마　　장 방 정

사마는 나라의 군정(軍政)을 관장하니

統六師하여 平邦國하나니라
통 육 사　　　평 방 국

육군(六軍)을 통솔하여 나라를
평화롭게 한다.

司寇는 掌邦禁하니
사 구　　장 방 금

사구는 나라의 법을 관장하니

詰姦慝하여 刑暴亂하나니라
힐 간 특　　　형 포 란

간특한 자를 꾸짖고 난폭한 자를
벌한다.

司空은 掌邦土하니
사 공　　장 방 토

사공은 나라의 땅을 관장하니

居四民하여 時地利하나니라
거 사 민　　　시 지 리

사민217의 살 곳을 마련하고 때맞추어
땅을 개간한다.

六卿이 分職하여
육 경　　분 직

육경이 직분을 나누어

各率其屬하여
각 솔 기 속

각자의 관속을 거느리고

217　사민: 사농공상(士農工商).

以倡九牧하여
이 창 구 목

구주(九州)의 방백들을 이끌어

阜成兆民하나니라
부 성 조 민

백성들을 부유하도록 하여 안정시킨다.

6. 외방을 다스리는 법, 순행과 조근(朝覲)[218]

六年에 五服이 一朝어든
육 년   오 복   일 조

6년을 주기로 오복의 제후들이 한 번씩
조회하러 오고,

又六年에 王乃時巡하여
우 육 년   왕 내 시 순

다시 6년이 지나 (12년을 주기로) 왕은
천하를 순행하여

考制度于四岳이어시든
고 제 도 우 사 악

사악에게 (각 지방의) 제도를 보고받아
바로잡고,

諸侯各朝于方岳하거든
제 후 각 조 우 방 악

제후는 각각 사방의 산에서 (천자를)
뵙는데

大明黜陟하나니라
대 명 출 척

(이때 실적에 따라) 승진과 강등이
분명하게 이루어진다."

---

218 순행과 조근(朝覲): 조근은 제후가 천자에게 와서 업무를 보고하는 일로 조현(朝見)과 같은 말
이다. 각 복(服)의 제후가 5년을 번갈아 조근하고 마지막 6년째는 쉬고, 다시 6년을 이와 같이
했다. 제후들이 두 번 조근한 뒤 천자가 한 번 순행하였으니 순임금의 4년 주기보다 주기가 길
어졌다.

7. 관리들, 정령(政令)은 신중하고 공정하게

王曰 嗚呼라 凡我有官君子아
왕 왈 오 호 범 아 유 관 군 자

왕이 말씀하셨다. "아! 벼슬을 가진 모든 군자여!

欽乃攸司하며
흠 내 유 사

너희들의 직무를 삼가 수행하고

愼乃出令하라
신 내 출 령

신중하게 명령을 내리도록 하라

令出은 惟行이라
출 령   유 행

명령을 내리는 것은 시행하려는 것이므로

弗惟反이니
불 유 반

시행할 수 없는 명령을 내려서는 안 되는 것이니

以公으로 滅私하면
이 공   멸 사

공정한 마음으로 사심을 없앤다면

民其允懷리라
민 기 윤 회

백성들이 믿고 따를 것이다.

8. 관리들, 정해진 법도를 따라

學古入官하여
학 고 입 관

옛 법을 배워 벼슬에 나아가

議事以制하야사
의 사 이 제

일을 의논하여 다스려야

政乃不迷하리니
정 내 불 미

정사가 혼미하지 않을 것이니

其爾는
기 이

너희는

典常으로 作之師하고
전 상　　작 지 사

정해진 법도를 스승으로 삼을 것이며

無以利口로 亂厥官하라
무 이 리 구　란 궐 관

말 잘하는 것으로 벼슬자리를
어지럽히지 말라.

蓄疑하면 敗謀하며
축 의　　패 모

의심이 쌓이면 원대한 계책이 틀어지고

怠忽하면 荒政하며
태 홀　　황 정

게으름을 피우면 정사가 황폐해질
것이다.

不學하면 牆面이라
불 학　　장 면

배우지 않으면 담장을 마주한 것처럼
답답하여

莅事惟煩하리라
리 사 유 번

일이 닥치면 번거롭기만 할 것이다.

9. 관리들, 업무를 부지런하게

戒爾卿士하노니
계 이 경 사

너희 경사들에게 훈계하노니

功崇은 惟志오
공 숭　 유 지

공이 높아지는 것은 뜻에 달려 있고

業廣은 惟勤이니
업 광　 유 근

일을 이루는 것은 부지런함에 달려
있으니

惟克果斷하야사
유 극 과 단

과감하게 추진해야

乃罔後艱하리라
내 망 후 간

뒷날 어려움이 없을 것이다.

10. 관리들, 공손하고 검소하게

位不期驕며
위 불 기 교

자리는 뜻하지 않더라도 사람을
교만하게 만들고

祿不期侈니
록 불 기 치

녹봉은 뜻하지 않더라도 사람을
사치하게 만드니

恭儉惟德이오 無載爾僞하라
공 검 유 덕　　　무 재 이 위

공손함과 검소함을 덕으로 삼아
거짓을 일삼지 말라

作德하면 心逸하여 日休코
작 덕　　　심 일　　　일 휴

덕을 행하면 마음이 편안하여 날로
아름다워지고

作僞하면 心勞하여
작 위　　　심 로

거짓을 행하면 마음이 피곤하여

日拙하나니라
일 졸

날로 위축될 것이다.

居寵思危하여 罔不惟畏하라
거 총 사 위　　　망 불 유 외

총애를 받을 때 위기를 생각하며
두려워해야 하니,

弗畏면 入畏하리라
불 외　　입 외

두려워하지 않으면 두려운 일을 당하게
될 것이다.

推賢讓能하면
추 현 양 능

유덕한 사람을 추천하고 유능한
사람에게 양보하면

庶官이 乃和하고
서 관　내 화

모든 관리가 화합하게 되고

不和하면 政厖하리니
불 화　　정 방

화합하지 않으면 정사가 어지러워질 것이니,

擧能其官이 惟爾之能이며
거 능 기 관　유 이 지 능

천거한 사람이 직무를 잘 수행하면 네가 유능한 것이며

稱匪其人이 惟爾不任이니라
칭 비 기 인　유 이 불 임

천거한 사람이 적임자가 아니면 네가 소임을 다하지 못한 것이다."

11. 이렇게 각자의 직무를 성실하게 수행하라

王曰 嗚呼라 三事暨大夫아
왕 왈 오 호　삼 사 기 대 부

왕이 말씀하셨다. "아! 삼사[219]와 대부들아

敬爾有官하며 亂爾有政하여
경 이 유 관　난 이 유 정

너희의 직무를 삼가고 너희의 정사를 다스려서

以佑乃辟하여 永康兆民하여
이 우 내 벽　영 강 조 민

너희 임금을 도와 길이 억조의 백성들을 안녕케 하여

219　삼사: 「입정」편의 상백·상임·준인이다.

萬邦이 惟無斁케 하라　　　온 천하가 싫어하지 않도록 하라."
만 방　　유 무 역

제49편
군진 이야기 [군진君陳]

위고문이다. 군진(君陳)이 누구인지는 분명치 않다. 동한의 저명한 학자 정현(鄭玄)이 『예기(禮記)』의 주석 몇 군데에서 군진을 언급하고 있는데 종합하면, 군진은 주공의 아들이며 백금(伯禽)의 동생으로 아버지 주공의 채지(采地)를 계승하였다는 것이다. 그런데 정현의 말들은 한결같이 '개(蓋)'라는 글자로 시작한다. '아마 그럴 것'이라는 말이다. 정현이 근거 없이 추측해서 말한 것이다. 『상서정의』에는 군진을 성왕의 신하라고 했고, 채침도 그대로 받아들여 신하의 이름이라고 했다. 『서경』에는 「군진」과 「필명」 두 편에 군진의 이름이 보이는데, 두 편 모두 위고문이다. 깊이 따지지 않는 것이 좋을 것이다.

성왕은 지금 군진을 주공이 다스렸던 낙읍으로 보내려 한다. 낙읍은 두 구역으로 구분되는데 왕성(王城)과 하도(下都) 지역이다. 하도는 왕성의 동쪽 교외로, 본문에 나오는 동교(東郊)가 바로 그곳이다. 왕성은 천자가 머무르며 정사를 행하는 지역이므로 평소에는 비워 두었고, 낙읍에 부임하는 관리들은 하도에 머무르며 다스렸다. 하도의 주된 구성원은 은나라의 유민들이었으며, 이 망국의 후예들은 불만이 많았다. 그래서 늘 회유도 하고 협박도 해야 했으니 「다사」와 「다방」이 모두 이들을 타이르고 으르는 글들이다.

그 불온한 은나라 유민들을 군진에게 맡기며 성왕이 일러 준 말을 기록했다는 것이 이 편이다. 다행히 지금 그들은 주공의 덕에 감화되어 주공을 그리워하고 있다. 그러므로 너도 가서 주공처럼 덕으로 다스리라고 깨우친다. 위고문에는 후세까지 사람들 입에 오르내리는 유명한 말들이 많은데, 여기서 이야기하는 '바람과 풀'의 비유도 그렇다. 너의 덕이 바람처럼 불어 풀과 같은 백성을 감화시키라고 한다. '한 사람에게 모든 것이 갖추어지기를 요구하지 말라(無求備于一夫)'는 말도 후세에 자주 인용되곤 한다. 은나라 백성들에게 완벽할 것을 요구하면서 가혹하게 다스리지 말라는 뜻이다.

1. 군진, 낙읍의 동교를 맡아 다스리다

王若曰 君陳아
<small>왕 약 왈 군 진</small>

왕이 이렇게 말씀하셨다. "군진이여!

惟爾令德은 孝恭이니
<small>유 이 령 덕 　 효 공</small>

너의 아름다운 덕은 효도하고 공손한 것인데,

惟孝하며 友于兄弟하여
<small>유 효 　 우 우 형 제</small>

효도하고 또 형제에게 우애하여

克施有政할새 命汝하여
<small>극 시 유 정 　 명 여</small>

(그것을) 정사에 베풀기 때문에 너를 명하여

尹玆東郊하노니 敬哉하라
<small>윤 자 동 교 　 　 경 재</small>

이 동교를 다스리게 하니 삼가 직무를 수행하라!

昔에 周公이
<small>석 　 주 공</small>

지난날 주공께서 (이곳에서)

師保萬民하신대
<small>사 보 만 민</small>

만백성을 가르치고 보살펴

民懷其德하나니
<small>민 회 기 덕</small>

백성들이 그 덕을 그리워하고 있으니

往愼乃司하여
<small>왕 신 내 사</small>

가서 너의 직무를 신중하게 수행하고

玆率厥常하여
<small>자 솔 궐 상</small>

올바른 도리를 좇아

懋昭周公之訓하면
<small>무 소 주 공 지 훈</small>

주공의 가르침을 힘써 밝힌다면

惟民其乂하리라
<small>유 민 기 예</small>

백성들이 다스려질 것이다.

2. 임금이 바람이면 백성은 풀이니

我聞하니 曰
아 문   왈

내가 들으니,

至治는 馨香하여
지 치   형 향

'지극한 다스림은 향기로워서

感于神明하나니
감 우 신 명

신명을 감동시키니,

黍稷이 非馨이라
서 직   비 형

(제사에 올리는) 기장이 향기로운 것이 아니라

明德이 惟馨이라 하니
명 덕   유 형

밝은 덕이 향기로운 것이다.'라고 하였다.

爾尙式時周公之猷訓하여
이 상 식 시 주 공 지 유 훈

너는 부디 이 주공의 가르침을 본받아

惟日孜孜하여 無敢逸豫하라
유 일 자 자   무 감 일 예

날로 부지런히 힘쓰고 감히 향락에 빠지지 말라.

凡人이 未見聖하얀
범 인   미 견 성

사람들이 성인을 보지 못했을 때는

若不克見하다가
약 불 극 견

볼 수 없는 (위대한 분인) 것처럼 여기다가

旣見聖하얀
기 견 성

성인을 보고 난 뒤에는

亦不克由聖하나니
역 불 극 유 성

성인의 가르침을 따르지 않나니

爾其戒哉어다
이 기 계 재

너는 경계할지어다!

爾惟風이오 下民은 惟草라
이 유 풍   하 민   유 초

네가 바람이라면 백성들은 풀이니,

圖厥政하되 莫或不艱하여
도 궐 정   막 혹 불 간

정사를 도모할 때 혹시라도 쉽게
여기지 말고

有廢有興에 出入을
유 폐 유 흥   출 입

(일을) 없애거나 새로 시작하는
과정에서

自爾師로 虞하여
자 이 사   우

너의 참모들과 함께 고민하되

庶言이 同則繹하라
서 언   동 즉 역

여러 사람의 말들이 같더라도 다시
생각해 보라.

爾有嘉謀嘉猷어든
이 유 가 모 가 유

너에게 좋은 계책과 아름다운 생각이
있거든

則入告爾后于內하고
즉 입 고 이 후 우 내

안으로 들어와 너의 임금께
말씀드리고

爾乃順之于外하여
이 내 순 지 우 외

밖에서 그대는 이 일을 시행하면서

曰斯謀斯猷가
왈 사 모 사 유

'이 계책과 생각은

惟我后之德이라 하라
유 아 후 지 덕

우리 임금님의 덕택이다.'라고 하라.

嗚呼라
오 호

아!

臣人이 咸若時라사
신 인   함 약 시

신하가 모두 이와 같아야

惟良顯哉인저
유 량 현 재

훌륭한 신하이며, 그 이름이 드러날
것이다."

3. 군진이 지켜야 할 일들

王曰 君陳아
_{왕 왈 군 진}

왕이 말씀하셨다. "군진이여!

爾惟弘周公丕訓하여
_{이 유 홍 주 공 비 훈}

너는 주공의 위대한 가르침을 더욱 확대하여,

無依勢作威하며
_{무 의 세 작 위}

세력에 의지해 위엄을 부리지 말고,

無倚法以削하고
_{무 의 법 이 삭}

법에 기대어 각박하지 말 것이며,

寬而有制하며
_{관 이 유 제}

너그러우면서도 절제하여,

從容以和하라
_{종 용 이 화}

여유롭고 온화하도록 하라.

殷民이 在辟이어든
_{은 민 재 벽}

은나라 백성이 죄를 지어

予曰辟이라도 爾惟勿辟하며
_{여 왈 벽 이 유 물 벽}

내가 죄를 벌하게 하더라도 너는 벌하지 말고

予曰宥라도 爾惟勿宥하고
_{여 왈 유 이 유 물 유}

내가 용서하게 하더라도 너는 용서하지 말 것이며

惟厥中하라
_{유 궐 중}

오직 (실상을 살펴) 적절하게 처리하도록 하라.

有弗若于汝政하며
_{유 불 약 우 여 정}

너의 정사를 따르지 않는 자가 있거나

弗化于汝訓이어든
불 화 우 여 훈

너의 가르침에 교화되지 않는 자가 있거든,

辟以止辟어사 乃辟하라
벽 이 지 벽   내 벽

벌을 주면 (반성하여) 다시는 벌을 주지 않아도 될 것이라고 판단될 때 벌을 주도록 하라.

狃于姦宄하며
뉴 우 간 궤

습관적으로 난동을 부리거나

敗常亂俗은
패 상 란 속

상도(常道)를 무너뜨리거나 풍속을 어지럽힌다면

三細라도 不宥니라
삼 세   불 유

이 세 가지는 작은 것이지만 용서하지 말라.

爾無忿疾于頑하며
이 무 분 질 우 완

너는 어리석어 고집스러운 사람에게 화내거나 미워하지 말며

無求備于一夫하라
무 구 비 우 일 부

한 사람에게 모든 것이 갖추어지기를 요구하지 마라.

必有忍이라사 其乃有濟하며
필 유 인   기 내 유 제

반드시 참을 수 있어야 이룰 수 있고

有容이라사 德乃大하리라
유 용   덕 내 대

용납할 수 있어야 덕이 커질 것이다.

簡厥修하되
간 궐 수

유능한 자를 가려 뽑되

亦簡其或不修하며
역 간 기 혹 불 수

혹 유능하지 못한 자도 가려 뽑을 것이며,

進厥良하여
진 궐 량

덕이 있는 사람을 등용하여

以率其或不良하라
이 솔 기 혹 불 량

덕이 부족한 사람을 이끌도록 하라.

惟民生厚하나
유 민 생 후

백성들은 혼후한 본성을 가지고 태어나지만

因物有遷이라
인 물 유 천

외물(外物)로 인해 변하게 되는 것이다.

違上所命하고
위 상 소 명

(그러므로) 위에서 명령하는 것을 어기고

從厥攸好하나니
종 궐 유 호

자신이 좋아하는 것을 따르게 되니

爾克敬典在德하면
이 극 경 전 재 덕

네가 능히 법도를 삼가 덕을 실천한다면

時乃罔不變이라
시 내 망 불 변

이에 변하지 않는 백성이 없어,

允升于大猷하리니
윤 승 우 대 유

분명코 대도(大道)로 나아갈 수 있을 것이니

惟予一人이 膺受多福하며
유 여 일 인   응 수 다 복

이는 나 한사람이 많은 복을 받는 것이며

其爾之休도
기 유 지 휴

너의 아름다움도

終有辭於永世하리라
종 유 사 어 영 세

마침내 길이 세상에 전해질 것이다."

제50편
임종 때 내린 명령 [고명顧命]

『금문상서』이다. 임종 때 병석에서 신하들을 돌아보며[顧] 내리는 왕의 명령을 고명(顧命)이라고 한다. 이 편의 이름에서 유래하여 왕의 유언을 고명이라고 하고 고명을 받은 신하들을 고명대신(顧命大臣)이라고 한다. 이 편에서 파란만장했던 성왕의 시대가 끝나고 강왕(康王)이 등극한다. 『사고전서(四庫全書)』에 실려 있는 『만성통보(萬姓統譜)』에 따르면, 성왕은 13세에 즉위하여 37년 동안 재위하다가 50세에 죽었다고 한다. 『만성통보』는 명나라 때 편찬된 책이니 믿을 수 없다 하더라고 대략 그의 생애를 짐작해 볼 수는 있을 것이다. 성왕은 어린 나이에 왕이 되어 숙부의 섭정을 받았으며, 재위 기간 내내 은나라 유민들의 소요를 겪어야 했다. 친족들을 제후로 봉하여 종법(宗法)을 완성하고 낙읍을 건설하였으며, 주공의 교도(教導)를 받아 백성을 잘 다스려 후대에 성강지치(成康之治)라는 평가를 받았다.

이 편에는, 원자를 잘 보필하라는 유언을 남기고 성왕이 죽은 일과 그 뒤의 여러 절차가 상세하게 실려 있다. 선왕의 장례식은 신왕의 즉위식과 겹치는 국가의 가장 큰 전례(典禮)이기 때문에 절차가 몹시 까다롭다. 주나라는 덕치와 함께 예치(禮治)를 표방한 왕조이다. 그 까다로운 절차를 능숙하게 진행하고 자세하게 기록해 둠으로써 후세의 기준이 되었다. 이 편을 읽다 보면 주나라가 예(禮)의 나라라는 것을 실감하게 되고, 주공이 제정하였다는 그 예의 문화가 얼마나 아름답고 성대한 것이었는지를 알게 된다.

4월 16일에 병석에 누운 왕은 자신의 죽음을 예견하고 며칠 뒤 갑자일에 신하들을 불러 고명하고 다음 날 죽는다. 당일에 즉시 원자를 맞아들여 상주가 되게 하고, 이틀 뒤에 신왕에게 줄 선왕의 명령서인 고명(誥命)을 문서로 작성한다. 다시 7일 뒤에 선왕의 관을 짤 재목을 마련하고, 선왕이 정무를 본 공간들을 생시처럼 정돈한다. 선왕의 보물들과 선왕이 타던 수레까지 배치를 끝낸 뒤 신왕의 즉위식을 거행하는데, 상중이기 때문에 즉위식은 조촐하지만 엄숙하다. 신왕은 상복을 벗고 제사 때의 복장인 길복(吉服)으로 갈아입는다. 태사에게 선왕의 말씀을 전해 듣고 고명의 책서(冊書)를 받은 뒤, 선왕의 영전에 술을 올려 고명을 받았음을 고한다. 태보인 소공도 선왕께 술잔을 올려 고명을 전달하였음을 아뢴 뒤, 술잔을 입에 대는 음복례(飮福禮)를 행함으로써 의식은 끝난다. 신왕의 등극을 선포하는 일이 아직 남았는데, 다음 편에서 이어진다.

1. 성왕이 병들어 삼공육경을 부르다

惟四月哉生魄에
유 사 월 재 생 백

4월 16일에

王이 不懌하시다
왕 불 역

왕이 (병 때문에) 기쁘지 않으셨다.[220]

甲子에 王이
갑 자 왕

갑자일에 왕이

乃洮頮水어시늘
내 도 회 수

물로 손과 얼굴을 씻으시고

相이 被冕服한대
상 피 면 복

돕는 자가 면복[221]을 입히자

憑玉几하시다
빙 옥 궤

옥으로 된 안석에 기대셨다.

乃同召太保奭과
내 동 소 태 보 석

이에 태보인 석(奭)과

芮伯과 彤伯과
예 백 동 백

예백과 동백과

---

220 원문의 불역(不懌)은 기쁘지 않다는 뜻인데, 임금의 환후를 간접적으로 표현한 말이다. 「금등」에 보이는 불예(弗豫/不豫)와 같은 표현이다.

221 면복: 대부 이상 군신(君臣)의 대례복이다. '면(冕)'은 면류관(冕旒冠)인데 앞뒤로 드리운 구슬을 꿴 줄[旒]의 숫자로 신분에 따른 차등을 두어 천자는 12류의 관을 썼다. '복(服)'은 무늬가 있는 장복(章服)인데 역시 무늬의 숫자에 따라 차등이 있어, 천자는 12장복을 입었다.

畢公과 衛侯와 毛公과
_{필 공　위 후　모 공}

필공과 위후와 모공과[222]

師氏와 虎臣과
_{사 씨　호 신}

사씨와 호신[223]과

百尹과 御事하시다
_{백 윤　어 사}

백관의 우두머리와 일을 다스리는
자들을 함께 부르셨다.

2. 성왕이 원자의 보필을 부탁하고 죽다

王曰 嗚呼라
_{왕 왈　오 호}

왕이 말씀하셨다. "아!

疾이 大漸惟幾하여
_{질　대 점 유 기}

병이 크게 퍼져 위태롭고

病이 日臻하여
_{병　일 진}

병이 날로 심하여

旣彌留할새
_{기 미 류}

이미 더 이상 차도가 없으니

恐不獲誓言嗣하여
_{공 불 획 서 언 사}

(나의 뜻을) 말로 이어서 전하지 못할까
두려워

玆予審訓命汝하노라
_{자 여 심 훈 명 여}

이에 내가 살펴 가르쳐 너희에게
명령하노라.

---

222 이상의 세 구절은 육경(六卿)을 말했다. 태보인 석[소공]은 삼공으로서 육경의 우두머리인 총
　　재(冢宰)를 겸했고, 예백(芮伯)은 사도(司徒), 동백(彤伯)은 종백(宗伯), 필공(畢公)은 사마
　　(司馬), 위후(衛侯)는 사구(司寇), 모공(毛公)은 사공(司空)이다. 예·동·필·위·모는 모두 나라
　　이름인데 이곳의 제후들이 천자의 공경(公卿)이 된 것이며, 필공과 모공은 삼공을 겸직했다.
223 사씨와 호신: 사씨(師氏)는 대부(大夫)들이고, 호신(虎臣)은 호분씨(虎賁氏)로 천자를 호위하
　　는 호분의 우두머리이다.

昔君文王武王이 宣重光하사
석 군 문 왕 무 왕　　　선 중 광

　　　　옛 임금이신 문왕과 무왕께서
　　　　거듭하여 빛나는 덕을 베푸시어

奠麗陳敎하신대
전 리 진 교

　　　　(백성들이) 의지해 살 곳을 정해 주고
　　　　가르침을 베푸시니

則肄하여 肄不違하여
즉 이　　　이 불 위

　　　　(백성들이 가르침을) 잘 익히고, 익힌
　　　　것을 어기지 않아

用克達殷하여
용 극 달 은

　　　　(가르침이) 은나라에까지 퍼져

集大命하시니라
집 대 명

　　　　천명을 이루셨다.

在後之侗하여 敬迓天威하여
재 후 지 동　　　경 아 천 위

　　　　뒤에 있는 어리석은 나는 삼가 하늘의
　　　　위엄을 맞이하고

嗣守文武大訓하여
사 수 문 무 대 훈

　　　　문왕과 무왕의 큰 가르침을 이어받아
　　　　지켜

無敢昏逾하라
무 감 혼 유

　　　　감히 혼미하거나 어김이 없었다.

今天이 降疾하사
금 천　　　강 질

　　　　이제 하늘이 병을 내려

殆弗興弗悟로소니
태 불 흥 불 오

　　　　아마도 일어나거나 깨어나지 못할
　　　　듯하니

爾尙明時朕言하여
이 상 명 시 짐 언

　　　　너희들은 부디 나의 말을 잘 받들어

用敬保元子釗하여
용 경 보 원 자 교

원자인 교(釗)를 삼가 보호하여

弘濟于艱難하라
홍 제 우 간 난

어려움을 잘 헤쳐 나가도록 하라.

柔遠能邇하며
유 원 능 이

먼 곳을 회유하고 가까운 곳을
격려하여

安勸小大庶邦하라
안 권 소 대 서 방

크고 작은 여러 나라를 안녕케 하여
힘쓰도록 하라.

思夫人은 自亂于威儀니
사 부 인   자 란 우 위 의

사람은 스스로 위의를 다스려야
한다고 생각하니

爾無以釗로
이 무 이 교

너희들은 교를 데리고

冒貢于非幾하라
모 공 우 비 기

이치에 맞지 않은 일을 무릅쓰고
추진하지 말라."

玆旣受命還커늘
자 기 수 명 환

이에 (고명을 받은 신하들이) 명을 받고
돌아가자

出綴衣于庭하니
출 추 의 우 정

휘장을 걷어 정전(正殿)의 마당에
내놓았는데[224]

越翼日乙丑에
월 익 일 을 축

다음 날 을축일에

王이 崩하시다
왕   붕

왕이 돌아가셨다.

---

224 휘장은 왕좌(王座)의 주변에 쳐 둔 것인데 『상서정의』의 설명에 따르면, 왕이 더 이상 이 자리에
앉을 수 없으므로 철거하여 임종을 준비하는 절차라고 한다.

3. 원자를 맞이하여 장례를 준비하다

太保命仲桓南宮毛하여
태보명중환남궁모

태보가 중환과 남궁모²²⁵에게 명령하여

俾爰齊侯呂伋으로
비원제후려급

제후 여급²²⁶으로 하여금

以二干戈와 虎賁百人으로
이 이 간 과 호 분 백 인

창과 방패를 든 두 사람과 호분 백 명을
데리고

逆子釗於南門之外하여
역자교어남문지외

(성왕의) 아들 교를 남문²²⁷ 밖에서
맞이하여

延入翼室하여 恤宅宗하다
연입익실 휼택종

정전의 곁방으로 인도해 들어와
거상(居喪)의 주인[상주]이 되게
하였다.

丁卯에 命作冊度하다
정묘 명작책도

정묘일에 (사관에게) 명하여
책서(冊書)²²⁸를 만들고 절차를
정하도록 하였다.

越七日癸酉에
월칠일계유

7일이 지난 계유일에

---

225 중환과 남궁모: 신하들의 이름인데, 전하는 이력이 없다.

226 제후 여급: 제나라의 제후로 강태공(姜太公) 여상(呂尙)의 아들인데, 이때 호분씨의 직책을 맡고 있었다.

227 남문: 궁궐의 정문이니, 신왕을 맞이함을 천하에 보인 것이다.

228 책서(冊書): 성왕이 신왕에게 남긴 유언 겸 책봉문이다.

伯相이 命士須材하니라
백 상　　　명 사 수 재

백상[소공]이 담당자에게 명령하여
관재(棺材)를 마련하게 하였다.

狄이 設黼扆綴衣하니라
적　　　설 보 의 추 의

적(狄)이 도끼 무늬를 그린 병풍과
휘장을 설치하였다.[229]

牖間에 南嚮하여
유 간　　　남 향

정전의 창과 창 사이에 남향으로

敷重篾席黼純하니
부 중 멸 석 보 준

도끼 무늬를 수놓은 비단으로 선을
두른 대나무 자리를 겹으로 펴고

華玉仍几러라
화 옥 잉 궤

오색의 옥으로 꾸민 안석을 (살아 계실
때처럼) 그대로 두었다.[230]

西序에 東嚮하여
서 서　　　동 향

서편 상방(廂房)[231]에는 동향으로

敷重底席綴純하니
부 중 저 석 추 준

여러 무늬로 선을 두른 부들자리를
겹으로 펴고

文貝仍几러라
문 패 잉 궤

무늬 있는 조개로 꾸민 안석을 그대로
두었다.[232]

東序에 西嚮하여
동 서　　　서 향

동편 상방에는 서향으로

---

229 이 구절은 성왕이 살아 있을 때처럼 정전을 꾸민 것을 의미한다. 적(狄)은 이 일을 하는 사람의
　　　이름이다.
230 이상 세 구절은 성왕이 평소에 신하들을 접견하던 자리를 재현한 것이다.
231 상방(廂房): 정전의 좌우에 정전과 직각으로 배치한 건물이다.
232 이상 세 구절은 성왕이 아침저녁으로 정무를 보던 자리를 재현한 것이다.

敷重豊席畵純하니
부 중 풍 석 화 준

채색하여 선을 두른 왕골자리를
겹으로 펴고

雕玉仍几러라
조 옥 잉 궤

조각한 옥으로 꾸민 안석을 그대로
두었다.[233]

西夾에 南嚮하여
서 협   남 향

서편 협실에는 남향으로

敷重筍席玄紛純하니
부 중 순 석 현 분 준

검은 끈으로 선을 두른 어린 대나무
자리를 겹으로 깔고

漆仍几러라
칠 잉 궤

옻칠한 안석을 그대로 두었다.[234]

越玉五重하며 陳寶하니
월 옥 오 중   진 보

옥을 다섯 겹으로 진열하고 (선왕의)
보물들을 진열하니

赤刀와 大訓과
적 도   대 훈

붉은 칼과 대훈[235]과

弘璧과 琬琰은 在西序하고
홍 벽   완 염   재 서 서

큰 벽옥과 완과 염[236]은 서편 상방에
두었고,

大玉과 夷玉과
대 옥   이 옥

대옥과 이옥[237]과

---

233 이상 세 구절은 성왕이 나라의 원로들을 접대하고 신하들과 연향하던 자리를 재현한 것이다.

234 이상의 세 구절은 성왕이 친족들과 사적인 연회를 즐기던 자리를 재현한 것이다.

235 대훈: 옛 성왕들의 교훈을 적은 책이다. 문왕과 무왕의 가르침을 적은 책이라고도 한다.

236 완과 염: 옥홀[圭]의 이름이다.

237 대옥과 이옥: 큰 옥과 보통의 옥.

天球와 河圖는 在東序하고
천구 하도 재 동 서

천구[238]와 하도[239]는 동편 상방에
두었고

胤之舞衣와 大貝와
윤 지 무 의 대 패

윤나라의 춤 옷과 큰 조개와

鼖鼓는 在西房하고
분 고 재 서 방

큰 북은 서방에 두었고

兌之戈와 和之弓과
태 지 과 화 지 궁

태(兌)가 만든 창과 화(和)가 만든 활과

垂之竹矢는 在東房하더라
수 지 죽 시 재 동 방

수(垂)가 만든 대나무 화살은 동방에
두었다.[240]

大輅는 在賓階하여 面하고
대 로 재 빈 계 면

대로[241]는 서쪽 계단[242]에 남쪽을
향하도록 두고

綴輅는 在阼階하여 面하고
추 로 재 조 계 면

추로[243]는 동쪽 계단[244]에 남쪽을
향하도록 두고

先輅는 在左塾之前하고
선 로 재 좌 숙 지 전

선로[245]는 왼쪽 문간채 앞에 두고

---

238 천구: 옥으로 만든 경쇠이다.

239 하도: 복희씨 때 황하에서 용마(龍馬)가 등에 지고 나왔다는 그림이다.

240 이상 두 구절에서 태(兌)와 화(和)와 수(垂)는 모두 옛 장인(匠人)의 이름이다. 특히 수는 순임
금 때의 공공(共工)이다.

241 대로: 천자의 다섯 종류의 수레[五輅] 가운데 고삐를 옥으로 장식한 가장 큰 수레이다. 옥로(玉
輅)라고도 한다.

242 서쪽 계단: 원문의 '빈계(賓階)'는 손님들이 오르내리는 계단이라는 뜻인데 서쪽 계단을 말한다.

243 추로: 천자의 오로 가운데 고삐를 금으로 장식한 금로(金輅)를 가리킨다. 행차 시에 대로의 앞
에서 대로를 이어 준다[綴]는 뜻으로 추로(綴輅)라고 한 것이다.

244 동쪽 계단: 원문의 '조계(阼階)'는 주인이 오르내리는 계단이라는 뜻인데 동쪽 계단을 말한다.
궁궐의 주인은 왕이기 때문에 궁궐의 조계는 왕의 전용 계단이다.

245 선로: 천자의 오로 가운데 목로(木輅)를 가리키니, 목로는 별다른 장식 없이 옻칠만 한 수레이

次輅는 在右塾之前하더라   차로²⁴⁶는 오른쪽 문간채 앞에 두었다.
차 로   재 우 숙 지 전

4. 원자가 길복을 입고 선왕의 고명(誥命)을 받다

二人은 雀弁으로 執惠하여   두 사람은 작변²⁴⁷을 쓰고 세모날 창을
이 인   작 변   집 혜   잡고

立于畢門之內하고   필문²⁴⁸의 안쪽에 서고,
립 우 필 문 지 내

四人은 綦弁으로   네 사람은 기변²⁴⁹을 쓰고
사 인   기 변

執戈上刃하여   창날이 밖을 향하도록 창을 잡고
집 과 상 인

夾兩階戺하고   동쪽 계단과 서쪽 계단의 좌우에 각각
협 양 계 사   서고,

一人은 冕으로 執劉하여   한 사람은 면복(冕服)을 갖추고 도끼를
일 인   면   집 류   잡고

다. 행차 시에 가장 선두에 선다고 하여 선로(先輅)라고 한다.

246 차로: 천자의 오로 가운데 상로(象輅)나 혁로(革輅)를 가리킨다. 행차 시에 선로 다음에 간다
는 뜻으로 차로(次輅)라고 한 것이다. 상로는 상아로 고삐를 장식한 수레이고, 혁로는 가죽으로
위를 덮고 옻칠한 수레이다. 이상에서 오로를 진열한 것은 성왕의 생존 시절을 재현한 것이다.

247 작변: 면(冕)보다 한 등급이 낮은 예관(禮冠)으로 검붉은 색의 비단으로 만든 것이다.

248 필문: 천자의 오문(五門) 가운데 가장 안쪽에 있는 노문(路門)을 말한다. 노문을 들어서면 바
로 천자의 정전인 노침(路寢)이니, '노(路)'는 크다는 뜻이다. 천자의 오문은 설이 분분하지만
정현의 설에 따르면, 멀리서부터 차례대로 각각 고문(皐門)·치문(雉門)·고문(庫門)·응문(應
門)·노문(路門)이다.

249 기변: 설이 분분하지만, 대체로 사슴 가죽으로 만든 검푸른 색의 예관(禮冠)을 말한다.

立于東堂하고
립 우 동 당

동당²⁵⁰에 서 있고,

一人은 冕으로 執鉞하여
일 인 　 면 　 　 집 월

한 사람은 면복을 갖추고 큰 도끼를
잡고

立于西堂하고
립 우 서 당

서당²⁵¹에 서 있고,

一人은 冕으로 執戣하여
일 인 　 면 　 　 집 규

한 사람은 면복을 갖추고 끝이 갈라진
창을 잡고

立于東垂하고
립 우 동 수

동편 상방의 계단 위에 서고,

一人은 冕으로 執瞿하여
일 인 　 면 　 　 집 구

한 사람은 면복을 갖추고 삼지창을
잡고

立于西垂하고
립 우 서 수

서편 상방의 계단 위에 서고,

一人은 冕으로 執銳²⁵²하여
일 인 　 면 　 　 집 윤

한 사람은 면복을 갖추고 윤(鈗)을
잡고

立于側階하더라
립 우 측 계

북쪽 계단 위에 섰다.

王이 麻冕黼裳으로
왕 　 마 면 보 상

왕이 마면²⁵³을 쓰고 도끼 무늬를
수놓은 치마를 입고

250　동당: 동편 상방의 전당(前堂)이다.

251　서당: 서편 상방의 전당이다.

252　銳: 채침은 원문의 '銳(예)'가 '鈗(윤)'의 오자라고 하였다. 윤은 왕을 가까이에서 시종하는 자가
　　 잡고 있던 창의 일종이다.

253　마면: 올이 고운 삼베로 만든 예관이다. 마면보상(麻冕黼裳)은 천자의 제사 복장[吉服]이니,
　　 상복과 대례복의 중간 복장이다. 상중이므로 대례복을 입을 수 없고, 즉위식이므로 상복을 입

由賓階하여 隮커시늘
유 빈 계　　 제

서쪽 계단으로 오르자[254]

卿士邦君은 麻冕蟻裳으로
경 사 방 군　　마 면 의 상

경사와 제후들은 마면을 쓰고 검은
치마를 입고

入卽位하니라
입 즉 위

들어가 (각자의) 자리로 나아갔다.

太保와 太史와 太宗은
태 보　　태 사　　태 종

태보와 태사와 태종[255]은

皆麻冕彤裳이러니
개 마 면 동 상

모두 마면을 쓰고 붉은 치마를
입었는데

太保는 承介圭하고
태 보　　승 개 규

태보는 개규[256]를 받들고

上宗은 奉同瑁하여
상 종　　봉 동 모

상종[태종]은 동(同)[257]과 모(瑁)[258]를
받들고

由阼階隮하고
유 조 계 제

동쪽 계단으로 올라가고[259]

太史는 秉書하여
태 사　　병 서

태사는 책서를 들고

을 수 없기에 중간 복장을 갖춘 것이다.

254　신왕이 주인의 계단인 동편 계단으로 오르지 않은 것은 선왕의 명을 받기 위해 오르기 때문이다.

255　태종: 나라의 예를 주관하는 종백(宗伯)을 말한다.

256　개규: 개규(介圭)는 큰 홀인데 천자의 홀로 길이는 한 자 두 치[一尺二寸]이다. 대규(大圭)라고
　　도 한다.

257　동(同): 청동으로 만든 술잔인데, '同'이라는 명문이 있는 발굴 유물을 보면 입구가 나팔처럼 넓
　　고 아래가 잘록한 술잔이다.

258　모(瑁): 사방 네 치[四寸]의 비스듬히 깎은 옥인데 제후들의 규벽(珪璧)에 씌워 보고 진위를 판
　　별하는 천자의 부신(符信)이다.

259　태보와 태종이 주인의 계단인 동쪽 계단으로 오른 것은 선왕의 명을 전하기 위해 오르기 때문
　　이다.

由賓階隮하여
유 빈 계 제

서쪽 계단으로 올라가

御王冊命하니라
어 왕 책 명

왕에게 책명을 바쳤다.

曰皇后憑玉几하사
왈 황 후 빙 옥 궤

(태사가) 말하였다. "위대하신 임금[성왕]께서 옥궤에 기대어

道揚末命하사
도 양 말 명

마지막 명령을 말씀하여 선포하사

命汝嗣訓하노니
명 여 사 훈

당신이 (선왕의) 가르침을 계승하도록 명하시기를,

臨君周邦하여
임 군 주 방

'주나라의 임금이 되어

率循大卞하여 燮和天下하여
솔 순 대 변　　　섭 화 천 하

위대한 법도를 따라 천하를 조화롭게 다스려

用答揚文武之光訓하라 하시다
용 답 양 문 무 지 광 훈

문왕과 무왕의 빛나는 가르침에 부응하여 선양하라' 하셨습니다."

王이 再拜興하사 答曰
왕　　재 배 흥　　답 왈

왕이 두 번 절하고 일어나 대답하셨다.

眇眇予末小子는
묘 묘 여 말 소 자

"미미하고 보잘것없는 소자가

其能而亂四方하여
기 능 이 란 사 방

능히 천하 사방을 다스려

以敬忌天威아
이 경 기 천 위

하늘의 위엄을 공경하고 삼갈 수 있겠습니까!"

乃受同瑁하사
내 수 동 모

이에 동과 모를 받으시고

王이 三宿三祭三咤하신대
왕 삼 숙 삼 제 삼 타

왕이 진작(進爵)[260]과 뇌주(酹酒)[261]와 전작(奠爵)[262]을 세 번 하자

上宗曰饗이라 하시다
상 종 왈 향

상종이 (신의 명을 전하여) "흠향했도다" 하였다.

太保受同하여 降盥하고
태 보 수 동 강 관

태보가 동을 받아서 내려가 손을 씻고

以異同으로 秉璋以酢하고
이 이 동 병 장 이 작

다른 동에 장찬(璋瓚)[263]으로 술을 부어 뇌주하고[264]

授宗人同코 拜한대
수 종 인 동 배

종인[265]에게 동을 준 다음 (왕에게) 절하자

王이 答拜하시다
왕 답 배

왕이 답배하였다.

太保受同하여 祭嚌하고
태 보 수 동 제 제

태보가 동을 받아 뇌주하고 술잔을 입에 대었다가[266]

---

260 진작(進爵): 잔을 들고 신 앞에 나아가는 절차이다.

261 뇌주(酹酒): 술을 땅에 부어 신이 오시기를 청하는 절차이다.

262 전작(奠爵): 술잔을 신 앞에 올리는 절차이다.

263 장찬(璋瓚): '찬(瓚)'은 술통의 술을 뜨기 위해 자루를 달아 만든 제기인데, 천자는 규(圭)로 자루를 만들기에 규찬(圭瓚)이라고 하고 제후는 장(璋)으로 자루를 만들어 장찬이라고 한다. 그러므로 여기서 태보는 장찬을 사용해 술을 뜨고, 앞에서 문장에 나타나지는 않았지만 강왕은 규찬으로 술을 떠서 뇌주하였을 것이다.

264 이 구절은 태보가 아헌례(亞獻禮)를 행한 것을 말함이다.

265 종인: 종백의 속관을 지칭한다.

266 이 구절에서 태보가 뇌주한 것은 종헌례(終獻禮)를 행한 것이고, 술잔을 입에 댄 것은 상주인 왕을 대신해 음복례(飮福禮)를 행한 것이다.

宅하여 授宗人同코 拜한대
택　　　수종인동　배
자기 자리로 물러나 종인에게 동을 준 다음 절하자

王이 答拜하시다
왕　　답배
왕이 답배하셨다.

太保降커늘 收하더니
태보강　　수
태보가 내려오고 (유사들이 제기를) 거두자

諸侯出廟門하여 俟하더라
제후출묘문　　　사
제후들이 노문(路門)[267]을 나와 (신왕을) 기다렸다.

267　노문(路門): 원문의 '묘문(廟門)'은 사당의 문이라는 뜻인데, 성왕의 빈소가 노침(路寢, 왕이 생전에 집무하던 정전正殿)에 있기 때문에 노문을 묘문이라고 한 것이다. 노문은 앞에서도 밝힌 것처럼 필문(畢門)이라고도 하는 가장 안쪽의 문이고, 노문을 들어서면 왕의 정전이 있었다.

제51편
강왕의 깨우침 [강왕지고康王之誥]

『금문상서』이다. 이 편은 「고명」의 후속편이다. 『금문상서』에서는 한 편으로 묶여 있었고 내용도 연결되는데, 매색의 진상본에서 '강왕지고'라는 이름으로 분리되었다. 즉위식을 마친 강왕이 대궐의 가장 안쪽 문인 노문[필문]을 나오자 제후들이 조공을 바치며 신왕께 축하와 당부의 말씀을 올리고 신왕은 이에 답사한다. 축사의 내용은 문왕과 무왕과 성왕의 덕을 계승하여 다스림을 이루라는 것이고, 답사의 내용은 너희 제후들이 잘해서 왕실의 울타리가 되라는 것이다. 즉위식이 끝나자 강왕은 길복을 다시 상복으로 갈아입고 상주가 되었다. 강왕은 이 상복을 햇수로 3년, 만 2년이 지나야 벗게 될 것이다.

1. 제후들이 신왕을 뵙다

王이 出在應門之內어시늘
왕 출 재 응 문 지 내

왕이 (필문을) 나가서 응문의 안에 계시자,

太保는 率西方諸侯하여
태 보 솔 서 방 제 후

태보는 서방의 제후들을 거느리고

入應門左하고
입 응 문 좌

응문으로 들어와 왼쪽에 서고,

畢公은 率東方諸侯하여
필 공 솔 동 방 제 후

필공은 동방의 제후들을 거느리고

入應門右하니
입 응 문 우

응문으로 들어와 오른쪽에 서서,

皆布乘黃朱러니
개 포 승 황 주

각기 갈기가 붉은 누런 말 네
마리[268]씩을 벌려 놓았다.

賓이 稱奉圭兼幣하여
빈   칭 봉 규 겸 폐

손님들[269]이 들고 온 홀과 폐백을
받들어 올리며,

曰一二臣衛는
왈 일 이 신 위

"저희 몇몇 변방 신하들이

敢執壤奠이라 하고
감 집 양 전

감히 영지에서 나온 것들을 받들어
올립니다" 하고

皆再拜稽首한대
개 재 배 계 수

모두 두 번 절하고 머리를 조아리자

王이 義嗣德이라 答拜하시다
왕   의 사 덕   답 배

왕은 (앞사람의) 덕을 정당하게 계승한
사람으로서 답배[270]하였다.

太保暨芮伯으로
태 보 기 예 백

태보가 예백과 (여러 신하와 함께)

咸進相揖하고
함 진 상 읍

모두 나아가 서로 읍한 뒤

皆再拜稽首하여 曰
개 재 배 계 수   왈

(왕에게) 모두 두 번 절하고 머리를
조아리며 말씀하였다.

---

268 갈기가 붉은 누런 말 네 마리: 제후들이 각기 가지고 온 조공품이다. 부피가 큰 조공품은 대궐
     뜰에 진열하여 바쳤는데, 이를 정실(庭實)이라고 하는 바, 제후들이 정실로 가지고 온 말이다.
269 손님들: 제후들이 천자의 즉위식에 손님 자격으로 온 것이기에 한 말이다.
270 답배: 제후들이 왕에게 두 번 절하자 왕이 한 번 절하여 답례한 것이다. 평소에는 왕이 제후에게
     절하는 법이 없지만, 상중에는 선왕의 덕을 정당하게 계승하였음을 뜻하는 의미로 답배했다.

敢敬告天子하나이다
감 경 고 천 자

"감히 삼가 천자께 고합니다.

皇天이
황 천

위대하신 하늘이

改大邦殷之命이어시늘
개 대 방 은 지 명

큰 나라 은의 천명을 바꾸시니

惟周文武가 誕受羨若하사
유 주 문 무   탄 수 유 약

주나라의 문왕과 무왕께서 (하늘의)
인도하심을 받아

克恤西土하시니이다
극 휼 서 토

서토의 백성들을 구휼하셨습니다.

惟新陟王이 畢恊賞罰하사
유 신 척 왕   필 협 상 벌

방금 승하하신 왕께서는 상벌을 다
합당하게 시행하여

戡定厥功하사
감 정 궐 공

이루 다 헤아릴 수 없는 공으로

用敷遺後人休하시니
용 부 유 후 인 휴

뒷사람들에게 은택을 베풀고
끼치셨습니다.

今王은 敬之哉하사
금 왕   경 지 재

이제 왕께서는 삼가시어

張皇六師하사
장 황 육 사

천자의 군대[육사]가 더욱 위엄을
떨치도록 하여

無壞我高祖寡命하소서
무 괴 아 고 조 과 명

우리의 덕 높은 선조들께서 어렵사리
받으신 천명을 무너뜨리지 마십시오."

2. 신왕이 제후들을 깨우치고 상복으로 갈아입다

王若曰
왕 약 왈

왕께서 이렇게 말씀하셨다.

庶邦侯甸男衛아
서 방 후 전 남 위

"후복·전복·남복·위복 등 여러 나라의
제후들이여!

惟予一人釗는 報誥하노라
유 여 일 인 교   보 고

나 한사람 교는 (너희들의) 깨우침에
답하노라.

昔君文武丕平富하시며
석 군 문 무 비 평 부

옛날 문왕과 무왕께서 (백성들을) 고루
넉넉하게 하시고

不務咎하사
불 무 구

형벌을 일삼지 않으시더니

底至齊信하사
지 지 제 신

(이를 미루어) 일마다 지극하시고
일마다 정성을 다하시어

用昭明于天下시어늘
용 소 명 우 천 하

천하에 밝게 드러나셨다.

則亦有熊羆之士와
즉 역 유 웅 비 지 사

이에 곰처럼 용맹한 자들과

不二心之臣이
불 이 심 지 신

두 마음을 갖지 않는 신하들이

保乂王家하여
보 예 왕 가

왕실을 보전하고 다스림으로써

用端命于上帝하시니
용 단 명 우 상 제

상제께 바른 명을 받으니,

皇天이 用訓厥道하사
황 천   용 훈 궐 도

하늘이 문왕과 무왕의 도를
펼치시고자

付畀四方하시니라
부 비 사 방

사방 천하를 맡기신 것이다.

乃命建侯樹屛은
내 명 건 후 수 병

이에 명령하여 제후를 세워 울타리를
삼은 것은

在我後之人이니
재 아 후 지 인

우리 뒷사람들을 걱정하셨기 때문이니,

今予一二伯父는
금 여 일 이 백 부

지금 나의 몇몇 백부[271]들은

尙胥曁顧綏
상 서 기 고 수

부디 서로 더불어

爾先公之臣服于先王하여
이 선 공 지 신 복 우 선 왕

그대들의 선공이 선왕께 신하로
복종했던 일을 돌이켜 행하여[272]

雖爾身이 在外하나
수 이 신   재 외

비록 그대들의 몸은 밖에 있으나

乃心이 罔不在王室하여
내 심   망 부 재 왕 실

그대들의 마음은 왕실에 두어

用奉恤厥若하여
용 봉 휼 궐 약

걱정하고 실천하여

無遺鞠子羞하라
무 유 국 자 수

어린 나에게 부끄러움을 끼치지
않도록 하라."

羣公이 旣皆聽命하고
군 공   기 개 청 명

여러 제후가 모두 명령을 들은 뒤

相揖趨出이어늘
상 읍 추 출

서로 읍하고 종종걸음으로 나가자

---

271 백부: 천자가 동성(同姓)의 제후들을 지칭하는 용어이다. 동성의 제후를 지칭함으로써 이성의
     제후까지 포괄하여 말한 것이다.
272 이상 두 구절은 하나의 문장을 편집의 편의상 두 개로 나눈 것이라서 각 행의 원문과 번역문이
     대응하지 않는다.

王이 **釋冕**하시고
왕　　석 면

왕께서 면복을 벗고

反喪服하시다
반　상 복

상복으로 갈아입으셨다.

제52편
필공을 임명하는 말씀 [필명畢命]

위고문이다. 필공 희고(姬高)는 문왕의 아들이며 무왕의 이복동생이다. 주나라가 건국되고 필(畢, 섬서성 함양시咸陽市)에 봉해졌으며, 문왕부터 강왕까지 4대에 걸쳐 조정을 보필한 원로였다. 「고명」에서 본 것처럼 성왕의 삼공이자 고명대신이며 동방 제후들의 우두머리였다. 강왕은 그를 성주(成周) 낙읍으로 보내 군진이 다스렸던 그 동교(東郊)를 다스리게 한다. 주나라는 종주인 호경과 성주인 낙읍의 이경(二京) 체제를 갖추었는데, 성주라는 말은 여기 처음 나온다. 위고문을 온전히 신뢰하기는 어렵지만, 혹 성주라는 명칭을 강왕 때부터 사용한 것일 수도 있을 것이다.

주공과 필공 등 주나라 최고의 원로들이 성주를 맡아 다스리는 것을 보면 좀 의아하다. 낙읍이 새 도읍이긴 하지만 이렇게 비중 높은 인물들이 연달아 가야만 하는 이유는 무엇일까? 혹시 있을지도 모르는 불상사를 미연에 방지하기엔 피를 나눈 혈족들이 가장 믿음직스러웠기 때문은 아니었을까? 본문에서 은나라 백성들을 '잘 바뀌지 않는 백성[頑民]'이라고 하거나, '나라의 안위가 은나라 사람들에게 달려 있다'고 하는 것을 보면, 그들은 아직도 불온했던 모양이다. 그래서 강왕은 믿음직한 작은할아버지 필공을 파견했을 것이다. 이쯤 해두자. 어차피 위고문이다.

1. 동교를 필공에게 다스리게 하다

惟十有二年六月庚午朏
유 십 유 이 년 육 월 경 오 비

　　(강왕) 12년 6월 3일 경오일에서

越三日壬申에
월 삼 일 임 신

　　사흘 지난 임신일[5일]에

王朝步自宗周하여
왕 조 보 자 종 주

왕이 아침에 종주[호경]에서 출발하여

至于豊하여
지 우 풍

풍에 이르러

以成周之衆으로 命畢公하여
이 성 주 지 중　　　　명 필 공

성주273의 백성들을 필공에게 명하여

保釐東郊하다
보 리 동 교

동교를 보호하고 다스리게 하였다.

2. 필공의 덕과 업적을 칭송하다

王若曰 嗚呼라 父師아
왕 약 왈 오 호　　부 사

왕이 이렇게 말씀하셨다. "아!
부사274여!

惟文王武王이
유 문 왕 무 왕

문왕과 무왕께서

敷大德于天下하여
부 대 덕 우 천 하

큰 덕을 천하에 베푸시어

用克受殷命하시니라
용 극 수 은 명

은나라의 천명을 넘겨받으셨도다.

惟周公이 左右先王하여
유 주 공　　좌 우 선 왕

주공이 선왕을 도와서

綏定厥家하시고
유 정 궐 가

국가를 안정시키시고

毖殷頑民하여
비 은 완 민

나라의 완악한 백성들을 경계시키고자

273　성주: 새로 건설한 도읍인 낙읍을 말한다. 낙읍의 주요 구성원은 은나라 유민들이었다.
274　부사: 아버지 같고 스승 같다는 말이다. 필공은 문왕의 아들이니 강왕에게는 할아버지뻘이다.

遷于洛邑하여
천 우 락 읍

낙읍으로 옮겨

密邇王室하시니
밀 이 왕 실

왕실에 가깝게 하시니

式化厥訓하여 旣歷三紀하여
식 화 궐 훈   기 력 삼 기

그 가르침에 교화된 지가 이미
삼기[275]를 지났도다.

世變風移하여 四方無虞하니
세 변 풍 이   사 방 무 우

세상이 변하고 풍속이 바뀌어 사방에
근심이 없으니

予一人이 以寧호라
여 일 인   이 녕

나 한사람이 이 때문에 편안하도다.

道有升降하며 政由俗革하니
도 유 승 강   정 유 속 혁

도는 오르내림이 있고 정치는 풍속을
따라 바뀌니

不臧厥臧하면
부 장 궐 장

선한 것을 선하게 여기지 않으면

民罔攸勸하리라
민 망 유 권

백성들이 서로 권면하지 않게 될
것이로다.

惟公이 懋德으로
유 공   무 덕

공은 성대한 덕으로

克勤小物하여
극 근 소 물

작은 일에도 부지런하며

弼亮四世하여
필 량 사 세

4대를 보필하여 빛나게 하였도다.

---

275 삼기: 일기(一紀)가 12년이니 36년이다.

正色率下한대
정 색 솔 하

낯빛을 바르게 하고 아랫사람들을
통솔하니

罔不祗師言하여
망 부 지 사 언

스승의 말처럼 공경치 않는 사람이
없어

嘉績이 多于先王하니
가 적 다 우 선 왕

아름다운 공적이 선왕 때보다
많으므로

予小子는 垂拱仰成하노라
여 소 자 수 공 앙 성

나 소자는 수의공수(垂衣拱手)[276]하고
우러러 성공을 기다릴 뿐이로다.”

3. 덕업을 권장하여 교화를 펼치도록 깨우치다

王曰 嗚呼라 父師아
왕 왈 오 호 부 사

왕이 말씀하셨다. “아! 부사여!

今予祗命公以周公之事하노니
금 여 지 명 공 이 주 공 지 사

이제 나는 삼가 공에게 주공이 하던
일을 맡기노니

往哉어다
왕 재

가서 (직무를) 수행하시라!

旌別淑慝하여
정 별 숙 특

선한 자를 표창함으로써 악한 자와
구별하여

---

276 수의공수(垂衣拱手): 임금이 옷깃을 드리우고 두 손을 마주잡은 채 아무것도 하지 않는다는
뜻으로 천하가 태평함을 말한다.

表厥宅里하며
표 궐 택 리

그가 사는 마을을 정표(旌表)[277]하고,

彰善癉惡하여
창 선 탄 악

선한 자를 드러냄으로써 악한 자를
위축시켜

樹之風聲하며
수 지 풍 성

(선한 자의) 명성을 세워 주고,

弗率訓典이어든
불 솔 훈 전

법도를 따르지 않는 자는

殊厥井疆하여
수 궐 정 강

(격리시켜) 마을의 경계를 달리하도록
하여

俾克畏慕하며
비 극 외 모

두려워하고 부러워하도록 할 것이며,

申畫郊圻하며
신 획 교 기

행정 구역을 거듭 명확하게 긋고

愼固封守하여 以康四海하라
신 고 봉 수   이 강 사 해

봉해진 땅을 삼가 견고하게 지켜
사해를 안녕케 하라.

政貴有恒이오
정 귀 유 항

정치는 자주 바꾸지 않는 것을 귀하게
여기고

辭尙體要라
사 상 체 요

말은 취지가 분명하면서도 간결한 것을
숭상한다.

不惟好異니
불 유 호 이

기이한 것을 좋아하지 않아야 하니,

---

277 정표(旌表): 선한 행실을 드러내어 세상에 알리기 위해 일정한 표식을 설치하는 것을 말한다.
후대에는 마을에 정문(旌門)이나 패방(牌坊)을 세웠다.

商俗이 靡靡하여
상속 미미

상나라의 풍속이 경박하여

利口를 惟賢하던 餘風이
리구 유현 여풍

말 잘하는 것을 현명하게 여기던 풍속이 남아

未殄하니 公其念哉어다
미진 공기념재

아직 다 없어지지 않았으니 공은 유념하시라.

我聞하니 曰世祿之家
아문 왈세록지가

내가 들으니, '대대로 녹을 먹던 집안에는

鮮克由禮하여
선극유례

예법을 지키는 자가 드물어,

以蕩陵德하며
이탕릉덕

방탕함으로써 유덕한 자를 능멸하여

實悖天道하여
실패천도

실로 천도를 어지럽히니,

敝化奢麗가
폐화사려

교화를 망치고 사치하고 화려한 것이

萬世同流니라
만세동류

만세토록 변함이 없다'고 한다.

玆殷庶士席寵이 惟舊하여
자은서사석총 유구

이 은나라의 많은 관리가 총애를 입은 지가 오래되어,

怙侈滅義하며
호치멸의

사치에 빠지고 의로움이 사라져

服美于人하여
복미우인

의복의 아름다움이나 남에게 과시하며

驕淫矜侉하여
교음긍과

교만하고 음란하며 뽐내고 자랑하여

將由惡終이러니
장 유 악 종

장차 악한 길을 걷다가 끝날 듯하였으니,

雖收放心하나
수 수 방 심

비록 (낙읍으로 옮겨 와) 놓아 버린 마음을 거두어들였으나

閑之惟艱하니라
한 지 유 간

(끝까지) 막기가 어려울 것이로다.

資富能訓이
자 부 능 훈

잘 살게 해 준 뒤에 잘 가르친다면

惟以永年이니
유 이 영 년

(착하게) 오래 살도록 할 수 있으니,

惟德惟義가
유 덕 유 의

(가르침은 특별한 것이 아니라) 덕과 의로움,

時乃大訓이니라
시 내 대 훈

이것이 바로 큰 가르침이로다.

不由古訓이면
불 유 고 훈

(이렇게 말한) 옛사람의 교훈대로 하지 않고

于何其訓이리오
우 하 기 훈

무엇으로 가르칠 수 있으랴!"

4. 유종의 미를 거두기를

王曰 嗚呼라 父師아
왕 왈 오 호　부 사

왕이 말씀하셨다. "아! 부사여!

邦之安危는 惟玆殷士니
방 지 안 위　유 자 은 사

나라의 안위가 이 은나라 관리들에게 달려 있으니

不剛不柔라사
불강불유

억세지도 않고 유약하지도 않게
다스려야

厥德이 允修하리라
궐덕 윤수

그들이 덕을 닦게 될 것이로다.

惟周公이 克愼厥始하여늘
유주공 극신궐시

주공이 시작을 조심조심 하셨고,

惟君陳이 克和厥中하야늘
유군진 극화궐중

군진이 중간에서 화합하게 하였으니,

惟公이 克成厥終하야
유공 극성궐종

공이 그 마지막을 잘 이루어,

三后恊心하여 同底于道하여
삼후협심 동지우도

세 분 제후가 마음을 합하여 함께 도를
이룬다면

道洽政治하여 澤潤生民하여
도흡정치 택윤생민

도가 두루 미치고 정사가 다스려져
백성들이 윤택할 것이며

四夷左衽이
사이좌임

옷섶을 왼쪽으로 여미는[278] 사방의
오랑캐들도

罔不咸賴하니
망불함뢰

모두 의지하지 않음이 없을 것이니

予小子는 永膺多福이로다
여소자 영응다복

나 소자는 길이 많은 복을 누릴
것이로다.

---

278 옷섶을 왼쪽으로 여미는: 원문의 '좌임(左衽)'은 피발좌임(被髮左衽)의 준말로, 머리를 풀어헤
치고 옷섶을 왼쪽으로 여미는 오랑캐의 풍속을 말한다. 『논어·헌문(憲問)』에, "관중(管仲)이
없었더라면 내가 피발좌임을 하게 되었을 것이다."라고 한 공자의 말이 실려 있다.

公其惟時成周에
공 기 유 시 성 주

공이 이 성주[낙읍]에

建無窮之基하면
건 무 궁 지 기

영원할 기반을 세운다면

亦有無窮之聞하리니
역 유 무 궁 지 문

또한 영원히 명성이 있게 될 것이며,

子孫이 訓其成式하여
자 손　　훈 기 성 식

자손들은 (공이) 이룩한 법을 따라

惟乂하리라
유 예

잘 다스릴 것이로다.

嗚呼라 罔曰弗克이라 하여
오 호　　망 왈 불 극

아! 할 수 없다고 하지 말고

惟旣厥心하며
유 기 궐 심

마음을 다할 것이며,

罔曰民寡라 하여
망 왈 민 과

백성이 적어서 (할 일이 없다) 하지 말고

惟愼厥事하여
유 신 궐 사

직무를 신중하게 수행할 것이며,

欽若先王成烈하여
흠 약 선 왕 성 렬

선왕께서 이루신 업적을 삼가 따라서

以休于前政하라
이 휴 우 전 정

(주공과 군진의) 옛 정사(政事)를 더욱
빛나게 하시라."

제53편
군아 이야기 [군아君牙]

위고문이다. 이제 성왕과 주공의 시대가 지나가고 시대가 좀 내려온다. 강왕도 죽고 그 아들 소왕(昭王)도 죽고 지금은 소왕의 아들 목왕(穆王)의 시대다. 『서경』에는 목왕 시대의 글이 세 편 있는데, 「여형(呂刑)」 한 편만 금문이고 「군아」와 「경명(冏命)」은 위고문이다. 「경명」 편의 주인공 백경(伯冏)은 사마천의 『사기』에라도 언급이 되지만, 이 편의 군아(君牙)는 여기를 제외하면 보이지 않는다. 그래서 공영달도 채침도 '신하의 이름[臣名]'이라고만 했다. 채침은 이 글의 유래를, 목왕이 군아를 대사도(大司徒)에 임명했다는 「서서(書序)」의 말을 그대로 따르면서 그때 내린 고명이라고 했다. 대사도는 『주례』의 육경 체계에서 국토와 호구를 관리하고 국가의 재정을 담당하는 지관(地官)의 최고 벼슬인데, 본문에는 대사도라는 벼슬 이름이나 그런 직무에 대한 언급이 없다. 본문의 내용을 보면 오히려 앞의 「주관(周官)」 편에서 이야기한 사도(司徒)의 직무인 '나라의 교화를 관장하여 오륜을 펼치는 것'에 가깝다. 「주관」도 위고문이니 같은 계열인가 보다. 내용은 너의 선조들처럼 나를 잘 보필하여 중도(中道)를 실천하고 오륜의 가르침을 널리 펼치라는 것이다.

1. 선조들이 선왕을 보필하듯

王若曰 嗚呼라 君牙아
왕 약 왈 오 호   군 아

惟乃祖乃父
유 내 조 내 부

왕이 이렇게 말씀하셨다. "아! 군아여!

너의 할아버지와 아버지는

世篤忠貞하여
세 독 충 정

대대로 충성과 절조를 독실하게
실천하여

服勞王家하여
복 로 왕 가

왕실을 위해 수고하였으니

厥有成績이 紀于太常하니라
궐 유 성 적　　　기 우 태 상

이룬 업적이 태상[279]에 기록되어
있도다.

惟予小子
유 여 소 자

나 소자가

嗣守文武成康遺緖함은
사 수 문 무 성 강 유 서

문왕·무왕·성왕·강왕께서 남기신
전통을 이어받아 지킴은

亦惟先王之臣이
역 유 선 왕 지 신

역시 선왕의 신하들이

克左右하여 亂四方하니
극 좌 우　　　　란 사 방

잘 보필하여 사방을 다스리기
때문이니,

心之憂危가
심 지 우 위

마음으로 위태로움을 걱정하는 것이

若蹈虎尾하며
약 도 호 미

마치 범의 꼬리를 밟은 듯하며

279　태상: 원래 주나라의 천자가 하늘에 제사 지낼 때 세우던, 해·달·별이 그려져 있는 깃발인데, 신
　　하가 공적이 있으면 널리 기리기 위해 여기에 기록하였다고 한다. 여기에서 유래하여 종묘의 전
　　례와 천자의 제사, 공신의 포숭(褒崇) 등의 일을 담당하는 관청이나 벼슬의 대칭(代稱)으로 사
　　용되었다. 주나라의 육경 체계에서는 대종백(大宗伯)의 직무 일부가 여기에 해당되고, 진나라
　　에서는 봉상(奉常)이라고 하였으며, 한나라에 와서 관직명으로 정착되었다. 조선에서는 봉상
　　시(奉常寺)의 별칭으로 사용했다.

涉于春冰이라
섭 우 춘 빙

봄날의 얼음을 딛고 물을 건너는 듯하다.

今에 命爾하노니
금   명 이

이제 너에게 명하노니,

予翼하여 作股肱心膂하여
여 익   작 고 굉 심 려

나를 도와 나의 팔다리가 되고 나의 심장과 등골이 되어

纘乃舊服하여
찬 내 구 복

너의 선조가 옛날에 하였던 일을 이어 함으로써

無忝祖考하라
무 첨 조 고

선조를 욕되게 하지 말라.

2. 오륜을 펼치고 중도를 지키며

弘敷五典하여
홍 부 오 전

오륜의 가르침을 널리 펼치고

式和民則하라
식 화 민 칙

백성의 법도를 존중하여 화합하게 하라.

爾身이 克正하면
이 신   극 정

너 자신이 바르다면

罔敢弗正하리니
망 감 불 정

감히 바르지 않은 자가 없을 것이며,

民心이 罔中이라
민 심   망 중

백성의 마음이 저절로 중도(中道)에 맞는 것이 아니라

惟爾之中이니라
유 이 지 중

오직 너의 중도를 보고 배우는 것이다.

3. 고단한 백성들을 잘 다독거려야

夏暑雨에
하 서 우
여름날 무더운 장맛비에도

小民이 惟曰怨咨하며
소 민   유 왈 원 자
백성은 원망하고 탄식하며,

冬祁寒에
동 기 한
겨울의 혹독한 추위에도

小民이 亦惟曰怨咨하나니
소 민   역 유 왈 원 자
백성은 원망하고 탄식하나니,

厥惟艱哉인저
궐 유 간 재
그들은 늘 힘들어한다.

思其艱하여
사 기 간
그들이 힘들어하는 것을 생각하여

以圖其易하면 民乃寧하리라
이 도 기 이   민 내 녕

쉽게 해 주고자 도모한다면 백성들이
안녕할 것이다.

4. 또, 선조들이 선왕을 보필하듯

嗚呼라 丕顯哉라 文王謨여
오 호   비 현 재   문 왕 모
아! 참으로 빛나도다! 문왕의
가르침이여!

丕承哉라 武王烈이여
비 승 재   무 왕 렬
잘 이으셨도다! 무왕의 업적이여!

啓佑我後人하사대
계 우 아 후 인
우리 뒷사람을 깨우치고 도우시되

咸以正罔缺하시니
함 이 정 망 궐

모두 올바르게 인도하사 하자가
없으시도다.

爾惟敬明乃訓하여
이 유 경 명 내 훈

너는 너에게 준 가르침을 삼가
실천하여

用奉若于先王하여
용 봉 약 우 선 왕

선왕을 받들고 따라서

對揚文武之光命하며
대 양 문 무 지 광 명

문왕과 무왕의 빛나는 명령에 부응할
것이며

追配于前人하라
추 배 우 전 인

앞사람[선조]을 뒤쫓아 짝을 이루도록
하라.”

5. 또 다시, 선조들이 선왕을 보필하듯

王若曰 君牙아
왕 약 왈 군 아

왕이 이렇게 말씀하셨다. “군아여!

乃惟由先正舊典하여
내 유 유 선 정 구 전

선정[280]의 옛 법도를 따라

時式하라
시 식

이에 본받도록 하라.

民之治亂이 在玆하니
민 지 치 란   재 자

백성이 다스려짐과 어지러움이 여기에
달려 있으니

---

280 선정: 선대의 현인을 말하니, 여기서는 군아의 아버지와 할아버지를 지칭한 것이다.

率乃祖考之攸行하여
솔 내 조 고 지 유 행

너의 할아버지와 아버지가 행하던
것을 따라

昭乃辟之有乂하라
소 내 벽 지 유 예

네 임금의 다스림을 빛내도록 하라.”

제54편
백경을 임명하는 말씀 [경명冏命]

위고문이다. 「서서」에 이 글의 유래를, 목왕이 백경(伯冏)을 태복정(太僕正)으로
임명하면서 「경명」을 지었다고 하였고 채침도 이를 따라 백경을 임명할 때의
고명(誥命)이라고 했다. 『사기·주본기(周本紀)』에는, 목왕이 백경으로 하여금 태
복들이 나라의 정사를 잘 깨우치도록 하기 위해 「경명」을 지었다고 했다. 이 글
의 위작자는 아마 사마천의 이 기록에 착안해 이 글을 지었을 것이나, 백경은
태복을 깨우친 사람이지 태복정이 아니다. 태복은 「입정」에 나왔던 추의(綴衣)
처럼 왕의 사생활을 보조하는 사람들이고 태복정은 그들의 우두머리이다. 아
마 환관의 우두머리인 명·청대의 태감(太監)과 비슷할 것이다.

태복정을 임명하면서 고명까지 내리는 것이 좀 어색한데, 선유(先儒)들은 지근
거리에서 왕의 일상을 보좌하는 신하들이니 가볍게 여길 수 없다는 정도로 해
설했다. 본문에서는 아침저녁으로 나들며 앉으나 서나 임금의 눈과 귀가 되어
올바른 법도로 잘 보필하라고 훈계하고 있다.

1. 늘 임금 곁에 붙어 있는 신하들, 시어복종(侍御僕從)

王若曰 伯冏아 _{왕 약 왈 백 경}	왕이 이렇게 말씀하셨다. "백경이여!
惟予弗克于德하여 _{유 여 불 극 우 덕}	나는 덕을 잘 실천하지 못하면서
嗣先人宅丕后하여 _{사 선 인 택 비 후}	앞사람을 이어 높디높은 임금의 자리에 있으니

怵惕惟厲하여
출 척 유 려
두렵고 불안하여

中夜以興하여
중 야 이 흥
한밤중에 일어나

思免厥愆하노라
사 면 궐 건
허물이 없기를 생각한다.

昔在文武하사
석 재 문 무
옛날 문왕과 무왕께서는

聰明齊聖이어시늘
총 명 제 성
듣고 보지 못하는 것이 없으시고
바르고 거룩하시니,

小大之臣이
소 대 지 신
높고 낮은 신하들이

咸懷忠良하며
함 회 충 량
모두 충성스럽고 어진 신하가 될
마음을 품었으며,

其侍御僕從이 罔匪正人이라
기 시 어 복 종   망 비 정 인
가까이에서 모시고 따르는 자들
가운데 바르지 않은 사람이 없었다.

以旦夕에 承弼厥辟함으로
이 단 석   승 필 궐 벽
아침저녁으로 그 임금을 받들어
보필하면서

出入起居에 罔有不欽하며
출 입 기 거   망 유 불 흠
나고 들며 앉고 일어남에 삼가지
않음이 없었으니,

發號施令을 罔有不臧한대
발 호 시 령   망 유 부 장
명령을 선포하고 시행함에 잘못하는
경우가 없어,

下民이 祗若하며
하 민   지 약
백성들이 공경하고 따라

萬邦이 咸休하니라
만방   함휴

온 천하가 모두 태평하였도다.

惟予一人이 無良하여
유여일인   무량

나 한사람은 어질지 못하지만,

實賴左右前後有位之士의
실뢰좌우전후유위지사

실로 전후좌우의 관리들이

匡其不及하며
광기불급

나의 부족함을 바로잡아 주는 것에
의지하여,

繩愆糾謬하여
승건규류

허물을 고치고 오류를 시정하여

格其非心하여
격기비심

그릇된 마음을 바로잡아

俾克紹先烈하노라
비극소선렬

선조의 업적을 이을 수 있었다.

2. 너는 태복정이 되어 이들을 잘 다스려야

今予命汝하여 作大正하노니
금여명여   작대정

이제 내가 너를 근시(近侍)들의
우두머리로 임명하니

正于羣僕侍御之臣하여
정우군복시어지신

가까이에서 모시고 심부름하는 여러
신하를 바로잡아

懋乃后德하여
무내후덕

너의 임금이 덕을 기르도록 힘쓰고

交修不逮하라
교수불체

(임금의) 부족한 점을 함께 보완하도록
하라.

愼簡乃僚하되
신 간 내 료

너의 막료들을 신중하게 선발하되

無以巧言令色과
무 이 교 언 영 색

교언영색을 일삼으며

便辟側媚하고
편 벽 측 미

아첨을 잘하는 사람을 뽑지 말고

其惟吉士하라
기 유 길 사

덕이 있는 사람을 선발하도록 하라.

僕臣正이면 厥后克正하고
복 신 정　　　　궐 후 극 정

가까이에서 모시는 신하가 바르면 그
임금이 바르게 되고

僕臣諛면
복 신 유

가까이에서 모시는 신하가 아첨하면

厥后自聖하리니
궐 후 자 성

그 임금은 자신을 성인이라고 여길
것이니,

后德도 惟臣이며
후 덕　　 유 신

임금의 유덕함도 신하에게 달려 있고

不德도 惟臣이니라
부 덕　　 유 신

부덕함도 신하에게 달려 있는 것이다.

爾無昵于憸人하여
이 무 닐 우 섬 인

너는 간사한 사람을 가까이하여

充耳目之官하여
충 이 목 지 관

임금의 귀가 되고 눈이 되는 자리에
채워서

迪上以非先王之典하라
적 상 이 비 선 왕 지 전

선왕의 법도가 아닌 것으로 임금을
인도하게 하지 말라.

非人其吉이오 惟貨其吉이면
비 인 기 길　　　 유 화 기 길

사람이 훌륭하다 하지 않고 바치는
뇌물이 훌륭하다 하여

若時瘝厥官하리니
약 시 환 궐 관

이와 같이 (임명하여) 그 관직을 병들게
한다면

惟爾大弗克祗厥辟이라
유 이 대 불 극 지 궐 벽

너는 참으로 임금을 공경하지 않는
것이니

惟予汝辜하리라
유 여 여 고

나는 너의 죄를 물을 것이다."

王曰 嗚呼라
왕 왈 오 호

왕이 말씀하셨다. "아!

欽哉하여
흠 재

삼가 직무를 수행하여

永弼乃后于彝憲하라
영 필 내 후 우 이 헌

너의 임금을 길이 올바른 법도로
보필하라!"

제55편
여후의 형벌 [여형呂刑]

『금문상서』이다. 여(呂)는 지금의 하남성 남양시(南陽市) 경내에 있던 제후국이다. 여씨(呂氏)는 강성(姜姓)에서 갈라져 나온 씨족이니 강성여씨(姜姓呂氏)인 강태공 여상(呂尙)도 이 씨족 출신인 것으로 짐작된다. 이 편의 여후(呂侯)는 목왕 당시의 여국 제후일 것이지만 이름은 알 수 없다. 『사기·주본기』에서는 여후를 보후(甫侯)라고 하였는데, 다른 기록에 의하면 원래 여국이 산서성 여량산(呂梁山) 근처에 있었다가 남양으로 옮겨 오면서 보국(甫國)이 되었다고 한다.

채침은 목왕이 여후를 사구(司寇)에 임명했다고 한다. 사구는 주나라의 육경(六卿) 체계에서 법률과 형벌을 담당하던 최고 관직이다. 그런데 이 편의 본문에는 여후를 사구에 임명했다는 명확한 언급이 없고, 「위공전(僞孔傳)」에서만 여후를 사구에 임명했다고 하였다. 『사기·주본기』에는 "오랑캐들이 조공을 바치지 않고 제후들이 말을 듣지 않자 보후가 목왕에게 형벌을 바로잡을 것을 건의하여 (…) 「보형(甫刑)」을 지었다"고만 했으니 여후가 사구에 임명되었다는 말은 사마천 이후에 나온 것이다.

이런저런 문제점들이 있지만 이 편은 사료적 가치가 대단히 크다. 남아 있는 문헌 가운데 가장 오래된 형법 설명서이기 때문이다. 형벌의 원류부터 형벌의 종류와 옥사를 판결하는 자에게 요구되는 자질까지 비교적 상세하고 설명하고 있다. 목왕 희만(姬滿)은 여덟 필의 준마[八駿馬]를 타고 천하를 유람하였다는 전설이 남아 있는 풍류 천자다. 그런 그가 만년에 국정을 돌보기 시작해 이 편이 남게 되었으니 다행한 일이다. 재미있는 것은 이 모든 형벌이 금전으로 대속(代贖)될 수 있어 사형조차도 면할 수 있다는 점인데, 채침은 재정이 궁핍한 시대의 임시방편이라고 했다.

1. 사구가 된 여후

惟呂를 命하시니 _{유 려 명}	여후(呂侯)가 (사구司寇에) 임명되었다.
王이 享國百年에 耄荒하여 _{왕 향 국 백 년 모 황}	왕이 나라를 다스린 지 백 년이라 늙고 혼미하였으나
度作刑하여 以詰四方하시다 _{탁 작 형 이 힐 사 방}	헤아려 형벌을 만들어 사방의 (간특한 자들을) 꾸짖으셨다.[281]

2. 악을 조장한 치우, 형벌을 남용한 삼묘

王曰 _{왕 왈}	왕이 말씀하셨다.
若古에 有訓하니 _{약 고 유 훈}	"교훈으로 삼을 옛날 일이 있다.
蚩尤惟始作亂한대 _{치 우 유 시 작 란}	치우[282]가 처음 난을 일으켰을 때,

---

281 이상 세 구절은 의미가 잘 연결되지 않는다. '유려명(惟呂命)'으로 시작한 첫 구절부터 여후가 주어이기 때문에 이해하기 힘든데, 채침은 『상서정의』의 "여후가 임명되어 천자의 사구가 되었다(呂侯見命, 爲天子司寇)"는 해설을 따라 피동으로 보았기에 위와 같이 해석하였다. '향국백년(享國百年)'의 향국은 재위 기간을 말하는데 『사기·주본기』에 따르면, 목왕은 50세에 등극하여 55년 동안 재위하였으니, 재위 기간이 아니라 생애를 말한 것이다. '모황(耄荒)'도 늙어서 혼미하다는 뜻으로 본다면 뒤 구절과 연결이 어색하여 부득이 역접으로 해석하였다. 소식(蘇軾)은 '황(荒)'을 뒤로 붙여 '크게 헤아리다[荒度]'는 뜻으로 해석하였는데 그렇다 하더라도 '늙었으나 크게 헤아려'라는 뜻이 되어 '모(耄)'와 '황탁(荒度)'은 역접으로 연결될 수밖에 없다.

延及于平民하여
연 급 우 평 민

백성들에게까지 (영향을) 미쳐

罔不寇賊하여
망 불 구 적

도둑질하고 해치지 않는 사람이 없게
되었으니,

鴟義姦宄하며
치 의 간 궤

솔개가 나래를 펼치듯 위세를 떨치며
난동을 부리고

奪攘矯虔하니라
탈 양 교 건

약탈하고 속이며 살육을 자행하였다.

苗民이
묘 민

삼묘의 군주들[283]은

弗用靈하여 制以刑이오
불 용 령   제 이 형

선정을 펼쳐 형벌을 억제하지 않고

惟作五虐之刑曰法이라 하여
유 작 오 학 지 형 왈 법

다섯 가지 포악한 형을 만들어
법이라고 하며

殺戮無辜하니
살 륙 무 고

무고한 자들을 죽이고

爰始淫爲劓刵椓黥하여
원 시 음 위 의 이 탁 경

처음으로 의이탁경의 형벌을 과도하게
적용하여[284]

---

282 치우: 중국 고대 신화에 나타나는 인물로 구려족(九黎族)의 우두머리로서 황제(黃帝)와 탁록
(涿鹿)에서 싸우다가 죽었다고 한다. 전투에 매우 뛰어난 능력을 보여 중국과 한국에서 전신
(戰神)으로 숭배되었다.

283 삼묘의 군주들: 원문은 '묘민(苗民)'인데, '민(民)'을 백성들이라고 번역하면 아래 구절들과 잘
맞지 않기 때문에 군주들로 번역했다. 『상서정의』에는 삼묘의 군주들이 포악하여 백성과 같다
[若民]고 하여, 군주의 자격이 없기 때문에 백성이라고 낮추어 부른 것으로 해설했다.

越玆麗刑하여 幷制하여
월 자 리 형　　　병 제

이에 법에 걸린 자를 처벌할 뿐만
아니라 연좌시켜 함께 처벌하고

罔差有辭하니라
망 차 유 사

진술을 들어 보고 시비를 가리지 않고
무조건 처벌하였다.

民興胥漸하여 泯泯棼棼하여
민 흥 서 점　　　민 민 분 분

백성들이 고조된 분위기에 점차 서로
물들어 어지러워지니

罔中于信이오 以覆詛盟하니
망 중 우 신　　　이 복 저 맹

참된 마음은 사라지고 (싸움하려는)
맹세만 반복하였다.

虐威庶戮이
학 위 서 륙

포학한 위세에 살육당한 많은
사람들이

方告無辜于上한대
방 고 무 고 우 상

하늘에 무고함을 고하자,

上帝監民하시니
상 제 감 민

상제께서 백성들을 굽어 살펴보시니

罔有馨香德이오
망 유 형 향 덕

향기로운 덕은 사라지고

刑發聞이 惟腥이러라
형 발 문　　　유 성

형벌의 비린 냄새만 진동하였다.

284　의이탁경은 각각 코를 베고, 귀를 베고, 거세하고, 먹물로 새기는 형벌이며, 위 구절의 사형과 함
　　　께 순임금이 시행했던 다섯 가지 기준이 되는 형벌[典刑]이다. 삼묘는 이 오형(五刑)을 정상보
　　　다 과도하게 적용하여 포악하게 처벌했다는 것이다.

3. 덕으로 다스리고 형벌로 보완한 순

皇帝哀矜庶戮之不辜하사
_{황 제 애 긍 서 륙 지 불 고}

순임금²⁸⁵께서 무고하게 살육당한 백성들을 가엾게 여겨

報虐以威하사 遏絶苗民하여
_{보 학 이 위}　　_{알 절 묘 민}

위엄으로 포악함을 갚아, 삼묘를 절멸시켜

無世在下하니라
_{무 세 재 하}

지상에서 대를 이어 살지 못하게 하셨다.

乃命重黎하사 絶地天通하사
_{내 명 중 려}　　_{절 지 천 통}

중과 여²⁸⁶에게 명하여 하늘과 땅의 소통을 끊어

罔有降格케 하신대
_{망 유 강 격}

(신이) 강림하지 않도록 하시니,²⁸⁷

---

285 순임금: 원문의 '황제(皇帝)'를 채침은 순임금이라고 하였고 위공전(僞孔傳)에는 요임금이라고 하였다. 문맥이나 이 시대의 어휘 용법으로 보아 황천 상제로 보는 것이 좋을 듯하지만 우선 채침의 설을 따라 번역하였다.

286 중과 여: 채침은 『국어(國語)·초어(楚語)』의 "소호(少皞)가 쇠하고 구려(九黎)가 덕을 어지럽히자, (…) 전욱(顓頊)이 이어받아 남정(南正)인 중(重)에게 명하여 하늘을 맡아 신들에 관한 일을 관장하게 하고, 북정(北正)인 여(黎)에게 명하여 땅을 맡아 백성의 일을 관장하게 하였다"는 구절을 근거로, 중은 소호의 후예로 요임금 때 역상을 담당하였던 희씨(羲氏)이고, 여는 전욱의 후예로 화씨(和氏)라고 하였다.

287 이 두 구절은, 포악한 삼묘가 다스릴 때 백성들이 억울함을 호소하고자 여러 신에게 정당하지 않은 제사를 지냄으로 인해 예(禮)가 혼란스러워진 것을 중과 여로 하여금 바로잡게 했다는 말이다.

群后之逮在下
군 후 지 체 재 하

(이에) 여러 제후부터 그 아래의
신하들에 이르기까지

明明棐常하여
명 명 비 상

맑고 밝은 마음으로 상도(常道)를
도와서

鰥寡無蓋하니라
환 과 무 개

홀아비와 과부처럼 가련한 사람조차
가리지 않게 되었다.

皇帝淸問下民하시니
황 제 청 문 하 민

순임금께서 허심하게 백성들에게
물어보자

鰥寡有辭于苗어늘
환 과 유 사 우 묘

홀아비와 과부들이 삼묘가 포악했던
일을 말하므로,

德威하신대 惟畏하고
덕 위   유 외

(순은 그들과 반대로) 덕으로 위엄을
보이시자 천하가 두려워하고

德明하신대 惟明하니라
덕 명   유 명

덕으로 밝히시자 천하가 밝아졌다.

乃命三后하사
내 명 삼 후

이에 (백이·우·후직 등) 삼후에게 명하여

恤功于民하시니
휼 공 우 민

백성을 위하는 일에 애쓰도록 하시니,

伯夷는 降典하여
백 이   강 전

백이288는 예법을 내려 주어

---

288 백이: 순임금이 질종(秩宗)에 임명하였던 백이(伯夷)이다. 질종은 예(禮)를 담당하여 백성들
에게 행위의 기준을 제시하는 관리인데, 예가 강제성을 띠면 법이 되고 법을 어기면 형벌이 따
른다.

折民惟刑하고
절 민 유 형

백성들이 형벌 받을 일을 하지 않도록
하였고,

禹平水土하여
우 평 수 토

우는 물과 땅을 고르게 하여

主名山川하고
주 명 산 천

명산대천의 일을 주관하여 다스렸으며,

稷降播種하여
직 강 파 종

후직은 씨 뿌리는 법을 내려 주어

農殖嘉穀하니
농 식 가 곡

농사를 지어 아름다운 곡식을
불리도록 하였다.

三后成功하여
삼 후 성 공

삼후가 공을 이루어

惟殷于民하니라
유 은 우 민

백성들을 풍요롭게 하자,

士制百姓于刑之中하여
사 제 백 성 우 형 지 중

법관인 고요(皐陶)가 적절한 형벌로
백성을 다스려

以敎祗德하니라
이 교 지 덕

덕을 삼가도록 가르쳤다.

穆穆在上하며
목 목 재 상

(임금은) 위에서 삼가고 조화로우며

明明在下하여
명 명 재 하

(신하들은) 아래에서 맑고 밝아

灼于四方하여
작 우 사 방

천하 사방에 환히 빛나서

罔不惟德之勤하니
망 불 유 덕 지 근

부지런히 덕을 닦지 않는 사람이
없었으니

故乃明于刑之中하여
고 내 명 우 형 지 중

그러므로 적절한 형벌을 밝혀

率乂于民하여 棐彝하니라
솔 예 우 민　　　비 이

모든 백성을 다스려 바른 윤리를
실천하도록 도왔다.

4. 형벌에는 빈부귀천이 없나니

典獄이
전 옥

옥사를 다스릴 때는

非訖于威라
비 흘 우 위

힘으로 누르는 권력자에게도 (법
집행을) 끝까지 할 뿐만 아니라

惟訖于富니
유 흘 우 부

뇌물을 바치는 부유한 자에게도
끝까지 해야 하니,

敬忌하여
경 기

삼가고 조심하여

罔有擇言在身하여
망 유 택 언 재 신

스스로 말을 가려서 할 필요가 없을
만큼 떳떳해야 한다.

惟克天德이라사
유 극 천 덕

하늘이 주신 덕을 지킬 수 있어야

自作元命하여
자 작 원 명

스스로 대명(大命)을 이루어

配享在下하리라
배 향 재 하

아래에서 (하늘과) 짝하여 (천록을)
누릴 것이다."

5. 제후들은 백이를 본받고 삼묘를 경계로 삼아야

王이 曰
왕 왈

왕이 말씀하셨다.

嗟四方司政典獄아
차 사 방 사 정 전 옥

"아아! 사방의 정사를 맡아 옥사를
다스리는 자들[제후]이여!

非爾惟作天牧가
비 이 유 작 천 목

너희는 하늘을 대신해 백성을 기르는
자들이 아닌가!

今爾는 何監고
금 이 하 감

이제 너희는 무엇을 보고 배울 것인가?

非時伯夷播刑之迪가
비 시 백 이 파 형 지 적

저 백이가 형벌을 시행하여 백성을
인도한 일이 아니겠는가!

其今爾何懲고
기 금 이 하 징

이제 너희는 무엇을 경계로 삼아야 할
것인가?

惟時苗民이
유 시 묘 민

저 삼묘의 군주들이

匪察于獄之麗하며
비 찰 우 옥 지 리

옥사에서 진술한 내용이 어떤 죄에
걸리는지 살피지도 않고,

罔擇吉人하여
망 택 길 인

어진 사람을 골라

觀于五刑之中이오
관 우 오 형 지 중

오형의 적절함을 살피도록 하지도
않고,

惟時庶威奪貨로
유 시 서 위 탈 화

여러 가지 위력을 동원해 재물을
빼앗는 자들로 하여금

斷制五刑하여
단 제 오 형

오형을 결단해 다스리도록 하여

以亂無辜한대
이 란 무 고

무고한 자들을 함부로 다루자,

上帝不蠲하사
상 제 불 견

상제께서 용서치 않고

降咎于苗하시니
강 구 우 묘

삼묘에게 벌을 내리시니

苗民이 無辭于罰하여
묘 민 　 무 사 우 벌

삼묘의 군주가 변명도 못 하고

乃絶厥世하니라
내 절 궐 세

대가 끊어진 일이 아니겠는가!"

6. 형벌은 한때의 방편이니

王曰 嗚呼라
왕 왈 오 호

왕이 말씀하셨다.

念之哉어다
념 지 재

"아! 유념하라!

伯父와 伯兄과
백 부 　 백 형

맏이 항렬의 부형들과

仲叔과 季弟와
중 숙 　 계 제

둘째·셋째·막내 항렬의 숙부·형제들과

幼子와 童孫아
유 자 　 동 손

조카와 손자 항렬의 어린 사람들이여!

皆聽朕言하라
개 청 짐 언

모두 나의 말을 들어라.

庶有格命하니라
서 유 격 명

대체로 (옥사는) 지극히 수고롭지만
생명이 달린 일이다.[289]

今爾罔不由慰日勤하나니
금 이 망 불 유 위 일 근

이제 너희는 날마다 부지런함으로써
스스로 위안을 삼아야 하니,

爾罔或戒不勤하라
이 망 혹 계 불 근

너희는 혹시라도 게으름을 경계해야
하는 일이 없도록 하라.

天齊于民이라
천 제 우 민

하늘이 백성을 가지런하게 다스리고자
하여

俾我一日이시니
비 아 일 일

우리에게 잠시 형벌을 쓰게 하신
것이다.

非終惟終이 在人하니
비 종 유 종   재 인

과실범인지 고의범인지[290]는 사람이
지은 죄에 달려 있는 것이니,

爾尙敬逆天命하여
이 상 경 역 천 명

너희는 부디 삼가 하늘의 명을
맞이하여

以奉我一人하여
이 봉 아 일 인

나 한사람을 받들도록 하라.

---

289 이 구절의 원문인 '서유격명(庶有格命)'은 앞뒤 문맥과의 연결이 자연스럽지 않아서 다양한 견
해들이 있다. 채침은 '격(格)'을 지극하다는 뜻으로 보아, 옥사는 절차가 복잡하여 지극하게 수
고로운 일이라는 뜻으로 풀이하고, 그렇지만 잘못 처리하면 백성들이 억울하게 죽게 된다고 하
여 대략 '명(命)'을 백성들의 생명과 관련시켜서 해설하였다. 여기서는 그 의견을 따라 위와 같
이 번역했지만, 채침의 견해 역시 논리의 비약이 심해 확신하기 어렵다.

290 과실범인지 고의범인지: 원문의 '종(終)'은 작심하고 끝까지 반성하지 않으며 지은 죄를 말하고,
'비종(非終)'은 재앙이나 실수로 지은 죄를 말한다. 「강고」편에 '종[고의범]'은 죄가 작더라도 죽
이고, '비종[과실범]'은 죄가 크더라도 용서한다고 하였다.

雖畏나 勿畏하며
수 외 물 외

(내가) 벌주라고 하더라도 벌주지 말고

雖休나 勿休하여
수 휴 물 휴

(내가) 용서하라고 하더라도 용서하지 말며,

惟敬五刑하여
유 경 오 형

오직 오형에 따라 삼가 시행하여

以成三德하면
이 성 삼 덕

삼덕[291]을 성취한다면

一人有慶하며
일 인 유 경

(나) 한사람에게 기쁨이 있을 뿐만 아니라,

兆民賴之하여
조 민 뢰 지

억조의 백성들이 의지해

其寧惟永하리라
기 녕 유 영

영원히 안녕하게 될 것이다."

7. 오형과 오형의 감형

王曰 吁라 來하라
왕 왈 우 래

왕이 말씀하셨다. "어허! 오너라!

有邦有土아
유 방 유 토

나라를 소유하고 영토를 소유한 제후들이여!

告爾祥刑하노라
고 이 상 형

너희에게 상서로운 형벌[292]에 대해 알려 주겠다.

---

291 삼덕: 「홍범」편에서 말한 백성을 다스리는 세 가지 덕인, 정직(正直)·강(剛)·유(柔)이다. 보통의 백성은 정직으로 다스리고, 억센 백성은 강으로 다스리고, 유약한 백성은 유로 다스린다.

在今爾安百姓인댄
재 금 이 안 백 성

이제 너희가 백성을 안녕케 하려면

何擇고 非人가
하 택 비 인

무엇을 가려야 할 것인가? 사람이
아니랴!

何敬고 非刑가
하 경 비 형

무엇을 삼가야 할 것인가? 형벌이
아니랴!

何度고 非及가
하 탁 비 급

무엇을 헤아려야 할 것인가? 죄목에
걸린 자들이 아니랴!

兩造오 具備어든
양 조 구 비

양측이 다 나오고 (진술과 증거가)
구비되었다면

師聽五辭하리니
사 청 오 사

법관들은 오형에 저촉되는 진술이
있는지 들어 본 뒤,

五辭에 簡孚어든
오 사 간 부

오형에 저촉되는 진술임이 확실하여
의심의 여지가 없으면

正于五刑하며
정 우 오 형

오형으로 다스릴 것이며,

五刑에 不簡이어든
오 형 불 간

오형의 죄목에 확실치 않으면

正于五罰하며
정 우 오 벌

다섯 가지 벌금형으로 다스릴 것이며,

---

292 상서로운 형벌: 원문의 '상형(祥刑)'에 대한 채침의 설명은, 형벌은 흉기이지만 형벌을 적절하게
사용하여 결국 형벌이 필요 없는 단계에 도달한다면 이것보다 상서로운 일이 없기 때문에 상서
로운 형벌이라고 했다고 한다.

五罰에 不服이어든
오 벌 불 복

다섯 가지 벌금형에도 부합하지 않으면

正于五過하라
정 우 오 과

다섯 가지 실수로 다스려 사면하라.

五過之疵는
오 과 지 자

다섯 가지 실수로 다스려 사면할 때
비리가 생기는 이유는

惟官과
유 관

벼슬로 협박하기 때문이며,

惟反과
유 반

사사로운 은혜를 갚으려고 하기
때문이며,

惟內와
유 내

여자가 개입되어 어지럽히기 때문이며,

惟貨와 惟來니
유 화 유 래

뇌물을 바치기 때문이며, 와서
간청하기 때문이니,

其罪惟均하니
기 죄 유 균

(이런 비리를 저지른 자는 그 죄를 지은
자와) 죄가 같으니

其審克之하라
기 심 극 지

잘 살펴서 처리하도록 하라.

五刑之疑有赦하고
오 형 지 의 유 사

오형을 적용하는 것이 미심쩍으면
(벌금형으로) 감형하고

五罰之疑有赦하니
오 벌 지 의 유 사

다섯 가지 벌금형도 미심쩍으면
사면하는 것이니

其審克之하라
기 심 극 지

잘 살펴서 처리하도록 하라.

簡孚有衆이어든
간 부 유 중

사실을 따져 여러 가지가 의심의
여지가 없더라도

惟貌有稽니
유 모 유 계

표정을 살펴서 (한 번 더 신중을 기할
것이며),

無簡이어든 不聽하여
무 간　　　 불 청

따질 만한 사실이 없으면 아예 듣지를
말아서

具嚴天威하라
구 엄 천 위

모두 하늘의 위엄을 두려워하게 하라.

墨辟疑赦는
묵 벽 의 사

묵형이 미심쩍어서 (벌금형으로) 감형할
때는

其罰이 百鍰이니
기 벌　　 백 환

그 벌금이 100환(鍰)[293]이니

閱實其罪하라
열 실 기 죄

그 죄상을 잘 살펴 어긋남이 없도록
하라.

劓辟疑赦는
의 벽 의 사

의형이 미심쩍어서 (벌금형으로) 감형할
때는

其罰이 惟倍니
기 벌　　 유 배

그 벌금이 (묵형 벌금의) 2배[200환]이니

閱實其罪하라
열 실 기 죄

그 죄상을 잘 살펴 어긋남이 없도록
하라.

293　환(鍰): 『상서정의』에 따르면, 환은 구리[黃鐵]이고 1환은 6냥(兩)이라고 한다. 현대의 도량형
환산에 따르면, 당나라 때의 한 냥은 대략 37.3g이라고 하니 1환은 223.8g에 해당한다. 만약
100환이면 구리 22kg이 조금 넘는 셈이지만, 추산일 뿐이다.

劓辟疑赦는
비벽 의 사

비형[294]이 미심쩍어서 (벌금형으로) 감형할 때는

其罰이 倍差니
기 벌　　 배 차

그 벌금이 (묵형 벌금의) 2배 반[500환]이니

閱實其罪하라
열 실 기 죄

그 죄상을 잘 살펴 어긋남이 없도록 하라.

宮辟疑赦는
궁 벽 의 사

궁형이 미심쩍어서 (벌금형으로) 감형할 때는

其罰이 六百鍰이니
기 벌　 육 백 환

그 벌금이 600환이니

閱實其罪하라
열 실 기 죄

그 죄상을 잘 살펴 어긋남이 없도록 하라.

大辟疑赦는
대 벽 의 사

사형이 미심쩍어서 (벌금형으로) 감형할 때는

其罰이 千鍰이니
기 벌　 천 환

그 벌금이 1,000환이니

閱實其罪하라
열 실 기 죄

그 죄상을 잘 살펴 어긋남이 없도록 하라.

墨罰之屬이 千이오
묵 벌 지 속　 천

묵형과 그 벌금에 해당되는 죄목이 1,000가지이고

---

294 비형: 발목을 자르는 형벌.

劓罰之屬이 千이오
의 벌 지 속   천

의형과 그 벌금에 해당되는 죄목이
1,000가지이고

剕罰之屬이 五百이오
비 벌 지 속   오 백

비형과 그 벌금에 해당되는 죄목이
500가지이고

宮罰之屬이 三百이오
궁 벌 지 속   삼 백

궁형과 그 벌금에 해당되는 죄목이
300가지이고

大辟之罰이 其屬이 二百이니
대 벽 지 벌   기 속   이 백

사형과 그 벌금에 해당되는 죄목이
200가지이니,

五刑之屬이 三千이니
오 형 지 속   삼 천

오형에 해당되는 죄목이 모두
3,000가지인데,

上下比罪하여
상 하 비 죄

(죄목에 없는 죄는 유사한) 위아래의
죄목에 붙여서 적용하라.

無僭亂辭하며
무 참 란 사

법을 어지럽히는 말에 미혹되지 말
것이며,

勿用不行이오
물 용 불 행

현실에 맞지 않는 옛 법을 쓰지 말
것이며,

惟察惟法하여 其審克之하라
유 찰 유 법   기 심 극 지

법의 의도를 잘 헤아려 살펴서
처리하도록 하라.

上刑이라도
상 형

상위의 형벌에 해당하는 죄라도

適輕이어든 下服하며
적 경   하 복

경감하는 것이 적절하면 하위의
형벌로 다스리고

下刑이라도
하 형

하위의 형벌에 해당하는 죄라도

適重이어든 上服하라
적 중   상 복

무겁게 할 필요가 있으면 상위의
형벌로 다스려라.

輕重諸罰이 有權하며
경 중 제 벌   유 권

가볍거나 무거운 모든 벌에 재량할
여지가 있으며

刑罰이 世輕世重하나니
형 벌   세 경 세 중

형벌이 시대에 따라 가볍기도 하고
무겁기도 하니

惟齊非齊나
유 제 비 제

가지런하지 않은 것을 가지런하게 하는
것이지만

有倫有要하니라
유 륜 유 요

질서가 있고 요령이 있는 것이다.

罰懲이 非死나
벌 징   비 사

벌금으로 징계하는 것이 죽이는 것은
아니지만

人極于病하나니
인 극 우 병

사람들이 몹시 괴로워하므로

非佞이 折獄이라
비 녕   절 옥

말 잘하는 사람이 옥사를 판결할 것이
아니라

惟良이 折獄이라사
유 량   절 옥

덕이 있는 사람이 옥사를 판결해야

罔非在中하리라
망 비 재 중
적절함을 유지할 수 있을 것이다.

察辭于差하여
찰 사 우 차
(양측의) 차이가 나는 말을 살펴서

非從惟從하며
비 종 유 종
(일방의 말만을) 따라가지 않음으로써
(진실을) 따라갈 것이며,

哀敬折獄하여
애 경 절 옥
가엾게 여기고 삼가는 마음으로
옥사를 판결하되,

明啓刑書하여 胥占이라사
명 계 형 서　　　　서 점
형법의 조문을 자세하게 살피고
점(占)의 결과를 참작해야

咸庶中正하리니
함 서 중 정
모든 것이 적절하고 바르게 될 것이다.

其刑其罰을 其審克之하야사
기 형 기 벌　　　기 심 극 지
형벌과 벌금을 잘 살펴서 처리해야,

獄成而孚하며
옥 성 이 부
옥사가 끝나면 (백성들이) 믿게 될
것이고

輸而孚하리니
수 이 부
(위로) 올리면 (임금이) 믿을 것이니,

其刑을 上備하되
기 형　　　상 비
형벌을 판결한 문서를 갖추어 올리되

有幷兩刑하라
유 병 양 형
두 가지 형벌에 해당하면 함께 적어
올려라."295

295　이 구절은, 한 사람이 두 가지 죄를 지었을 때 이에 해당하는 두 가지 형벌 가운데 무거운 형벌
한 가지를 적용하지만, 임금에게 보고할 때는 두 가지 죄목과 그에 해당하는 두 가지 형벌을 모
두 기록해 올리라는 말이다.

8. 덕이 있는 자라야 형벌을 시행할 수 있나니

王曰
왕 왈

왕이 말씀하셨다.

嗚呼라 敬之哉어다
오 호 경 지 재

"아! 삼갈지어다!

官伯族姓아
관 백 족 성

옥사를 담당하는 관리와 동족(同族)과
이성(異姓)의 제후들이여!

朕言多懼하노라
짐 언 다 구

내가 (형벌에 대해) 말하고자 하니 몹시
두렵다.

朕敬于刑하노니
짐 경 우 형

나는 형벌을 삼가노니

有德이사 惟刑이니라
유 덕   유 형

덕이 있어야 형벌을 줄 수 있는 것이다.

今天이 相民이시니
금 천   상 민

지금 하늘이 (형벌을 만들어) 백성들을
도우고 계시니

作配在下어다
작 배 재 하

아래에서 짝하여 (하늘의 뜻에)
부응하도록 하라.

明淸于單辭하라
명 청 우 단 사

한쪽의 말만 들을 경우에는 주의해서
잘 살펴야 한다.

民之亂은
민 지 란

백성을 잘 다스리려면

罔不中聽獄之兩辭니
망 부 중 청 옥 지 양 사

옥사에서 쌍방의 말을 잘 들어
치우침이 없어야 하니,

無或私家于獄之兩辭하라
무 혹 사 가 우 옥 지 양 사

혹시라도 옥사에서 쌍방의 말이 다름을 기회로 사사로운 이익을 취하지 마라.

獄貨는 非寶라
옥 화 비 보

옥사로 인해 얻는 재물은 보배가 아니다.

惟府辜功하여
유 부 고 공

잘못한 일들이 쌓여

報以庶尤하노니
보 이 서 우

여러 가지 재앙으로 되돌아오게 되니,

永畏는 惟罰이니라
영 외 유 벌

형벌을 시행할 때는 언제나 두려워해야 한다.

非天이 不中이라
비 천 부 중

하늘이 중도를 지키지 않는 것이 아니라

惟人이 在命하니
유 인 재 명

오직 사람이 (재앙의) 운명을 스스로 초래하는 것이니

天罰이 不極이면
천 벌 불 극

하늘의 벌을 지극하게 시행하지 않으면

庶民이
서 민

백성들이

罔有令政在于天下하리라
망 유 령 정 재 우 천 하

천하에 아름다운 정사가 없다고 할 것이다."

9. 상서로운 형벌, 형벌이 없어지도록 하는 형벌

王曰 嗚呼라 嗣孫아
왕 왈 오 호   사 손

왕이 말씀하셨다. "아! 자손들이여!

今往은 何監고
금 왕   하 감

이제부터 무엇을 거울로 삼을 것인가?

非德于民之中가
비 덕 우 민 지 중

백성들의 옥사를 덕으로 다스려
적절하게 하는 것이 아니랴!

尙明聽之哉어다
상 명 청 지 재

부디 (옥사를) 잘 살펴서 듣도록 하라.

哲人이 惟刑하여
철 인   유 형

명철한 사람이 형벌을 시행하여

無疆之辭는
무 강 지 사

무궁한 칭송을 듣는 것은

屬于五極하여
속 우 오 극

오형을 지극하게 시행하여

咸中이라 有慶이니
함 중   유 경

모두 적절하게 처리함으로써 경사가
있는 것이니

受王嘉師는
수 왕 가 사

왕의 착한 백성을 물려받은 사람은

監于玆祥刑이어다
감 우 자 상 형

이 상서로운 형벌을 거울로 삼도록
하라."

제56편
문후를 임명하는 말씀 [문후지명文侯之命]

『금문상서』이다. 5대 목왕의 시대에 잠시 머물렀던 『서경』은 이제 훌쩍 뛰어 13대 평왕(平王)의 시대로 넘어온다. 이 편은 평왕 희의구(姬宜臼)가 진문후(晉文侯) 희구(姬仇)에게 상을 내리면서 준 고명(誥命)이다. 채침은 진문후를 방백(方伯, 제후들의 우두머리)에 봉하면서 준 고명이라고 하였으나, 내용을 보면 방백으로 봉한다는 말은 없고 '너의 고을[爾都]'을 잘 보살피라고 하였으니 상만 준 것으로 보인다. 더구나 이 시대는 제후들이 방백의 명령을 듣는 시기도 아니다. 진문후가 상을 받은 까닭은 이렇다.

주나라의 12대 임금 유왕(幽王)은 포사(褒姒)라는 여인을 총애했다. 유왕에게는 이미 신후(申侯)의 딸인 왕비 신후(申后)가 있었으나, 포사를 총애한 유왕은 신후와 태자 의구(宜臼)를 폐하고 포사와 그녀의 아들 백복(伯服)을 왕비와 태자로 삼았다. 이에 노한 신후의 아버지 신후(申侯)가 견융(犬戎, 섬서성·감숙성 일대에 살던 유목 민족)과 연합하여 호경을 공격했는데, 유왕과 백복은 견융의 손에 죽고 포사는 포로가 되었다. 신후가 몇몇 제후들과 손을 잡고 의구를 천자의 자리에 앉히니 그가 바로 평왕이며, 도읍을 낙양으로 옮겨 동주 시대를 열었다.

한편 호경의 주나라 사람들은 유왕의 아우 희여신(姬餘臣)을 천자로 옹립했다. 두 명의 천자가 존재하는 다급한 상황에서 평왕은 동성의 대국이었던 진나라에 도움을 요청했고, 진문후는 결국 휴왕(携王) 희여신을 죽여 낙양의 주나라를 안정시킨다. 이것이 춘추 시대가 열리게 된 서막이며, 진문후가 상을 받은 까닭이다. 이후 주나라 왕실은 세력이 미약해져 제후들에게 휘둘리게 된다.

1. 선왕들을 보필한 당숙우

王若曰 父義和아
왕 약 왈 부 의 화

왕이 이렇게 말씀하셨다. "족부(族父)
의화296여!

丕顯文武가
비 현 문 무

참으로 빛나시는 문왕과 무왕께서는

克愼明德하사
극 신 명 덕

덕을 삼가 밝히시어

昭升于上하며
소 승 우 상

위로는 하늘에까지 올라가 환히
비추고

敷聞在下하신대
부 문 재 하

아래로는 땅 위에 명성이 널리
퍼졌으니,

惟時上帝
유 시 상 제

이에 상제께서

集厥命于文王이어시늘
집 궐 명 우 문 왕

천명을 문왕께 모아 주셨도다.

亦惟先正이 克左右하여
역 유 선 정   극 좌 우

(그대의) 선조[당숙우]도 (왕실을) 도와

昭事厥辟하여
소 사 궐 벽

그 임금을 밝게 섬겨

越小大謀猷에
월 소 대 모 유

크고 작은 계책에

罔不率從이라
망 불 솔 종

따르지 않음이 없었으니,

---

296 족부(族父) 의화: 족부는 동성의 아버지뻘을 말하고, 의화(義和)는 진문후(晉文侯) 희구(姬仇)의 자이다. 진나라는 무왕의 아들이며 성왕의 아우인 당숙우(唐叔虞)가 처음 봉해진 나라인데, 당숙우의 아들 섭보(燮父)가 국호를 당에서 진으로 바꾸었다. 문후는 진나라의 11대 제후로 35년 동안 집권했다.

肆先祖懷在位하시니라
사 선 조 회 재 위

그러므로 나의 선조께서 편안히
왕위에 계셨도다.

2. 견융의 침입

嗚呼라 閔予小子는
오 호　　민 여 소 자

아! 가여운 나 소자는

嗣造天丕愆하여
사 조 천 비 건

(왕위를) 이었으나 하늘의 큰 꾸짖음을
당해

殄資澤于下民이라
진 자 택 우 하 민

백성들에게 재물과 은택이 끊어지자

侵戎我國家純커늘
침 융 아 국 가 순

견융(犬戎)이 우리나라를 크게
침략하였는데,[297]

卽我御事
즉 아 어 사

나의 관리로서

罔或耆壽俊이 在厥服하며
망 혹 기 수 준　　재 궐 복

복무하는 자들 가운데는 노숙하고
뛰어난 인재가 없었으며,

予則罔克호라
여 즉 망 극

나도 무능하여 감당할 수 없었도다.

曰惟祖惟父가
왈 유 조 유 부

말하건대, 부조(父祖)의 항렬에 있는
제후들 가운데

297　견융의 덕택으로 자신이 천자가 될 수 있었으나 명분상 아버지 유왕을 죽인 오랑캐이기에 이렇
　　게 말한 것이다. 행간의 의미는 아마 견융이 침입하기까지 나는 무척 힘들었다는 뜻일 것이다.

其伊恤朕躬고
기 이 휼 짐 궁

그 누가 내 한 몸을 구제하였던가!

嗚呼라 有績予一人이면
오 호 　유 적 여 일 인

아! 나 한사람을 위해 공을 세우는 사람이 있다면

永綏在位리라
영 수 재 위

길이 (천자의) 자리에 편안히 있을 수 있으리라.

3. 진문후의 공로

父義和아
부 의 화

족부 의화여!

汝克昭乃顯祖하여
여 극 소 내 현 조

그대는 그대의 훌륭한 선조를 빛나게 하였고,

汝肇刑文武하여
여 조 형 문 무

그대가 비로소 문왕과 무왕을 본받아

用會紹乃辟하여
용 회 소 내 벽

(제후들을) 모아 그대 임금이 (왕위를) 잇게 하여

追孝于前文人하니라
추 효 우 전 문 인

앞 시대의 문덕이 있는 선조[당숙우]께 효도를 다했도다.

汝多修扞我于艱하니
여 다 수 한 아 우 간

그대는 여러모로 주선하여 나를 어려움에서 지켜 주었으니

若汝를 予嘉니라
약 여 　여 가

그대와 같은 이를 나는 가상히 여기노라.”

4. 포상받는 진문후

王曰 父義和아
왕 왈 부 의 화

왕이 말씀하셨다. "족부 의화여!

其歸視爾師하여
기 귀 시 이 사

돌아가 그대의 백성들을 보살펴

寧爾邦하라
녕 이 방

그대의 나라를 안녕케 하라.

用賚爾秬鬯一卣와
용 뢰 이 거 창 일 유

그대에게 거창주²⁹⁸ 한 통과

彤弓一과 彤矢百과
동 궁 일   동 시 백

붉은 활 하나와 붉은 화살 백 개와

盧弓一과 盧矢百과
노 궁 일   노 시 백

검은 활 하나와 검은 화살 백 개와

馬四匹하노니
마 사 필

말 네 필을 주노라.

父往哉하여
부 왕 재

족부께서는 가서

柔遠能邇하며
유 원 능 이

먼 곳을 회유하고 가까운 곳을 격려하며

惠康小民하여
혜 강 소 민

백성들을 사랑하고 안녕케 할 것이며,

無荒寧하여
무 황 녕

게으름과 안일함에 빠지지 말고

簡恤爾都하여
간 휼 이 도

그대의 고을들을 보살피고 구휼하여

用成爾顯德하라
용 성 이 현 덕

그대의 빛나는 덕을 성취하도록 하라."

---

298 거창주: 앞서 설명한 대로 검은 기장으로 빚어 울금향을 가미한 향기 나는 술로 제사의 강신주
로 사용한다. 제후가 천자의 명을 받으면 시조의 사당에 고해야 하기 때문에 강신주를 하사한
것이다.

제57편
비에서의 연설 [비서費誓]

『금문상서』이다. 천자의 나라 주나라는 평왕을 끝으로 『서경』에서 사라진다. 이제 남은 두 편의 주인공들은 제후들이다. 이 편의 주인공은 노공(魯公) 백금(伯禽)이다. 주공의 맏아들로 노(魯)나라의 초대 국군(國君)이다. 주공은 엄(奄)을 정복하고 그 땅을 자신의 봉지로 받았다. 그러나 섭정하고 있던 처지에 부임할 수 없어 백금을 대신 보냈으므로 사실상 노나라의 시조는 주공이다. 이것이 사마천의 『사기』에 근거한 일반적인 이야기지만 다른 이야기도 있다. 주공에게는 주나라의 발상지인 기산(岐山)에 별도의 봉지가 있었고, 그 땅의 이름이 주(周)였기 때문에 살아서는 주공(周公)이었고 죽어서는 주문공(周文公)이 되었다는 것이다. 이 견해도 여러 기록에 근거가 있어 꽤 설득력 있어 보이지만, 『사기』의 기록을 이길 수는 없었다.

이 편은 회이와 서융이 쳐들어오자 백금이 비(費, 산동성 비현費縣) 땅에 군대를 소집하고 한 훈계이다. 이쯤에서 『사기·노주공세가(魯周公世家)』에 실려 있는 이야기 하나를 소개한다. 백금이 노나라에 부임하고 3년 뒤에 돌아와서 주공에게 정무를 보고했다. 주공이 늦게 온 까닭을 물었더니, 그 지역의 풍속을 바꾸어 백성들이 삼년상을 치르도록 교화하느라 늦었다고 했다. 한편, 강태공(姜太公)을 제(齊)나라에 봉했더니 5개월 만에 돌아와 정무를 보고했다. 이렇게 빨리 올 수 있었던 까닭을 묻자, 군신간의 복잡한 예절을 줄이고 그 지역의 풍속을 따르다 보니 빨리 돌아올 수 있었다고 했다. 주공은 다스림은 간이(簡易)해야 한다며, 노나라가 장차 제나라를 섬기게 될 것이라고 탄식했다는 이야기다. 이 이야기로 추측해 보면, 백금은 치밀하고 완벽을 추구하는 인간형이었던 모양이다. 이 편에는 그런 백금의 성격이 확실하게 드러난다. 전쟁터에 군대를 소집해 놓고 사기를 고무시키는 격려는 한마디도 없고, 온갖 자질구레한 일들까지 명령하고 주의시킨다. 듣는 군사들이 많이 지루했을 것이다. 직접 읽어 보면 알 수 있다.

1. 싸우기 전에 준비해야 할 자질구레한 일들

公曰 嗟人아
_{공 왈 차 인}

노공(魯公)이 말씀하였다. "아아!
사람들이여!

無譁聽命하라
_{무 화 청 명}

떠들지 말고 나의 명령을 들어라.

徂玆淮夷徐戎이 並興이로다
_{조 자 회 이 서 융　　병 흥}

지난번에 (난을 일으켰던) 회이[299]와
서융[300]이 또 함께 일어났도다.

善敕乃甲胄하며
_{선 료 내 갑 주}

너희의 갑옷과 투구를 잘 손질하고

敿乃干하되 無敢不吊하며
_{교 내 간　　무 감 부 적}

너희의 방패를 끈으로 동여매어 잘
매달도록 하고

備乃弓矢하며
_{비 내 궁 시}

너희의 활과 화살을 잘 준비할 것이며

鍛乃戈矛하며
_{단 내 과 모}

너희의 창날[301]을 잘 벼리고

礪乃鋒刃하되 無敢不善하라
_{려 내 봉 인　　무 감 불 선}

너희의 칼날을 숫돌에 갈아 잘못되지
않도록 하라.

299　회이: 은·주 시기에 회수(淮水) 유역에 살던 동이(東夷)의 하나이다.

300　서융: 회수의 중·하류 지역에 살던 동이의 하나인데, 동이 가운데 세력이 가장 강성하여, 『후한
　　　서(後漢書)·동이전(東夷傳)』에 따르면 한때 사방 500리의 땅을 소유했다고 한다.

301　창날: 원문의 '과(戈)'는 자루에 날을 수직으로 부착하여 적병을 찍어 끌어당기기 편하도록 만
　　　든 창이고, '모(矛)'는 긴 자루에 뾰족하고 폭이 넓은 양날의 창날을 부착하여 찌르기 전용으로
　　　만든 창이다.

今惟淫舍牿牛馬하리니
금 유 음 사 곡 우 마

지금 마소들을 방목할 울타리를 크게
칠 것이니

杜乃擭하며 敛乃穽하여
두 내 확　　　　녑 내 정

너희가 설치한 덫을 제거하고 함정을
메워

無敢傷牿하라
무 감 상 곡

방목한 마소들이 감히 다치지 않도록
하라.

牿之傷하면
곡 지 상

방목한 마소들을 다치게 하면

汝則有常刑하리라
여 즉 유 상 형

너희에게 정해진 형벌이 있을 것이다.

馬牛其風하며 臣妾逋逃어든
마 우 기 풍　　　　신 첩 포 도

마소가 발정하여 뛰쳐나가거나 노비가
도망가면

勿敢越逐하며
물 감 월 축

(보루를) 넘어서 쫓아가지 말 것이며

祗復之하라
지 복 지

(이것들을 잡거든) 삼가 반환하라.

我商賚汝하리라
아 상 뢰 여

(잡은 실적을) 헤아려 내가 너희에게
상을 주리라.

乃越逐하며 不復하면
내 월 축　　　　불 복

(보루를) 넘어서 쫓아가거나 (잡은 것을)
반환하지 않으면

汝則有常刑하리라
여 즉 유 상 형

너희에게 정해진 형벌이 있을 것이다.

無敢寇攘하며
무 감 구 양

감히 약탈하거나,

蹂垣牆하여
유 원 장

담장을 넘어 들어가

竊馬牛하며 誘臣妾하라
절 마 우　　유 신 첩

마소를 훔치거나 노비를 유인하지
말라.

汝則有常刑하리라
여 즉 유 상 형

너희에게 정해진 형벌이 있을 것이다.

甲戌에 我惟征徐戎하리니
갑 술　　아 유 정 서 융

갑술일에 우리가 서융을 칠 것이니

峙乃糗糧하되 無敢不逮하라
치 내 구 량　　　무 감 불 체

너희가 먹을 군량을 비축하여 감히
부족함이 없도록 하라.

汝則有大刑하리라
여 즉 유 대 형

너희에게 큰 형벌이 있을 것이다.

魯人三郊三遂아
노 인 삼 교 삼 수

노나라 삼교와 삼수[302]의 사람들이여!

峙乃楨榦하라
치 내 정 간

판축할 나무들[303]을 쌓아 두어라.

甲戌에 我惟築하리니
갑 술　　아 유 축

갑술일에 우리가 (성을) 쌓을 것이니

---

302 삼교와 삼수: 도성의 바깥을 교(郊)라 하고 교의 바깥을 주(州)라 하는데, 큰 나라 제후의 교에
는 3향(鄕)이 있고 주에는 3수(遂)가 있다. 원문의 '삼교삼수(三郊三遂)'는 삼향삼수와 같은 표
현으로 3향과 3수에서 차출된 군사를 지칭한다. 각 향과 수에는 12,500호가 거주하며 각 호
는 1명씩의 군사를 내어 군대를 구성하니, 이것이 제후의 삼군(三軍)이다. 그러므로 제후의
삼군은 숫자상으로 3향의 정군(正軍) 37,500명과 3수의 부군(副軍) 37,500명으로 구성된
75,000명이다. 이에 비해 천자의 육군(六軍)은 150,000명이며, 작은 나라의 제후는 이군(二
軍) 혹은 일군(一軍)을 보유했다고 한다.

303 판축할 나무들: 원문의 '楨榦(정간)'은 판축하여 성을 쌓을 때 필요한 목재들이다. 판축은 판자
로 테두리를 만들어 그 안에 흙을 넣고 다져서 쌓는 축성법인데, '정(楨)'은 담장의 양쪽 끝에 세
우는 기둥이고 '간(榦)'은 담장의 양 벽면에 대는 판자들이다.

無敢不供하라
무 감 불 공

감히 공급하지 못하는 일이 없게 하라.

汝則有無餘刑이나
여 즉 유 무 여 형

너희에게 형벌을 남겨 두지 않고 다 쓸 것이지만

非殺이니라
비 살

죽이지는 않겠다.

魯人三郊三逐아
노 인 삼 교 삼 수

노나라 삼교와 삼수의 사람들이여!

峙乃芻茭하되
치 내 추 교

(마소에게 먹일) 꼴을 쌓아 두되

無敢不多하라
무 감 부 다

감히 모자라지 않도록 하라.

汝則有大刑하리라
여 즉 유 대 형

너희에게 큰 형벌이 있을 것이다."

제58편
진목공의 연설 [진서秦誓]

『금문상서』이다. 진(秦)나라는 다른 제후국들보다 늦게 출발한 나라다. 효왕(孝王) 때 비자(非子)라는 인물이 말을 잘 기른 공으로 진(秦) 땅을 하사받아 주나라의 부용국[부속국]이 되었다가, 진양공(秦襄公)이 평왕의 낙양 천도를 호위한 공로로 비로소 제후가 되었다. 진목공(秦穆公)이 서융(西戎)의 여러 부족을 합병하여 강대해졌으며 그로부터 400여 년 뒤에 진시황(秦始皇)이 출현해 천하를 통일한다.

이 편의 주인공은 진목공이다. 정(鄭)나라에 있던 기자(杞子, 기나라의 제후)가 진목공에게 사람을 보내 자기가 정나라 북문의 열쇠를 가지고 있으니 공격해 오면 문을 열겠다고 했다. 목공은 국가의 원로인 상대부(上大夫) 건숙(蹇叔)과 의논했다. 건숙은 장거리를 행군해서 습격하는 것이 어렵고, 행로에 강대국 진(晉)나라가 있어 공격을 받을 수 있다며 반대했다. 그러나 목공은 건숙의 반대를 무시하고 맹명시(孟明視) 등 몇몇 장수를 보내 정나라를 친다. 결국 중도에 진양공(晉襄公)의 군대에게 습격당해 장수들이 사로잡히는 참패를 당한다. 이에 목공이 여러 신하를 모아 놓고 자책하며 훈시한 글이 이 편이다. 이 글은 전편에 걸쳐 원로의 말을 무시한 회한으로 가득 차 있어 울림이 깊다. 그 회한이 각오로 바뀌면서 바람직한 인재상을 밝히고 있는데, 이 단락은 『대학(大學)』에 인용되어 있어 친숙하다.

1. 늙은 현자를 따르지 않은 회한

公日 嗟我士아

공 왈 차 아 사

목공이 말씀하였다. "아아! 나의 신하들이여!

聽無譁하라

청 무 화

떠들지 말고 들어라!

予誓告汝羣言之首하노라

여 서 고 여 군 언 지 수

내가 너희에게 많은 말 가운데 으뜸 되는 말로 깨우쳐 고하리라.

古人有言曰

고 인 유 언 왈

옛사람이 말씀하기를,

民訖自若是多盤하나니

민 흘 자 약 시 다 반

'사람들이 모두 이처럼 자신을 편안하게 여기므로,

責人이 斯無難이라

책 인 　 사 무 난

사람을 꾸짖는 일이 어려운 것이 아니라

惟受責俾如流가

유 수 책 비 여 류

꾸짖음을 물 흐르듯 받아들이도록 하는 것,

是惟艱哉인저

시 유 간 재

이것이 어렵도다!' 하였다.

我心之憂는

아 심 지 우

내 마음이 시름겨운 것은

日月이 逾邁라

일 월 　 유 매

세월은 가고 나면

若弗云來니라

약 불 운 래

돌아오지 않기 때문이로다!

惟古之謀人을

유 고 지 모 인

노숙한 책사(策士)들을

則曰未就予라 하여 厭코
즉왈미취여　　　　기

나를 따르지 않는다 하여 싫어했고,

惟今之謀人을
유금지모인

젊은 책사들을

姑將以爲親하니
고장이위친

잠시 따른다고 친애하였도다.

雖則云然이나
수즉운연

비록 그러하였으나

尙猷詢玆黃髮하면
상유순자황발

오히려 이 머리 센 노인들에게 자문을
구한다면

則罔所愆하리라
즉망소건

허물이 없으리라.

番番良士旅力旣愆을
파파량사려력기건

흰머리의 현자들이 체력이야 문제가
있겠지만

我尙有之하고
아상유지

나는 오히려 그들을 등용할 것이며,

仡仡勇夫射御不違란
흘흘용부사어불위

날랜 용사가 활쏘기와 말 몰기엔
어김이 없겠지만

我尙不欲하니
아상불욕

나는 오히려 원하지 않으니,

惟截截善諞言하여
유절절선편언

교묘하게 말을 잘하여

俾君子로 易辭를
비군자　　역사

군자로 하여금 말을 바꾸게 하는 자를

我皇多有之아
아황다유지

내가 많이 거느릴 겨를이 있으랴!

2. 타인을 포용하는 우직한 신하

昧昧我思之하니
매 매 아 사 지

내가 깊이 생각건대,

如有一介臣이
여 유 일 개 신

만약 한 신하가

斷斷猗無他技나
단 단 의 무 타 기

우직하기만 하고 다른 재주가 없지만

其心이 休休焉한대
기 심　　휴 휴 언

마음이 진솔하고 착하여

其如有容이라
기 여 유 용

포용력이 있는 듯하더니,

人之有技를 若己有之하며
인 지 유 기　　약 기 유 지

타인이 가진 재능을 자신이 가진 것처럼 (좋아하고)

人之彦聖을 其心好之하되
인 지 언 성　　기 심 호 지

타인의 훌륭함과 명철함을 진심으로 좋아하기를

不啻如自其口出하면
불 시 여 자 기 구 출

자신의 입으로 칭찬하는 것 이상으로 좋아한다면

是能容之라
시 능 용 지

이 사람은 타인을 포용하는 사람이니,

以保我子孫黎民이며
이 보 아 자 손 려 민

그러므로 우리 자손과 백성을 지킬 것이며,

亦職有利哉인저
역 직 유 리 재

또한 이롭게 할 것이다.

人之有技를 冒疾以惡之하며
인 지 유 기　　모 질 이 오 지

타인이 가진 재능을 시기하고 미워하며

人之彦聖을 而違之하여
인 지 언 성　　　이 위 지

타인의 훌륭함과 명철함을 어긋나게
하여

俾不達하면 是不能容이라
비 부 달　　　시 불 능 용

쓰이지 못하게 한다면 이 사람은
포용하지 못하는 자이다.

以不能保我子孫黎民이니
이 불 능 보 아 자 손 려 민

우리 자손과 백성을 지킬 수 없을
것이니

亦曰殆哉인저
역 왈 태 재

또한 위태롭다 할 것이다.

邦之杌陧은 曰由一人이며
방 지 올 날　　　왈 유 일 인

나라가 위태로운 것은 (잘못 등용한
신하) 한 사람으로 말미암으며

邦之榮懷는
방 지 영 회

나라가 번영하고 안정되는 것도

亦尙一人之慶이니라
역 상 일 인 지 경

또한 (잘 등용한 신하) 한 사람이 만드는
경사이다.”

찾아보기